北京高等教育精品教材

高等学校经济与工商管理系列教材

国际贸易

（第3版修订本）

刘似臣　卜　伟
李雪梅　张　弼　编著

清 华 大 学 出 版 社
北京交通大学出版社
·北京·

内 容 简 介

本书共分为 13 章。第 1 章是导论;第 2～6 章是国际贸易理论;第 7～11 章是国际贸易政策措施;第 12 章是国际要素流动与国际贸易,第 13 章是贸易政策的政治经济学。

本书具有体系流畅、知识新颖、可读性强等特点,既可作为大学本科生经管类专业的教材,也可用作 MBA 和专科生教材,以及涉外经济工作者和理论工作者研究国际贸易问题的参考书。

图书在版编目 (CIP) 数据

国际贸易/刘似臣,卜伟编著. —3 版. —北京:北京交通大学出版社:清华大学出版社, 2014.1 (2018.7 修订)

(高等学校经济与工商管理系列教材)

ISBN 978-7-5121-1767-9

Ⅰ.① 国… Ⅱ.① 刘… ② 卜… Ⅲ.① 国际贸易-高等学校-教材 Ⅳ.① F74

中国版本图书馆 CIP 数据核字 (2014) 第 004001 号

责任编辑:黎 丹　　特邀编辑:张 明
出版发行:清 华 大 学 出 版 社　　邮编:100084　　电话:010-62776969
　　　　　北京交通大学出版社　　邮编:100044　　电话:010-51686414
印 刷 者:北京时代华都印刷有限公司
经　　销:全国新华书店
开　　本:185×260　　印张:19.75　　字数:475 千字
版　　次:2014 年 3 月第 3 版　　2018 年 7 月第 1 次修订　　2018 年 7 月第 4 次印刷
书　　号:ISBN 978-7-5121-1767-9/F・1299
印　　数:8 001～10 000 册　　定价:42.00 元

本书如有质量问题,请向北京交通大学出版社质监组反映。对您的意见和批评,我们表示欢迎和感谢。

投诉电话:010-51686043,51686008;传真:010-62225406;E-mail:press@bjtu.edu.cn。

第3版前言

本次修订保留了该书的原有特点，更新了数据，添加了部分的专栏与案例，进一步提炼内容，并进行了较大幅度的修改。主要修改如下。

1. 每一章的小结改为本章要点，并在每章内容后面添加复习思考题，包括关键术语、简答题、计算分析题和论述题等题型。

2. 第1章绪论进行了重写，由原来的4节内容改为3节内容，数据全部更新，语言更加简练。

3. 第2章比较优势理论的第4节和第5节合并为第4节，统称为相互需求理论。

4. 第3章要素禀赋理论添加了部分简单的数学证明，如要素禀赋理论的数学证明。

5. 新添第4章特定要素理论以阐述国际贸易对国内收入分配的影响。

6. 第5章国际贸易新理论，在原书内容的基础上添加了第5.5节贸易引力模型，以体现运输成本和贸易壁垒对国际贸易的影响。

7. 第6章贸易保护理论，在原书内容的基础上把第5节拆出放入新的第13章。

8. 鉴于世界贸易组织对于国际贸易规则和贸易政策的诸多规范，本书将世界贸易组织一章从原来的第9章改为第7章，并将第3节内容删除。

9. 第10章非关税壁垒，为原书第8章，将第3节技术性贸易壁垒与第2节合并，并添加新的案例。

10. 第8章出口鼓励措施与出口管制（原书第6章），第9章关税措施（原书第7章），第11章区域经济一体化（原书第10章）进行了数据、图表和案例的大量更新。

11. 第12章国际要素流动与国际贸易（原书第11章）添加了第5节中国企业对外直接投资，并更新了大量数据和图表。

12. 新添第13章贸易政策的政治分析以丰富贸易政策的动态性演变。

本次修订由刘似臣和卜伟任主编。具体分工如下：第1章、第7章、第10～11章和第13章由刘似臣撰写并修改，第4章、第8～9章和第12章由卜伟撰写并修改。第2、3章由李雪梅撰写，第5～6章由张弸撰写。最后由刘似臣和卜伟复核定稿。

本书配有电子版案例集、习题库、试题库和电子课件等教学辅助材料，以及纸质版《国际贸易习题指南及详解》（张弸主编，北京交通大学出版社，2007），需要的读者，可与本书编辑（cbsld@jg.bjtu.edu.cn，010-51686046）或作者（lsicw@hotmail.com）联系。

本次修订参阅、使用和引证了国内外的大量文献资料，谨对其作者、编者和出版社表示诚挚的谢意！感谢北京交通大学出版社的黎丹女士对本书再版的支持与关心。

限于作者水平，本次修订难免仍有各种不足之处，敬请同行专家和读者提出宝贵意见和建议。

刘似臣

2013年12月

第 2 版前言

《国际贸易》获得了 2007 年北京市高等教育精品教材建设立项资助，2008 年被评为北京高等教育精品教材，2009 年得到由教育部批准的北京交通大学高等学校国家特色专业建设点——经济学项目（编号为 TS1Z005）资助。本次修订保留了该书原有的特点，更新了数据和其他资料，增加了专业术语的英文表述，进一步提炼了阐述内容，并在内容上进行了较大的修改。主要修改如下。

1. 为控制篇幅，减少介绍性内容，压缩了"非关税壁垒措施"和"区域经济一体化"两章的内容，删除了原第 12 章。

2. 基于以下考虑把"世界贸易组织"一章放在了区域经济一体化的前面，即把"世界贸易组织"一章作为第 9 章，"区域经济一体化"一章作为第 10 章。这样处理是因为世界主要贸易国家和地区几乎都加入了 WTO（前身是 GATT），而"二战"以后的区域经济一体化都是以 GATT/WTO 为基础进行市场开放谈判、运作的，而且也受到了 WTO 的关注。这样处理符合认识事物的逻辑。

3. 第 6.2 节对出口补贴和生产补贴的经济效应进行了重新阐述，使之更容易理解。例如，在小国的出口补贴净福利效应分析中，一般这样分析：消费者剩余损失 $(a+b)$；生产者剩余增加 $(a+b+c)$，其中 $(a+b)$ 由消费者转移而来；政府补贴支出是 $(b+c+d)$，减去生产者所得 c，仍有净损失 $(b+d)$。学生问"b 由生产者得到了，怎么是净损失"时就不好回答。因此改为"消费者剩余损失 $(a+b)$；生产者剩余增加 $(a+b+c)$，其中 a 由消费者转移而来；政府补贴支出是 $(b+c+d)$，其中 $(b+c)$ 由生产者所得；净损失为 $(b+d)$。"又如在小国的生产补贴效应中，把一般教材的阐述分成两种理解方法：一种是生产者每单位产品实际收益增加"补贴"数量（供给曲线不动），并在实际收益基础上确定产量 S_2；另一种是看作生产者成本降低"补贴"数量，供给曲线下移"补贴"数量，在价格不变基础上，由新供给曲线决定产量 S_2。这样就避免了把两种情况合在一张图上分析净福利效应的困难。

4. 第 11 章的表 11 - 1、表 11 - 2 和图 11 - 3 将数据更新到了 2008 年，使得"一旦使FDI 成为可能的规制框架是适当的，经济因素才是决定性的"判断更加明显。

本次修订由卜伟、刘似臣、李雪梅、张弼任主编。具体分工如下：第 1 章、第 4 章、第 5 章由张弼修改，第 2 章、第 3 章由李雪梅修改，第 6 章、第 7 章、第 11 章、前言和参考文献由卜伟修改；第 8 章、第 9 章、第 10 章由刘似臣修改；最后由卜伟和刘似臣复核、定稿。

本书配有电子版案例集、习题库、试题库和电子课件等教学辅助材料，以及纸质版《国际贸易习题指南及详解》（张弼主编，北京交通大学出版社，2007），需要的读者，可与本书编辑（cbsld@jg.bjtu.edu.cn，010 - 51686046）或作者（buwei1968@263.net）联系。

本次修订参阅、使用和引证了国内外的大量文献资料，谨对其作者、编者和出版社表示诚挚的谢意！感谢北京交通大学出版社的黎丹女士对本书再版的支持与关心。

限于作者水平，本次修订难免仍有各种不足之处，敬请同行专家和读者提出宝贵意见和建议。

卜 伟

2009 年 9 月 20 日于北京交通大学静园

目　录

第**1**章

导　论

由于各国地理上的距离、时区及语言差异、各国政府设立法规不同、文化及商业体制各异，各国经济存在真实的区隔。但是，经济全球化趋势的推进使得各国经济的相互依存程度提高，一国经济的各个方面，诸如工业部门、服务部门、收入和就业水平、生活水平等，都与其外部经济紧密相连。一国经济与外部的联系，既包括国家（单独关税区）间的货物和服务跨国流动，也包括劳动力、资本和技术等生产要素的跨国流动。随着 1995 年 1 月 1 日世界贸易组织（WTO）[①] 的正式成立，国际贸易的内涵从关税与贸易总协定（GATT）时代的货物贸易扩展到如今包括货物、服务、知识产权、对外直接投资等商品和要素跨国流动的大贸易概念。近 20 年以来，WTO 对全球贸易的不断约束，使各国贸易政策更加透明且逐步自由化，加之科学技术进步，尤其是通信技术、运输技术和电子网络技术的迅速提高，世界生产力显著提高，各国生产和贸易都得到了快速的发展。国际贸易学作为经济学的主要研究范畴之一，随着国际贸易外延的扩展和国际贸易复杂度的提高，也在不断的发展。

1.1　国际贸易的含义、研究对象与本书章节安排

1.1.1　国际贸易的含义

狭义而言，国际贸易（International Trade）是指世界各国之间货物和服务交换的活动，是各国之间分工的表现形式，反映了世界各国在经济上的相互依靠；广义而言，国际贸易是指世界各国或单独关税区[②]之间货物和服务跨国交换、资本和劳动力等要素跨国流动的总称。无论是《现代经济学词典》（英国麦克米伦出版公司）、《简明不列颠百科全书》（中文版），还是《新帕尔格雷夫经济学大词典》对于国际贸易的解释，包括世界贸易组织、世界银行和国际货币基金组织等国际经济组织都持广义国际贸易的观点。

对国际贸易的含义可以从以下几个主要方面来理解。

① 国际贸易是不同国家（或单独关税区）之间的、跨越国界的商品、服务、资本、劳动力和技术等的交换。国际贸易的产生和发展是以国家的存在为前提的，没有国家就不会有

---

① 世界贸易组织，详见本书第 7 章。
② 加入单独关税区的考虑源自世界贸易组织既包括主权国家成员也包括非主权国家的单独关税区成员。

国际贸易。因此，国际贸易是一个历史范畴，是人类社会发展到一定历史阶段的经济现象。

② 国际贸易涉及的交易标的范围。国际贸易所涉及的交易标的范围极其广泛，但由于受各种自然与人为障碍的限制，国际贸易涉及的交易标的范围与国内贸易不完全相同。

③ 国际贸易发生的制度环境。与国内贸易相比较，国际贸易不仅涉及不同货币的汇兑，而且受制于国际通行规则，而非一国的国内贸易规则。

④ 国际贸易的内涵是不断丰富扩展的。随着社会经济的发展和科学技术的进步，许多不可贸易的商品成为可贸易商品，国际贸易的内涵不断扩大，内容日益丰富，方式也日趋多样化。

⑤ 与日常生活中所见到的国内贸易不同，国际贸易使用不同的货币，存在复杂的汇率问题，也受制于不同的法律制度、贸易规则和文化背景。

值得注意的是，要正确区分国际贸易与对外贸易的含义，不能将二者混淆。对外贸易（Foreign Trade）是指一国或地区同别的国家或地区进行的货物、服务和要素的交换活动。对外贸易由进口和出口两个部分组成，所以又称进出口贸易或输出入贸易（Import and Export Trade）。

国际贸易与对外贸易既有联系又有区别。其联系在于：对外贸易与国际贸易都是越过国界所进行的货物、服务和要素的交换活动；国际贸易作为各国和地区进口或出口贸易的总和，对它的研究自然离不开对各国和地区对外贸易的研究。两者的主要区别在于角度不同，国际贸易是从国际角度来看各国（和单独关税区）之间进行的货物、服务和要素交换活动；而对外贸易是从一国（或地区）的角度来看该国（或地区）与其他国家（或地区）之间的货物、服务和要素的交换活动。

因此，国际贸易是各国对外贸易的综合，两者之间具有一般与个别的关系。国际贸易涉及的国际范围内的综合性问题仅仅从个别国家或地区的角度出发是无法深入进行研究的，对外贸易的研究代替不了国际贸易的研究。

另外，海外贸易（Oversea Trade）、世界贸易（World Trade）和全球贸易（Global Trade）也经常出现在经济报道与书籍中。海岛国家和地区及其他对外贸易商品主要依靠海运的国家和地区称其对外贸易为海外贸易。世界贸易和全球贸易是指世界各国（或地区）对外贸易（进口或出口）与国内贸易（Internal Trade）的总和。尽管严格来讲，世界贸易、全球贸易与国际贸易并不是同一概念，但实际上三者之间常互相通用，如世界贸易组织名称采用的就是"World Trade"的概念来代替国际贸易的概念。

1.1.2 国际贸易的研究对象

作为一门学科，国际贸易是指研究国家（或单独关税区）之间货物、服务和要素交换一般规律的学科。根据国际贸易内涵在不同时期的发展特点，国际贸易的研究对象和重点不断演进。

作为研究国际贸易问题的一门学科，当前国际贸易学的研究对象是具有各自经济利益的国家或单独关税区之间的经济交换活动，包括商品交换、服务交换和要素跨国流动。通过研究这些跨国交换活动的产生、发展过程及贸易利益的产生和分配，揭示跨国交换活动的特点和规律。国际贸易学的具体研究对象，现阶段大体上可以分为以下几个方面。

（1）国际贸易的产生和发展

作为一国经济的主要组成部分，国际贸易同样是一个历史范畴，随着社会生产力的发展而发展。国际贸易学的研究起点就是国际贸易产生的原因，并在国际贸易的各个发展阶段出现不同的理论、不同的政策主张。

（2）国际贸易产生的原因、模式和利益分配

针对不同发展阶段的国际贸易，从不同国家的角度出发，侧重不同的国际贸易问题，经济学家提出了各种国际贸易理论，用于分析不同类型国际贸易产生的原因、不同国家贸易模式存在的理由及贸易利益的存在与分配等。

（3）国际贸易政策与措施

针对不同的国内经济状况和国际经济形势，各国的贸易政策导向各异，或倾向于自由，或倾向于保护，也因此出现了形形色色的贸易措施。因此自由贸易政策、保护贸易政策还是二者兼具对一国经济发展，乃至全球经济发展的作用，各种贸易措施实施的效果也成为国际贸易学的研究对象。

（4）区域与多边贸易合作与制度安排

"二战"结束后蓬勃发展的区域经济一体化问题，是国际贸易学研究的重点之一。推动全球主要贸易成员贸易自由化的世界贸易组织所建立的多边贸易体系也是国际贸易学的研究对象。

（5）要素的国际流动

随着技术的发展，各国贸易政策的自由化、生产全球化的趋势日益加剧、中间投入品的跨国流动、对外直接投资、跨国移民等问题成为国际贸易学的主要研究对象。

（6）其他与国际贸易相关的理论和现实问题

由于国际贸易不是一个独立的经济现象，它和其他一些经济现象之间有很强的关联，因此对国际贸易问题的探讨也会延伸到相关领域，出现国际贸易与其他学科的交叉研究，如国际贸易与经济发展等；也包括现阶段国际贸易出现的一些新现象和新问题，如国际贸易与环境问题、国际贸易与劳工标准、国际化产品、自然资源国际贸易等。

1.1.3 本书的章节安排

根据前两版的实际应用及国际贸易研究领域的拓展，本书共13章，分为3篇。其中第1章为绪论，介绍国际贸易课程的一般性问题、国际贸易现状及国际贸易研究和分析中常用的概念和指标。

第1篇为国际贸易理论篇，按照国际贸易学基础理论的发展脉络进行讲解，主要为商品贸易理论，是全书的基础篇章。包括5章内容，主要介绍国际贸易理论各发展阶段代表性的理论，如比较优势理论（第2章）、要素禀赋理论（第3章）、特定要素理论（第4章）、国际贸易新理论（第5章）及贸易保护理论（第6章）。

第2篇介绍国际贸易政策。鉴于世界贸易组织对于国际贸易规则和贸易政策的诸多协议，本书将世界贸易组织关于贸易规则和协议的介绍放在第7章，其后则在世界贸易组织界定的范畴之内对出口管理措施（第8章）、关税措施（第9章）、非关税措施（第10章）、区域经济一体化（第11章）进行叙述。

第3篇对国际贸易相关领域研究进行简单介绍，包括国际要素流动和国际贸易第12章），贸易政策的政治经济学（第13章）。

1.2 国际贸易的分类与描述指标

1.2.1 国际贸易的分类

除了狭义和广义的国际贸易区分方式之外，从不同的角度出发，采用不同的划分标准，国际贸易有不同的分类。

1. 按交易内容的差异划分

按交易内容的不同，国际贸易可分为货物贸易（Merchandise or Goods Trade）、服务贸易（Trade in Commercial Service）和技术贸易（International Technology Trade）。

国际贸易中的货物种类繁多，为了便于统计和分析，联合国秘书处于 1950 年公布了《国际贸易标准分类》（Standard International Trade Classification，SITC），并于 1960 年、1974 年、1985 年、2006 年分别进行了 4 次修订。在这个标准分类中，把国际货物贸易分为10 大类（Section）、67 章（Division）、262 组（Group）、1023 个分组（Sub-group）和 2970个基本项目（Item），如表 1-1 所示。SITC 几乎包括了所有的货物贸易商品，每种商品都有一个五位数的目录编号。第一位数表明类，前两位数表示章，前三位数表示组，前四位数表示分组，五位数一起表示某个商品项目。在国际贸易统计中，一般把 0 到 4 类商品称为初级产品，把 5 到 8 类商品称为制成品。

表 1-1 《国际货物贸易分类》（修订 4）分类

初级产品（Primary Products）		制成品（Manufactures）	
大类编号	类别名称	大类编号	类别名称
0	食品和活动物	5	未列名化学品及有关产品
1	饮料及烟草	6	主要按原料分类的制成品
2	非食用原料（不包括燃料）	7	机械及运输设备
3	矿物燃料、润滑油及有关原料	8	杂项制品
4	动植物油、脂和蜡	9	没有分类的其他商品

按世界贸易组织《服务贸易总协定》（General Agreement on Trade in Service，GATS）的界定，国际服务贸易是指服务提供者从一国境内向他国境内，通过商业现场或自然人向服务消费者提供服务并获得外汇收入的过程。包括四种形式：从一参加方境内向任何其他参加方境内提供服务，即过境交付形式；在一参加方境内向其他参加方的服务消费者提供服务，即境外消费形式；一参加方在其他任何方境内通过提供服务的实体介入而提供服务，即商业存在形式；一参加方的自然人在其他任何参加方境内提供服务，即自然人流动形式。

服务贸易具有如下特点：交易标的多为无形、不可储存的；服务的提供与消费同时进行；服务贸易额在各国国际收支表中只得到部分反映，不进入各国海关统计。

世界贸易组织《服务贸易总协定》依照国际货币基金组织（IMF）*Balance of Payment Manual*（5th）的划分，将国际服务交易（International Service Transaction）划分为商业服务业（Commercial Services）和政府服务（Government Services），商业服务又分为部门：

运输服务、旅游服务、通信服务、建筑服务、保险服务、金融服务、计算机和信息技术服务、加盟和特许服务（Royalties and License fees,）、其他商业服务，以及个人、文化服务（Personal，Cultural，and Recreational Services）。

国际技术贸易是指技术供应方通过签订技术合同，将技术有偿转让给技术接受方使用，其中软件技术的商业转让列入服务贸易，而硬件设备的交易则列入货物贸易。

2. 按有无第三方参与划分

按贸易过程中有无第三方的直接参与，国际贸易可分为直接贸易、间接贸易与转口贸易。

（1）直接贸易（Direct Trade）

直接贸易是指商品生产国与消费国不通过第三国而直接买卖商品的行为，其中生产国即为直接出口国，消费国为直接进口国。贸易双方直接洽谈、直接结算，交易的货物既可直接从生产国运到消费国，也可经由第三国国境转运到消费国。

（2）间接贸易（Indirect Trade）

间接贸易是指商品生产国与商品消费国通过第三国而间接进行的货物买卖行为。对于间接贸易中的各参与方而言，生产国从事的是间接出口，消费国从事的是间接进口，第三国从事的是转口贸易。同样的，交易的货物既可从出口国经由第三国转运到进口国，也可从出口国直接运到进口国。

（3）转口贸易（Entreport Trade）

转口贸易也称中转贸易，在商品生产国与商品消费国通过第三国而进行的贸易中，对第三国而言就是转口贸易。转口贸易可以直接运输，也可以间接运输（关键是参与交易过程本身），这与过境贸易只强调运输时地理上通过不同。

从事转口贸易的大多是地理位置优越、运输条件便利、贸易限制较少的国家或地区，例如，伦敦、鹿特丹、新加坡和香港等港口城市。目前，在中国香港的出口总值中转口贸易额占将近一半，香港是世界上最大的转口商埠。因为转口贸易计入一国的总贸易之中，如果这些复出口额被包含在地区或世界贸易额中，将会产生大量重复计算。因此，在世界银行数据库中，中国香港的转口贸易额不包括在世界和亚洲的贸易额中（除非重点指明）①。

转口贸易和过境贸易的区别在于：一是转口贸易不论货物是否经由第三国运送，都有第三国的商人参与商品的交易过程，而过境贸易则无第三国的商人参与；二是转口贸易以盈利为目的（即要有一个正常的商业加价），而过境贸易通常只收取少量的手续费，如印花费等；三是转口贸易属于间接贸易，过境贸易则属于直接贸易。

3. 按交易对象的移动方向划分

按交易对象的移动方向的不同，一国的对外贸易可区分为出口贸易、进口贸易与过境贸易。

（1）出口贸易（Export Trade）

出口贸易，又称输出贸易，是指将本国生产和加工的商品输往国外市场销售。当然，出口的商品必须是外销的商品，某些商品虽然运出国境但不属于外销的商品则不能算作出口贸易。例如，运出国境供驻外使领馆使用的商品、旅客个人使用带出国境的商品均不列入出口

---

① 世界贸易组织秘书处. 国际贸易统计年鉴 2011.

贸易。

（2）进口贸易（Import Trade）

进口贸易，又称输入贸易，是指将外国生产和加工的商品输入本国市场销售。同样，输入境内的商品必须是属于内销的商品才能列入进口贸易。例如，外国使领馆运进供自用的商品、旅客带入供自用的商品均不列入进口贸易。

出口贸易与进口贸易是同一笔交易的两个方面，对卖方而言，为出口贸易；对买方而言，为进口贸易。由此国际贸易并不仅仅是各国对外贸易的简单加总，而应该分别从出口和进口两个角度来探讨。此外，在实际的进出口过程中还存在复出口（Re-export）和复进口（Re-import）。前者是指输入本国的外国商品未经加工改制又没有在本国消费就再输出的现象，如转口贸易。复进口是指从本国输往国外的商品未经加工改制再输入的现象，如出口后退货、未售寄售商品的退回等。

（3）过境贸易（Transit Trade）

过境贸易，又称通过贸易。从甲国出口经过丙国国境向乙国运送的商品，对丙国来说，就是过境贸易。有些内陆国家同非邻国的贸易，其贸易商品的运输路径必须通过第三国国境。在过境贸易中，由于本国未通过买卖取得货物的所有权，因此过境商品一般不列入本国的进出口统计中。

4. 按运输方式划分

（1）陆运贸易（Trade by Roadway）

陆运贸易，是指采用陆路运输方式运送货物的贸易，它经常发生在各大陆内部陆地相连的国家之间，运输工具主要有火车、汽车等。

（2）海运贸易（Trade by Seaway）

海运贸易，是指采用海上运输方式运送货物的贸易，运输工具是各种船舶。国际贸易货物的大部分是通过海洋运输的。当前，世界贸易中的货物有三分之二以上是通过海运进行的。

（3）空运贸易（Trade by Airway）

空运贸易，是指采用航空运输方式运送货物的贸易。体积小、重量轻、价值昂贵、时效性的货物（如鲜活食品、贵重物品和急需物品等）往往采用这种运输方式。

（4）邮购贸易（Trade by Mail Order）

邮购贸易，是指用邮政包裹寄送货物的贸易，它适宜于样品传递和针对数量不多的个人购买等。

（5）管道运输贸易（Trade by Pipe）

管道运输贸易，是指采用管道运送货物的贸易，天然气、石油等采用这种运输方式。

（6）多式联运贸易

多式联运贸易是指海、陆、空各种运输方式结合运送货物的行为。国际物流"革命"促进了这种方式的贸易。

5. 依照清偿工具或结算方式划分

（1）现汇贸易（Spot Exchange Trade）

现汇贸易，又称自由结汇贸易，是指在国际商品买卖中，以货币作为偿付工具的贸易方式。在国际贸易中被用作偿付的货币必须为可自由兑换货币，如美元、英镑、欧元、瑞士法郎、日元和港元等。

（2）对等贸易（Counter trade）

对等贸易是指国际支付结算方式部分或全部采用以货换货，即货物经过计价后进行交换的贸易。对等贸易包括易货贸易（Barter Trade）、补偿贸易、互购贸易、抵补贸易、转手贸易等各种贸易方式。对等贸易通常源于贸易双方国家的货币不能自由兑换，而且缺少可兑换的外汇储备，于是双方把进口和出口直接联系起来，互通有无，并做到进出口基本平衡。

此外，国际贸易依照贸易参加国或地区的数目，还可分为双边贸易（Bilateral Trade）、三角贸易（Triangular Trade）、多边贸易（Multilateral Trade）；按照交易手段的不同，国际贸易可分为单证贸易（Trade with Documents）和无纸贸易（Trade without Document）。

6. 中国对外贸易统计中经常使用的分类概念

（1）一般贸易（Ordinary Trade）

一般贸易是指在中国的公司、企业（包括外商投资企业）进行的单边进出口贸易，一般是经过对外签订合同、协议、函电或当面洽谈而成交。包括：按正常方式成交的进出口货物；易货贸易（边境易货贸易除外）；从保税仓库提取在我国境内销售的货物；贷款援助的进出口货物；暂时进出口（不再复运进、出口）的物品；外商投资企业用国产材料加工成品出口及进口属于旅游饭店用的食品等货物。

（2）加工贸易（Processing Trade）

从广义上讲，加工贸易是外国企业（通常是工业发达国家和新兴工业化国家或地区的企业）以投资的方式把某些生产能力转移到东道国或者利用东道国已有的生产能力为自己加工装配产品，然后运出东道国境外销售。从狭义上讲，加工贸易是部分国家对来料或进料加工采用海关保税监管的贸易。如我国商务部（时称外经贸部）1999年发布的《关于加工贸易审批管理暂行办法》中对加工贸易的界定是：从境外保税进口全部或部分原辅材料、零部件、元器件、包装物料，经境内企业加工或装配后，将制成品复出口的经营活动，包括来料加工和进料加工。

加工贸易是一国参与全球产品价值链分工的一种方式，常与加工委托方的对外直接投资相联系。加工贸易的特点主要体现在与一般贸易的区别上。

① 从参与贸易的货物来源角度分析，一般贸易货物主要来自本国的要素资源，符合本国的原产地规则；而加工贸易的货物主要来自国外的要素资源。

② 从参与贸易的企业收益角度分析，从事一般贸易的企业获得的收益主要来自生产成本或收购成本与国际市场价格之间的差价；而从事加工贸易的企业实质上只收取了加工费。

③ 从税收的角度分析，一般贸易的进口要缴纳进口环节税，出口时在征收增值税后退还部分税收；加工贸易进口料件不征收进口环节税，而实行海关监管保税，出口时也不再征收增值税。

1.2.2 国际贸易的描述指标

国际贸易中的关境与国境并不总是一致的。当一国在国境内设有自由港、自由贸易区、出口加工区等经济特区和保税仓库时，这些地区不属于关境范围之内，则关境小于国境。当几个国家缔结关税同盟时，如欧盟，参加关税同盟的国家组成为统一的关境，则关境大于国境。因此，在衡量商品是否输出或输入时，存在两种衡量标准：跨越国境和跨越关境，并产生了与之对应的两种国际贸易统计方法：总贸易体系和专门贸易体系。

总贸易体系（General Trade System）亦称一般贸易体系，是以国境为标准划分进出口的统计体系，凡进入本国国境的商品，不论结关与否，一律计入进口，称为总进口；凡离开本国国境的商品一律计入出口，称为总出口。此时一国的对外贸易就是总贸易，说明了一国在国际货物流通中的地位和作用。目前有 90 多个国家和地区采用这种划分方法，其中包括日本、英国、加拿大、美国、澳大利亚和中国等。

专门贸易体系（Special Trade System）亦称特殊贸易体系，是以关境为标准划分进出口的统计体系。凡是通过海关进入的货物均记为进口贸易，为专门进口；凡是通过海关出口的货物均记为出口贸易，为专门出口。此时一国的对外贸易就是专门贸易，表明了一国作为生产者和消费者在国际贸易中的地位和意义。目前采用专门贸易体系的国家和地区近 80 个，包括德国、意大利、法国、瑞士等。

联合国、世界贸易组织和世界银行数据库涉及各国或地区的对外贸易时一般都注明是总贸易还是专门贸易。需要指出的是，世界各国的服务贸易额在统计上计入国际收支，但不进入海关统计，故总贸易与专门贸易体系只适用于货物贸易统计。

（1）对外贸易额与国际贸易额

一国在一定时期内（如 1 年）从国外进口商品的全部价值（用货币表示），称为进口贸易总额或进口总额；一国在一定时期内（如 1 年）向国外出口商品的全部价值，称为出口贸易总额或出口总额。二者相加称为进出口贸易总额或进出口总额，即为一国的对外贸易额（Value of Foreign Trade）或对外贸易值，它是反映一国对外货物贸易规模的重要指标之一。因此对外贸易额可以表示为

对外贸易额或对外贸易值＝进口总额＋出口总额

一国的对外贸易额，即用货币表示的一定时期内一国进口总额与出口总额的总和，反映在各国海关统计中，一般以美元计价。一般而言，海关在统计该国的进出口时，除非另有说明，否则出口价都将根据 FOB 价[①]估算，进口价则采用运输成本加上货物到进口国或领域的保险之和，即 CIF 价（Cost，Insurance and Freight）。

国际贸易额（Value of International Trade），又称国际贸易值，是以货币表示的一定时期内世界各国与地区的出口总额之和，一般用美元表示。

由于一国的出口就是另一国的进口，因此从世界范围来看，世界各国和地区的进口总额之和理应等于世界各国和地区的出口总额之和。

国际贸易额或国际贸易值＝$\sum$各国出口贸易额

但是，由于海关统计进出口时采用的价格存在差异（FOB 价格低于 CIF 价格，后者等于前者加上国际运费和保险费），因而世界出口总额总是小于世界进口总额。

（2）对外贸易量与国际贸易量

对外贸易量（Quantum of Foreign Trade）是指一国一定时期进口贸易量和出口贸易量的总和。计算公式为

---

① FOB 价，即价格术语 Free on Board，是由运输成本和货物到出口国或领域边界的保险之和构成。

$$对外贸易量 = \frac{进口贸易额}{进口价格指数} + \frac{出口贸易额}{出口价格指数}$$

$$价格指数 = \frac{报告期价格}{基期价格} \times 100$$

国际贸易量（Quantum of International Trade）是以一定时期的不变价格为标准计算的各个时期的国际贸易额，即用以固定年份为基期计算的出口价格指数除当时出口额的方法，得出相当于按不变价格计算的出口额。用这种方法计算出来的国际贸易额由于剔除了价格变动的影响，单纯反映国际贸易的量，所以称为国际贸易量。计算公式为

$$国际贸易量 = \frac{国际贸易额}{出口价格指数}$$

引入国际贸易量和对外贸易量这一概念，是因为用货币表示的贸易额，由于商品价格的波动性，无法真实地反映国际贸易及一国对外贸易实际规模及其变动状况。为了反映国际贸易的实际规模，只能以一定时期的不变价格为标准来计算各个时期的国际贸易额，也就是引进对外贸易量和国际贸易量指标。贸易量指标不仅可以比较确切地反映贸易的实际规模，而且便于把不同时期的贸易额进行比较。

例如，假定 2000 年世界出口额为 64 000 亿美元，2012 年世界出口额为 183 000 亿美元，以 2000 年的出口价格指数 100 为基期，2012 年的出口价格指数为 180。当比较 2012 年世界出口额和世界出口贸易量与 2000 年世界出口额的增长变化情况时，有

$$\frac{2012 年出口额}{2000 年出口额} = \frac{183\,000}{64\,000} \approx 2.86（倍）$$

$$\frac{2012 年出口贸易量}{2000 年出口值} = \frac{183\,000/180}{64\,000/100} \approx 1.59（倍）$$

由此可见，按贸易额（值）计算，2012 年世界出口额是 2000 年世界出口额的 2.86 倍，增加了 186%；按贸易量计算，剔除价格上涨的因素，2012 年世界出口贸易量是 2000 年世界出口贸易量（当 2000 年为基期时，价格指数为 100，贸易量等于贸易值）的 1.59 倍，仅增加了 59%。

联合国、世界银行、WTO 等国际机构的统计资料往往采用国际贸易额和国际贸易量两种数字，以供对照参考。

（3）对外贸易差额

一定时期内一国出口（货物和服务）总额与进口（货物与服务）总额之间的差额称为总贸易差额（Balance of Traded）。贸易差额分为以下 3 种情况。

① 贸易顺差，也称出超，指出口贸易总额超过进口贸易总额的情况，通常以正数表示。

② 贸易逆差，也称入超，指进口贸易总额大于出口贸易总额的情况，通常以负数表示。

③ 贸易平衡，指出口贸易总额与进口贸易总额相等的情况。

贸易差额表明一国对外贸易收支状况，是影响一国国际收支差额的重要因素之一。原则上讲，长期入超与长期出超对一国的对外贸易和国民经济发展都是不利的。贸易差额是衡量一国对外贸易状况的重要标志。从长期趋势来看，一国的目标应追求贸易平衡，但绝对的平

衡是不可能的，因此略有顺差或略有逆差成为各国现实的对外均衡目标。

（4）对外贸易商品结构与国际贸易商品结构

对外贸易商品结构（Composition of Foreign Merchandise Trade）是指一定时期内各类货物或某种货物在一国对外贸易中所占的比重或地位，即各类货物进出口贸易额与该国进出口贸易总额之比，以份额表示。一个国家对外贸易商品结构主要是由该国的经济发展水平、产业结构状况、自然资源状况和贸易政策决定的。

国际贸易商品结构（Composition of International Trade）是指一定时期内各大类货物在整个国际贸易中的构成，即各类货物贸易额与世界出口贸易总额之比，用比重表示。

国际贸易商品结构可以反映出整个世界的经济发展水平和产业结构状况等。一国的对外贸易商品结构可以反映出该国的经济发展水平、产业结构状况及资源情况等。此外，各类商品价格的变动也是影响国际贸易商品结构和对外贸易商品结构的因素。

（5）对外贸易地理方向与国际贸易地理方向

国际贸易地理方向（Direction of International Trade）亦称国际贸易地区分布（International Trade by Regions），是指一定时期内世界各国、各地区、各国家集团在国际贸易中所占的地位，通常用它们的出口额或进口额占世界出口总额或进口总额的比重来表示，也可以计算各国的进出口总额在国际贸易总额（世界进出口总额）中的比重。例如，2012年，在世界商品贸易出口总额中，中国、美国和德国分别占11.2％、8.4％和7.7％，依次居第一位、第二位和第三位；世界商品进口总额中，美国、中国和德国分别占12.6％、9.8％和6.3％，分别居前三位[①]。观察和研究不同时期的国际贸易地理方向，对于掌握市场行情的发展变化，认识世界各国间的经济交换关系及密切程度，开拓新的国外市场，均有重要的意义。

对外贸易地理方向（Direction of Foreign Trade），又称对外贸易地区分布或对外贸易国别结构，是指一定时期内世界各国、各地区、各国家集团在一国对外贸易中所占的地位，通常以它们的进、出口额占该国进、出口总额的比重来表示。对外贸易地理方向指明一国出口商品的去向和进口商品的来源，从而反映一国与其他国家、地区、国家集团之间经济贸易联系的程度，即可以看出哪些国家或国家集团是该国的主要贸易对象和主要贸易伙伴。

在研究国际贸易时会用到国际贸易地理方向这个概念，对世界来说，它表示各国在世界贸易总值中所占的比重大小。显然，在世界贸易总值中所占比重大的国家对世界经济的影响也比较大。对一个国家来说，它表示该国的出口值和进口值的国别和地区分布情况。一国对外贸易值如果只是集中在个别国家和地区，表示该国经济对个别国家和地区的依赖程度比较大。如果一国的对外贸易值比较均匀地分散在各国或地区，则表明该国对外贸易的市场风险相对较小。

由于对外贸易是一国与别国之间发生的商品交换，因此把对外贸易按商品分类和按国家分类结合起来分析研究，即把商品结构和地理方向的研究结合起来，可以查明一国出口中不同类别商品的去向和进口中不同类别商品的来源，具有重要意义。

（6）对外贸易依存度

对外贸易依存度（Foreign Trade Intensity）亦称为对外贸易系数，它是指一国国民经

---

① 数据来源：WTO秘书处，World Trade Report 2013.

济对对外贸易的依赖程度，是以本国对外贸易额（进出口总额）在本国国民生产总值（GNP）或国内生产总值（GDP）中所占的比重表示的。它是用于衡量该国经济对国际市场依赖程度高低的指标之一。由于对外贸易分为出口和进口两部分，相应地对外贸易依存度又可分为出口依存度和进口依存度，即进、出口额分别与GDP的比值。计算公式为

$$出口依存度 = \frac{出口额}{GNP\ 或\ GDP} \times 100\% \tag{1}$$

$$进口依存度 = \frac{进口额}{GNP\ 或\ GDP} \times 100\% \tag{2}$$

$$对外贸易依存度 = (1) + (2)$$

或

$$对外贸易依存度 = \frac{进出口总额}{GNP\ 或\ GDP} \times 100\% \text{①}$$

由于进口额不是该国在一定时期内新创造的价值，使外贸依存度表现得较高，因此在实际工作中人们往往更重视出口依存度，它比对外贸易依存度更强调对经济发展的带动作用。对外贸易依存度表明一国的经济对外贸的依赖程度，也可表明一国经济国际化的程度。但是，该指标并不是越高越好，该指标的提高，一方面反映了融入世界经济的程度提高，但与此同时国民经济对国际市场的依赖程度也越高，受世界经济影响的风险也在加大。

（7）贸易条件

贸易条件（Terms of Trade，TOT）是指一国的出口商品价格指数对其进口商品价格指数的比率，也就是一国出口一单位商品可以换回多少单位的外国商品。计算公式为

$$TOT = \frac{P_X}{P_M}$$

式中，TOT 代表商品贸易条件；P_X 代表出口价格指数；P_M 代表进口价格指数。

在国际贸易中，贸易条件有以下几种。

① 净贸易条件。

$$N = \left(\frac{P_X}{P_M}\right) \times 100$$

式中，N 代表净贸易条件。

净贸易条件如果大于 100，表示贸易条件改善，换句话说，表明出口价格较进口价格相对上涨，意味着每出口一单位商品能换回的进口商品数量比原来增多，即贸易条件比基期有利，贸易利益亦增大；如果小于 100，则表示贸易条件恶化，换言之，表明出口价格较进口价格相对下降，意味着每出口一单位商品能换回的进口商品数量比原来减少，即贸易条件比基期不利，贸易利益亦减少；如果指数等于 100，即贸易条件不变。必须注意，这种改善或

---

① 注：世界银行公布的各国商品贸易占 GDP 的比重，即对外依存度，采用的计算公式为 $\dfrac{\frac{(进口总额 + 出口总额)}{2}}{GDP} \times$

100%，也就是本书计算公式的一半。

恶化只是就进出口时期与基期相比较而言的，因而完全是相对的。

例如，假定以 2000 年为基期，某国的净贸易条件是 100，2012 年时出口价格指数下降 5％，为 95；进口价格指数上升 10％，为 110；那么这个国家 2012 年的净贸易条件为

$$N = (95 \div 110) \div 100 = 86.36$$

这表明该国从 2000 年到 2012 年，净贸易条件从 2000 年的 100 下降到 2012 年的 86.36，2000 年与 2012 年相比，商品贸易条件恶化了 13.64。

再如现以 1995 年为基准年，其进出口价格指数均是 100，而 2000 年出口价格指数上涨 6％，进口价格指数下降 2％，这样该年出口价格指数为 106，进口价格指数为 98，那么净贸易条件就是 108.16（106/98×100），可见净贸易条件改善了 8.16％。

② 收入贸易条件。

收入贸易条件是在净贸易条件的基础上，把出口数量指数加进来。计算方法是

$$I = \frac{P_X}{P_M} \times Q_X \times 100$$

式中，I 代表收入贸易条件，Q_X 代表出口数量指数。

③ 单项因素贸易条件。单项因素贸易条件是在净贸易条件的基础上，把出口商品劳动生产率指数加进来，计算方法是

$$S = \frac{P_X}{P_M} \times Z_X \times 100$$

式中，S 代表单项因素贸易条件，Z_X 代表出口商品劳动生产率指数。

④ 双项因素贸易条件。双项因素贸易条件是在净贸易条件的基础上，把进、出口商品劳动生产率指数都考虑进来。计算方法是

$$D = \frac{P_X}{P_M} \times \frac{Z_X}{Z_M} \times 100$$

式中，D 代表双项因素贸易条件，Z_M 代表进口商品劳动生产率指数。

1.3　全球经济中的国际贸易

1.3.1　国际贸易的产生与发展

1. 国际贸易的产生

国际贸易的产生必须具备两个基本条件：一是社会生产力的发展，导致剩余产品的出现；另一个是国家的形成。从根本上说，社会生产力的发展和社会分工的扩大，是国际贸易产生和发展的基础。

第三次社会大分工使商品生产和商品流通进一步扩大并出现了一个只从事商品交换的群体，即商人。在原始社会末期和奴隶社会初期，随着生产力的发展，商品生产和流通更加频繁和广泛，阶级和国家相继形成，商品交换超出了国界，国家之间的贸易便产生了。

2. 国际贸易的发展

1）奴隶社会的国际贸易

奴隶社会是奴隶主占有生产资料和奴隶的社会，受限于当时的技术水平，跨国交易局限

在很小的范围内。奴隶社会国际贸易中的主要商品是奴隶、粮食、酒及宝石、香料和各种织物等其他专供奴隶主阶级享用的奢侈品。

奴隶社会时期从事国际贸易的国家主要有希腊、罗马等,这些国家在地中海东部和黑海沿岸地区主要从事贩运贸易。我国在夏商时代进入奴隶社会,贸易集中在黄河流域沿岸各国。

2)封建社会的国际贸易

封建社会时期的国际贸易比奴隶社会时期有了较大的发展。在封建社会早期,封建地租采取劳役和实物的形式,进入流通领域的商品并不多。到了中期,随着商品生产的发展,封建地租转变为货币地租的形式,商品经济得到进一步的发展。在封建社会晚期,随着城市手工业的发展,资本主义因素已孕育生产,商品经济和国际贸易都有较快的发展。

封建社会国际贸易的主要商品,除了奢侈品以外,还有日用手工业品和食品,如棉织品、地毯、瓷器、谷物和酒等。

早在西汉时期,我国就开辟了从长安经中亚通往西亚和欧洲的陆路商路(丝绸之路,见图1-1),把我国的丝绸、茶叶等商品输往西方各国,换回良马、种子、药材和饰品等。

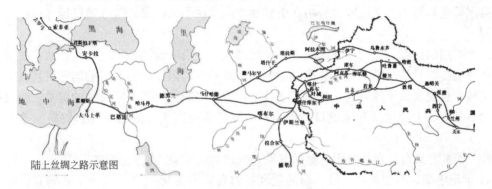

陆上丝绸之路示意图

图1-1 沟通东西方的陆上丝绸之路

到了唐朝,除了陆路贸易外,我国还开辟了通往波斯湾及朝鲜和日本等地的海上贸易(海上丝绸之路,见图1-2)。在宋、元时期,由于造船技术的进步,海上贸易进一步发展。在明朝永乐年间,郑和曾率领商船队七次下"西洋",经东南亚、印度洋到达非洲东岸,先后访问了30多个国家,用我国的丝绸、瓷器、茶叶、铜铁器等同所到的国家进行贸易,换回各国的香料、珠宝、象牙和药材等。

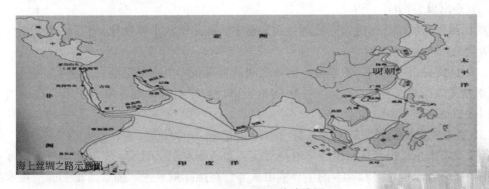

海上丝绸之路元意图

图1-2 海上丝绸之路路线图

在欧洲，封建社会的早期阶段，国际贸易主要集中在地中海东部。在东罗马帝国时期，君士坦丁堡是当时最大的国际贸易中心。公元 7 至 8 世纪，阿拉伯人控制了地中海的贸易，通过贩运非洲的象牙、中国的丝绸、远东的香料和宝石，成为欧、亚、非三大洲的贸易中间商。11 世纪以后，随着意大利北部和波罗的海沿岸城市的兴起，国际贸易的范围逐步扩大到整个地中海及北海、波罗的海和黑海的沿岸地区。当时，南欧的贸易中心是意大利的一些城市，如威尼斯、热那亚等，北欧的贸易中心是汉撒同盟的一些城市，如汉堡、卢卑克等。

3）资本主义时期的国际贸易

国际贸易真正获得巨大的发展是在资本主义形成和发展时期。在资本主义生产方式下，国际贸易额急剧扩大，国际贸易活动范围遍及全球，商品种类日益繁多，国际贸易地位与作用的提高使国际贸易成为资本主义扩大再生产的重要组成部分。

（1）资本主义生产方式准备时期的国际贸易——16 世纪至 18 世纪中叶

15 世纪末期至 16 世纪初的地理大发现对西欧的经济发展和国际贸易的迅速发展产生了十分深远的影响。大批欧洲冒险家前往非洲和美洲进行掠夺性贸易和黑奴交易。西班牙、荷兰、英国等老牌资本主义国家的势力在美洲和非洲地区不断扩张，争夺殖民地和国际贸易的控制权。

这个时期的国际贸易，尽管因资本主义机器大工业尚未建立，加之交通、通信技术的约束，使得国际贸易的规模、范围和商品品种均受到一定的限制，但此时的国际贸易既表现出了开拓性，也表现出了掠夺性，具有以下特征：欧洲国家扩大了对殖民地的贸易，殖民地在宗主国对外贸易中的比重和地位日益提高；国际贸易在范围、商品品种和贸易额等方面都有限。

（2）资本主义自由竞争时期的国际贸易——18 世纪后期至 19 世纪中叶

17 世纪中期，英国资产阶段革命的胜利标志着资本主义生产方式的正式确立。随后英国夺得海上霸权，意味着它在世界贸易中占据主导地位，这就为它向外掠夺扩张铺平了道路。18 世纪中期的产业革命又为国际贸易的空前发展提供了十分坚实而又广阔的物质基础。一方面，蒸汽机的发明与使用开创了机器大工业时代，生产力迅速提高，物质产品大为丰富，从而真正的国际分工开始形成；另一方面，交通运输和通信技术的突飞猛进，使得世界市场真正得以建立。国际贸易从局部的、地区性的交易活动真正转变为全球性的国际贸易。此时国际贸易，不仅贸易数量和商品种类有了长足增长，而且贸易方式和机构职能也有创新发展，表现出以下特征：

① 国际贸易额增长迅速，商品种类越来越多，商品结构不断变化，贸易方式也有进步，各种信贷关系随之发展。

② 国际贸易组织机构纷纷建立，国家之间的贸易条约关系也逐渐发展起来。

③ 殖民地日益成为资本主义宗主国的销售市场和原料来源地，形成了不合理的国际分工，国际贸易中的斗争也趋于激烈。

（3）资本主义垄断时期的国际贸易——19 世纪末 20 世纪初

各主要资本主义国家从自由竞争时期过渡到垄断资本主义时期，垄断组织成为国际贸易中的主要参与者，也是国际资本的主要输出入方。在国际贸易中，随着运输和通信技术的进一步发展，世界各国都卷入到错综复杂的世界市场，形成了资本主义的世界经济体系。此时国际贸易已经从狭义的商品贸易拓展到了资本跨国流动。此时各主要资本主义国家之间用于保护国内市场的各类贸易措施（包括关税与非关税措施）却阻碍着世界市场的进一步扩大，也加深了各资本主义国家之间的经济矛盾，并最终引起了世界大战的爆发。这一时期国际贸易的发展包括以下特征。

① 少数国家垄断世界市场。

② 少数先进国家垄断殖民地和后进国家的对外贸易。

③ 垄断组织垄断了国际市场价格。

④ 国际垄断组织在经济上分割世界。

⑤ 资本主义国家之间的竞争更趋激烈，各种贸易壁垒措施更加加深了资本主义国家之间的矛盾。

由于两次世界大战的干扰，垄断资本主义的发展也受到阻碍。因此，在第二次世界大战后，垄断资本主义才真正进入了迅速膨胀的时期。

4）第二次世界大战后的国际贸易

第二次世界大战是国际贸易环境变迁史上的重要分水岭。战后从全球范围来看，国际贸易在总体上其范围和规模在不断扩大，国际贸易越来越成为各国经济发展的重要因素。其发展过程可分为以下 3 个阶段（见图 1 - 3）。

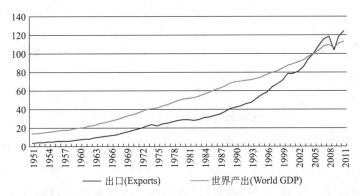

图 1 - 3 1950—2011 年世界货物出口贸易量指数和世界产出指数①

① 1950—1973 年间，国际贸易年均增长 10.3%，是历史上增长最快的时期。其基本原因是战后世界经济的迅速增长，以及国际分工的进一步扩大和深化、跨国公司的迅速发展、贸易自由化、国际经济一体化、国际货币制度的建立等。

② 1973 年至 20 世纪 80 年代初，国际贸易的增长速度明显减缓。其原因首先是世界经济的低速增长，西方经济陷入"滞胀"的困境；其次是石油危机的爆发；再次是货币制度危机的爆发。

③ 20 世纪 80 年代中期以来，国际贸易保持着较高的增长趋势，2001 年由于美国货币政策变动，导致全球经济增长放缓，国际贸易增速也随之下降。2008 年全球金融危机爆发，造成 2009 年世界产出下降 2%，全球货物出口贸易量下降 12%，但危机过后国际贸易得以迅速回升。

---

① 根据 2012 年世界贸易统计（World trade statistics 2012）中数据编制。

1.3.2 当代全球经济中的国际贸易

第二次大战以后，特别是 20 世纪 80 年代以来，国际贸易高速增长，对全球经济的发展产生了巨大的推动作用。深入分析和把握当前国际贸易的发展趋势和特点，对于科学决策，在更大范围、更广领域和更高层次上参与国际经济合作与竞争，把握好经济全球化带来的各种机遇，具有十分重要的意义。

1. 世界贸易迅速发展，货物贸易增长速度超过世界产出的增长速度，服务贸易的增速又远远超过商品贸易的增长速度[①]

"二战"后，随着运输和信息技术的发展，以及经济一体化和贸易自由化趋势日益加强，国际贸易取得了重大发展。从世界贸易额来看，1980 年至 2011 年，货物贸易额由 2.03 万亿美元上升至 18.26 万亿美元，平均每年增长超过 7％。如图 1-4 所示，从世界贸易量来看（剔除价格变动因素），1980 年到 2011 年间，货物贸易量增长了 4 倍，货物贸易的平均增长率约为世界产出增长率的两倍。

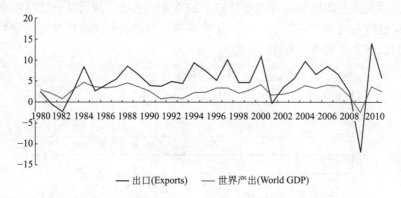

图 1-4　1980—2011 年世界货物贸易量和世界产出的增长率[②]

这一期间的服务贸易量增长速度更快，1980 年服务贸易出口量仅为 0.37 万亿美元，到 2011 年增长为 4.17 万亿美元，平均每年增长约 8％。服务贸易出口额占全球贸易出口总额的份额从 1980 年的 15.42％上升至 2011 年的 18.59％。

据 WTO 公布的数据显示，2012 年全球货物贸易的出口总额达到 17.85 万亿美元，服务贸易出口总额为 4.35 万亿美元。

2. 国际贸易地理分布多元化，发达国家主导地位不变，发展中经济体的国际贸易份额显著提升

当前国际贸易的地理分布局势呈现出更加明显的多元化趋势。发达国家仍是国际贸易的主体国家，但发展中国家则以高于发达国家的速度增长。1980 年发展中经济体的世界贸易份额仅为 34％，2011 年上升为 47％，接近世界贸易总量的一半。与此同时，发达经济体的国际贸易份额从 66％下降到 53％。中国的出口份额从 1980 年的 1％上升到 2011 年的 11％，如果单独计算欧盟成员国的出口份额，中国无疑是世界上最大的商品出口国。然而，美国、

---

① 资料来源：World Trade Report 2013。
② 根据 2012 年世界贸易统计（World trade statistics 2012）中数据编制。

日本、欧盟在世界商品进口和出口中的份额都有所下降。

由于发展中经济体在世界贸易中的集体份额不断提升，他们之间的内部贸易业越来越频繁。1980年到2011年，"南南"贸易在世界贸易中的份额由8%上升至24%；南北贸易的份额也略有增加，从33%增至38%；但发达经济体（即北北贸易）之间的贸易的份额从56%下滑到36%。1990年和2011年间，除了与北美的贸易，亚洲与所有地区的双边贸易在世界贸易中比重都有所增长。亚洲与北美的双边贸易的份额从1990年的10.2%下滑至2011年的7.8%。在此期间，中国与非洲之间的贸易往来推动了亚非贸易在世界贸易中的份额增长了近两倍，尽管亚非贸易快速增长，但2011年其在世界贸易中的份额仍然相对较小，仅为17%①。

表1-2 2012年全球货物进出口贸易前十位国家和地区　　单位：十亿美元，%

	出口				进口		
排名	出口方	总额	比重	增长率	排名	进口方	总额	比重	增长率
1	中国	2 049	11.2	8	1	美国	2 335	12.6	3
2	美国	1 574	8.4	5	2	中国	1 818	9.8	4
3	德国	1 407	7.7	−5	3	德国	1 167	6.3	−7
4	日本	799	4.4	−3	4	日本	886	4.8	4
5	荷兰	656	3.6	−2	5	英国	680	3.7	1
6	法国	569	3.1	−5	6	法国	674	3.6	−6
7	韩国	548	3.0	−1	7	荷兰	591	3.2	−1
8	俄罗斯	529	2.9	1	8	中国香港	554	3.0	8
9	意大利	500	2.7	−4	9	韩国	520	2.8	−1
10	中国香港	493	2.7	8	10	印度	489	2.6	5

资料来源：World Trade Report 2013，Appendix Table 1.2.

表1-2列出了2012年全球进出口贸易前十位的国家和地区，从表中可以看出，前三大商品出口国依次是中国、美国和德国，前三大进口国依次是美国、中国和德国。2008年德国的出口为1.46万亿美元，进口为1.2万亿美元，都略高于中国。而2008年的金融危机对德国的经济造成了重创，2009年中国一跃成为世界上第一大出口。当然，如果我们把欧盟作为一个独立的经济体来看，它的2012年出口总额为2.17万亿美元，位居全球第一。

专栏1-1

中国、美国、德国三大贸易国的国际贸易份额比较

美国和德国作为传统贸易强国，在国际货物贸易中的地位一直都处于世界前列。如表1-3所示，1990年德国位于货物贸易出口首位，出口额占全球货物出口总额的12.2%，美国位居第二位，占全球货物出口总额的11.4%，中国仅占1.8%，排名第14位。中国的货物贸易出口份额不断上升，2010年达到10%以上，跃居世界第一位，事实上

① 资料来源：World Trade Report 2012。

2009 年中国就已经一跃成为世界上第一大货物出口国。美国和德国的出口份额则出现不同程度的下降，美国雄厚的经济基础使之能够稳保其第二出口大国的地位。

表 1-3　中国、美国、德国国际贸易份额比较——货物出口　　　　　　　单位：十亿美元

	中国			美国			德国		
	比重	排名	出口额	比重	排名	出口额	比重	排名	出口额
1990	14	62.1	1.8	2	393.6	11.4	1	421.1	12.2
1995	11	148.8	2.9	1	584.7	11.3	2	523.5	10.1
2000	8	249.2	3.8	1	781.9	12.1	2	551.8	8.5
2005	9	761.9	3.1	1	901.1	14.7	2	970.9	6.2
2010	1	1 577.8	10.4	2	1 278.5	8.4	3	1 258.9	8.3
2012	1	2 048.7	11.2	2	1 545.7	8.4	3	1 407.1	7.7

资料来源：由世界贸易组织网站数据整理计算所得。

从货物进口角度来看（见表 1-4），美国强大的经济总量决定了其能够始终保持世界进口总额第一的大国地位。德国次之，在 2009 年始终占据着世界第二大货物进口国的位置，但是与其出口地位一样，2008 年经济危机对德国经济的重创，导致其被中国超越，降为世界第三。中国经济的快速发展为国际贸易地位的提升提供了不竭动力，推动了中国在世界贸易排名中不断进步。

表 1-4　中国、美国、德国国际贸易份额比较——货物进口　　　　单位：十亿美元

	中国			美国			德国		
	排名	进口额	比重	排名	进口额	比重	排名	进口额	比重
1990	16	53.3	1.5	1	516.9	14.6	2	355.7	10
1995	12	132.1	2.5	1	770.9	14.6	2	463.9	8.8
2000	9	225.1	3.3	1	1 259.3	18.7	2	497.2	7.4
2005	7	659.9	3.5	1	1 732.7	12	2	777.1	8.6
2010	2	1 396.2	7	1	1 969.2	12.8	3	1 054.8	6.9
2012	2	1 818.4	9.8	1	2 335.5	12.6	3	1 167.2	6.3

资料来源：由世界贸易组织网站数据整理计算所得。

3. 国际贸易的产品结构进一步优化，高技术含量产品和服务的贸易比例不断提升

1945 年以来，工业制成品及其组件一直是世界贸易的主要内容，从 1900 年占世界贸易的 40% 到 2000 年占 75%，2011 年回落到 65%。然而，农业在世界贸易中的相对份额一直稳步下降，从 1900 年的 57%，持续下降到 2011 年的 9%（见图 1-5）。

技术产品在制成品贸易中的地位大大提高，尤其以信息技术产品出口增长最快。同时，由于跨国公司纷纷把以信息技术为代表的高新技术产业向发展中国家转移，近年来发展中国家技术密集型产品出口占全球的比重快速上升。在世界贸易的 17 种主要商品中，办公和电信设备、电子数据处理设备、集成电路和电子元件等技术密集型产品增长最快，这几类产品 1990 年的贸易总额仅占工业制成品贸易总额的 12.5%，2005 年上升为 34.9%，2012 年占

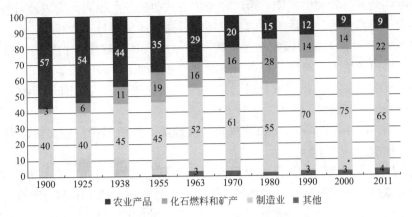

图1-5 1900—2011年世界货物贸易出口商品结构①

29.1%。办公和电信设备增长最快的原因是公司提高效率的强烈需求，消费者追求新的和改进型产品的期望，其产品多是新的和"高技术"的产品，如个人和商用计算机与相关设备（激光印刷机等）、半导体、各种电话设备、传真机、收音机、广播电视和消费电子产品。

随着各国产业结构的优化升级，全球服务贸易发展迅猛，服务贸易中的金融、保险、电信、信息、咨询等新兴服务业发展较快，传统的运输业所占份额持续下降。从1980年到2011年，运输在世界服务业中的比重从33.6%下降到20.6%，保险和金融服务额比重从2.9%上升到9.5%。

4. 贸易投资一体化趋势明显，跨国公司对全球贸易的主导作用日益增强

在经济全球化的推动下，生产要素特别是资本在全球范围内更加自由地流动，跨国公司通过在全球范围内建立生产和营销网络，推动了贸易投资日益一体化，并对国际经济贸易格局产生了重要影响。

① 跨国公司已成为全球范围内资源配置的核心力量。至2009年，全球约有82 000家跨国公司，控制全球超过810 000子公司，世界贸易的三分之二以上都发生在跨国公司及其供应商之间，跨国公司在全球供应链中的重要性日益增加（UNCTAD，2010）。

② 国际贸易竞争从以比较优势为主，转变为以跨国公司数量和在国际范围内整合资源的能力为主。这就意味着，一个国家具备国际竞争优势的企业越多，就越可以在国际分工中更多地整合别国的资源。

③ 国际贸易格局由产业间贸易转向产业内贸易、公司内贸易为主。主要表现为：中间产品、零部件贸易在国际贸易中的比重增加。

④ 跨国公司产业转移不断加快，加工贸易在整个国际贸易中的比重持续提高，已成为发展中国家对外贸易的增长点。

⑤ 跨国公司开始结成新型的"战略联盟"，以提高竞争力。首先，跨国公司通过兼并与收购在国外建立自己的生产网络，以保护、巩固和增加自己的竞争能力。跨国兼并与收购活动最为活跃的行业为能源、经销、电信、医药和金融服务。其次，一些跨国公司以协定（股份和非股份）方式加强联合。从1990年以来，跨国公司之间在核心技术（信息和生物）上

---

① 资料来源：World Trade Report 2013，Figure B.3.

也加强了战略性研究与开发的合作。跨国公司结盟的动机各不相同，美国公司的目标是地域扩张；加拿大和墨西哥的公司最关心的是市场份额；欧洲公司是二者兼顾。

⑥跨国公司通过把发展中国家和经济转型国家纳入其全球生产和营销体系，客观上帮助它们提高了出口竞争力。跨国公司在上述国家的食品加工业和园艺等部门基于资源出口的发展中做出了贡献。在制造业领域，通过使这些国家的产品进入跨国公司的生产和营销网络，扩大了这些国家市场。

5. 多边贸易体制加强，贸易自由化成为主流趋势，但贸易保护主义依然存在，不断出现新的贸易保护措施

第二次世界大战以后，为了促进世界经济的恢复与重建，1947年建立了关贸总协定，成为多边贸易体制的组织基础和法律基础。通过关贸总协定主持下的多边贸易谈判，关税不断下调，非关税壁垒受到约束，推动了关贸总协定缔约方的贸易自由化。经济全球化的发展，要求多边贸易体制得到加强，1995年建立的世界贸易组织，取代了1947年的关贸总协定，使多边贸易体制更加巩固和完善，使贸易自由化向纵深发展。

虽然贸易自由化是世界各国的共同期望，全球贸易环境、政策环境比以往更加自由，但是随着全球贸易规模的继续扩大，发展不平衡的问题也日益凸显。一些发达国家迫于国内各种利益集团的压力，仍然不断地尝试创造和使用新的保护主义政策和措施，以货币贬值、反倾销、技术性贸易壁垒和其他非关税壁垒等为武器保护国内市场，迫使别国就范或限制其他国家的商品进口。

当前世界已经进入贸易争端的高发期，并呈现出以下特点：一是基于战略利益考虑而引发的贸易摩擦增多；二是贸易保护的手段不断翻新，各种技术壁垒成为贸易保护的新式武器，知识产权纠纷成为国际贸易争端的重要方面；三是摩擦从单纯的贸易问题转向更为综合的领域，社会保障问题、汇率制度问题等已成为摩擦的新领域，资源摩擦与贸易摩擦交互作用的趋势越来越明显；四是中国已成为国际贸易保护的最大受害国，从1995年开始，中国已连续10年成为遭受反倾销最多的国家。

美国在其2007年贸易报告中自行确定了一份贸易"黑名单"，将矛头指向欧盟等63个贸易伙伴，对美国出口设置贸易障碍，如指责欧盟为空中客车公司提供大量补贴，印度对从美国进口的葡萄酒和白酒征收过高的进口关税，并称美国将采取"一切可能的手段"来促使这些贸易伙伴改变对美国产品的"歧视性做法"。贸易保护主义的抬头最终必将阻碍世界贸易和经济的发展进程。

6. 世界市场上的竞争由单个国家间的竞争向综合化、集团化和有序化方向发展

在国家存在的前提下，为了能以对外贸易带动经济发展，贸易各国和企业在世界市场上进行着激烈的竞争，出现了以下特点。

（1）竞争日益综合化

第一，把货物、服务与知识产权有机地结合起来。第二，把贸易自由化与允许的保护结合起来。第三，关税措施与非关税措施综合使用。第四，把跨国公司的发展与提高中小企业竞争力结合起来。第五，国内市场竞争与国外市场竞争有机地结合起来。第六，把价格竞争与非价格竞争有机地结合起来。

（2）竞争日益集团化

第一，加强经贸集团的组建，使地区经贸集团数目急剧增加。经贸集团已从20世纪80

年代的 80 多个增加到 21 世纪初的 150 多个。第二，地区经贸集团的类型更加多样化。在已有的经贸集团类型（自由贸易区、关税同盟和共同市场、经济同盟）的基础上，出现了自我承诺类型的经贸集团，如亚太经合组织；个别经贸集团已从经贸集团向政治集团发展，如欧盟。第三，地区经贸集团形成的基础发生结构性的变化。由相邻国家组成经贸集团走向跨洲的国家组成经贸集团；从社会制度相同国家组成经贸集团到社会制度不同国家融于一个经贸集团；从经济发展水平相近国家组成经贸集团到经济发展水平相差很大的国家之间组成经贸集团。第四，经贸集团内部通过贸易和投资等方面的自由化，统一市场，使内部贸易不断扩大，经贸集团内部贸易占其整个对外贸易的比重均在提高。

（3）竞争向有序化方向发展

第一，积极利用世界贸易组织，在世界贸易组织规则基础上进行"开放、公平和无扭曲的竞争"。第二，国际贸易法律、规则和标准日益趋同化，它们与各国国内的相关法规的相融性在加强。

7. 随着世界经济和信息技术的发展，国际贸易出现了新的贸易方式

贸易方式是指进行贸易活动所采取的具体做法。国际贸易新方式是指相对于传统贸易形式而言的。第二次大战结束以后，特别是 20 世纪 90 年代以来，国际贸易新方式不断出现。

（1）国际商品贸易与国际投资相结合

比较典型的是贸易和融资于一体的 BOT 方式，即"建设—经营—移交"（model of build-operate-transfer）的国际工程承包模式。它是指国家将急需建设的大型资本技术密集型工程通过国际招标方式选择承包人，并同承包人组建合营公司，项目建设经营资金由承包人负责。项目建成后，合营公司负责经营管理，当各方收回投资并获得一定利润后（一般在 10 年以上），项目的所有权、经营权移交给发包的国家，成为其独有资产，该项目合同结束。再比如"三来一补"（来料加工、来件装配、来样制作或生产及补偿贸易的总称）贸易方式等。

（2）国际贸易信息化日益显著

全球经济进程包括国际贸易越来越多地受信息和知识创造、传播、累积和应用的影响。当代国际贸易信息化，一方面是指信息技术产品成为国际贸易的重要内容，另一方面是指对传统贸易方式具有革命性意义的电子商务（electronic business 或 electronic commerce）贸易新方式的出现。按照 WTO 有关报告的理解，电子商务就是通过电信网络进行生产和销售的活动[①]。

电子商务利用 Internet 技术，拓展了国际贸易的空间和场所，缩短了国际贸易的距离和时间，使国际贸易活动全球化、智能化、无纸化和简易化，成为本世纪最有活力、最具发展前景的国际贸易方式。据联合国贸易和发展会议估计，如果在国际贸易中使用电子商务，每年可带来大约 1 000 亿美元的收益。有专家预测，按照现在的发展，未来十年全世界国际贸易将会有三分之一通过网络贸易的形式完成。贸易信息网络作为最大的中间商将对传统的中间商、代理商和专业进出口公司的地位发起挑战，引发国际贸易中间组织结构的革命。电子商务推动了整个世界贸易的发展。

8. 当代国际贸易出现的新现象与新问题

（1）贸易与环境的协调发展

---

① 刘厚俊. 国际贸易新发展. 北京：科学出版社，2003.

发展贸易和保护环境是人类提高生活水平的重要手段，两者可以相互促进，但在一定条件下也是相互矛盾的。自 20 世纪 70 年代以来，一方面发达国家通过出口贸易与对外投资向发展中国家转移污染，另一方面发展中国家资源过度及不合理使用使生态环境不断恶化，给动植物和人类健康带来了越来越严重的不利影响。

20 世纪 90 年代以来，与贸易有关的多边、双边环保协议及国家的环保法规大量出现。这些协议、法规直接或间接地限制或禁止某些产品的进出口贸易，对环境保护起到了一定的作用，但是也给贸易的发展带来了一些新的问题，诸如环境法规的差异影响了发展中国家产品的市场准入；环保措施的滥用导致了新的贸易保护主义出现，国际贸易中和环境有关的贸易摩擦与争端不断增加。如何科学地处理贸易与环境的冲突，真正实现贸易与环境的协调发展，是当代国际贸易发展中面临的又一个新的挑战。1994 年多边贸易谈判部长级会议达成的《贸易与环境的马拉喀什决定》将处理贸易政策、环境政策和可持续发展三者之间的关系作为 WTO 的一个优先考虑事项。

专栏 1-2

国际社会对环境与贸易问题的关注

◆ 1982 年 5 月联合国环境规划署（UNPE）理事会为纪念联合国人类环境会议 10 周年，召开特别会议。会议认为必须防止转让不适当的技术、有毒和有害物质给环境带来的严重危害。

◆ 1981 年发展中国家环境与发展部长级会议通过的《北京宣言》指出：各国应能决定自己的环境和发展政策，不受任何贸易壁垒歧视的影响。

◆ 1992 年 6 月联合国环境与发展大会通过的《里约环境与发展宣言》要求：为环境目的而采取的贸易政策措施不应该成为国际贸易中的一种任意或无理歧视的手段或伪装限制。

◆ 1992 年 6 月联合国环境与发展大会通过的《21 世纪议程》指出：通过贸易自由化促进可持续发展；使贸易与环境相辅相成；环境的利害关系不应作为限制贸易的借口。

◆ 加拿大国际发展研究院（IISD）1994 年发表的《贸易与可持续发展原则》指出：贸易与发展应重视和有助于维持环境的完整性；贸易自由化可通过消除对发展中国家有害的贸易壁垒而为达到更加公平作出贡献；不应用经济制裁或别的强制性的措施来试图消除标准的差异。

◆ 1994 年马拉喀什多边贸易谈判部长级会议通过的《贸易与环境的马拉喀什决定》将处理贸易政策、环境政策和可持续发展三者之间的关系作为 WTO 的一个优先考虑的事项；WTO 应监督为保护环境而采取的贸易措施，以及那些对贸易产生重大影响的环境措施和对这些措施进行管理的多边规则的有效实施。

资料来源：叶汝求. 环境与贸易. 北京：中国环境科学出版社，2001.

（2）出现国际物流"革命"

所谓国际物流（International Logistics，IL），是指不同国家之间的商品流动。国际物流是国内物流的延伸和进一步扩展。国际物流是国际贸易的重要环节，世界各国之间的贸易是通过国际物流来实现的。由于国际分工的日益细化，各国均成为世界生产体系的一个链条，国家之间商品、物资的流动便形成了国际物流。

20世纪90年代以后，国际互联网络、卫星定位系统在国际物流中的应用，极大地提高了物流的信息化和物流服务水平。为了提高竞争力，各大物流企业加大了对物流信息网络和营运系统的投资建设，出现了国际物流"革命"。

① 配送方式上的"革命"。特点是从物资运输向物流配送演变，服务内容要求准确（科学调运）、准时（零库存）、准量（小批量、多品种），形成一体化服务。

② 网络运营"革命"。特点是建立物流中心，形成软硬件结合的物流网络，为客户提供现代化的网络服务。即以交通运输枢纽为依托，建立起运转良好的货物集散场所。物流中心要做到物流、商流、资金流、信息流的有机统一。通过设计、引导、支配物流，形成科学、合理、低成本的网络运营体系；构建起具有集货、储货、转运、配货、物贸等多重功能的全国和全球性物流的连接网络。

③ 电子技术"革命"。特点是依赖于信息化的技术支撑，建立起一体化和网络化的服务。

④ 综合服务"革命"。特点是物流范围向订单处理、配送、存货控制、仓库管理、装卸、包装、局部加工、运输等全方位领域扩展，形成更多利润的增值服务，促使大型物流公司向产业化发展。

⑤ 流通业态"革命"。特点是以跨国公司的生产系统和营销网络为中心，形成全球性的、有机结合的全球物流基地和运营中心。

专栏 1－3

中国的对外贸易情况

从表1-5中数据来看，在过去的三十年里，我国国际贸易情况发生了巨大变化，国际贸易进出口总额由1980年的381.4亿美元上升至2011年的36 418.6亿美元，增加了95倍。中国国际贸易由入超变为出超，1985我国国际贸易差额为-19亿美元（入超），1990年国际贸易首次出现出超，差额为87.4亿美元，2008年我国国际贸易差额达到2 981.3亿美元，国际贸易进口和出口明显不平衡。我国目前已经成为全球第二大贸易国，出口总额居全球第一位，进口居全球第二位，仅次于美国。

表1－5 1980—2011年中国货物进出口贸易总体情况

金额单位：十亿美元

年份	进出口		出口		进口		差额
	总额	增速/%	总额	增速/%	总额	增速/%	
1980	38.14	—	18.12	—	20.02	—	−1.90
1985	69.60	82.49	27.35	50.94	42.25	111.04	−14.9
1990	115.44	65.86	62.09	127.02	53.35	26.27	8.74
1995	280.86	143.30	148.78	139.62	132.08	147.57	16.7
2000	474.29	68.87	249.2	67.50	225.09	70.42	24.11
2001	509.65	7.46	266.1	6.78	243.55	8.20	22.55

续表

年份	进出口		出口		进口		差额
	总额	增速/%	总额	增速/%	总额	增速/%	
2002	620.77	21.80	325.6	22.36	295.17	21.19	30.43
2003	850.99	37.1	438.23	34.6	412.76	39.8	25.47
2004	1 154.55	35.7	593.33	35.4	561.23	36.0	32.10
2005	1 421.91	23.2	761.95	28.4	659.95	17.6	102.00
2006	1 760.44	23.8	968.98	27.2	791.46	19.9	177.51
2007	2 176.57	23.6	1 220.46	26.0	956.12	20.8	264.34
2008	2 563.26	17.8	1 430.69	17.3	1132.57	18.5	298.13
2009	2 207.54	−13.9	1 201.61	−16.0	1005.92	−11.2	195.69
2010	2 974.00	34.7	1 577.75	31.3	1396.25	38.8	181.51
2011	3 641.86	22.5	1 898.38	20.3	1743.48	24.9	154.90

资料来源：根据相应年份《中国统计年鉴》数据整理及计算所得。

从图1-6可见，1980—2006年我国对外贸易依存度持续增长，对外贸易依存度由25%上升至64.9%，2007至今，对外贸易依存度有所下降，2012年下降为47%。我国对外贸易依存度始终保持在较高水平，远远高于美国和日本，约为美、日两国对外贸易依存度的两倍。2012年日本的对外贸易依存度为28.3%，美国仅为24.8%。与美、日两国相比，中国的对外贸易依存度明显过高，主要是由于我国长期坚持鼓励进出口的贸易导向战略，带动我国对外贸易的过快增长。

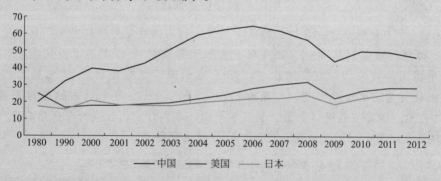

图1-6　1980—2011年中、美、日三国对外贸易依存度比较①

从表1-6可以看出，我国商品出口中加工贸易一直占有较大比重，从2003年至2010年我国加工贸易商品出口额始终大于一般贸易出口额，2011年一般贸易首次超过加工贸易，一般贸易额比重上升反映了我国产业结构的优化和国内企业国际竞争力的提升。

① 资料来源：世界银行（http：//data．worldbank．org．cn），图中数据为以现价美元计算的中国商品贸易进出口总额占GDP比重。

表 1-6 2003—2011 年中国货物出口额——分贸易方式

金额单位：十亿美元

	2003	2004	2005	2006	2007	2008	2009	2010	2011
总值	438.23	593.33	761.95	968.98	1 220.46	1 430.69	1 201.61	1 577.75	1 898.38
一般贸易	182.03	243.64	315.09	416.32	538.58	662.58	529.83	720.73	917.12
加工贸易	241.85	327.99	416.48	510.38	617.66	675.18	586.98	740.33	835.42
其他	14.49	21.75	30.43	42.38	61.78	90.78	84.85	116.87	146.06

资料来源：相应年份《中国统计年鉴》。

从我国国际贸易的出口方向来看，我国国际贸易出口主要分布在亚洲地区，其次是欧洲，近几年对于非洲地区的国际贸易出口增长较快，但总体比例仍然较小。中国与日本、韩国和东盟国家的国际贸易往来频繁。中国与欧洲的国际贸易主要集中在欧盟区，中国对北美洲的出口仅占 20% 左右，但美国是中国最大的商品进口国（见图 1-7）。

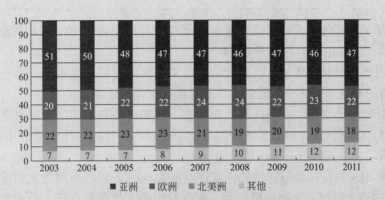

图 1-7 2003—2011 年中国货物出口方向情况

随着中国经济的不断发展，中国的出口商品中初级产品的比重不断下降，工业制成品的比重不断上升，工业制成品又以技术含量较高的机械类产品为主（见表 1-7）。

表 1-7 2003—2011 年中国出口商品结构表   金额单位：十亿美元

商品构成	2003	2004	2005	2006	2007	2008	2009	2010	2011
总值	438.23	593.33	761.95	968.98	1 220.46	1 430.69	1 201.61	1 577.75	1 898.38
一、初级产品	34.81	40.55	49.04	52.92	61.51	77.96	63.11	81.69	100.55
食品及活动物	17.53	18.86	22.48	25.72	30.74	32.76	32.63	41.15	50.49
饮料及烟类	1.02	1.21	1.18	1.19	1.40	1.53	1.64	1.91	2.28
非食用原料（燃料除外）	5.03	5.84	7.48	7.86	9.12	11.32	8.15	11.60	14.98
矿物燃料、润滑油及有关原料	11.11	14.48	17.62	17.77	19.95	31.77	20.37	26.67	32.27
动植物油、脂及蜡	0.12	0.15	0.27	0.37	0.30	0.57	0.32	0.36	0.53
二、工业制成品	403.42	552.78	712.92	916.02	1 156.27	1 352.74	1 138.48	1 496.07	1 797.84
化学品及有关成品	19.58	26.36	35.77	44.53	60.32	79.35	62.02	87.57	114.79

续表

商品构成	2003	2004	2005	2006	2007	2008	2009	2010	2011
轻纺、橡胶及矿业制品	69.02	100.65	129.12	174.82	219.88	262.39	184.82	249.11	319.56
机械及运输设备	187.77	268.26	352.23	456.34	577.05	673.33	590.27	780.27	901.77
杂项制品	126.09	156.40	194.18	238.01	296.84	335.96	299.75	377.65	459.37
未分类的商品	0.96	1.11	1.61	2.32	2.18	1.71	1.63	1.47	2.34

资料来源：2012 年《中国统计年鉴》。

本章要点

1. 国际贸易是各国或地区之间进行商品与服务的交换活动，是人类发展到一定历史阶段的产物，它属于一个历史范畴。

2. 学习国际贸易的理论、政策之前，应掌握国际贸易的基本概念和分类，对一些容易混淆的概念加以区分，理解一些贸易统计指标的经济含义。

3. 国际贸易产生后，在不同的社会形态下表现出各自不同的发展形态，直到资本主义社会，国际贸易才得到了真正意义上的发展，并且随着社会经济环境的变化，国际贸易活动也呈现出新的特点和变化。

4. 国际贸易对全球经济发展的依赖程度很大，2008 年的金融危机造成了国际贸易 70 年来的最大跌幅。金融危机过后，相继发生的欧债危机也极大地限制了国际贸易的快速发展。

复习思考题

一、本章关键术语

国际贸易与对外贸易　一般贸易　加工贸易　贸易条件　对外贸易依存度　国际贸易额与国际贸易量　总贸易体系与专门贸易体系

二、简答题

1. 简述转口贸易和过境贸易的区别。

2. 什么是贸易差额？它与一国的经济发展有什么关系？

3. 净贸易条件在不同取值情况下的经济学含义分别是什么？

4. "二战"后的国际贸易发展呈现出哪些新的特点？

三、计算分析题

假设某国净贸易条件以 2000 年为基期是 100，2007 年出口价格指数较基期下降 6％，进口价格指数较基期上升 12％，计算并分析该国 2007 年净贸易条件发生了怎样的变化。

四、分析论述题

1. 结合本章对中国对外贸易情况的介绍，谈一谈如何看待我国目前的对外贸易依存度？中国对外贸易的主要贸易伙伴有哪些？改革开放以来，中国对外贸易情况发生了哪些变化？原因有哪些？

2. 结合本章知识，简要谈谈你对当前全球经济中的国际贸易格局的认识，中国超越美国成为世界第一出口大国是否意味着中国贸易实力超越美国？

第**2**章

古典贸易理论

国际贸易理论通过对国际贸易历史和现实的认识，揭示出国际贸易产生的动机和原因及相关政策，它随着国际贸易规模、形式的发展而深化。学习亚当·斯密、大卫·李嘉图等古典经济学家有关贸易的思想，将有助于了解国际贸易理论如何从现实的经济生活中产生和发展，经济学模型如何一步步突破理论局限性而完善自身，同时有助于了解国际贸易理论中的一些基本概念。

2.1 国际贸易理论的产生

早期的国际贸易理论起源于市场经济、商品交换和生产分工的思想，其研究对象从一国国内的生产分工和交换超越国界，扩大到不同国家之间的分工和交换。

2.1.1 早期的分工交换思想

从历史的角度看，国际贸易思想的起源和发展可以追溯到出现分工交换思想的古罗马、古希腊时代。著名的荷马史诗《伊利亚特》和《奥德赛》中就已经有过"一个女奴隶等于四条公牛"、"一个铜制的三脚鼎等于二十条公牛"等的记述，其中间接表现出来的经济思想，反映出当时人们已经意识到交换的好处。

最早提出分工学说的是古希腊思想家柏拉图（Plato）。在柏拉图的城邦国时代，每个城邦的经济都相对单一，需要与别的城邦进行交换以获取必要的资源和商品。柏拉图强调，每一个人都有多方面的需求，但是人们生来却只具有某种才能，因此一个人不能无求于他人而自足自立，而不得不相互帮助。他进一步指出，一人而为多数之事，不如一人专心于一事。如果一个人专门做一种和他能力相近之事，他所生产出来的必定较优和较多。所以，一国中应该有专门从事各行各业的人[①]。

柏拉图还认为，在社会分工中，每一个人应该从事哪种行业、担任何种职务取决于各人的秉性，而各人的秉性是先天决定的。古希腊人和古罗马人也意识到，农业的专业化分工取

---

① 柏拉图.理想国：第1卷.北京：商务印书馆，1957.

决于人们各自封地适合种植什么样的作物。这些思想都是后来贸易理论中的自然差别决定生产比较优势思想的最初表达。

早期国际分工思想还在宗教神学中有所表达。宗教中关于贸易的最早表述可以追溯到公元前 4 世纪的利巴涅斯（Libanius）。他在其著作中写到："上帝没有把所有的产品都赠给地球的一个部分，而是赠予不同的地区，到头来人们会力求建立起地区之间的社会关系，因为他们需要互相帮助。上帝使贸易产生，从而使所有的人都能共同享有地球上的果实，而无论这些果实是在何处生产的。"[①]

在西方早期经济学中，基督教教会的思想占有十分重要的地位，其中著名的代表人物是托马斯·阿奎那（Thomas Aquinas，1255—1274 年）。在阿奎那之前，教会对于以赚取利润为目的的商业是采取否定态度的，虽然阿奎那从道德上仍对商业贸易持怀疑态度，但他支持利巴涅斯的观点，承认即使再完美的城市也需要商人进口所需的产品和出口过剩的产品。

利巴涅斯和他的追随者提出了地理位置不同造成生产产品不同的观点，这种观点在 17 世纪以后被扩展为生产要素禀赋、气候、技能及偏好等的不同产生不同优势。到了 20 世纪，则进一步发展成为赫克歇尔-俄林的贸易理论。

2.1.2 重商主义

重商主义（Mercantilism）是古典贸易理论的一个重要组成部分，一般是指亚当·斯密的《国富论》（1776）出版前，即 16 至 18 世纪的经济政策体系和经济学说。普遍认为大部分重商主义文献是在 17 世纪 20 年代至 18 世纪中叶出现在英国，其代表人物为托马斯·孟（Thomas Mun，1571—1641）和爱德华·米塞尔登（Edward Miselden）等，但詹姆斯·斯图亚特（James Steuart，1712—1780）的《政治经济学原理》通常被认为是重商主义者的最后著作。大多数重商主义者都是生意人、贸易商或政府官员，他们就诸如贸易、储运、关税与产业保护的经济效应等实践问题发表见解，其主要问题是有关如何获得国家财富与权力，但对经济政策实践的争论并不能掩盖重商主义作为商业资本主义经济学说的光芒。

1. 产生背景

伴随着 15 世纪末地理大发现，新的世界市场展现在人们眼前。商业、航海业、工业进入快速发展时期，西欧封建社会开始瓦解，资本主义生产关系开始萌芽和成长。期间商业资本发挥着突出的作用，促进各国国内市场统一和世界市场形成，推动对外贸易的发展。作为封建专制的中央集权国家，西欧主要发达国家运用国家力量支持商业资本发展。随着封建社会的自然经济体系逐渐瓦解，国内市场趋于统一。同时，通过对殖民地进行掠夺和对外贸易扩张积累的大量资金，推动工场手工业的发展。社会和经济的发展，呼唤着对当时政策手段给予全面支持的重商主义理论应运而生。

2. 理论内容

重商主义分为早期重商主义和晚期重商主义。

早期重商主义即重金主义，绝对禁止贵重金属的外流。为此当时执行重商主义政策的国

---

① Viner. The Role of Providence in the Social Order. Princeton：Princeton University Press，1972，36-37.

家禁止货币出口，由国家垄断全部贸易，外国人来本国进行贸易时，必须将其销售货物所得到的全部款项用于购买本国的货物。

晚期重商主义也称贸易差额论，对货币的运用不过分加以限制，变管理金银进口的政策为管制货物的进出口，力图通过奖励出口和限制进口的措施，保证和扩大贸易顺差，以达到金银流入的目的。

重商主义的主要观点可以归纳为以下几点：

① 国际贸易是国家财富的最重要来源。

② 要在国际贸易中获利，必须以本国制造品出口到外国以换取黄金、白银（贵重金属）。

③ 国际贸易的原则是多卖、少买，从而使贵重金属（外汇）留在国内，谋取贸易顺差。

④ 为了取得国际贸易的顺差，必须尽量多的出口本国生产的制造品，进口外国原材料，利用制造品与原料的价格差获利。

⑤ 必须将本国国内市场的主要份额保留给本国相应产业。这不仅可以保护自身的工业生产能力，也可以培植新兴产业，给本国人民提供充足的就业机会。

在整个重商主义时期，高关税是各国贸易政策的主要特征。当时的英国，对进口货物几乎全部征收关税，并以关税作为贸易战的重要武器。1651 年英国颁布了《航海条例》，以保护本国的航运事业，对用外国船舶运输的进口货物征收歧视性的高额关税。特别是对主要的贸易竞争对手——法国的产品征收高于其他国家产品的进口关税。对本国必需的原材料及来自殖民地国家的初级产品免征或减征进口税，对出口原材料及半制成品征收出口税。

3. 理论评述

重商主义开始依据商业资本家的经验去观察和说明社会经济现象。重商主义以商业资本作为考察对象，从流通领域研究了"货币—商品—货币"的运动规律。重商主义者的核心观点认为，金银或货币是财富的唯一形态，一切经济活动的目的就是为了获取金银。除了开采金矿、银矿以外，对外贸易是货币财富的真正来源。国家为了致富，必须发展对外贸易，在对外贸易中遵循多卖少买的原则。利润是从流通中产生的，是贱买贵卖的结果。因此国家应积极干预经济，以保证尽量多的货币流向国内。重商主义者对财富的看法表明他们不了解货币的起源和本质，反映了当时新兴资产阶级对货币资本的渴望。

早、晚期重商主义的差别反映了商业资本在不同历史阶段有着不同的要求。重商主义促进了商品货币关系和资本主义工场手工业的发展，为资本主义生产方式的成长与确立创造了条件。但重商主义又有局限性，它没有把生产当作财富的源泉，而是把商业当作增加财富的途径。

2.1.3 重农学派

重农学派是继重商主义之后，在法国出现的一个重要的经济学流派。重农学派的形成以 1756 年其代表人物魁奈在《百科全书》上发表的一篇经济学论文为标志，到 1776 年另一位代表人物杜尔阁失去政府高官地位而结束。这个学派活跃的时间并不长，但在经济学说史上有重要的地位。重农学派倡导顺应自然秩序，提出了著名的"自由放任"口号，他们重视农业，认为农业是唯一产生剩余的部门，同时他们也重视整体经济中各部门的联系。

1. 产生背景

17 世纪下半叶，首先在法国出现了反对重商主义政策，主张经济自由和重视农业的思想，从而逐渐形成了重农学派。重农学派的创始人是弗朗斯瓦·魁奈（Francois Quesnay，1694—1774），另两个重要人物是杜尔阁（A. R. J. Turgot，1727—1781）和布阿吉尔贝尔（P. Boisguillebert，1646—1714）。在他们的思想体系中，"自然秩序"的观念占有重要地位，是整个重农学派学说的基础。这个所谓的"自然秩序"，实际上是指经济社会中不以人们意志为转移的客观规律，因此重农学派的核心思想是主张自由经济，包括自由贸易。

2. 理论内容

18 世纪中叶法国的农业仍在经济中占有举足轻重的地位，大部分农村还处于封建经济阶段，柯尔培尔推行的重商主义政策对法国的农村经济造成很大破坏，国家的财源枯竭。以《经济表》（1758）一书闻名的法国经济学家魁奈等人总结了重商主义政策把国家致富之路放在流通领域的教训，重新提出以生产领域作为富国的根基。于是，重农主义逐步走上贸易理论舞台。

重农学派从"自由经济"的基本理念和法国农民的实际利益出发，反对重商主义对贸易进行干预的政策，提出了自由贸易的口号，尤其主张谷物自由出口。法国重农学派的先驱者之一布阿吉尔贝尔在他的《谷物论》一书中强调，"从法国运出小麦越多，对极端高价的畏惧越少"，认为反对小麦出口的成见荒谬可笑。布阿吉尔贝尔用了整整 10 章的篇幅来说明为什么应当实行谷物的自由贸易。他认为，如果限制谷物（小麦）的出口，一旦国内谷物丰收时，就会出现可怕的跌价，而跌价的结果必然造成谷物销毁和生产削减，从而成为将来谷物价格高涨的主要原因。因此，布阿吉尔贝尔认为，"谷物的自由输出是平衡生产者与消费者利益或维持社会安定和公正的唯一方法"。从重农学派的观点来看，"自然秩序"（包括自由贸易）是保证市场均衡和物价稳定的重要机制。

3. 重农学派理论体系的评价

重农学派具有较先进的英国前古典学派的经济学家配第、理查德·康替龙（Richard Cantillon，1680—1734）等的长处，他们在最终抛弃了重商主义的想法——认为财富及财富的增值是来自交换，把创造财富和可能用作积累的剩余转移到生产领域的同时，也放弃了重商主义的货币分析方法。他们分析的中心问题是探求这种剩余，即闻名的纯产品，转而建立了一种实物分析体系和讨论相对价格的决定。这种转变从根本上影响了后来以斯密和李嘉图为代表的古典经济学者。

作为近代后期放任主义的经济学鼻祖，重农学派提出了自然秩序的观点。自然秩序是重农学派的哲学基础，重农学派的原文为"Physiocrate"，由希腊文"自然"和"主宰"两个字组成，意指自然的统治。自然秩序支配着自然界和人类社会，它是上帝赋予的，人们只能了解和遵循它。复苏经济的办法是使人为秩序符合自然秩序，实现与自然秩序一致的办法是自由放任，自然秩序的结果会走向以最少的支出获得最大的满足。重商主义在法国失败的原因在于违反了自然秩序，魁奈主张取消一切干预政策，对个人和国家间的经济活动实行放任政策，这对法国当时的经济发展起到了一定作用。但重农学派对农业的过分重视和对商业的轻视使得其在国际贸易理论方面没有太多贡献，但其自由经济思想对后来的古典经济学家有很大的影响。

2.2 绝对优势理论

19 世纪西方意识形态由争取个人权利转为维护个人自由。自由主义思想家突出强调个人自由，捍卫个人自由或个性的自由发展成为首先考虑的问题，国家应该是个人自由的保护者。个人开始"远离"国家，要求自由发展，经济按自己的规律运行，不需要政治权力的帮助。国家是社会的"守夜人"、"管得最少的政府是最好的政府"等观点代表了当时西方的主流国家观。随着这些思潮的出现，绝对优势贸易理论也开始成为指导国家贸易发展的重要思想。

2.2.1 绝对优势理论

1. 理论背景

17 世纪中叶以后，首先在英国，然后在法国，工场手工业逐渐成为工业生产的主要形式，重商主义已经不适应日益壮大的产业资本的利益和要求。资产阶级面临的任务是与封建势力作斗争，这种斗争要求从理论上说明资本主义生产方式怎样使财富迅速增长，探讨财富生产和分配的规律，论证资本主义生产的优越性。由此，产生了由流通过程进入生产过程研究的古典经济学。

19 世纪，西方主要国家的资产阶级政治体制差不多全都建立起来了，这些国家的政治发展进入稳固资产阶级政权的阶段，这个时期不需要再强化国家对社会和经济的介入，国家的介入被当作个人自由的一种阻碍。英国于 19 世纪中叶率先完成产业革命，其他欧洲大国也陆续开始产业革命。产业资产阶级的崛起，逐渐战胜封建残余势力和金融资产阶级，成为西方国家中的主导阶级。产业资产阶级的功利动机更为明显，其根本要求是取得"利润"、"快快发财"。产业资产阶级要求更多的个人自由，特别是经济活动方面的自由。他们认为国家是个"不得不要的祸害"，要求国家"远离"自己。

2. 代表人物

亚当·斯密（Adam Smith, 1723—1790）是公认的英国古典经济学的杰出代表和理论体系创立者。他处在从工场手工业向大机器工业过渡时期，在其代表著作《国民财富的性质和原因的研究》（Inquiry into the Nature and Causes of the Wealth of Nations，1776 年出版，简称《国富论》，成为奠定古典经济学理论的著作）中提出了国际分工和自由贸易理论，并以此作为反对重商主义"贸易差额论"和保护贸易政策的重要武器，对国际分工和国际贸易理论做出了重要贡献。他的基本经济思想是"自由放任"，这一原则也被用于国际贸易，即绝对优势理论。亚当·斯密的绝对优势理论也称为绝对利益论（Theory of Absolute Advantage）、地域分工说（Theory of Territorial Division of Labor）或绝对成本说（Theory of Absolute Cost）。[①]

《国富论》一书把资产阶级经济学发展成一个完整的体系，批判了重商主义只把对外贸

---

① 当代经济学家称之为"内生比较优势理论"。内生比较优势是指如果一个国家选择专业生产某种产品，它可以创造出原来没有的比较优势和绝对优势。

易作为财富源泉的错误观点，并把经济研究从流通领域转到生产领域。与此同时，亚当·斯密克服了重农学派认为"只有农业才创造财富"的片面观点，指出一切物质生产部门都创造财富。他分析了国民财富增长的条件及促进或阻碍国民财富增长的原因，分析了自由竞争的市场机制，把它看作是一只"看不见的手"支配着社会经济活动；他反对国家干预经济生活，提出自由放任原则。

专栏 2 - 1

亚当·斯密

亚当·斯密（Adam Smith，1723—1790），1723 年出生于苏格兰法夫郡（County Fife）的克考第（Kirkcaldy），自幼博览群书，14 岁时就进入了格拉斯哥大学（Glasgow University）学习。他选定人文科学方向，在逻辑、道德哲学、数学和天文学方面都成绩斐然。1740 年，他又进牛津大学深造，闭门苦读 6 年。由于某些政治事件的原因，斯密不得不于 1746 年回到克考第。之后，他经常到爱丁堡讲演，内容涵盖法学、政治学、社会学和经济学。这时，斯密开始对政治经济学表现出特殊的兴趣。18 世纪 50 年代，斯密提出经济自由主义的基本思想。

从 1751 年开始，斯密在格拉斯哥大学连续任教 12 年，先后讲授逻辑学和道德哲学（即社会科学），颇受学生欢迎。在这段被他称为"一生中最幸福的时期"中，斯密参加了政治经济学俱乐部活动（被称为"俱乐部人"），而且他每年总要到爱丁堡呆上 2～3 个月，宣扬他的经济自由思想。他曾在讲演中说道："应该让人的天性得到自然发展，在其追求自己的目的和实施其本身计划的过程中给予充分自由……"

1759 年，斯密发表他的第一部科学巨著《道德情操论》，这部著作标志着其哲学思想和经济思想的形成。反封建的平等思想在他的学说中占据显著地位，他否定了宗教道德和"天赋道德情操论"，而代之以另一抽象原则——"同情心"。在《道德情操论》创作过程中，兴趣和时代需要（发展格拉斯哥工商业）使斯密沉湎于政治经济学的研究之中。在其 1762—1763 年的讲稿里，提出了一系列出色的唯物主义思想，并且在讲稿的经济学部分已出现了在《国富论》中得到发展的思想的萌芽。

1765—1766 年在法国巴黎期间，斯密批判性地借鉴重农学派学说，沿着英国传统的道路，在劳动价值论的基础上创立了自己的经济理论。同法国唯物主义伦理学的重要代表爱尔维修结识后，斯密又将其关于新伦理的思想用于政治经济学，创造了关于人的本性和人与社会相互关系的概念，成为其古典学派观点的基础。斯密通过"经济人"这一概念，提出了一个具有重大理论意义和实际意义的问题，即关于人的经济活动的动因和动力问题；而"看不见的手"这一提法指出了客观经济规律的自发作用。斯密又把利己主义和经济发展自发规律相结合，提出了自然秩序概念，这是他放任主义政策的原则和目的。当他最后写作《国富论》时，竞争和自由已成为其经济学基石，作为一条主线贯穿于整部《国富论》之中。

1767 年春，斯密回到克考第开始写作。1776 年 3 月，《国民财富的性质和原因的研究》（即《国富论》）在伦敦出版，并在之后被翻译成多种语言。斯密在著作中坚定地提出经济自由主义，重新定义了价值、劳动分工、生产过程、自由贸易、制度发展、天赋人权、政府的作用和资本的作用。书中所提出的尖锐的社会、政治问题很快引起了广大读者的注意，同时斯密将其渊博的学问、深刻的洞察力和别具一格的幽默贯注于这部著作之中。《国富论》无疑是政治经济学史上最引人入胜的著作之一，当时一位有名的学者指出，这不仅是一篇经济专题论文，而且是"一本描述时代的非常有趣的书"。

斯密成名后，曾在海关工作，但大部分时间还是致力于精炼修改他的这部著作。1790 年 7 月，斯密逝世于爱丁堡，享年 68 岁。

资料来源：约翰·伊特韦尔，默里·米尔盖特，彼得·纽曼. 新帕尔格雷夫经济学大辞典：第 4 卷. 北京：经济科学出版社，1992：384-404.

2.2.2 理论阐述

1. 前提假设

任何经济理论都是建立在一定的假设前提之下的，亚当·斯密的理论有以下前提假定。

① 两个国家生产两种可贸易产品。

② 两种产品的生产都只投入劳动力要素。

③ 两国的劳动生产率不同。

④ 生产要素（劳动）供给是给定的，且要素在国内不同的部门可以自由流动，但在国家之间则完全不能流动。

⑤ 规模报酬不变。

⑥ 完全市场竞争。

⑦ 无运输成本。

⑧ 两国之间贸易平衡。

2. 主要内容

（1）绝对优势贸易理论的中心问题

在绝对优势贸易理论中，"经济自由主义"是思想中心。斯密认为，人是经济动物，是"经济人"，每个人都会为自己的利益而奋斗，这往往可以更有效地促进社会利益。国家应该尽量少过问经济，对经济采取自由放任的政策，听任自由经营、自由贸易。

（2）绝对优势理论的基本含义

一国生产上的绝对优势来源于该国的自然优势和获得性优势。如果一国某种产品的生产成本比另一国同类产品的生产成本低，即处于绝对优势，那么该国就应该专门生产并出口这种产品；如果一国某种产品的生产成本比另一国要高，即处于绝对劣势，则该国就不应该生产这种产品，而是从另一国进口这种产品。这样，各自生产自己具有优势的产品并进行交换，从中获得利益。

亚当·斯密认为，如果一个国家能比其他国家更廉价地生产某种产品，这个国家在该商品的生产上就具有绝对优势。每一个国家都应该专业生产它具有绝对优势的产品以提高劳动生产率，然后将其剩余产品出口，换取其他国家生产上具有绝对优势的产品，这样能使所有参与国际分工和国际贸易的国家增加物质财富。

3. 举例说明

英国和葡萄牙两国均生产酒和棉布，分工前，在各自国内生产 1 单位的酒，英国需投入

120 人·年的劳动，葡萄牙需投入 80 人·年的劳动；生产 1 单位的棉布，英国需投入 70 人·年的劳动，而葡萄牙需投入 110 人·年的劳动，如表 2-1 所示。

表 2-1　绝对优势贸易理论表解

		酒产量/单位	投入劳动/(人·年)	棉布产量/单位	投入劳动/(人·年)
分工前	英　国	1	120	1	70
	葡萄牙	1	80	1	110
	合　计	2		2	
分工后	英　国			$\frac{70+120}{70}\approx2.714$	$120+70=190$
	葡萄牙	$\frac{80+110}{80}=2.375$	$80+110=190$		
	合　计	2.375		2.714	
交换后	英　国	1		$2.714-1=1.714$	
	葡萄牙	$2.375-1=1.375$		1	

　　注：① 假定在英国和葡萄牙各国内部劳动同质，即劳动跨行业移动无效率损失，如在英国，生产酒的工人转移到棉布行业后，劳动生产率和成本就与生产棉布的工人的效率一样为 1/70，但劳动在国家之间异质。② 没有贸易障碍，即自由贸易。③ x 人·年表示 x 人工作 1 年。④ 为了计算简单，假定酒和棉布的交换比例为 1∶1。

　　两国如果选择生产各自具有优势的产品，即耗费劳动少的产品进行分工生产，则英国会将其全部劳动 190 人·年投入到棉布的生产，那么将生产出 2.7 个单位棉布，而葡萄牙会将其全部劳动 190 人·年投入到酒的生产，那么将生产出 2.375 个单位的酒。与分工前相比，两国的社会总财富增加了，即分工前两国共生产 2 单位棉布和 2 单位酒，而现在则多生产 0.7 单位棉布和 0.375 酒。这说明，通过国际分工可以使社会财富增加。

　　分工的最终目的是生产各国通过贸易得到其所需产品，这里英国将用 1 单位的棉布去交换葡萄牙 1 单位的酒，结果贸易双方既得到了分工前所需的产品，又有一定的剩余，即社会总的财富增加。

2.2.3　理论评析

　　亚当·斯密以绝对成本论为基础的自由贸易理论在 18 世纪的英国是具有进步意义的，它反映了新兴资产阶级的利益，成为反对闭关自守、自给自足的封建残余影响和重商主义贸易政策的有力武器，对发展和巩固资本主义生产方式起到了推动作用。

　　绝对优势贸易理论的贡献在于：指出了分工可提高劳动生产率，阐明只要各国的分工建立在各自的绝对优势基础上，国际贸易使贸易双方都获得利益；反映和代表了当时英国工业资产阶级的利益，并成为反对封建残余，推动"资本主义自由贸易"，发展资本主义的重要理论武器，促进了人类社会的进步。

　　绝对优势理论的局限在于：认为交换产生于人类固有的天性，是出于利己心，主观为私利，客观为社会的活动；交换产生分工，分工是人类的自发行为等，这些都是资产阶级人性论和利己主义在经济学上的集中表现。至于完全撇开国际生产关系而只用自然条件或其他客观条件来说明国际分工和国际贸易的形成也是错误的。国际交换是生产力发展的必然结果，其性质是由生产关系决定的。斯密受时代的局限,未能正确地认识到这一点。斯密的绝对成本论只限于说明国际贸易中的一种局部的特殊现象,而不具有普遍意义。因为它仅论述了在生产上各具绝对优势地位的国家,才能参加国际分工和国际贸易并从中得利。如果不具备这个条件,如经济落后的国家在所有产品的劳动成本上都几乎居于劣势,而没有优势,那么该国能否参与国际分工并开展国际贸易?开展后能否得利?斯密无法回答。

专栏 2-2

蜡烛工的请愿

在重商主义哲学盛行时期,由于各国保护主义蔓延而影响了经济贸易的健康发展,被激怒的法国经济学家巴斯底特(Frédéric Bastiat,1801—1851),通过"以子之矛攻子之盾"的方法压倒了保护主义者。巴斯底特在1845年虚构的法国蜡烛工人请愿的故事中,成功地打击了贸易保护主义,摘录如下。

我们正在经受着无法容忍的外来竞争,他(外来竞争者)看来有一个比我们优越得多的生产条件来生产光线,因此可以用一个荒谬的低价位占领我们整个国内市场。我们的顾客全部都涌向了它。当它出现时,贸易不再与我们有关,许多有无数分支机构的国内工业一下子停滞不前了。这个竞争对手不是别人,就是太阳。

我们所请求的是,请你们通过一道法令,命令关上所有窗户、天窗、屋顶窗、帘子、百叶窗和船上的舷窗。一句话,所有使光线进入房屋的开口、边沿、裂缝和缝隙,都应当为了受损害的工厂而关掉。这些值得称赞的工厂使我们以为它们已使我们的国家满意了。作为感激,我们的国家不应当将我们置于一个如此不平等的竞争之中……仅仅因为或部分因为进口的煤、钢铁、奶酪和外国的制成品的价格接近于零,你们对这些商品的进口就设置了很多限制,但为什么,当太阳的价格整天都处于零时,你们却不加任何限制,任它蔓延?

如果你们尽可能减少自然光,从而创造对人造光的需求,哪个法国蜡烛制造商会不欢欣鼓舞?如果有更多的牛脂被消耗,就将会有更多的牛和羊,相应地,我们会有多倍的人造草场、肉、毛、皮和作为植物生产基础的肥料。

通过这个案例的阅读,应当思考重商主义政策在当时有哪些弊端,号召发挥绝对优势、自由竞争、优化资源配置在当时有何借鉴意义,对今天有何指导意义。

资料来源:Dominick S. 国际经济学. 朱宝宪,吴洪,译. 5版. 北京:清华大学出版社,1998:28.

2.3　比较优势理论

2.3.1　理论背景

亚当·斯密的绝对优势理论具有一定局限性,无法解释在两个国家两种产品模型里,如果其中一个国家在两种产品的生产上都处于绝对劣势,另一个国家在两种产品的生产上都处于绝对优势的情况下，这两个国家是否还能或有必要参与国际分工，并通过国际贸易获取贸易利益。斯密的理论于 1817 年受到大卫·李嘉图及他的比较利益学说①的挑战。

专栏 2-3

大卫·李嘉图

大卫·李嘉图 (David Ricardo, 1772—1823), 1772 年出生于英国伦敦一个富有的交易所经纪人家庭，他所受的学校教育不多，14 岁就开始跟随父亲在交易所做事。后来因婚姻和宗教问题与父亲脱离关系，自己经营交易所，干得非常成功，10 年后就拥有了 200 万英镑的财产。功成名就后，他利用空闲时间学习自然科学。1799 年，李嘉图在巴思逗留期间偶然得到一本《国富论》，成为这本书的一个真正"赞赏者"。当时的英国特定环境使李嘉图对政治经济学产生了很大的兴趣，最终他在分析、批判前人经济理论的基础上，结合时代提出的问题，将经济理论推向了一个新阶段。

李嘉图对经济理论的研究和所写的著作，几乎涉及经济领域的所有方面。他首先研究的是货币。李嘉图是货币数量论的倡导者，他在 1809 年、1811 年发表的几篇文章和几本小册子中，批判了当时的货币流通制度，并且拟定了一个实事求是的纲领，甚至提出要创立新的国家银行，显示出他大胆的建议方式和雄辩的著作能力。他的货币理论思想主要有：稳定货币流通是发展经济的最重要条件；这种稳定只有在以黄金为基础的重要依据下才有可能实现；在流通中黄金可以在相当大程度上，甚至完全为按固定平价兑换黄金的纸币所取代。之后他出版了《论谷物低价对资本利润的影响》一书。书中他主要研究了价值理论，以斯密的价值理论为出发点研究价值问题，力图在基本点上纠正和揭露斯密价值学说的混乱和矛盾。他坚持耗费劳动量决定商品价值的原理，并将这一原理始终贯穿于其经济理论中。分析劳动性质与价值的关系，他认为各种不同性质的估价由市场决定，并且主要决定于劳动者的相对熟练程度和所完成的劳动强度；最不利条件下的劳动决定价值；决定商品价值的是劳动总量，即不仅包括生产该商品时所需的劳动，而且包括该生产过程投入的资本物所需的劳动。

李嘉图对国际贸易理论有开创性的贡献，他是贸易自由的坚决支持者。在他的主要著作《政治经济学及赋税原理》中，李嘉图以一个有关国际贸易的一般理论来支持自己的观点。该理论包括了比较优势学说，可以说是政治经济学中最广泛地为人们所接受的"真理"。在《政治经济学及赋税原理》的"论对外贸易"一章中，他对苏格兰和葡萄牙的外贸进行了研究，用精彩的例子"葡萄酒"和"棉布"说明了比较成本，并得到了贸易的结果，使之被无数经济学者们引用并发展。他还给出了与在贸易自由条件下和谐发展国际经济关系理论相适应的结论。

---

① 事实上，在李嘉图发表《政治经济学及赋税原理》（1817 年）的两年前，1815 年罗勃特·托伦斯（Robert Torrens）在他的《关于玉米对外贸易》的论文中就已提出了比较优势的概念。所以，托伦斯也是比较优势贸易理论的创始者之一，但李嘉图则是第一个用具体数字来说明这一原理的经济学家。当代经济学家萨缪尔森曾戏谑地称李嘉图"棉布和葡萄酒贸易"一例中的数字为"4 个有魔力的数字"。由于这 4 个数字，使得人们在讨论这一理论时只记住了李嘉图而不知道托伦斯（海闻等，2003：56-57.）。

终其一生，李嘉图都以严谨的思维、数学逻辑性和精确性著称，他是古典政治经济学的集大成者，发展了斯密的工资、利润和地租的观点，即社会 3 个主要阶层最初收入的观点。他认为，地租只是从利润中扣除的部分，从而利润被说成是收入最初的基本形式，而资本是收入的基础，即利润实质上就是剩余价值。这又是他在科学上取得的光辉成就之一。1817 年 4 月，他的名著《政治经济学及赋税原理》（On the Principles of Economy and Taxation）出版，该书包含丰富的经济思想，在经济史上有着很重要的地位。1819 年，他成为一名议员，积极参与讲座银行改革、税收提议等问题，并成为伦敦政治经济俱乐部的奠基人。

资料来源：约翰·伊特韦尔，默里·米尔盖特，彼得·纽曼. 新帕尔格雷夫经济学大辞典：4 卷. 北京：经济科学出版社，1992：196－214.

2.3.2 理论阐述

1. 理论内容

李嘉图的比较优势理论（也称为比较成本理论）可以概括为：在两个国家两种产品模型里，两个国家进行分工的依据不再是绝对优势，而是比较优势，即虽然一国在两种产品的生产上都处于绝对优势，另一国在两种商品的生产上都处于绝对劣势，但只要两种商品的优势或劣势程度有所不同，则该国在优势重、另一国劣势较轻的商品上就具有比较优势[①]；如果该国"两利取重"，另一国"两害取轻"，利用这种比较优势进行专业化生产，然后将生产出的产品进行国际交换，贸易双方同样能从国际分工和国际交换中获得利益[②]，而且社会总财富会有所增加。

专栏 2－4

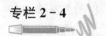

RCA 指数

RCA 指数（Revealed Comparative Advantage Index），即显性比较优势指数。RCA 指数，是美国经济学家贝拉·巴拉萨（Balassa Bela）于 1965 年测算部分国际贸易比较优势时采用的一种方法，其可以反映一个国家（地区）某一产业贸易的比较优势。它通过该产业在该国出口中所占的份额与世界贸易中该产业占世界贸易总额的份额之比来表示，

[①] 比较优势可以用以下指标来衡量。

(1) "相对劳动生产率"是不同产品劳动生产率的比率，或两种不同产品的人均产量之比，用公式表示即

$$产品\ A\ 的相对劳动生产率（相对于产品\ B）= \frac{产品\ A\ 的劳动生产率（人均产量：Q_A/L）}{产品\ B\ 的劳动生产率（人均产量：Q_B/L）}$$

(2) "相对成本"是指 1 单位一种产品的要素投入与 1 单位另一种产品的要素投入比例，用公式表示即

$$产品\ A\ 的相对成本（相对于产品\ B）= \frac{单位产品\ A\ 的要素量（\alpha_{LA}）}{单位产品\ B\ 的要素量（\alpha_{LB}）}$$

(3) "机会成本"是指为了多生产产品 A 而必须放弃的产品 B 的数量，用公式表示即

$$产品\ A\ 的机会成本 = \frac{减少的产品\ B\ 的产量（\Delta Q_B）}{增加的产品\ A\ 的产量（\Delta Q_A）}$$

[②] 当代经济学家称之为"外生比较优势理论"。其中外生比较利益是指人们天生条件的差别（生产技术或资源方面的差别）产生的一种特别的贸易好处。

剔除了国家总量波动和世界总量波动的影响，可以较好地反映一个国家某一产业的出口与世界平均出口水平比较来看的相对优势。

显示性比较优势指数的测算公式如下

$$RCA_{ij} = (X_{ij}/X_i)/(W_j/W)$$

其中，RCA_{ij} 代表 i 国（地区）j 产品的显现性比较优势指数，X_{ij} 代表 i 国（地区）对世界市场出口 i 产品的出口额，X_i 代表 i 国（地区）对世界市场的总出口额，W_j 代表世界市场 j 产品的出口额，W 代表世界市场产品的总出口额。

RCA 指数考虑了不同国家和不同产品在国际市场上的份额，侧重一国的出口绩效，X_{ij}/X_i 为 i 产品出口占该国出口的比例，j 产品出口越多，该比例越大，比较优势越明显。按照日本贸易振兴会（JERTO）提出的标准，当 RCA 数值大于 2.50 时，该产业具有极强比较优势；当 RCA 在 0.80～1.25 之间时，该产业具有中等比较优势；0.8 以下则处于比较劣势。

2001—2010 年中国钢铁产业 RCA 指数 单位：百万美元

	中国钢铁出口额	世界钢铁出口总额	中国商品出口总额	世界商品出口总额	RCA 指数
2001	3 152	131 804	266 098	6 191 000	0.556 4
2002	3 322	143 872	325 596	6 492 000	0.460 4
2003	4 813	181 750	438 228	7 586 000	0.458 4
2004	13 878	269 998	593 326	9 218 000	0.798 6
2005	19 278	316 873	761 953	10 489 000	0.837 5
2006	32 519	374 423	968 978	12 113 000	1.085 7
2007	51 531	480 136	1 220 456	14 003 000	1.231 4
2008	70 951	587 488	1 430 693	16 120 000	1.360 7
2009	23 660	325 307	1 201 612	12 516 000	0.757 6
2010	39 570	430 827	1 577 824	15 237 000	0.887 0

数据来源：根据《中国商务统计年鉴》（2011）相关数据整理计算而得。

整体而言，我国钢铁行业 RCA 指数处于 0.8～1.25 这一区间，具有中等比较优势。纵向而言，我国钢铁的 RCA 指数从 2001 年到 2005 年基本上呈递增趋势，到 2006 年突破 1，为 1.0857，2007 年、2008 年 RCA 值也逐渐升高，由于受 2008 年金融危机的影响，2009 年、2010 年有所下降。

资料来源：MBA 智库百科网，http：//wiki. mbalib. com/wiki/显示性比较优势指数（2013 年 8 月 17 日进入）。

2. 举例说明

为了便于理解，仍使用前述例子作为背景，即英国和葡萄牙两国生产酒和棉布的例子修改一些条件加以说明。分工前，英国和葡萄牙两国在各自国内生产 1 单位的酒，英国需投入 120 人·年的劳动，葡萄牙需投入 80 人·年的劳动；生产 1 单位的棉布，英国需投入 100 人·年的劳动，而葡萄牙需投入 90 人·年的劳动，如表 2-2 所示。

分析两国各自生产产品的情况，发现葡萄牙不论是生产酒还是棉布都具有优势，而相应的英国生产两种产品都处于劣势，如果按照斯密的绝对优势理论进行分工生产，是无法进行分工选择的。李嘉图进一步分析了两国生产两种产品的优、劣情况，发现葡萄牙尽管生产两种产品都有优势，但优势的程度是有差别的，即生产酒的优势要大于生产棉布，相应地，英国的劣势也是有差别的，即生产棉布的劣势小于生产酒。这时，如果葡萄牙选择耗费劳动少得多的产品进行分工生产，将全部劳动 170 人·年都投入酒的生产，那么将生产出 2.125 个单位的酒；而英国选择耗费劳动多得少的产品进行分工生产，将全部劳动 220 人·年投入到棉布生产，那么将生产出 2.2 个单位棉布，发现两国的社会总财富增加了，即分工前两国共生产 2 单位棉布和 2 单位酒，而现在多生产 0.2 单位棉布和 0.125 酒。可见，通过国际分工仍可使社会财富增加。

表 2-2　比较优势理论表解

	国家	酒产量/单位	所需劳动人数/(人·年)	棉布产量/单位	所需劳动人数/(人·年)
分工前	英国	1	120	1	100
	葡萄牙	1	80	1	90
	合计	2	200	2	190
分工后	英国			$\frac{100+120}{100}=2.2$	220
	葡萄牙	$\frac{80+90}{80}=2.125$	170		
	合计	2.125	170	2.2	220
国际交换	英国	1		$2.2-1=1.2$	
	葡萄牙	$2.125-1=1.125$		1	

注：对本表的理解请参考表 2-1。

　　分工的最终目的是生产各国通过贸易得到其所需产品，这里英国将用 1 单位的棉布去交换葡萄牙 1 单位的酒，结果贸易双方既得到了分工前所需的产品，又有一定的剩余，即社会总的财富增加。

　　按照比较优势原则组织的国际专业化分工模式是李嘉图发展斯密学说的又一个方面。李嘉图认为，各国集中生产和出口的产品可以是优势产品，也可以是劣势产品，只需遵循"两优取重，两劣取轻"的原则，双方就都可以从中获利。在上述的例子中，葡萄牙在两种商品上均处于优势，但葡萄酒的优势更大，所以葡萄牙应集中生产具有最大优势的葡萄酒；相反，英国在两种商品生产上都处于劣势，但棉布的劣势较小，所以英国应集中生产具有最小劣势的棉布。然后，两国相互交换，都能获得贸易利益。这样，李嘉图的国际分工模式不仅不同于斯密的国际分工模式而且实际上包含了斯密的国际分工模式的内容。因为在"择优"这点上是相同的，不过"优"要择"重优"。显然，李嘉图的国际分工模式更为合理和完善，它能使各国资源得到充分的利用，以同样的资本和劳动创造尽可能多的商品量。

2.3.3　理论评述

　　李嘉图是英国古典经济学的完成者。他在 1817 年提出了以劳动价值论为基础、以分配论为中心的严谨的理论体系，强调经济学的主要任务是阐明财富在社会各阶级间分配的规律，认为全部价值都是由劳动产生的，工资由工人必要生活资料的价值决定，利润是工资以上的余额，地租是工资和利润以上的余额。由此，他阐明了工资和利润的对立，工资、利润和地租的对立。此外，李嘉图还论述了货币流通量的规律、对外贸易的比较优势学说等。古典经济学到李嘉图时达到了顶峰，对后来的经济学发展有着深远的影响。

国际贸易发生的原因，不是双方绝对成本的差异，而是比较成本的差异。在这种情况下，国际贸易的范围显然是扩大了，即在国与国之间，不论生产成本绝对高或绝对低，只要有程度上的比较差异存在，就有可能发生贸易。这是李嘉图发展了斯密学说的一个重要方面，同时使绝对优势理论成为比较优势理论的一个特例。

李嘉图的比较优势理论在历史上曾起过较大的进步作用，它为废除《谷物法》、促进英国工业资本的发展提供了有力的理论武器。但是他的理论是不彻底的，他无法科学地解释为什么葡萄牙的 80 日劳动能与英国的 100 日劳动相交换，而且这种交换是等价的。马克思由于吸取了这个理论中的合理部分，摒弃了其缺陷之处，因而创立了科学的国际价值理论。马克思正确地指出："不同国家的工作日相互间的比例，可能像一个国家内熟练的复杂劳动、不熟练的简单劳动的比例一样。"所以，"一个国家的三个工作日可能同另一个国家的一个工作日交换，价值规律在这里有了重大变化"。

2.4 相互需求原理

2.4.1 理论背景

古典国际贸易理论体系的建立，不但批判了重商主义的理论谬误，而且揭示了贸易天生的互利互惠性质，第一次将贸易理论建立在了科学的基础之上。特别是大卫·李嘉图更是成功地说明了基于各国生产不同商品时的生产效率，即劳动成本的相对差异进行国际分工，相互提供各自具有比较优势的商品，即便是处于全面劣势的国家也能从贸易中获取可观的利益。但无论斯密还是李嘉图，在论及贸易利益时都没有从正面回答涉及贸易双方根本利益的国际交换比率或者说国际贸易条件（Terms of Trade，TOT）究竟应如何确定、总体贸易利益究竟将如何在贸易双方之间分割。人们只能猜度，在这个对贸易双方都至关重要的问题上，必有一番激烈的竞争，才能使现实的国际交换比率落在介于两国的国内交换比率之间的某一水平之上。直到约翰·穆勒提出"相互需求原理"（Principle of Reciprocal Demand），这些问题才有了较为明确的答案。

专栏 2-5

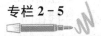

约翰·穆勒

约翰·穆勒（John Mill），1806 年出生于经济学世家，他从小就跟随父亲——著名经济学家詹姆斯·穆勒（James Mill）进行经济学理论的系统学习，打下了扎实的经济学理论基础。穆勒在东印度公司三十多年的工作经验，以及他在从事海外贸易方面积累的丰富实践经验，为其后来的经济学研究打下了良好的基础。在穆勒为数众多的学术著作中，1848年出版的《政治经济学原理》（Principles of Political Economy）最负盛名，在这以后的半个多世纪里，这部著作一直都是欧、美各大学经济类专业的标准教科书。

约翰·穆勒对需求在对外贸易中的作用给予了充分关注，这一点与亚当·斯密和大卫·李嘉图强调供给之于贸易的作用不同。在穆勒看来，"所谓商业贸易实际上只是使生产成本更为便宜的一种手段。不论在什么情况下，消费者都是最终的受益者。作为消费者对立面的商人当然也会获得贸易利益，但这必须以消费者愿意花钱购买他们的商品为前提"。通过穆勒的言论可以看出，他实际上是将对进口商品的消费需求提高到了决定消费者和从事对外贸易业务的商人们能否获得贸易利益的关键因素的地位，这充分反映了穆勒对需求研究的高度重视。重视需求，强调需求对贸易的作用也正是穆勒的国际贸易理论的一个鲜明的特点，因此也可以把穆勒的贸易思想归于国际贸易理论研究上的"需求派"（School of Demand）。在他看来，从重商主义开始，包括斯密和李嘉图等人，历来都只是看重出口的作用，比较多地从供给的角度考察国际贸易，基本上忽略了需求的作用，"认定贸易利益仅从出口而来，当然是完全错误的"。

资料来源：约翰·伊特韦尔，默里·米尔盖特，彼得·纽曼. 新帕尔格雷夫经济学大辞典. 4卷. 北京：经济科学出版社，1992.

2.4.2 穆勒的相互需求原理

1. 主要内容

作为比较优势理论的拓展，英国经济学家约翰·穆勒在其《政治经济学原理》中提出相互需求原理，并以此解释国家间商品交换比价的确定。其理论是以两个国家等量劳动投入而产出商品数量不同作为研究起点，认为国家间商品的交换比例是由两国对彼此商品的需求强度决定的，交换比价或贸易条件是否有利，应视贸易双方对另一国出口商品需求强度的强弱而定。相互需求原理的要点如下。

第一，国际贸易条件，即用本国出口商品数量表示的进口商品的相对价格，其水平高低取决于两方面因素：一是外国对本国商品需求的数量及其增长同本国对外国商品需求的数量及其增长之间的相对关系；二是本国可以从服务于本国消费需求的国内商品生产中节省下来的资本数量。因而，在国际贸易中享有最为有利的贸易条件的国家正是那些外国对它们的商品有着最大需求，而它们自己对外国商品需求最小的国家。

第二，一个国家向其他国家出口商品的意愿取决于它因此能从外国获得的进口商品数量，即一国的出口规模随其国际贸易条件而变化。基于国际贸易条件由两国间的相互需求决定，在某一特定贸易条件下，一国愿意提供的出口商品的数量正好等于其贸易伙伴国在同一贸易条件下所愿意购买的进口商品的数量，或一国的出口总额恰为其愿意支付的进口总额。也就是说，某一特定的贸易条件为贸易双方共同遵守。在这样的贸易条件下，两国的进口需求与出口供给两两对等，国际贸易处于均衡状态。

第三，在双边贸易中，对对方出口商品的需求，以及贸易双方共同遵守的国际贸易条件，随着由各国消费者的消费偏好等因素决定的对对方出口商品的需求强度的相对变动而发生变化。倘若外国对本国出口商品的需求大于本国对外国出口商品的需求，外国的相对需求强度较大，本国的相对需求强度较小，则外国在同本国的竞争中就不得不做出某些让步，本国就可以享有比较有利的国际贸易条件。

具体来说，对对方出口商品的相对需求强度较小的国家，在贸易双方的相互竞争中占有较为有利的位置，最终决定的国际贸易条件比较靠近外国的国内交换比率，因而本国可以获得相对较大的贸易利益。简言之，贸易双方之间的相对需求强度决定着国际贸易条件的最终水平，进而决定了国际贸易总利益在交易双方间的分割。

2. 举例说明

(1) 国际商品交换比例的上下限

穆勒在比较成本理论的基础上，用两国商品交换比例的上下限来说明两国贸易利益的范围。他举例说明如下。

假设在英国和德国投入等量的劳动和资本后，两国生产的两种商品的数量见表2-3。

表 2-3　两种商品的数量

国　别　＼品　名	毛呢/码	麻布/码
英国	10	15
德国	10	20

从表2-3可以看到，英国和德国在毛呢生产上劳动生产率是相同的，但是在麻布生产上，德国的劳动生产率高于英国。在没有分工前，英国国内的交换比例是10∶15，德国国内交换比例是10∶20。如果两国进行贸易，则英国将生产毛呢，德国将生产麻布。假如英国用10码毛呢能换得15码以上的麻布，则对英国有利；德国用20码以下麻布换取10码毛呢，则对德国有利。这就是说，两国的交换比例是由两国国内交换比例来决定的。对英国来讲，交换比例的上限为20码麻布，下限是15码麻布。如果英国能用10码毛呢换取20码麻布，则对英国最有利，但对德国最不利，因为德国国内也可按此比例交换，无需再参加贸易；相反，如果国际交换比例是10码毛呢只换取15码麻布，则对德国最有利，对英国不利，双方贸易不能达成。所以，当国际交换比例在上限（10∶20）或下限（10∶15）时，必有一方不利，从而退出贸易。因此，国际交换比例只能在其上限与下限之间（即10∶15～10∶20之间）的范围内变动。

(2) 贸易利益的分配取决于国际交换比例的大小

比较利益决定于两国交换比例的上下限，但在这个上限与下限之间的所有交换比例都可能发生贸易，不同的交换比例给两国带来不同的贸易利益。如果这个比例是10∶19，则英国得利大，德国得利小；如果是10∶16，则德国得利多，英国得利少。由此可见，国际交换比例越是接近于本国国内交换比例对本国越不利；相反，越是接近对方的国内交换比例则对本国越有利。

(3) 国际需求方程式

为了下文叙述方便，下面以 A 代表英国，以 B 代表德国，以 F 表示麻布，以 C 表示毛呢。设 A、B 两国就 F、C 两种商品展开的互利贸易，如果用 M_C^A 表示 A 国 C 商品的进口需求，用 X_F^A 表示 A 国 F 商品的出口供给，用 M_F^B 表示 B 国 F 商品的进口需求，用 X_C^B 表示 B 国 C 商品的出口供给，有以下国际需求恒等式。

$$M_C^A = X_C^B, \quad M_F^B = X_F^A$$

约翰·穆勒的相互需求原理可以用以下假设的相互需求表得到比较直观的说明。

43

表 2-4 表示 A、B 两国对 F、C 两种商品的相互需求情况。

表 2-4　A、B 两国对 F、C 两种商品的相互需求情况

国际交换比率 R_i	A 国		B 国	
	M_C^A	X_F^A	X_C^B	M_F^B
10C：15F	20 000	30 000	0	0
10C：16F	13 000	20 800	6 000	9 600
10C：17F	10 000	17 000	10 000	17 000
10C：18F	8 000	14 400	11 000	19 800
10C：19F	4 000	7 600	13 000	24 700
10C：20F	0	0	16 000	32 000

资料来源：根据约翰·穆勒的《政治经济学原理》第 18 章有关资料编制。

表 2-4 实际上反映了国际贸易中在两种商品的一定价格水平上，A、B 两国对 F、C 两种商品供求关系的变化情况。从第一栏 R_i 可见，随着 C 商品的相对价格上升和 F 商品的相对价格下降，A 国 C 商品的进口需求（M_C^A）由 20 000 单位逐渐减至 0，A 国 F 商品的出口供给（X_F^A）由 30 000 单位逐渐减至 0；反观 B 国则不然，B 国 C 商品的出口供给（X_C^B）从 0 逐渐增至 16 000 单位，B 国 F 商品的进口需求（M_F^B）从 0 逐渐增至 32 000 单位，致使一国退出贸易的国际交换比率即为该国的国内交换比率。

随着国际市场上两种商品相对价格的变动，两国间的相互需求同时也是两国间向对方提供本国出口商品数量的相对变化，那么国际交换比率越接近本国的国内交换比率，本国参与贸易的积极性越低；反之，国际交换比率越远离本国的国内交换比率，本国参与贸易的积极性越高。然而，国际贸易天生地要求互利互惠，因此在国际市场现实的贸易中，两国间围绕贸易利益展开的竞争必然使国际交换比率 R_i 进入一个自动调整的过程，在这一过程中，必有某一个国际交换比率的实际水平，使 A 国对 B 国出口 F 商品的意愿恰好等于 B 国从 A 国进口 F 商品的意愿；同时使 A 国从 B 国进口 C 商品的意愿恰好等于 B 国向 A 国出口 C 商品的意愿。一旦国际交换比率的自动调整使两国的进口需求和出口供给相等，国际贸易即处于均衡状态，这一自动调整过程即告结束。

如表 2-4 所示，当 R_i 自 10C：15F 和 10C：20F 自动调整至 10C：17F 时，A 国愿意按此价格"购买"的 C 商品的数量恰为 B 国愿意按此价格"售卖"的数量；B 国愿意按此价格"购买"的 F 商品的数量恰为 A 国愿意按此价格"售卖"的数量。A、B 两国的相互需求（Reciprocal Demand）两两对等，有以下国际贸易恒等式。

$$M_C^A = X_C^B = 10000C$$
$$M_F^B = X_F^A = 17000F$$

由贸易双方的相互需求决定的均衡国家贸易条件给 A、B 两国都带来了可观的贸易利益。同它们各自的国内交换比率相比，A 国进口 10 单位 C 商品可以少支付 3 单位 F 商品，或者说只需出口 17 单位 F 商品就能换回 10 单位 C 商品；B 国进口 17 单位 F 商品只需要支付 10 单位 C 商品，或者说 B 国出口 10 单位 C 商品可以多换回 2 单位 F 商品。

3. 穆勒的相互需求理论评价

相互需求论是西方庸俗经济学派在 20 世纪 30 年代前的国际贸易理论。约翰·穆勒承上启下，对李嘉图的比较成本理论进行了重要的发展，提出了相互需求原理。之后马歇尔又把几何数学方法引入国际贸易的理论分析中，对相互需求原理做了进一步的均衡分析。

穆勒的相互需求理论抛弃了劳动价值论，庸俗了李嘉图的理论，集中表现在他用交换价值代替价值，而且在逻辑上还犯了十分明显的循环论证的错误。他认为，本国商品的价值决定于它的生产成本，而外国商品的价值则决定于国际交换比率，而国际交换比率决定国际价值。

穆勒的国际需求方程式缺乏充分的说服力，因为它的假定前提是物物交换下供给等于需求，这是萨伊定律的搬用。实际上出口和进口不是以物易物同时进行的，而是彼此分离的，因此用相互需求强度决定贸易条件有很大的缺陷。而且，即使这一论点有一定的合理性，它也只能适用于经济规模相当，双方的需求对市场价格有显著影响的两个国家。如果两个国家经济规模相差悬殊，小国的相对需求强度远远小于大国的相对需求强度，在这种情况下大国的交换比例将是国家间的贸易条件。

1. 主要内容

在研究国际贸易相关问题时，马歇尔并没有将重点放在分析比较优势及其由来上，只是将贸易中各国的比较优势作为既定前提。马歇尔的观点是在这一既定前提下，供给和需求在决定国际贸易条件和国际贸易结构的问题上具有同等重要的地位。他认为，国际贸易中每一个国家的需求源于其国民想要从国外获得某些商品的意愿，每一个国家的供给源于该国生产别国居民想要获得的产品的能力。强调需求导致贸易仅仅是因为这种需求是建立在该国为别国供给适宜产品的基础之上，而该国之所以积极地向别国供给商品，也仅仅是因为它对外国商品也存在需求。

根据马歇尔的观点，一国的需求刺激了另一国的供给，而且各国的需求只有通过它自己的供给才能成为现实，从而把国际贸易问题描绘成"国际需求"问题是正确的。其实国际贸易问题本来也可以说成是"国际供给"问题，因此国际需求的变化可能是影响国际贸易的决定因素，但是供给导致了需求和实际需求引起供给同样是理所当然的。

马歇尔的国际供需理论既区别于斯密和李嘉图的"供给派"，又不同于穆勒的"需求派"，而是将供给和需求两个相互关联的方面加以综合研究，故而国际经济学理论界将马歇尔的国际贸易理论称为"国际供需理论"。

2. 举例说明

在穆勒之后，英国著名经济学家阿费里德·马歇尔用几何方法对穆勒相互需求论做了进一步的论证和分析。

(1) 贸易条件的互利范围

穆勒已经论证了两国贸易条件互利的范围是在两国商品国内交换比例的上下限之间。马歇尔则用图形做了进一步的说明，例子仍是表 2-3。

从图 2-1 中可知，OK 表示英国国内交换比例 10∶15，是毛呢交换麻布的下限，OL 为 10∶20，表示德国国内交换比例，为毛呢和麻布交换比例的上限。OY 和 OK 之间是英国不愿参加贸易的范围，OX 和 OL 之间是德国不愿参加贸易的范围，因为都无贸易利益所得。

英国和德国双方只有采用 OK 和 OL 之内的交换比例才有利可图，因此 OL 和 OK 正是

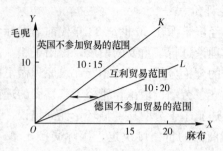

图 2-1　两国互利贸易条件区域

代表穆勒所指的交换比例的上下限。

（2）贸易利益的分配

从图 2-1 中可得出与穆勒相同的另一种结论，即斜率为 10：15 的 OK 和斜率为 10：20 的 OL 之间都是英国和德国互利贸易的范围，只是越接近 OK，则对英国越不利，越接近 OL，则对德国越不利。

（3）提供曲线

提供曲线（Offer Curve）也称相互需求曲线（Reciprocal Demand Curve），它表示一国想交换的进口商品数量与所愿意出口的本国商品数量之间的函数关系。表明一国进出口的贸易意向随着商品的相对价格（交易条件）的变化而变化。各国的提供曲线凸向代表本国具有比较优势的产品的坐标轴，表示相对价格对本国越来越有利。用马歇尔的理论解释这一现象，其原因有二：一是出口产品边际机会成本递增；二是进口产品边际效用递减。

穆勒用相互需求方程式来解释贸易条件的均衡点，即国家间两国商品交换比例必须等于相互需求对方产品的总量的比。对此，马歇尔运用提供曲线来加以证明，即用代表一个国家贸易条件的曲线，来表示一国用多少数量的本国出口产品换取他国一定数量的进口商品。

仍以前述例子来说明，如图 2-2 所示。

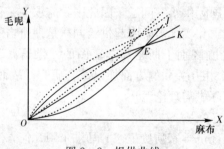

图 2-2　提供曲线

对德国来讲，OX 轴表示德国出口麻布的数量，OY 轴表示进口英国毛呢的数量；相反，对英国来讲，OX 轴表示进口德国麻布的数量，而 OY 轴表示英国出口毛呢的数量。OJ 表示德国的提供曲线，OK 表示英国的提供曲线。这两条提供曲线上的任何一点都表明两国愿意以一定量的出口产品换取一定量的进口产品。对德国来讲，提供曲线越是往上弯曲，表示德国用一定量的麻布可以换取更多量的毛呢，对德国越有利；相反，提供曲线越往下弯曲，则表明英国用一定量的棉布可以换取德国更多的麻布，对英国越有利。但是，当两国正式开展贸易时,只有两条提供曲线相交点 E,才能使一方出口商品的数量等于另一方进口商品的数量,使双方进出口平衡。这时,E 点就是用提供曲线来说明以相互需求决定的贸易交换条件的均衡点。如果双方相互需求发生变动,那么提供曲线的斜率就会改变,两条提供曲线相交点的位置也随之移动,如由 E 点移到 E' 点。

因此,商品的相对价格决定于贸易均衡。把两国的提供曲线置于同一坐标图中,只要两条曲线在原点有不同的斜率,即两国国内的均衡价格不同,它们总会在某处相交,为贸易提供了基础。一旦贸易可能,它们便将相互交换产品。在相交点上,满足了贸易均衡的三个条件:一是一方出口的数量等于另一方进口的数量,使双方的进出口平衡;二是各国贸易收支平衡;三是对各国提供了最大的生产和满足。除此之外,没有其他点满足贸易均衡条件。

本章要点

1. 重商主义的政策是实行国家保护主义,其认为商业是国家活动的基础,国家应保护本国商人的利益;国家还应保护工业,扶持工场手工业的发展;国际应该限制货币输出和商品进口,鼓励出口和货币输入。

2. 重农学派从"自由经济"的基本理念和法国农民的实际利益出发,反对重商主义对贸易进行干预的政策,提出了自由贸易的口号。作为近代后期放任主义的经济学鼻祖,重农学派提出了自然秩序的观点。

3. 亚当·斯密是第一个建立起市场经济分析框架的经济学家,《国富论》一书把资产阶级经济学发展成一个完整的体系。亚当·斯密批判了重商主义只把对外贸易作为财富源泉的错误观点,把经济研究从流通领域转到生产领域;同时克服了重农学派认为只有农业才创造财富的片面观点,指出一切物质生产部门都创造财富。

4. 大卫·李嘉图的"比较优势理论"认为贸易的基础是生产技术的相对差别及由此产生的相对成本的不同。比较优势理论可以概括为:在两个国家两种产品模型里,虽然一国在两种产品的生产上都处于绝对优势,另一国在两种商品的生产上都处于劣势,但只要"另一国"两种商品的劣势程度有所不同,则该国在劣势较轻的商品上就具有相对比较优势;如果该国"两害去轻",利用这种相对比较优势进行专业化生产,另一国"两利取重",从事优势较大的商品专业化生产,然后将它们的产品进行国际交换,双方同样能从国际分工和国际交换中获利。

5. 约翰·穆勒认为国家间商品的交换比价是由两国间的相互需求决定的,且两国间具体的商品交换比率是由两国对彼此商品的需求强度决定的。交换比价或贸易条件是否有利,应视贸易双方彼此对另一国出口商品需求强度的强弱而定。

6. 马歇尔在对国际贸易产生的原因、国际贸易的结构和商品流向、国际贸易利益的来源及其分割等重大问题的研究上第一次将供给方面的因素和需求方面的因素综合起来,加以全面系统的考察,其理论将国际贸易理论发展推至一个新的高度。

复习思考题

一、本章关键术语

重商主义 绝对优势 比较优势 机会成本 相对需求理论 提供曲线 贸易条件 贸易所得

二、简答题

1. 重商主义的主要观点有哪些?

2. 什么是比较优势理论?

3. 相对需求理论在哪些方面补充和完善了古典贸易理论?

4. 单一要素下两国是怎么样进行贸易的?

5. 国际贸易会给参加贸易各国带来什么好处?

三、计算分析题

1. 英国可能处于这样的状况,生产1 000码布可能需要100个人劳动一年;酿造1 000瓶葡萄酒需要120个人劳动同样的时间。在葡萄牙,生产同样数量的葡萄酒需要80个人劳动同样的时间,生产同样数量的布则需要90个人劳动一年。

(1)英国在布和葡萄酒产业的边际劳动产出是多少?葡萄牙在布和葡萄酒产业的边际劳动产出是多少?哪个国家在布和葡萄酒生产上具有绝对优势,为什么?

(2)用公式 $P_w/P_c = MPL_c/MPL_w$ 计算每个国家的葡萄酒无贸易相对价格。哪个国家在葡萄酒上具有比较优势,为什么?

2. 假设母国有4个工人,每个工人能生产3辆汽车或2台电视机;外国同样也有4个工人,每个工人能生产2辆汽车或3台电视机。

(1)分别画出母国和外国的生产可能性边界;

(2)分别算出母国和外国汽车的无贸易相对价格是多少?

(3)判断外国在哪个产品上具有比较优势,为什么?

3. 假设母国和外国生产电视机和汽车两种产品,用下列信息回答以下问题。

母国		外国	
工资$_{TV}$=12	工资$_c$=?	工资$^*_{TV}$=?	工资$^*_c$=6
MPL_{TV}=2	MPL_c=?	MPL^*_{TV}=?	MPL^*_c=1
价格$_{TV}$=?	价格$_c$=4	价格$^*_{TV}$=3	价格$^*_c$=?

注:下标TV指电视机,下标c指汽车;上标 * 代表外国,无上标代表本国。

(1)在母国电视机和汽车的边际劳动产出是多少?电视机的无贸易相对价格是多少?

(2)在外国电视机和汽车的边际劳动产出是多少?电视机的无贸易相对价格是多少?

(3)假设处于贸易均衡时电视机的世界相对价格为 $P_{TV}/P_c=1$,每个国家会出口什么产品?简要说明理由。

(4)当处于贸易均衡时,在母国以电视机和汽车衡量的实际工资价格各是多少?相较于无贸易均衡时以任何一种产品衡量的实际工资,这些数字有何变化?

(5)当贸易处于均衡时,在外国以电视机和汽车衡量的实际工资价格各是多少?相较于无贸易均衡时以任何一种产品衡量的实际工资,这些数字有何变化?

（6）当处于贸易均衡时，用工人购买产品的能力来衡量，外国工人比母国工人挣得多还是少？说明其理由。

四、论述题

1. 假定有许多国家都能生产两种商品，并且每个国家都只有一种生产要素——劳动。这种情况下，贸易模式和生产模式会怎样？（提示：构造实际相对供给曲线）

2. 运输成本的存在对一国的国际贸易会产生什么影响？

3. 举例说明国际贸易会给参加贸易的各国带来的好处。

第**3**章

要素禀赋理论及拓展

在国际贸易理论中，瑞典经济学家赫克歇尔和俄林做出了巨大贡献。根据赫克歇尔和俄林的资源禀赋贸易模型，各国倾向于集中生产并出口密集使用本国充裕生产要素的产品，以换取需要密集使用本国稀缺生产要素的产品。作为要素禀赋理论的拓展，斯托尔珀 - 萨缪尔森定理、价格均等化定理、雷布津斯基定理对其做了必要的补充或修正。经济学家里昂惕夫在 20 世纪 50 年代用美国的数据对 H - O 模型进行检验发现结果并不符合要素禀赋理论，这一发现被称为"里昂惕夫之谜"，于是各国经济学家开始致力于对"谜"的解释。与古典贸易理论相比，这一时期贸易理论的发展主要表现在以下两个方面：一是在两种或两种以上生产要素的框架下分析产品的生产成本；另一方面是运用总体均衡的方法分析国际贸易与要素变动的相互影响。

3.1   要素禀赋理论

李嘉图的比较成本理论是以劳动价值论为基础的，它以耗费在商品中的劳动时间，即劳动生产率的差异来论证比较成本。由于该理论是单一生产要素的理论，因而推断产生比较成本差异的原因是各国生产要素生产率的差异。但是，如果假定各国之间生产要素的生产率相同，即一单位生产要素的效率到处都一样，那么产生比较成本差异的原因是什么呢？要素禀赋理论回答了这一问题。

3.1.1   理论背景

古典贸易理论主流学派的观点是：国际贸易的基本原因是贸易各国之间存在差异，当各国利用其自身的优势从事自己擅长的生产时，就能取长补短，从而在贸易中获益。国际贸易的直接原因是商品相对价格的差异，而商品的相对价格由供求两方面决定，在模型里需求方都是假定无差别的，因此价格由供给方决定。

在认可李嘉图理论的同时，经济学家们尝试不断地用放宽李嘉图理论中假设条件来发展李嘉图模式，其中最为著名的是赫克歇尔和俄林的"要素禀赋说"。赫克歇尔（Eil Filip Heckscher，1879—1952）和俄林（Beltil Gotthard Ohlin，1899—1979）均是瑞典著名的经济学家，俄林是赫克歇尔的学生。赫克歇尔在 1919 年发表的论文《外贸对收入分配的影响》里提出了要素禀赋理论的基本论点，他的学生俄林接受并发展了这些论点，于 1933 年出版其代表作《区间贸易和国际贸易》，在该书里俄林全面地论证要素禀赋理论。由于他采用了老师赫克歇尔的主要观点，因此又将该理论称作赫克歇尔-俄林原理（Heckscher - Ohlin theorem），或简称赫-俄原理（H - O 原理）。俄林曾因此贡献于 1977 年获得诺贝尔经济学奖。

专栏 3 - 1

赫克歇尔

赫克歇尔于 1879 年生于瑞典斯德哥尔摩的一个犹太人家庭。从 1897 年起在乌普萨拉大学（Uppsala University）学习历史和经济，并于 1907 年获得博士学位。毕业后，他曾任斯德哥尔摩大学（University of Stockholm）商学院的临时讲师，1909—1929 年任经济学和统计学教授。此后，由于他在科研方面的过人天赋，学校任命他为新成立的经济史研究所所长。他成功地使经济史成为瑞典各大学的一门研究生课程。

他对经济学的贡献主要是在经济理论上的创新和在经济史研究方面引入了新的方法论——定量研究方法。

赫克歇尔在经济理论方法方面最重要的贡献是他的两篇文章：《外贸对收入分配的影响》和《间歇性免费商品》。1919 年发表的《外贸对收入分配的影响》是现代赫克歇尔-俄林要素禀赋国际贸易理论的起源，集中探讨了各国要素禀赋构成与商品贸易模式之间的关系，并且一开始就运用了总体均衡（General Equilibrium）的分析方法。赫克歇尔认为要素绝对价格的均等化是国际贸易的发展趋势，他的论文具有开拓性的意义，之后这个理论由他的学生俄林进一步加以发展，从而形成完整的理论。《间歇性免费商品》（1924）一文提出的不完全竞争理论，比琼·罗宾逊和爱德华·张伯伦的早了 9 年，文章中还探讨了不由市场决定价格的集体财富（所谓的公共财物）的问题。

在经济史方面，赫克歇尔更享有盛名。主要著作有：《大陆系统：一个经济学的解释》、《重商主义》、《古斯塔夫王朝以来的瑞典经济史》、《历史的唯物主义解释及其他解释》、《经济史研究》等。

赫克歇尔通过对史料提出更广泛的问题或假定，进行深入的批判性研究，从而在经济史和经济理论两个方面架起了桥梁，并把两者有机地结合起来，是瑞典学派的主要人物之一。

资料来源：约翰·伊特韦尔，默里·米尔盖特，彼得·纽曼. 新帕尔格雷夫经济学大辞典. 2 卷. 北京：经济科学出版社，1992：666-667.

专栏 3 - 2

俄　林

俄林于 1899 年生于瑞典南方的一个小村子克利潘（Klippan），1917 年在隆德大学获得数学、统计学和经济学学位，1919 年在赫克歇尔的指导下获得斯德哥尔摩大学工商管理学院经济学学位，1923 年在陶雪格（Taussin）和威廉斯（T. H. Williams）的指导下获得哈佛大学文科硕士学位，1924 年在卡塞尔（Cassal）的指导下获得斯德哥尔摩大学博士学位。1925 年任丹麦哥本哈根大学经济学教授，五年后回瑞典在斯德哥尔摩大学商学院教学，1937 年在加利福尼亚大学（伯克利）任客座教授。俄林最为著名的工作是他对国际贸易理论的现代化处理，并因此获得 1977 年诺贝尔经济学奖。

俄林的研究成果主要表现在国际贸易理论方面，其著作包括 1924 年出版的《国际贸易理论》，1933 年出版的其著名的《区间贸易和国际贸易》（美国哈佛大学出版社），1936 年出版的《国际经济的复兴》、1941 年出版的《资本市场和利率政策》等。俄林受他的老师赫克歇尔关于生产要素比例的国际贸易理论的影响，在美国哈佛大学教授威廉斯的指导下，结合瓦尔拉斯和卡塞尔的总体均衡理论进行分析论证，在《区间贸易和国际贸易论》中最终形成了他的贸易理论。因此，俄林国际贸易理论又被称为赫克歇尔-俄林理论。

资料来源：约翰·伊特韦尔，默里·米尔盖特，彼得·纽曼. 新帕尔格雷夫经济学大辞典. 03 卷. 北京：经济科学出版社，1992：747-749.

3.1.2 理论内容

要素禀赋理论的前提是各国生产要素禀赋的相对比例不同（国家具有不同的要素充裕程度），及生产不同产品所需要素比例不同（或产品具有可区别的要素密集度）。该理论假设两个国家生产两种产品技术相同[1]、生产函数相同，在不同国家间劳动同质，排除了规模经济，也不考虑各国对产品偏好的差异，完全竞争的市场、自由贸易、没有运输成本及生产要素在国家间完全不流动[2]。在以上条件下，要素禀赋理论论述了国际贸易产生的原因和结果。

1. 国际贸易产生的原因

① 各国所生产的同一产品价格的国际绝对差异是国际贸易发生的直接原因。商品价格的国际绝对差异是指将同种商品在不同国家用该国货币表示的价格都换算成同一种货币表示时价格不同。当两国间同一产品的价格差异大于产品的运输费用（不考虑其他交易成本）时，则从价格较低的国家输出商品到价格较高的国家是有利的。

② 各国商品价格比例不同是国际贸易产生的必要条件。商品价格的国际绝对差异是国际贸易产生的直接原因，但并不充分，还需具备一个必要条件，即交易双方的国内价格（成本）比例不同（在完全竞争市场条件下，商品价格等于生产成本）。也就是说，必须符合比较成本优势的原则。

③ 各国商品价格比例不同是由要素价格比例不同决定的。所谓要素价格，是指土地、劳动、资本、技术知识管理等生产要素的使用费用，或称为要素的报酬。俄林假设各国进行生产的物质条件相同，或者说各国生产函数（指生产某种产品所投入的各种生产要素的比例关系）相同，但各国生产要素的价格比例不同，而各国商品价格等于生产要素价格乘以相同

---

① 这个假设是为了简化分析，有别于古典贸易模型。这并不意味着赫克歇尔和俄林认为技术的差别不存在。

② 赫克歇尔和俄林用了最简单的 2×2×2 模型，后人在这一基础上扩展为多要素或多产品模型。首先是杰罗斯拉夫·凡耐克于 1968 年将 H-O 扩展为多要素模型。从而使这一模型又被称为 "赫克歇尔-俄林-凡耐克（H-O-V）模型"。之后，罗纳德·琼斯又于 1974 年将两种商品扩展为多种商品。但是，这些扩展并不影响赫克歇尔和俄林从两种产品两种要素模型中得出的基本结论。

的生产函数，所以各国商品的价格比例不同。

④ 要素价格比例不同是由要素供给比例不同决定的。所谓要素供给比例不同，是指要素的相对供给不同。也就是说，同要素需求相比，各国所拥有的各种生产要素的相对数量是不同的。俄林认为，在要素的供求决定要素价格的关系中，要素供给是主要的。在各国要素需求一定的情况下，供给丰裕的生产要素价格便宜，相反，稀缺的生产要素价格就昂贵。

2. 国际贸易的结果

一个国家在国际分工中应该出口密集地使用本国相对丰裕的生产要素生产的产品，进口密集地使用本国相对稀缺的生产要素生产的产品。此即要素禀赋理论所确定的一国进出口商品结构，也称为 H-O 定理。

如果一个国家劳动丰裕，资本稀缺，则应出口劳动密集型产品，进口资本密集型产品；相反，如果一个国家劳动稀缺，资本丰裕，则应出口资本密集型产品，进口劳动密集型产品。所谓要素密集型产品，是指按照产品里面投入的占比例最大的生产要素种类把产品分成不同的种类，即哪种生产要素在这种产品中所占的比例最大，就把这种产品叫做这种生产要素密集型产品。例如，生产纺织品劳动所占的比例最大，就叫它劳动密集型产品；生产小麦投入的土地占的比例最大，就称小麦为土地密集型产品。如果用 X、Y 表示两种产品，K、L 分别表示资本和劳动，若 $\dfrac{K_X}{L_X} < \dfrac{K_Y}{L_Y}$，则相对地称 Y 产品为资本密集型产品，X 产品为劳动密集型产品，不论 $\dfrac{K_X}{L_X}$ 是否小于 1。

国际分工及国际贸易的结果会消除贸易国之间商品价格的差异，使生产要素收入趋于均等，实现生产要素在两国间的间接移动，从而弥补生产要素在国家间不能移动的缺陷。

3.1.3　要素禀赋理论的数学证明

对 H-O 定理，萨缪尔森和琼斯给出了该定理的数学证明。假设世界上只有本国和外国这两个国家，只有电视机和衣服两种产品，并且衣服为劳动密集型产品，电视机为资本密集型产品，只有劳动力和资本两种生产要素，这两种生产要素不能在国际间流动，但可以在国内各部门流动，并且各国都满足充分就业的条件。

设 Q_T 和 Q_T^* 分别为本国和外国电视机的产量，a_{TL} 与 a_{TL}^* 是本国和外国生产一单位电视机的劳动投入量，a_{TK} 与 a_{TK}^* 是本国和外国生产一单位电视机的资本投入量；Q_C 和 Q_C^* 分别为本国和外国衣服的产量，a_{CL} 与 a_{CL}^* 是本国和外国生产一单位衣服的劳动投入量，a_{CK} 与 a_{CK}^* 是本国和外国生产一单位衣服的资本的投入量，L 与 L^* 为本国和外国劳动要素的总供给，K 与 K^* 为本国和外国资本要素的总供给。在生产要素不能跨国流动以及充分就业的条件下，有以下等式：

$$a_{TK}Q_T + a_{CK}Q_C = K, \quad a_{TK}^*Q_T^* + a_{CK}^*Q_C^* = K^* \tag{3-1}$$

$$a_{TL}Q_T + a_{CL}Q_C = L, \quad a_{TL}^*Q_T^* + a_{CL}^*Q_C^* = L^* \tag{3-2}$$

由于 H-O 定理旨在从宏观上证明相对要素丰裕程度对国家相对生产优势与专业化分工上的作用，即证明 $d(Q_T/Q_C)$ 与 $d(K/L)$ 之间存在同向变动的关系。下面仅以本国为例证明。

$$a_{TK}Q_T + a_{CK}Q_C = K \tag{3-3}$$

$$a_{TL}Q_T + a_{CL}Q_C = L \tag{3-4}$$

对式（3-3）和式（3-4）两边同时除以 L，得到

$$a_{TK}Q_T/L + a_{CK}Q_C/L = K/L \tag{3-5}$$

$$a_{TL}Q_T/L + a_{CL}Q_C/L = 1 \tag{3-6}$$

根据式（3-5）和式（3-6）求解出 Q_T/L 和 Q_C/L，得

$$Q_T/L = \frac{a_{CK} - a_{CL}K/L}{a_{CK}a_{TL} - a_{TK}a_{CL}} \tag{3-7}$$

$$Q_C/L = c\frac{a_{TL}K/L - a_{TK}}{a_{CK}a_{TL} - a_{TK}a_{CL}} \tag{3-8}$$

式（3-7）除以式（3-8），得

$$Q_T/Q_C = \frac{a_{CK} - a_{CL}K/L}{a_{TL}K/L - a_{TK}} \tag{3-9}$$

对式（3-9）求关于 K/L 的导数，有

$$\frac{d(Q_T/Q_C)}{d(K/L)} = \frac{a_{CK}a_{TK}}{(a_{TL}K/L - a_{TK})^2} = a_{CL}a_{TL}\frac{\theta_T - \theta_C}{(a_{TL}K/L - a_{TK})^2} \tag{3-10}$$

其中，$\theta_T = a_{TK}/a_{TL}$，$\theta_C = a_{CK}/a_{CL}$，分别表示电视机和衣服的要素密度。由于式（3-10）中分母为正，因此 $d(Q_T/Q_C)/d(K/L)$ 的符号就取决于分子，由于衣服为劳动密集型产品，电视机为资本密集型产品，所以 $\theta_T > \theta_C$，因而有 $d(Q_T/Q_C)/d(K/L) > 0$，即资本资源的相对增加会提高资本密集型产品的产量，也即资本资源相对充裕的国家，应该专业化生产电视机。

3.1.4 要素禀赋理论评价

李嘉图的模型里面重点考虑的是要素生产率差异，由于是从劳动价值论的角度出发，劳动是唯一的生产要素，因而产生比较优势的原因被归结为劳动生产率不同，即生产同种商品所需的劳动量不同，从而产品成本不同，要比较各国之间的商品价格只要比较劳动生产率即可。区别于李嘉图模型，要素禀赋理论除了将生产要素扩充为两种，还继承了新古典学派和边际学派的供求价格论，对影响要素价格的供求因素作了进一步分析，得到了决定比较利益的一系列因素中的关键——各国之间的资源禀赋差异。至此，我们对各国比较利益的基础和贸易原因有了更深一步的认识。

要素禀赋理论的一些假设条件似乎并没有反映国际经济现实。例如，由于规模经济的原因，一国可能已决定坚持生产本国并没有比较优势的某一特殊产品，直到产量累积到足以体现规模经济效益，而且规模经济收益大于放弃专业化生产具有比较优势产品的损失，从而建立新的比较优势。相关的规模经济可能是企业内部规模经济，也可能是外部规模经济，如某一产业的规模经济或相互依赖的某些产业的规模经济。又例如，该理论假定国家间拥有相同的技术，即在一个国家可能发生的经验与技术方面的发明创新在另一个国家也同样（同时）可能发生。但弗农（Raymond Vernon）和威尔士（Louis T. Wells）认为发明创新在确定贸易格局方面起着重要作用，而且对某些产品的发明创新往往在一些国家发生而在另一些国家则不然，这些发明至少在短时间内导致了一些国家的比较利益。

多数学者认为赫-俄理论是静态的，理由是该理论暗指生产资源是在当地被发现而不是被创造出来的。根据这一观点，一些国家如果坚持它们的"天然"优势，那么这些国家就会

陷于"次佳"和"二等"的经济。另外，该理论没有包括由于经济结构变化所导致的调整。赫-俄原理主张一国应充分利用它现有的资源而不是在即将到来的经济结构变化前抢先行动，并在即将出现的新产业中建立竞争实力，而实际上许多政府的产业政策正是特别地瞄准于这些目标，特别是在高技术领域。

3.2　要素禀赋理论的拓展

3.2.1　斯托尔珀-萨缪尔森定理

从长期来看，劳动和资本都可以在一国国内各行业之间流动。各行业的生产和投资会由于贸易的发展而进一步调整。在达到新的均衡点之前，出口行业的生产会继续扩大，进口行业的生产会进一步缩小，各行业使用的生产要素也会继续在行业之间流动。其结果是整个社会的丰裕要素会由于出口产品生产的扩大变得相对不足，稀缺要素则因为进口产品生产的萎缩变得相对过剩。

在一些假设[①]下，可以得出如下结论：在出口产品生产中密集使用的生产要素（本国的充裕要素）的报酬提高；在进口产品生产中密集使用的生产要素（本国的稀缺要素）的报酬降低，而不论这些要素在哪个行业中使用。这一个结论是由斯托尔珀（Wolfgang Stolper）和萨缪尔森（Paul Samuelson）论证的，因此在国际经济学中被称为"斯托尔珀-萨缪尔森定理（Stolper-Samuelson Theorem）"。

在完全竞争条件下，产品的价格等于产品的成本，因此就有式（3-11）

$$p_i = a_{iL} \cdot w + a_{iK} \cdot r, \quad i = T, C \tag{3-11}$$

其中，w 为劳动要素的报酬，即工资；r 为资本要素的报酬，即利率。

对式（3-11）求导，得

$$\mathrm{d}p_i = a_{iL} \cdot \mathrm{d}w + a_{iK} \cdot \mathrm{d}r \tag{3-12}$$

对式（3-12）两边除以产品价格 P_i，得

$$\frac{\mathrm{d}p_i}{p_i} = \frac{a_{iL} \cdot \mathrm{d}w}{p_i} + \frac{a_{iK} \cdot \mathrm{d}r}{p_i} = \frac{a_{iL} \cdot \mathrm{d}w}{c_i} + \frac{a_{iK} \cdot \mathrm{d}r}{c_i} = \frac{a_{iL} \cdot w \cdot \mathrm{d}w}{c_i \cdot w} + \frac{a_{iK} \cdot r \cdot \mathrm{d}r}{c_i \cdot r} \tag{3-13}$$

令 $\theta_{iL} = \dfrac{a_{iL} \cdot w}{c_i}$，$\theta_{iK} = \dfrac{a_{iK} \cdot r}{c_i}$，$\hat{p}_i = \dfrac{\mathrm{d}p_i}{p_i}$，$\hat{w} = \dfrac{\mathrm{d}w}{w}$，$\hat{r} = \dfrac{\mathrm{d}r}{r}$，则有

$$\hat{y}_i = \theta_{iL}\hat{w} + \theta_{iK}\hat{r}, \quad 且\ \theta_{iL} + \theta_{iK} = 1 \tag{3-14}$$

将式（3-14）写成矩阵形式，得

$$\begin{bmatrix} \hat{p}_C \\ \hat{p}_T \end{bmatrix} = \begin{bmatrix} \theta_{CL} & \theta_{CK} \\ \theta_{TL} & \theta_{TK} \end{bmatrix} \begin{bmatrix} \hat{w} \\ \hat{r} \end{bmatrix} \tag{3-15}$$

反解出 $\hat{w}$ 和 $\hat{r}$，得

---

① 假设包括：① 一个国家以两种要素（如土地和劳动）生产两种商品（如小麦和布）；② 这两种商品各自都不是另一种商品的投入品；③ 要素供给既定；④ 两种要素被充分利用；⑤ 无论有无贸易，一种商品（小麦）是土地密集型产品，另一种商品（布）是劳动密集型产品；⑥ 两种要素在部门间（不是国家间）可流动；⑦ 开放贸易提高了小麦的相对价格（彼得·林德特，1992：88-89）。

$$\begin{bmatrix} \hat{w} \\ \hat{r} \end{bmatrix} = \frac{1}{|\theta|} \begin{bmatrix} \theta_{TK} & -\theta_{CK} \\ -\theta_{TL} & \theta_{CL} \end{bmatrix} \begin{bmatrix} \hat{p}_C \\ \hat{p}_T \end{bmatrix} \tag{3-16}$$

其中，$|\theta| = \theta_{CL}\theta_{TK} - \theta_{CK}\theta_{TL} = \theta_{CL} - \theta_{TL} = \theta_{TK} - \theta_{CK}$。

假定衣服价格上涨，电视机价格保持不变，即 $\hat{p}_C > \hat{p}_T = 0$，得到

$$\hat{w} = \frac{1}{|\theta|}(\theta_{TK} \cdot \hat{p}_C - \theta_{CK} \cdot \hat{p}_K) = \frac{\theta_{TK}}{|\theta|} \cdot \hat{p}_C = \frac{\theta_{TK}}{\theta_{TK} - \theta_{CK}}\hat{p}_C > \hat{p}_C \tag{3-17}$$

$$\hat{r} = \frac{-\theta_{TL}}{|\theta|} \cdot \hat{p}_C < 0 = \hat{p}_T \tag{3-18}$$

$$\hat{r} < \hat{p}_T < \hat{p}_C < \hat{w} \tag{3-19}$$

如果衣服的相对价格上升，则生产衣服比生产电视机更有利可图，那么生产要素将从要素报酬低的电视机生产部门流向报酬高的衣服制造部门。衣服为劳动密集型，电视机为资本密集型，在生产过程中劳动和资本的配合比例不同，K_C/L_C 小于 K_T/L_T。因此在生产过程中，电视机制造部门释放出的劳动供给不能满足衣服制造部门生产对劳动的需求（超额需求），而电视机制造部门释放的资本供给超过了衣服制造部门生产对资本的需求（超额供给）。由于供求关系的变化，在要素市场上劳动的价格将上涨，资本的价格将下跌。由于资本和劳动的价格发生变化，各部门生产的资本-劳动的比例也会随之调整，即厂商将采用便宜的要素替代更昂贵的要素。因此，一种生产要素相对价格的变化，会导致其密集使用的要素名义价格变化，而另一要素名义价格发生相反变化。

斯托尔珀-萨缪尔森定理最早出现于他们 1941 年发表的《贸易保护与实际工资》一文中。尽管赫克歇尔和俄林都已经提到了贸易对收入分配的影响，但他们并没有明确地将要素收益与产品价格直接联系起来。而斯托尔珀和萨缪尔森首次使用总体均衡分析（General Equilibrium Analysis）方法揭示了为什么本国稀缺资源的收益可以通过保护而得到提高，充裕要素的收益也可以通过自由贸易而增加。斯托尔珀-萨缪尔森定理成为赫克歇尔-俄林贸易理论最重要的结果之一。

专栏 3-3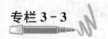

萨缪尔森

萨缪尔森于 1915 年出生于美国印第安纳州，获得芝加哥大学学士学位和哈佛大学博士学位。萨缪尔森从 1940 年开始一直在麻省理工学院任教，对经济理论几乎所有的方面都做出过根本性的贡献，因而获得了一个经济学家所能获得的所有荣誉：第一个克拉克奖章获得者（1947 年），第二个诺贝尔经济学奖获得者（1970 年），他曾是美国经济学会会长（1961 年）、经济计量学会会长（1951 年）、国际经济学会会长（1965—1968 年），以及其他许许多多奖励和荣誉。萨缪尔森为人谦逊，曾把前辈们比喻为牵引他的火车头。他学识渊博，精通经济学、数学、历史等，是一个对经济学进行定量分析的经济学家，并对其他学科也有自己独到的见解。萨缪尔森充满活力，才华横溢，到 1938 年发表的文章数量达到每年 5 篇，这样的高产断断续续地维持了半个世纪。

萨缪尔森著作广博，包括：《经济分析基础》（1947年出版，反映了他对经济学的许多最新观点）、《经济学、线性规划和经济分析》（1958年，与多尔夫曼和索洛合作）和包括388篇论文的五卷《科学论文集》。萨缪尔森的学术成就都体现在他丰富的著作中。

在消费理论方面，他最主要的成就是偏好理论。

在国际贸易方面，萨缪尔森有不少具有巨大影响力的论文，涉及贸易与收入分配，价值转移与贸易条件问题、李嘉图模型、赫克歇尔－俄林－萨缪尔森模型、特定要素模型等各个方面。他最早的一篇国际贸易论文是1941年发表的《贸易保护与实际工资》，其中提出了斯托尔珀－萨缪尔森定理。1948年发表的《国际贸易和要素价格均等化》和1953年发表的《一般均衡中的要素价格和商品价格》中，萨缪尔森在更普遍的意义上讨论了国际贸易与收入分配问题。萨缪尔森对贸易理论的贡献是经典的，还与赫克歇尔和俄林一起共同奠定了新古典贸易模型的分析框架。

在宏观经济学方面，萨缪尔森的主要贡献包括他的乘数和加速器模型。就读于哈佛大学时他与汉森合作写成的《乘数分析与加速原理之间的相互作用》，确立了他在动态分析方面的声望。而且该论文用应用数学模型来说明由变量假设值的变化所产生的不同结果时，更具有特殊重要性。在此文结尾，萨缪尔森坚信通过数学来表达经济模型的重要性。他在博士论文中也贯彻了这一信念，应用数学重新表达了一些经济思想，在学术界被广泛传读，这奠定了他在经济学界的地位。他在推动经济学沿着这个方向演进方面做出了非凡的贡献。

他的新古典综合理论代表了"二战"后直至20世纪80年代的宏观经济学主流学派的观点，这是他对宏观经济学的最大贡献。他认为，货币和财政政策可以被运用于保持经济接近充分就业，而且货币－财政政策可以混合运用来决定投资率。他的消费贷款模型提供了简单的易于驾驭的一般均衡结构，用以模拟生活周期最大化的实际问题，因而影响巨大，广为流传。

值得一提的还有他的著名的教科书《经济学》，几十年来一直流行不衰，以完善的体系与跟随时代不断发展的实例改版，吸引了无数经济学学生。他的非凡的著作能力由此可见一斑。

资料来源：约翰·伊特韦尔，默里·米尔盖特，彼得·纽曼.新帕尔格雷夫经济学大辞典.4卷.北京：经济科学出版社，1992：251-259.

3.2.2　生产要素价格均等化定理

关于生产要素价格均等化定理（The Factor Price Equalization Theorem，FPE）的最初证明出现在萨缪尔森1948年6月发表在 *Economic Journal* 上的论文 *International Trade and the Equalization of Factor Prices*。在赫克歇尔－俄林模型的基本假设①下，萨缪尔森证

---

①　假设包括：①2×2×2；②竞争在所有市场存在；③各种要素供给是固定的，在国家间不存在要素流动；④无论有无贸易，各种要素在各国都被充分利用；⑤不存在运输成本与信息成本；⑥无贸易壁垒；⑦国家间任一产业的生产函数是相同的；⑧生产函数是线性齐次的（投入、产出同比例变化）；⑨无"要素密集度逆转"；⑩无论有无贸易，两国家都将生产两种商品（彼得·林德特，1992：93-94）。

明了以下结论：自由贸易不仅使两国的商品价格相等，而且使两国生产要素的价格相等，以致两国的所有工人都能获得相同的工资，所有的资本（或土地）都能获得同样的利润（或租金）报酬，而不管两国生产要素的供给与需求模式如何。

由于这一定理是建立在赫克歇尔-俄林模型基础上，并由萨缪尔森发展的，所以生产要素价格均等化定理又被称为"赫克歇尔-俄林-萨缪尔森定理（H-O-S Theorem）"。

3.2.3 雷布津斯基定理

H-O定理是建立在要素禀赋基础上的，所有的分析都假定每个国家拥有的要素总量是固定不变的。然而事实上，资本的积累、人口的增长、自然资源的开发等因素都会使一个国家拥有的要素数量发生变化。1955年，英国经济学家雷布津斯基（T. M. Rybczynski）对要素增长的生产效果和对国际分工模式的影响进行了研究。

例如，当一国商品价格保持不变时，劳动力增加，则该国的劳动密集型产品的产出将以更大的比例扩张，而资本密集型产品产出将下降。这是因为当劳动力 L 增加时，要使产品价格不变，要素价格也必须保持不变。而只有当要素比例（K/L）及 K 和 L 在两种商品 X（劳动密集型产品）、Y（资本密集型产品）中的生产力保持不变时，要素价格才能保持不变。使新增劳动力实现充分就业，以及使 K/L 保持不变的唯一途径是使资本密集型产品 Y 产出下降，释放出足够的资本 K（和少量的劳动 L）以吸收所有新增的 L 来共同生产 X。因此，X 的产出量将会上升，而 Y 的产出量将会下降。由于从 Y 产品中释放出部分劳动力 L，它和从 Y 中释放出的 K 共同生产了部分 X 产品，因此 X 产出量的扩张比例会高于劳动力数量的扩张，这也被称之为"放大效应"。同理，如果只有资本 K 增加，并且商品价格保持不变，那么 Y 产品的产出量将以更大的比例扩张，X 产品的产出量将会下降。最后达到如下状态，同时满足

$$\frac{K_X}{L_X} = \frac{K_X + \Delta K_Y + \Delta K}{L_X + \Delta L_Y}$$

$$\frac{K_Y}{L_Y} = \frac{K_Y - \Delta K_Y}{L_Y - \Delta L_Y}$$

如图3-1所示，OX、OY 直线的斜率分别表示均衡时两个部门的要素使用比例。X 部门偏向于 K 坐标轴，为资本密集型产品；Y 部门偏向于 L 坐标轴，为劳动密集型产品。E 点表示一国要素变化前的禀赋点。根据要素充分利用的假设，$OYEX$ 为一个平行四边形。X、Y 点所对应的资本和劳动量代表两个产品部门的要素投入量。假定劳动供给不变，资本增加，则图中的要素禀赋 E 点转变为 E' 点。在商品价格不变时，要素禀赋点移动，但 X、Y 两产品生产的要素比例仍保持原来水平不变。由于保证所有要素的充分利用，图中四边形 $OYEX$ 发生变化，新的四边形为 $OY'E'X'$。根据几何图示可以看到，X 产品产出量增加，Y 产品产出量减少。

因此，如果商品和生产要素的相对价格不变，在两种生产要素中，其中一种要素的数量增加，而另一种的数量保持不变；那么密集使用前一种生产要素的产品其绝对产量将增加，而密集使用另一种生产要素的产品其绝对产量将减少，这个结论即雷布津斯基定理（Rybczymski Theorem）。例如，中国资本的增加会使资本密集型产品如汽车、钢铁、高技术产品的生产增加，使劳动密集型产品如大米、服装、鞋类等的生产减少。雷布津斯基定理

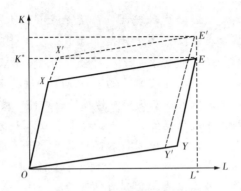

图 3-1 雷布津斯基定理

背后的经济学原理是简单明了的。在小国的假设前提下，因为产品的相对价格没有变化，同时由于技术也是不变的，要素的相对价格也就无法改变，那么两个行业在新均衡点上的 K/L 比率就与增长前的比率是一样的。在劳动数量增加的前提下，这种情况发生的唯一途径就是，只有资本密集型部门释放出部分资本，与新增的劳动共同用于劳动密集型部门的生产。当这种情形发生时，资本密集型产品的产出就会下降，而劳动密集型产品的产出就会扩张。

开发新的出口资源有时也会带来问题，典型例子是"荷兰病"。雷布津斯基定理恰可解释其中的原因，即新出现的资源部门从原来的制造业部门夺走了资源。具体地说，新部门通过施加工资上涨的压力夺走了劳动力，通过市场利率上涨的压力夺走了资本。在这样的成本压力中，原有的工业部门萎缩了。但也可以有相反的情形，如自然资源价格下降，而这又是重要的工业原料，这就会使工业生产增加而不是减少，或者是新资源可能被征税，用于刺激工业发展。

专栏 3-4

"荷兰病"

"荷兰病"是根据荷兰在北海开发新的天然气资源所碰到的问题命名的。当时的情况是荷兰已是一个工业化国家，但随着 20 世纪 60 年代巨大天然气储量的发现，其国内生产发生一定的问题，即天然气生产得越多，生产出口产品的制造业就越萧条。尽管当时有两次石油冲击，使包括天然气在内的石油价格暴涨，荷兰因此发了一笔"横财"，但这好像更加剧了荷兰经济滑坡，人们就把这种情况称为"荷兰病"。

"荷兰病"并不只出现在荷兰，后来的一些新开发自然资源的国家，包括英国、挪威、澳大利亚、墨西哥和其他一些国家，也都感染上了类似的经济病状。

在许多情况下，开发新的自然资源所获得的意外收益确实会造成对原有出口产业生产和盈利的不利影响，也会因为同样的原因而发生非工业化现象，即新兴部门从传统的工业部门吸引走资源而使其出现萎缩。造成这种情况的原因之一是因为新兴部门支付的工资高、利润高，因此劳动和资本都从传统的工业部门流入到新兴的自然资源部门。

也可以从另外一个角度来解释这种现象。自然资源出口的增加，使该国获得了更多的外国货币，因而该国货币在外汇市场上升值。货币升值使外国消费者面临更昂贵的价格，因而减少对该国货物和服务的需求，造成对该国传统出口品的需求下降以致这些部门出现萎缩。从长期来看，贸易总是要平衡的，增加了一种产品的出口，就要增加进口或者必须减少另一种产品的出口。在本例中，传统的出口部门成了牺牲品。

在这种情况下，有两种方式可能使传统产业扩张。第一种方式是，如果自然资源的价格下降，那么就会促进以此为主要中间投入品进行生产和销售的传统产业扩张。第二种方式是可以对新的自然资源产业征税，然后将所征的税用于鼓励传统的产业。然而，值得注意的是，生产资源从传统工业转移到自然资源产业不一定是坏事，之所以指责自然资源的发展和出口是其他传统工业萎缩的"罪魁祸首"，是因为人们传统上假设工业是一个国家繁荣的关键。但无论如何，在开发资源产业的过程中传统工业的萎缩只是一种副产品。

资料来源：海闻，P·林德特，王新奎. 国际贸易. 上海：上海人民出版社，2003：138-139.

3.3 里昂惕夫之谜及解释

第二次世界大战后，在第三次科技革命的推动下，世界经济迅速发展，国际分工和国际贸易都发生了巨大变化，传统的国际分工和国际贸易理论更显得脱离实际。在这种形势下，一些西方经济学家力图用新的学说来解释国际分工和国际贸易中存在的某些问题，这个转折点就是里昂惕夫反论（The Leontief Paradox），或称里昂惕夫之谜。

3.3.1 里昂惕夫之谜

按照 H-O 原理，一个国家应该出口密集地使用本国较丰裕的生产要素所生产的产品，进口密集地使用本国较稀缺的生产要素所生产的产品。里昂惕夫（Vassily W. Leontief）对此确信不疑。基于以上的认识，他利用投入-产出分析法对美国的对外贸易商品进行具体计算，目的是对 H-O 原理进行验证。他把生产要素分为资本和劳动力两种，对 200 种商品进行分析，计算出每百万美元的出口商品和进口替代品所使用的资本和劳动量，从而得出美国出口商品和进口替代品中所包含的资本和劳动的密集程度。其计算结果如表 3-1 所示。

表 3-1　美国出口商品和进口替代商品对国内资本和劳动的需要量

	1947 年		1951 年	
	出口	进口替代	出口	进口替代
资本/美元	2 550 780	3 091 339	2 256 800	2 303 400
劳动/（人/年）	182.313	170.004	173.91	167.81
人均年资本量	13 991	18 184	12 977	13 726

从表 3-1 可以看出，1947 年平均每人进口替代商品的资本量与出口商品的资本量相比是 18 184∶13 991＝1.30，即高出 30%；而 1951 年的比率为 1.06，即高出 6%。尽管这两年的比率的具体数字不同，但结论基本相同，即这两个比率都说明美国出口商品与进口替代品相比，前者更为劳动密集。据此显然可以认为美国出口商品具有劳动密集型特征，而进口替代商品更具有资本密集型特征。这个验证结论正好与 H-O 原理相反。正如里昂惕夫的结论所说："美国参加分工是建立在劳动密集型生产专业化基础上，而不是建立在资本密集型生产专业化基础上"[①]。换言之，这个国家是利用对外贸易来节约资本和安排剩余劳动力的，而不是相反。里昂惕夫把以上结论以《国内生产与对外贸易：美国地位的再审查》为题在 1953 年发表，其后他又在 1956 年验证得出相同的结果。

里昂惕夫发表其验证结果后，使西方经济学界大为震惊，将这个不解之谜称为里昂惕夫之谜，并掀起了验证探讨里昂惕夫之谜的热潮。

里昂惕夫之谜也称为里昂惕夫反论或悖论，它的内容可以概括如下：根据 H-O 原理，一个国家应该出口密集地使用本国相对丰裕的生产要素生产的产品，进口密集地使用本国相对稀缺的生产要素生产的产品。第二次世界大战后，人们认为美国是一个资本丰裕而劳动稀缺的国家，按照 H-O 原理，美国应该出口资本密集型产品，进口劳动密集型产品。里昂惕夫对美国出口商品和进口替代品的资本和劳动比率进行了计算，目的是验证 H-O 原理，但是结果发现美国出口的是劳动密集型产品，进口的是资本密集型产品，与理论推理结果正好相反。上述矛盾即为里昂惕夫之谜。

3.3.2　里昂惕夫之谜的其他验证

里昂惕夫对于 H-O 理论的验证结果引起了整个西方国际经济学界的巨大震惊。有人怀疑他进行统计的方法和对统计资料的处理是否合理，于是对美国或其他国家有关国际贸易结构进行类似研究，从而掀起了验证里昂惕夫之谜的高潮。

1. 对美国情况的验证

里昂惕夫于 1956 年再次利用投入产出法根据美国 1951 年的数据对美国的贸易结构进行验证，结论是：美国 1951 年竞争性进口替代品和出口品的资本密集度之比是 1.06，结论不变。

鲍得温利用 1958 年的投入-产出表和美国 1962 年的数据于 1971 年进行计算分析，结果和里昂惕夫一致。

威特尼用投入-产出法于 1968 年对美国 19 世纪末的贸易结构进行验证，结果是里昂惕夫之谜不存在，但是人们并不认为美国在 1899 年之前就是资本密集型国家。如果这一点成立，那么谜还是存在的。

里昂惕夫和其他人用多种方式在这个结果上纠缠许久。他的方法被复查了好几次，证明确实无误。众所周知，相对于世界其他国家来说，美国的确是资本充裕的。然而，对美国从第二次世界大战到 1970 年间的更多研究还是证实了里昂惕夫悖论的存在，其中一些结果如表 3-2 所示。

---

① 里昂惕夫. 国内生产与对外贸易：美国资本状况的再检验. 美国哲学学会会议录，1953.

表 3-2 经济学者对美国进出口产品中资本与劳动比的研究

学　者	数据年份	$(K_x/L_x) / (K_m/L_m)$
威特尼（Whitney，1968）	1899	1.12
里昂惕夫（Leontief，1954）	1947	0.77
里昂惕夫（Leontief，1956）	1951	0.94（或不包括自然资源行业，1.14）
鲍德温（Baldwin，1971）	1958	0.79（或不包括自然资源行业，0.96）
斯特那得和马斯克斯	1972	1.05（或不包括自然资源行业，1.08）

2. 其他国家情况的验证

建元正弘、市村真一于 1959 年验证日本在 20 世纪 50 年代贸易结构。验证结果是：就整体而言，其出口资本密集型产品，进口劳动密集型产品；就双边贸易而言，如对美国则正好相反，向美国出口劳动密集型产品，从美国进口资本密集型产品。而事实是当时日本是人口相对过剩。

他们认为，因为日本的资本和劳动的供给比例介于发达国家和不发达国家之间，日本与美国的贸易在劳动密集型产品上占有优势，而与不发达国家的贸易则在资本密集型产品上占有优势。

对前苏联 20 世纪五六十年代的贸易结构进行分析，证明"谜"不存在。前苏联在与东欧及第三世界国家的贸易中，出口资本密集型产品，进口劳动密集型产品，与发达国家的贸易情况则相反。

1961 年，加拿大经济学家沃尔对美加贸易进行分析，证明"谜"是存在的，因为加拿大相对美国而言是资本相对稀缺的国家，但结果表明，加拿大出口的是资本密集型的产品，进口的是劳动密集型的产品。

印度学者巴哈德瓦奇在 1962 年对印度 20 世纪 50 年代的贸易结构分析得出了令人大惑不解的结论，即印度对美国的贸易中，印度出口资本密集型产品而进口劳动密集型产品，而与其他国家则相反。

诸多的验证并没有得出一个统一的结论，因为里昂惕夫之谜时隐时现，特别是在验证美国的贸易时更是如此。既没有证实里昂惕夫之谜，也没有驳倒它，所以经济学家又把精力放在解释"谜"为什么存在上。这里需要强调的是，尽管有里昂惕夫之谜存在，H-O 原理到 20 世纪 80 年代一直是国际贸易理论大厦的基石。

专栏 3-5

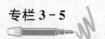

里昂惕夫

瓦西里·里昂惕夫（Wassily W. Leontief）是俄裔美国人，著名经济学家，生于俄国彼得堡，曾就读于列宁格勒大学与柏林大学，1925 年在柏林大学获经济学、哲学博士学位，1973 年获诺贝尔经济学奖，1927—1930 年在德国 Kiel 经济研究所工作。1931 年移居美国，曾任哈佛大学教授，在哈佛期间兼任美国劳工部顾问等多种政府职务。1975

年里昂惕夫就任纽约大学经济分析研究所所长。代表作《投入产出经济学》，收录了他从 1947—1965 年公开发表的 11 篇论文，其中有两篇主要研究国际贸易，即《国内生产与对外贸易：美国地位的再审查》（1953 年）和《要素比例和美国的贸易结构：进一步的理论和经济分析》（1956 年）。里昂惕夫在经济学上的贡献在于发展了投入 - 产出方法，并应用于重要的经济学问题研究。投入 - 产出分析的核心是线性化假设之下表示部门间购进和售出的相互依存关系的投入产出表。该方法主要用于经济计划和经济预测，其基本的数学工具是矩阵代数。20 世纪 40 年代发展起来的大型、高速数字计算机技术，使投入 - 产出方法的实际应用具备了现实条件。

资料来源：胡代光，高鸿业 . 西方经济学大辞典 . 北京：经济科学出版社，2000：1188.

3.3.3　里昂惕夫之谜的解释

赫克歇尔 - 俄林的要素禀赋理论阐明了一国的进出口商品结构，即一国应该出口密集地使用本国相对丰裕的生产要素生产的产品，进口密集地使用本国相对稀缺的生产要素生产的产品。但里昂惕夫之谜引起了人们对该理论的怀疑，导致许多经济学家做了许多研究工作去寻求解释为什么会出现这种意想不到的结果。本节将简要地阐述一些主要解释的内容，从而探讨以下问题：国际贸易与生产格局如果不是由要素比例决定，那是由什么决定的呢？

1. 熟练劳动说

里昂惕夫认为美国工人的劳动生产率大约是其他国家工人劳动生产率的 3 倍。在以劳动效率为单位的条件下，美国就成为劳动丰裕而资本稀缺的国家了。因此，美国出口劳动密集型产品，进口资本密集型产品。也可以这样理解，即美国生产的进口替代品的 K/L 在国外实际为 $K/3L$，因此美国从国外进口的产品就具有劳动密集性了。至于美国工人劳动生产率高的原因，他的解释是来自于美国企业科学的管理、高水平的教育、优良的培训、可贵的进取精神等。但是，一些研究表明实际情况并非如此。例如，美国经济学家克雷宁（Krelnin）经过验证，认为美国工人的效率和欧洲工人相比，最多高出 1.2～1.5 倍。因此，里昂惕夫的这个论断通常不为人们所接受。

在此基础上，美国经济学家基辛对这个问题进一步加以研究。他利用美国 1960 年人口普查资料，将美国企业职工区分为熟练劳动和非熟练劳动（指不熟练和半熟练工人）。他根据这两大分类对 14 个国家的进、出口商品结构进行了分析，得出了以下结论：资本较丰裕的国家往往也是熟练劳动较丰裕的国家，倾向于出口熟练劳动密集型商品；资本较缺乏的国家往往也是熟练劳动稀缺而非熟练劳动丰裕的国家，倾向于出口非熟练劳动密集型商品。他的解释是，美国出口商品中的熟练劳动含量要多于进口替代品[①]的熟练劳动含量。

2. 人力资本说

凯南（P. B. Kenen）等人认为，劳动是不同质的，这种不同质表现为由劳动熟练程度决

---

① 指在美国生产的与进口产品直接或间接竞争的产品。

定的劳动效率的差异。劳动熟练程度的高低取决于对劳动者进行培训、教育和其他的相关开支，即决定智力开支的投资。因此，高劳动效率和熟练程度归根到底是投资的一种结果，是资本支出的一种产物，所以在计算国际贸易商品的资本/劳动比率时，资本应包括有形资本和无形资本，无形资本即人力资本。所谓人力资本，是指投资于人的劳动技能训练所花费的费用，包括政府投资、个人投资及个人接受教育、训练的机会成本。但是，人力资本的量化是比较困难的。

凯南对人力资本的估价方法是把熟练劳动的收入高出简单劳动的收入的部分资本化。他认为，在计算美国出口商品的资本/劳动比率时，不能仅考虑物质资本（即有形资本），也要考虑人力资本。如果以 K、K'、L 分别表示物质资本、人力资本和劳动，美国出口商品的资本/劳动比率应为 $(K+K')/L$。经过这样的处理，美国出口商品就相对具有资本密集性了，里昂惕夫之谜就消失了。这种解释的困难在于现实中还存在着受教育程度和所得报酬之间的不对应现象。

3. 自然资源说

关于一些国家的贸易中出现里昂惕夫之谜，还有的经济学家认为是由于没有考虑自然资源禀赋这个因素。实际上有些产品既不属于劳动密集型，也不属于资本密集型，而是自然资源密集型。例如，美国进口商品中初级产品占 60%～70%，而这些初级产品大部分是木材和矿产品，是自然资源密集型产品，把这类产品归为资本密集型产品就是里昂惕夫之谜产生的原因之一。如果考虑自然资源在美国进出口贸易结构中的作用，就可以解释里昂惕夫之谜的存在。里昂惕夫把投入产出表中的 19 种自然资源密集型产品去除，结果成功地解开了"谜"，取得了与要素禀赋理论一致的结果。这个原因也可以解释加拿大、日本、印度等国贸易结构中的"谜"。

4. 要素密集度逆转

有些经济学家认为，在 H-O 模式中，一种商品在一个工资-租金比率较高的国家，相对而言是资本密集型的产品，但是在工资-租金比率较低的国家将会是劳动密集型的产品，这种密集要素反向在现实世界里是确实存在的。如将美国和一些亚洲国家的农业生产进行比较，美国在农业生产中使用大功率的机械设备，投入大量的资本，其农业产品相对而言可以说是资本密集型的。然而许多亚洲国家的农业生产基本上是手工劳动，其产品可以说是劳动密集型的。因此，同是农产品，却存在着要素密集反向。可见，美国进口产品，如果用美国与进口竞争产品的数据计算结果是资本密集型的；如果使用出口国的实际数据计算，相对而言则可能是劳动密集型的产品。

5. 关税结构

以鲍德温为首的经济学家认为，美国关税结构对贸易形式的扭曲是造成里昂惕夫之谜的原因之一。由于美国对其国内的劳动密集型行业采取关税保护政策，阻碍劳动密集型产品进口，而国外的资本密集型产品却相对容易输入。外国如果采取相反措施，为了维护本国工业的发展，对资本密集型产品的进口征收高关税，那么美国资本密集型产品就会难以进入外国市场，劳动密集型产品却相对容易出口。这样就人为地增加了美国进口货物中资本密集型产品的比重，以及美国出口产品中劳动密集型产品的比重，这样国内贸易保护也成为比较优势的来源之一。

本章要点

1. 赫克歇尔和俄林的"资源禀赋贸易模型"的理论前提是各国生产要素禀赋的相对比例不同（国家不同的要素充裕程度），以及生产不同产品所需要素比例不同（或产品具有可区别的要素密集度）。该理论假设所有国家都拥有相同的技术、相同生产函数，在不同国家间劳动同质，排除了规模经济，也不考虑各国对产品偏好的差异，完全竞争的市场、自由贸易、没有运输成本，以及生产要素在国家间完全不流动，从而得到了两点重要结论：一是一个国家在国际分工中应该出口密集地使用本国相对丰裕的生产要素生产的产品，进口密集地使用本国相对稀缺的生产要素生产的产品；二是国际分工及国际贸易的结果会消除贸易国之间商品价格的差异，使生产要素收入趋同，实现生产要素在两国间的间接移动，从而弥补生产要素在国家间不能移动的缺陷。

2. 作为要素禀赋理论的拓展，要素价格均等化定理的内容为：在特定条件和假设前提下，自由贸易不仅使商品价格均等化，而且使两国间的各种要素价格均等化，以至于即便要素不能在各国间流动的情况下，两国工人也将得到相同的工资，单位面积的土地将得到相同的地租收益。

3. 雷布津斯基定理总体可以概括为：在商品相对价格不变的前提下，某一要素的增加会导致密集地使用该要素部门的生产增加，而另一部门的生产则下降。

4. 经济学家里昂惕夫在 20 世纪 50 年代用美国的数据对 H－O 模型进行试验，发现其结果并不符合 H－O 模型理论，被称为"里昂惕夫之谜"。里昂惕夫之谜也称为里昂惕夫反论或悖论，它的内容可以概括如下。

① 根据 H－O 原理，一个国家应该出口密集地使用本国相对丰裕的生产要素生产的产品，进口密集地使用本国相对稀缺的生产要素生产的产品。

② 第二次世界大战后，人们认为美国是一个资本丰裕而劳动稀缺的国家，按照 H－O 原理，美国应该出口资本密集型产品，进口劳动密集型产品。

③ 里昂惕夫对美国出口商品和进口替代品的资本/劳动比率进行了计算，目的是验证 H－O 原理，但是结果发现美国出口的是劳动密集型产品，进口的是资本密集型产品，与理论推理结果正好相反。

复习思考题

一、本章关键术语

H－O定理 要素密集度 要素充裕度 劳动密集性产品 萨缪尔森-琼斯定理（S－S定理） 生产要素价格均等化定理 雷布津斯基定理 里昂惕夫之谜 贫困化增长（荷兰病）

二、简答题

1. 简要评述要素禀赋理论。

2. 在两要素经济中，国际贸易对收入分配会产生什么影响？

3. 在两要素经济中，国际贸易对要素价格相对价格会产生什么影响？

4. 经济增长对贸易条件会产生什么影响？

5. 里昂惕夫之谜的解释有哪些？

三、计算分析题

假设在母国的鞋子生产中发生了巨大的技术改进，以致鞋厂几乎完全可以用计算机辅助机器进行运作。考虑母国的下列数据。

计算机：销售收入 $= P_C \cdot Q_C = 100$

给劳动的支付 $= W \cdot L_C = 50$

给资本的支付 $= R \cdot K_C = 50$

价格上涨百分数 $= \Delta P_C / P_C = 0\%$

鞋子：销售收入 $= P_S \cdot Q_S = 100$

给劳动的支付 $= W \cdot L_S = 5$

给资本的支付 $= R \cdot K_S = 95$

价格上涨百分数 $= \Delta P_S / P_S = 50\%$

（1）哪个产业是资本密集的？假若某些产业在某些国家是资本密集的，而在另一些国家是劳动密集的，这是一个理性的质疑吗？

（2）给定所提供数据中的产出价格变化百分数，计算资本租金变化的百分数。

（3）与劳动工资相比较，上述变化的程度如何？

（4）以实际收入衡量，哪种要素收益了？哪种要素受损了？这些结果与斯托尔珀-萨缪尔森定理相一致吗？

四、论述题

1. 发达国家的工人运动传统上总是支持政府限制从发展中国家进口产品。从工会成员利益的角度看，这是一种短视政策还是理性政策？

2. 美国国内的工资水平存在着很大的差异，要素价格均等化理论为什么不能用来解释上述现象？这个例子和美国与墨西哥的工资率差异有何不同？

3. 以下是 2004 年一些国家的大豆产量、生产和贸易的数据。

	产量（公吨/公顷）	生产（100 000 公吨）	出口（100 000 公吨）	进口（100 000 公吨）
澳大利亚	2.24	7.4	0.8	0.9
巴西	2.31	4 979.3	1 924.8	34.8
加拿大	2.59	304.8	98.4	51.2
中国	1.81	1 760.0	33.5	2 225.5
法国	2.51	14.8	1.8	48.2
意大利	3.45	51.8	2.6	150.1
日本	1.19	16.3	0.0	440.7
墨西哥	1.19	7.6	0.2	353.9
俄罗斯	1.00	55.5	0.4	0.1
美国	2.84	8 501.3	2 560.3	13.0

数据来源：联合国粮食及农业组织。

（1）哪些国家的土地得益于大豆自由贸易？解释其理由。

（2）哪些国家的土地从大豆自由贸易中受损？解释其理由。

（3）哪些国家的大豆自由贸易行动对地租的影响很小或没有？解释其理由。

第 **4** 章

特定要素理论

在微观经济学中，关于供给面的分析通常有短期和长期之分，短期和长期的划分是由生产要素的流动性决定的。在长期条件下，假设生产要素是同质的，可以在不同部门互相替代，另外厂商所使用的所有生产要素投入量都可以自由调整。也就是说，长期条件下，生产要素在不同部门间可以完全自由流动。因此，从这个意义上讲，要素禀赋理论实际上是一种长期分析，即在长期条件下，从供给面来讨论要素禀赋与国际贸易的关系。要素禀赋理论出现后，随着时间的发展，经济学家又将短期因素引入要素禀赋理论中，进一步丰富了要素禀赋理论。特定要素的基本模型可以追溯到 20 世纪 30 年代的一些经济学家，包括哈伯勒（Haberler）、哈罗德（Harrod）、俄林（Ohlin）和维纳（Viner），但真正建立起模型并进行系统分析的是萨缪尔森和琼斯。在 20 世纪 70 年代后期，经济学家尼瑞（Neary）和马萨（Mussa）又作了进一步分析，并将"特定要素模型"看作是短期内某些要素不能流动的赫克歇尔-俄林模型。本章着重介绍这种要素禀赋理论的短期分析——特定要素理论。

4.1 特定要素模型的框架

在国际贸易理论中，特定要素模型（Specific-Factors Model）主要用于解释在短期内国际贸易对收入分配的影响。长期内，国际贸易对收入分配格局的影响是基于商品要素密集度的差异，而短期内，国际贸易对收入分配格局的影响则是因为要素的特定性或不流动性。

4.1.1 生产函数

在这个模型中，假设有两种产品：小麦（W）和钢铁（S）。但有三种要素投入：劳动（L）、资本（K）和土地（T），其中资本和土地是特定要素，资本只能用于钢铁生产，土地只能用于小麦生产，劳动是公共要素或普通要素，是同质的，可在两个部门间自由流动。并且在生产过程中规模收益是不变的（Constant Return to Scale），所有商品市场和要素市场都是完全竞争的。

假设所有要素都被充分利用，即所有土地都被用于生产小麦，所有资本都被用于生产钢材，而两个部门使用劳动之和等于劳动资源总量（L），用等式表示为

$$L = L_W + L_S$$

其中 L_W 是用于生产小麦的劳动，L_S 是用于生产钢材的劳动。则小麦的生产函数可以写成

$$Q_W = f(T, L_W)$$

钢铁的生产函数可以写成

$$Q_S = f(K, L_S)$$

根据前面假设，可知 T 和 K 为常数，分别等于两种特定要素的总量，劳动在两个部门间分配，但两个部门分配的具体比例不确定。因此在特定要素不变的情况下，小麦和钢铁的产量分别是用于这两种产品生产的劳动投入的函数。

4.1.2 生产可能性边界

特定要素模型假设每一种特定要素只能被用于一个生产部门：土地只能用来生产小麦，资本只能用来生产钢铁，只有劳动可以用于各部门的生产。因此，要分析一国的生产可能性边界，只需知道当劳动从一个部门转移到另一个部门时，小麦和钢铁的产出组合是怎样变化的，这个问题可以用画图的方法解决。首先画出小麦生产函数和边际劳动产出函数（图 4-1）。

图 4-1 表明了劳动投入与小麦产出之间的关系。给定一个土地投入量，劳动投入越多，小麦的产出就越大。在图 4-1 中，曲线 $Q_W = f(T, L_W)$ 的斜率表示边际劳动产出，即增加一单位劳动时所增加的小麦的产出。但是，如果只增加劳动投入而不增加资本投入，会产生边际报酬递减效应。边际报酬递减可以从生产函数的形状上反映出来。随着劳动的增加，曲线 $Q_W = f(T, L_W)$ 变得逐渐平缓，即投入的劳动越多，边际劳动产出就越小。图 4-2 以不同的方式体现了上述内容：在图中，我们直接将边际劳动产出表示为劳动投入量的函数。

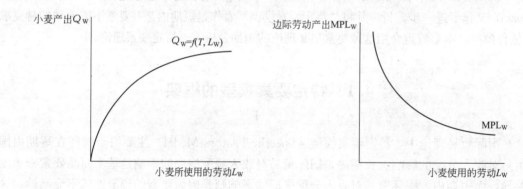

图 4-1　小麦的生产函数　　　　　　　　图 4-2　边际劳动产出

类似的一组图可以表示钢铁的生产函数和边际劳动产出函数。将小麦和钢铁这两个产业组合在一起，可以导出一国的生产可能性边界（见图 4-3）。在图 4-3 中，生产可能性边界说明在给定小麦产出的情况下能生产多少钢铁，反之亦然。

图 4-3 是一张四象限图。第四象限中的曲线就是前面图 4-1 中的小麦的生产函数曲线。但是在这里，将图 4-1 向右旋转了 90°：沿纵轴向下表示在小麦生产中投入劳动的增加，沿横轴向右表示小麦产出的增加。第二象限中是相应的钢铁的生产函数曲线：沿横轴向左表示在钢铁中投入劳动的增加，沿竖轴向上表示钢铁产出的增加。

第三象限表示一国的劳动力资源配置情况。劳动投入的衡量与平常的方向相反：沿竖轴向下表示在小麦生产中投入劳动的增加，沿横轴向左表示在钢铁生产中投入劳动的增加。由

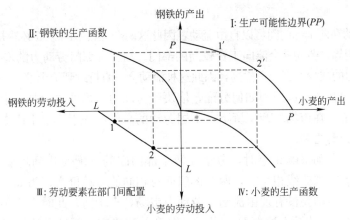

图 4-3　特定要素模型中的生产可能性边界

于劳动力总量是固定的，所以一个部门的劳动投入增加意味着另一部门的劳动投入减少，因此劳动力资源配置的可能情况可以用一条向下斜倾的直线来表示。这条直线与两轴成 45 度角向下倾斜。

现在来看在劳动配置情况一定时，如何确定各产品的产出。假定第三象限的点 2 表示过去的配置情况，然后采用各部门的生产函数曲线来确定产出，并将产出和第一象限的点相对应，第一象限的点 2′ 就表明了小麦和钢铁的最后产出情况，要描画出整条生产可能性边界，只需在不同劳动配置情况下重复上述过程。因此第一象限的曲线 PP 表明在给定土地、劳动和资本总量时，一个国家的生产可能性。

在李嘉图模型中，劳动是唯一的生产要素，生产可能性边界是一条直线，即用钢铁衡量的小麦机会成本是不变的。然而在特定要素模型中，其他生产要素的加入使生产可能性边界 PP 变为一条曲线。曲线 PP 的弯曲反映了各部门劳动的边际报酬递减规律。边际报酬递减是特定要素模型和李嘉图模型的关键区别。

在绘制曲线 PP 时，假定劳动从钢铁生产转向小麦生产。如果将单位劳动从钢铁生产转向小麦生产，这一额外投入会使小麦的产出增加，增加的量就是小麦生产的劳动边际产量 MPL_W。同时，从钢铁生产中每转移出 1 单位的劳动，将使钢铁的产出减少，减少的量等于钢铁生产的劳动边际产量 MPL_S。因此要增加 1 单位小麦的产出，就必须减少 MPL_S/MPL_W 单位的粮食产出。所以曲线 PP 的斜率也就是用钢铁衡量的小麦的机会成本，也就是为增加 1 单位小麦的产出所必须牺牲的钢铁产量：生产可能性曲线斜率＝－MPL_S/MPL_W。

4.1.3　生产要素的行业间配置

我们知道，在竞争性市场中，企业会一直雇佣劳动直到单位劳动的成本（工资）等于单位劳动在生产中创造的价值为止。相应地，单位劳动成本等于边际劳动产出乘以该产品的价格。因此在小麦生产中，劳动会一直被雇佣，直到工资（w）等于小麦的价格（P_W）乘以小麦工人的边际劳动产出（MPL_W）为止，即

$$w = P_W \cdot MPL_W$$

类似的，在钢铁生产中劳动会一直被雇佣直到工资（w）等于钢铁价格（P_S）乘以钢铁工人的边际劳动产出（MPL_S）为止，即

$$w = P_S \cdot \text{MPL}_S$$

由于假设劳动在两个部门间可以自由流动，因此这两个等式中的工资必然是相等的。如果工资在两个部门不相等，劳动就会流向工资较高的部门。高工资部门劳动力的增加使其工资降低，低工资部门劳动力的减少使其工资提高，因此这种流动会一直持续到两个部门的工资相等。

但究竟劳动力在两个部门间如何分配，取决于劳动力市场的供给与需求。根据完全竞争和充分就业的假定，在市场均衡工资下，本国劳动的总供给等于小麦生产中使用的劳动与钢铁生产中使用的劳动之和。

当两个部门的劳动报酬相等时，劳动在两个部门间的分配便达到均衡。在图4-4中，当两个部门的劳动需求曲线相交时，两个部门面对相同的劳动价格，为w，既然这两个部门的工资是相等的，劳动就没有理由流动，劳动力市场处于均衡。此时生产小麦的劳动投入量为L_W，生产钢铁的劳动投入量为L_S。劳动的分配一旦确定，两种产品的产量也随之确定。

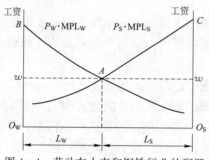

图4-4　劳动在小麦和钢铁行业的配置

在图4-4中，画出了封闭经济条件下工人、土地所有者和资本所有者的收入状况。图4-4中生产小麦所使用的劳动量是沿着横轴从左往右衡量的，生产钢铁所使用的劳动量是从右往左衡量的，劳动力均衡点在A，劳动工资为w，长方形O_WO_Sww衡量了工人工资总额w_L，三角区域BwA衡量了土地所有者的收入状况，另一个三角区域CwA衡量了资本所有者的总收入。在特定要素模型中，一个国家内部的收入分配由图4-4中的这三个部分直观明确地表示了出来。

4.2　国际贸易与收入分配

李嘉图模型揭示了基于比较优势的国际贸易会给所有贸易国带来贸易利益。如果贸易开放如此美妙，那么为什么有那么多反对贸易自由化的声音呢？李嘉图模型没有办法解释这个现象。在李嘉图模型中只有劳动力一个生产要素，贸易收益全部变成工人增加的工资，所有人都从贸易开放中获益，因此不会有人反对贸易开放。但是在特定要素模型中，一共存在三种要素，贸易利益如何在三种要素所有者之间分配呢？

4.2.1　小麦价格的上升对工资的影响

根据劳动需求曲线的定义，某个行业的产品价格或边际劳动生产率的变动会造成该行业劳动需求曲线的上下移动，一个行业的劳动需求曲线上移表示该行业厂商愿意支付更高的工资。小麦的相对价格P_W/P_S的上升，要么是由于P_W的相对提高，要么是由于P_S的相对降低。为方便起见，假设开展贸易以后，该国出口小麦，进口钢铁，小麦的价格 P_W 上升，而钢铁的价格 P_S 不变。

如图 4-5 所示，随着小麦价格提高，$P_W \cdot MPL_W$ 曲线上移到了 $P_W^* \cdot MPL_W$，均衡从 E 点移到了 E^* 点。小麦所使用的劳动量从 $O_W L$ 增加到 $O_W L^*$，钢铁所使用的劳动量从 $O_S L$ 下降到 $O_S L^*$。工资从 w 提高到 w_1，但其提高的幅度小于上移幅度 $\Delta P_W \cdot MPL_W$[①]。

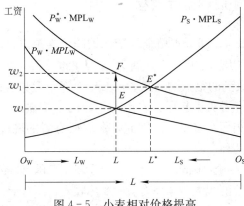

图 4-5　小麦相对价格提高

4.2.2　小麦价格上升对实际工资的影响

工资提高了，但工人的实际购买力是否也上升了？这就需要考虑小麦和钢铁的价格变化。

由于 P_W 上升，所以生产小麦的劳动报酬超过生产钢铁的劳动报酬，这将导致劳动由钢铁部门转移到小麦部门，这将导致生产小麦的劳动投入增加，生产钢铁的劳动投入减少。根据边际收益递减规律，生产小麦的劳动边际产出下降，生产钢铁的劳动边际产出上升。

$$w_W = P_W \cdot MPL_W \Leftrightarrow \frac{w_W}{P_W} = MPL_W \downarrow \tag{1}$$

$$w_S = P_S \cdot MPL_S \Leftrightarrow \frac{w_S}{P_S} = MPL_S \uparrow \tag{2}$$

随着劳动在两部门间的流动，两个部门的劳动报酬又重新趋于一致，最后达到均衡 E^*。

由于两个部门土地和资本分别固定，所以 P_W 上升，导致 L_W 上升时，MPL_W 下降；L_S 下降，MPL_S 上升，即 w_W / P_W 下降，w_S / P_S 上升。所以，对劳动者来说，若其收入全部来自于工资，则其实际收入水平在贸易后是否提高取决于其消费结构，若偏重于消费小麦，其实际水平可能会下降，如果偏重于消费钢铁，则其实际水平可能会上升。

4.2.3　贸易对特定要素的影响

1. 实际地租的变化

有一个一般的结论是：一个产业所使用的劳动量的增加会提高该产业特定要素的边际产出，劳动量的减少会降低特定要素的边际产出。

我们知道地租等于小麦的价格乘以土地的边际产出，即 $r_T = P_W \cdot MPT$，随着生产小麦的工人的增加，土地的边际产出上升，所以 r_T / P_W 也上升。由于 r_T 是地租，因此 r_T / P_W 是

---

① 　Robert C. Feenstra. 国际贸易. 北京：中国人民大学出版社，2011：73

用这笔租金所能买到的小麦的数量。r_T/P_W 上升，意味着以小麦衡量的实际地租上升了。

土地所有者所能购买的钢铁数量是 r_T/P_S。由 P_W 和 MPT 都上升，可知 r_T 是上升的。又由于前面假设 P_S 是不变的，因此 r_T/P_S 必然提高。换句话说，以钢铁衡量的实际地租也提高。由于土地所有者买得起更多数量的两种商品，所以小麦价格上涨时，土地所有者的境况得到改善。不像劳动，以小麦衡量的实际工资下降，以钢铁衡量的实际工资却是上升的，土地所有者显然从小麦相对价格上涨中获益。

2. 实际资本租金的变化

我们知道 $r_K = P_S \cdot MPK$，即资本租金等于钢铁的价格乘以资本的边际产出。随着生产钢铁的工人减少，资本的边际产出下降，所以 r_K/P_S 也下降。由于 r_K 是资本租金，因此 r_K/P_S 是用这笔租金所能买到的钢铁的数量。r_K/P_S 下降，意味着以钢铁衡量的实际资本租金也下降了，所以资本所有者买不起那么多钢铁了。由于钢铁价格不变，而小麦价格上升，资本所有者也没有能力购买那么多小麦。因此，资本所有者的境况因小麦价格上升而恶化，因为他们只能买到更少的两种产品。

综合以上分析得出如下结论：国际贸易将会提高贸易出口国出口部门特定要素所有者的实际收入，降低与进口相竞争部门的特定要素所有者的实际收入，而对于可自由流动要素所有者的实际收入的影响则不确定，可自由流动要素所有者的实际收入是否提高取决于所有者的消费结构[①]。

4.2.4 利益集团与贸易政策

特定要素模型有特别重要的政策含义，因为它揭示了不同部门或行业对贸易政策所持的态度。

自由贸易将会使出口部门特定要素所有者受益，进口部门特定要素所有者受损，因此两个部门特定要素所有者对自由贸易将持相反的态度。对于两个部门的劳动者来说，他们对自由贸易的态度是不确定的。因此，在制定贸易政策时，常会有来自不同部门的势力干扰。来自出口部门的利益集团，会鼓动政府采取更为自由的贸易政策，而来自进口替代部门的利益集团，则会极力鼓动政府采取严厉的贸易限制政策。所以说，利益集团的存在会左右贸易政策的制定[②]。

专栏 4-1

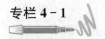

贸易调整救济计划：为贸易调整成本融资

政府应该介入补偿那些正在寻找工作或在合理期限内未能找到工作的工人吗？不论因何失业，美国的失业保险计划都可以提供某些补偿。此外，贸易调整救济（TAA）计划为那些因进口竞争而失业的工人及加入在就业培训计划的工人提供额外的失业保险（最长一年）。自 1993 年以来，又有了一项《北美自由贸易协定》（NAFTA）下的特别 TAA 计划，它是为那些因为来自墨西哥或加拿大的进口竞争而失业的工人而设立的。

其他国家也有类似于 TAA 的计划为那些受贸易损害的人提供补偿。一个特别有意思的例子是与 1990 年 6 月 30 日民主德国、联邦德国统一有关的。那天，国家间的所有贸易壁垒及两个地区间的所有劳动和资本流动壁垒都被取消了。工会要求在民主德国、

① 薛敬孝，李坤望，张伯伟. 国际经济学. 北京：高等教育出版社，2010：73

② 薛敬孝，李坤望，张伯伟. 国际经济学. 北京：高等教育出版社，2010：73

联邦德国获得同等工资的压力，意味着民主德国公司要面对高于其支付能力的工资。根据一项估计，只有8%的民主德国公司还能在支付联邦德国所付的高工资后盈利。在没有政府干预的情况下，可以预见到，这会发生严重的破产和失业，导致民主德国工人向联邦德国的大规模移民。

研究这个情况的经济学家建议，民主德国应给予大幅度的工资补贴或"弹性就业补贴"，从而使工厂雇用工人而只需支付其部分工资。而且，他们认为工资补贴主要是为它们自己埋单的，因为没有它们，政府就得向那些没有工作的人提供大笔的失业保险。正如结果所显示的那样，这种工资补贴没被采用，民主德国地区的失业及向联邦德国地区的移民一直是统一后的德国重要的政策问题。

像 TAA 这样的计划有意让那些因贸易竞争而失去工作的人分享整体贸易所得，但并非所有的经济学家或政策制定者都支持这些计划。为什么那些因进口竞争而失业的工人就该享受与那些因其他原因而失业的工人不同的待遇呢？向工人提供补偿仅仅是为了使工人不失业吗？无论你是赞成还是不赞成因进口竞争而失业的人应该享有特殊待业的观点，考虑设计一个补偿计划的最佳方式还是有用的。在新问题要"被解雇工人的新安全网"这篇文章概括了一个最新的建议。

资料来源：转引自 Robert C. Feenstra. 国际贸易. 北京：中国人民大学出版社，2011：78

专栏 4 - 2

被解雇工人的新安全网

有一种更好的方式可以为被解雇工人提供安全网——不管是由于什么原因而丢掉饭碗的——同时，它还可以鼓励工人尽快接受新的就业意向及获得新的工作所需要的培训。这个坚固的安全网应该会有助于减轻工人对失去现有工作的焦虑，从而减少工人反对进一步的贸易自由化……

我们的建议包括两个部分：提供再就业"工资保险"；提供医疗保险补贴，替代现行的TAA（通过选择我们所建议的补偿方案，国会可能依然愿意提供 TAA 的好处）。在任何一种情形中，如果工人在其他方面合乎要求，他们仍然会有资格获得失业保险金。为了获得领取我们所建议的补充工资保险金资格，工人只要提供相关材料，证明它们已被"解雇"……他们已经在以前的职位上服务了最起码的年限——我们建议两年；他们遭受了利益损失……

工资保险金将按以下方式支付：合乎资格的工人可以在其丢点饭碗的第一天起的两年内……获得其工资损失的一部分，但只有在工人找到一份新的工作时才开始支付……例如，一个遭解雇的个人原来挣 40 000 美元，新的工作只能挣 30 000 美元，他可以在被解雇的那天开始的两年内获得 5 000 美元（按季支付）……

我们相信，有几个观点可以支持我们所概述的扩展安全网。首先，该计划表达了许多工人的真正需要，无论他们是现在已被解雇的还是害怕将来被解雇的。其次，该计划的结构——只有在工人获得新的就业时才会支付补贴——包含了对工人更快地接受新工作的激励，从更广泛的视野来看，他们会比现在更快地接受新工作。再次，该计划事实上是对在职培训进行补贴，这可能远比 TAA 培训计划中的补贴管用，因为在 TAA 培训计划中，就业前景是不确定的。

最后，减少工人的忧虑应该会减缓工人反对贸易自由化及更广泛意义上的全球化。大量的证据表明，当贸易自由化与工人调整救济相联系时，民意更赞成贸易自由化。例如，国际政策态度研究项目的一项最新调查显示，大约三分之一的受调查者赞成这种说法，"我赞成自由贸易，我相信政府有必要出台计划帮助失去工作的工人"；只有 18% 的人主张在没有这种帮助下开展自由贸易……

我们的建议主要关注在就业事宜，但同时确认和帮助因非自身业绩原因而失业的工人减轻其遭受的损失。尤其是，工资保险应该会鼓励工人尽快地再就业，从而更好地接受在职培训。自由贸易和开放市场在推动经济增长和制约通货膨胀中起着重要的作用。但开放与世界的联系并不有助于每一个人。政府应该为因此而遭受损害的工人提供真正的帮助。如果政治领袖们发现在得到这种帮助以前公众对进一步贸易自由化的支持是微弱的，他们无须对此感到吃惊。

资料来源：转引自 Robert C. Feenstra. 国际贸易. 北京：中国人民大学出版社，2011：79

4.3　要素禀赋的变化

4.3.1　特定要素禀赋的变化

现在保持产品价格不变而允许要素禀赋变动。假设土地的供给增加，小麦的价格不变，由于土地专有于小麦行业，土地的增加导致小麦行业边际劳动产出增加，即 MPL_W 上升为 MPL_W^*，则小麦行业劳动需求曲线上移至 $P_W \cdot MPL_W^*$。

我们发现，土地增长的影响和小麦价格上升的影响有相似之处：小麦行业劳动投入增加，由原来的 L_W 增加至 L_W'，土地增长，所以小麦产量增加；钢铁行业劳动投入量减少，由原来的 L_S 减少至 L_S'，资本不变，所以钢铁产量下降。由于 $r_K = P_S \cdot MPK$，钢铁行业劳动投入减少，资本不变，所以 MPK 下降，资本的名义收益和实际收益都下降。

但土地增加又有不同于小麦价格增长的地方。由于商品价格没变化，如图 4-6 所示，可以看出土地增加，导致工人工资上升，劳动的名义收益与实际收益都有所提高。土地的名义总收益和实际总收益增加，但由于土地总量比以前多，土地的平均收益是否提高却无法确定。

相应地，如果资本增加，钢铁行业的劳动生产率上升，钢铁行业的工人工资上升，从而使劳动力从小麦行业转移至钢铁行业，钢铁产量增加，小麦产量下降。劳动收益增加，土地收益下降，资本总收益增加，但单位资本收益是否提高则无法确定。

4.3.2　流动要素禀赋的变化

如果劳动力总供给增加，如图 4-7 所示，由于产品价格和劳动生产率都没变化。因此两个行业劳动需求曲线都没有变化。又由于劳动力市场扩大，劳动力边界外移至 O_S'，钢铁部门劳动需求曲线向右平移，两条劳动需求曲线间的距离扩大了。

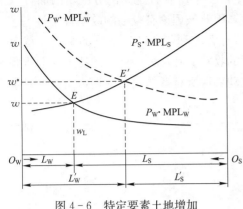 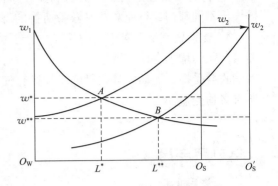

图 4-6　特定要素土地增加　　　　　　　　图 4-7　流动要素劳动的增加

*表示土地增加后的状况 w 表示工资，L 表示劳动

如果工资水平不变，劳动力需求就不会有变化，而劳动力供给增加，就会出现劳动力过剩，失业人数正好等于增加的劳动力人数 $O_S O'_S$。为了得到工作，失业劳动力愿意以较低的工资参加工作，由于工资降低，使得劳动力需求增加，当工资下降到 w^{**} 时，小麦工人和钢铁工人人数均有所增加，劳动力市场重新达到均衡，均衡点为 B。

由于两种产品价格不变，而再次均衡时，工资水平下降，所以劳动力名义工资和实际工资都下降，即流动要素的收益率都下降。由于两个行业劳动力人数都有所增加，而土地和资本的禀赋没有变化，则 MPT 和 MPK 都增大，根据公式 $r_T = P_W \cdot \text{MPT}$ 和 $r_K = P_S \cdot \text{MPK}$，知 r_T 和 r_K 均增加，而两种产品价格不变，所以土地和资本的实际收益有所增加，也就是两个行业特定要素的实际收入有所增加。

本章要点

1. 特定要素理论包含多种生产要素，并区分了所有生产部门的流动要素和只用于某个生产部门的特定要素。它揭示了要素行业间的配置，如果工资在两个部门不相等，劳动就会流向工资较高的部门。高工资部门劳动力的增加使其工资降低，低工资部门劳动力的减少使其工资提高，因此这种流动会一直持续到两个部门的工资相等。当两个部门的劳动报酬相等时，劳动在两个部门间的分配便达到均衡。

2. 特定要素理论清晰地展示了不同生产要素集团之间的收入分配状态，因而可以用来探讨国内收入分配问题。国际贸易将会提高贸易出口国出口部门特定要素所有者的实际收入，降低与进口相竞争部门的特定要素所有者的实际收入，而对于可自由流动要素所有者的实际收入的影响则不确定。可自由流动要素所有者的实际收入是否提高取决于所有者的消费结构。

> 3. 特定要素理论揭示了贸易利益在不同生产要素所有者之间的分配，因而可以推导出不同部门或行业对贸易政策所持的态度，因此该理论有较强的政策含义。
>
> 4. 要素禀赋变动对于国内不同生产要素所有者的利益会产生不同的影响。特定要素禀赋的增加会使该特定行业各要素所有者的收益上升，另一行业的特定要素所有者的收益受损；流动要素禀赋的增加则会使流动要素所有者的收益受损，而特定要素所有者均受益。

复习思考题

一、本章关键术语

特定要素　流动要素　特定要素模型

二、简答题

1. 根据本章所建立的特定要素模型，试分析劳动增加对要素实际收入和两个部门的生产会产生什么影响？

2. 试比较特定要素理论和要素禀赋理论的差异。

三、分析论述题

1. 假设有加拿大和墨西哥两个国家，生产小麦和计算机两种产品。假设土地是小麦所特有的，资本是计算机所特有的，劳动可以在两个产业间自由流动。当加拿大和墨西哥从事自由贸易时，在加拿大计算机相对价格下降，在墨西哥小麦相对价格下降。

(1) 在一个类似于图 4-3 的图形中，表示出在加拿大，工资如何因计算机相对价格下降和木材相对价格不变而变化。能预见实际工资的变化吗？

(2) 开放贸易对加拿大的资本和土地租金有何影响？能预见实际资本和土地租金的变化吗？

(3) 开放贸易对墨西哥的资本和土地租金有何影响？能预见实际资本和土地租金的变化吗？

(4) 在每个国家，出口产业的特定要素是收益还是受损？进口产业的特定要素是收益还是受损？

2. 在特定要素模型中，劳动 L 是公共要素，资本 K 是生产汽车的特定要素，石油 N 是生产汽油的特定要素。已知汽车的生产函数为 $f_M(K, L) = K^{1/2} \cdot L^{1/2}$，国内需求函数为 $P_M = 392/Q_M$，汽油的生产函数为 $f_G(N, L) = N^{1/2} \cdot L^{1/2}$，国内需求函数为 $P_M = 8/Q_G$。该经济三种投入要素的禀赋分别为：劳动 200 单位，资本 4 单位，石油 16 单位。国际市场上汽车的价格为 8，汽油的价格为 4。

(1) 求封闭经济情况下的均衡工资水平，以及汽车与汽油的产量、价格。

(2) 求开放后的均衡工资及两部门的产量、贸易量（假设小国，不影响世界价格）。

第5章

国际贸易新理论

第二次世界大战后，特别是 20 世纪六七十年代以来，国际经济出现了一些新的现象，主要表现在：产业内贸易的蓬勃发展，要素禀赋相同的发达工业国家之间的贸易量大大增加，以及产业领先地位不断转移。这些新的倾向是以比较优势理论和要素禀赋理论为核心的传统贸易理论无法解释的。国际贸易新理论正是顺应了这样的历史需要而逐渐地产生和发展的。现代国际经济学家围绕上述现象和问题提出了种种解释，从而形成了现代国际贸易新理论。

之所以把这些新出现的贸易理论称之为新贸易理论，是因为这些贸易理论改变了传统贸易理论的假设条件，而且分析框架也不同，与传统的贸易理论相比有很多鲜明的特点：一是理论前提趋于贴近现实；二是研究方法强调动态性和多维思维；三是理论研究注重实用性；四是把实证研究放在重要的位置上。

国际贸易新理论发展迅速，而且一直处在发展中，其理论众多，结构庞杂。本章将介绍和分析国际贸易新理论中最具代表性的、影响较大的若干理论。

5.1　技术与贸易

可以看到，世界市场上主要出口国的领先和主导位置在不断变化。有许多产品曾经由少数发达国家生产和出口，在国际市场上占有绝对的领先地位，其他国家不得不从这些国家进口。然而，第二次世界大战后这种产业领先地位在不断发生变化。一些原来进口的国家开始生产并出口这类产品，而最初出口的发达国家反而需要进口。例如，纺织业、机电业，甚至汽车制造业，都出现这种情况。纺织品是欧美最早向其他国家大宗输出的产品，20 世纪初"洋布"占领我国市场，挤垮了"土布"。几十年后情况则相反，纺织品的主要市场出口国变成了发展中国家，尤其是我国的纺织品，充满欧美市场，而欧美成了纺织品的净进口国。家用电器是另一个例子。美国于 1923 年发明了第一台电视机，但到了 20 世纪 90 年代以后，美国国内连一台电视机都不生产了，全部靠进口。日本在 20 世纪 60 年代后成为电视机的主要生产国和出口国，20 世纪 90 年代以来，韩国和我国也逐渐成为电视机的生产国和出口国。再比如汽车行业，美国是最早的汽车生产国和出口国，而现在则大量进口日本汽车。最近几年，韩国也成为重要的汽车出口国了。因此，不禁要问：在资源禀赋的模式基本没有变化的情况下，为什么某些制造品的比较优势会从发达国家逐渐转移到发展中国家呢？

5.1.1 技术差距论

美国经济学家波斯纳（M. A. Posner）首先运用技术创新理论对赫克歇尔－俄林模型进行修正，并于1961年在《国际贸易与技术变化》一文中提出技术差距论（Technological Gap Theory）。[①]

技术差距论认为，贸易国之间技术差异的存在是解释某类贸易发生（比较利益的差别）的原因。波斯纳的看法是，技术也是一个独立的生产要素，因为它可以改变土地、劳动和资本等生产要素在生产中的投入比例，并提高它们的生产率，因此技术进步也决定着一国生产要素禀赋状况及其在国际贸易中的比较利益。由此可见，该理论只是对赫－俄学说的补充和扩展。不过，强调技术进步和技术领先对国际贸易比较优势的决定作用，实际上也是强调"研究与开发"（R&D）要素的作用。

技术进步一般有两种方式：一种是发展出新的更富效率的方法来生产现有的产品；另一种则是发明出崭新的产品或改进现有的产品。在第一种方式下，技术进步提高了要素的生产率，同时又导致各国之间出现技术差距；在第二种方式下，获得新技术的国家能够出口新产品，并在一段时间里垄断出口优势。简言之，技术进步使得一国能享有特殊的贸易利益。

一般来说，各国技术革新的进展情况很不一致。技术革新领先的国家发展出一种新技术、新工艺、新的生产流程或新产品时，由于尚未被国外所掌握，因而产生了国际间的技术差距。技术革新领先的国家就有可能享有出口技术密集型产品的比较优势，这时技术落后国家虽然想对新技术和新产品进行模仿，但由于技术差距的存在，使得技术落后国家只能在国际贸易中处于比较劣势地位。经过一段时间以后，技术落后国家逐渐掌握了这种技术，从而消灭了（这项技术的）技术差距。技术革新领先国家的比较优势也逐渐丧失，促使其不断地改进技术、工艺，开发出新产品，创造出新一轮的技术差距。

图5-1描述了上述情况。A国为技术创新国，B国为技术落后国或称为模仿国，创新国A在T_0生产新产品，T_1时模仿国B出现对该商品的需求，开始进口，T_2之后模仿国开始生产，当到T_3时，模仿国B达到自给自足，超过T_3后，模仿国B开始出口，创新国A开始进口。波斯纳指出，$T_0 \sim T_1$这一段为"需求滞后"，表明一种新产品出现后到被外国消费者所接受也会有一段时间间隔，它的长短取决于模仿国消费者对新产品的认识与了解；$T_1 \sim T_2$这一段为"反应滞后"，它是指从新产品进口后到本国生产者意识到它的竞争性威胁，进而模仿生产加以抵制所需要的时间，其长短取决于模仿国的规模经济、产品价格、收入水平、需求弹性、关税、运输成本、市场大小等诸多因素；$T_2 \sim T_3$这一段为"掌握滞后"，即在T_3时，模仿国B完全掌握了该种产品的生产，不需要再进口（本国产量可满足国内需求）。一般认为，掌握滞后期间的长短取决于技术传播渠道是否畅通，模仿国是否具有消化新技术的能力等。T_3之后，就会出现模仿国以低成本为基础的出口，即在该点之后技术差距消失，生产成本的差异将成为导致贸易发生的主要原因（$T_1 \sim T_3$之间两国贸易的基础为技术差距）。整个$T_0 \sim T_3$段称为"模仿滞后"，是新产品在创新国诞生到创新国完全丧失了技术优势为止。需求滞后越短，反应滞后越长，技术创新国获得的贸易利益越大；反

---

① POSNER M A. International Trade and Technical Change. Oxford Economic Paper, 1961，(13).

之，则相反。

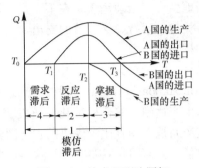

图 5-1　技术差距论图解

技术差距论证明：即使在要素禀赋和需求偏好相似的国家之间，技术领先也会形成比较优势，从而产生国际贸易。这也较好地解释了实践中常见的技术先进国与落后国之间技术密集型产品的贸易周期，但它只解释了技术差距会随时间推移而消失，并未解释其产生和消失的原因，因而该理论还需要进一步发展。

5.1.2　产品生命周期理论

在许多西方学者看来，用技术差距来解释技术要素对于国际贸易的重要性，还没有清楚地说明模仿滞后的具体演变过程，也未指明技术进步所创造的新产品会对国际贸易产生哪些影响。为了解答这些问题，1966 年美国经济学家弗农在其《国际投资和产品生命周期中的国际贸易》一文中建立了国际贸易的产品生命周期理论（Product Life Cycle Theory），分析了产品技术的变化及其对贸易格局的影响，并提出了产品生命周期理论。之后许多经济学家（如威尔斯（L. T. Wells）、赫希哲（Hirsch）等）对该理论进行了验证，并进一步充实和发展了这一理论。

产品生命周期是市场学的概念，指的是产品要经历投入、成长、成熟和衰退等时期。国际贸易的产品生命周期，是将周期理论与国际贸易理论结合起来，使比较利益从静态发展为动态。

1. 新产品的技术周期

产品生命周期理论认为，一个新产品的生命周期要经历三个阶段：新产品阶段、成熟阶段、标准化阶段。

（1）产品创新阶段

创新阶段（The Phase of Introduction）是指新产品开发与投产的最初阶段。少数在技术上领先的创新国家的创新企业凭借其雄厚的研究开发实力进行技术创新，首先开发出新产品并投入本国市场。除了发明国外，其他国家对这一项新产品、新技术知之不多，而且生产者对于新产品生产技术根据市场反映不断摸索和改进。在这一阶段，发明国垄断该产品的生产，满足国内外消费者的需求。该时期，企业竞争的关键不是生产成本，而在知识和技术，因此创新时期产品的主要特征是知识和技术密集度高。

（2）产品成熟阶段

成熟阶段（The Phase of Maturation）是指新产品及其生产技术逐渐成熟的阶段。随着技术的成熟，对生产企业来说，资本要素成了产品成本和价格的决定性因素，产品由技术密集型转向资本密集型。与此同时，外国生产者开始仿制新产品。这样一来，创新国家企业的竞争加剧。在这种情况下，企业若想保持和扩大对国外市场的占领就必须选择对外直接投资，即到国外建立子公司，当地生产，当地销售，在不大量增加其他费用的同时，由于利用了当地各种廉价资源，减少了关税、运费、保险费的支出，因而大大降低了产品成本，增强了企业产品的竞争力，巩固和扩大了市场。

（3）产品标准化阶段

标准化阶段（The Phase of Standardization）是指产品及其生产技术的定型化阶段。生产技术的进一步发展使产品和生产达到了完全标准化，研发费用在生产成本中的比重降低。此时，劳动力成本则成为决定产品是否具有比较优势的主要因素。许多技术都已包含在生产该商品的机器（如装配线）中了，任何国家只要购买了这些机器也就购买了技术，技术本身的重要性已经消失，创新国逐渐丧失了垄断优势。至此，新产品的技术完成了其生命周期。

2. 产品生命周期和国际贸易

弗农等人最初提出该理论主要是用于解释美国的工业制成品生产和出口变化情况，根据美国的实际情况，提出了产品生产周期的四阶段模型，如图 5-2 所示。

第一阶段，美国垄断新产品的生产和出口阶段。由于生产一种新的高级产品需要进行大量的研究和开发，而美国拥有雄厚的科学技术力量，重视研究与发展的投资，人力资本也十分丰富，所以它在新产品开发上占有优势。美国进行技术创新推出的新产品，首先满足国内的需求，并处于垄断地位。随着其他国家如欧洲国家逐渐富裕起来，美国的产品被销售到欧洲，并且美国公司在开始时拥有巨大的优势（图 5-2 中的 $t_0 \sim t_2$）。

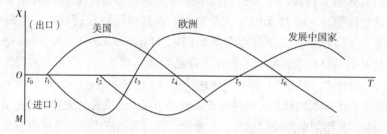

图 5-2 产品生命周期贸易模式

第二阶段，外国厂商开始生产并部分取代该产品进口阶段。美国有关加工方法的知识或产品的知识趋向贬值并被传播开来，但美国仍控制新产品市场，并开始向发展中国家出口新产品。外国厂商（往往是先驱国的子公司）开始生产并部分取代该产品进口阶段（美国），表现为进口减少，但同时美国向发展中国家的出口在增多（$t_2 \sim t_3$）。

第三阶段，美国以外的国家（欧洲）参与新产品出口市场的竞争阶段。随着新产品的技术差距进一步缩小，美国垄断地位逐渐丧失，出口大幅度下降，外国产品在第三国生产取代了美国产品（$t_3 \sim t_4$）。

第四阶段，外国产品在美国市场上与美国产品竞争阶段。此时，美国成为该产品的净进口国。但是，随着美国对这些产品的优势日渐消失，美国的新产品、新部门及新产业又涌现出来并取代他们（t_4 以后）。

图中，t_0 表示美国开始生产；t_1 表示美国开始出口，欧洲开始进口；t_2 表示发展中国家开始进口，欧洲开始生产；t_3 表示欧洲国家开始出口；t_4 表示美国开始成为净进口国；t_5 表示发展中国家开始出口；t_6 表示欧洲净进口。$t_1 \sim t_2$ 为美国出口到欧洲；$t_2 \sim t_3$ 为欧洲仿造，进口减少，美国向发展中国家出口；$t_3 \sim t_4$ 为欧洲和美国在发展中国家市场竞争；$t_4 \sim t_5$ 为发展中国家实行部分进口替代，美国成为净进口国；$t_5 \sim t_6$ 为发展中国家出口，欧洲出口量减少，并最终成为净进口国。

当 4 个阶段结束之后，该产品的生命周期在美国基本完结，但在仿制国中仍继续着。当它们大量出口该种产品时，有一些后起的国家也会开始仿制它们的产品，进而同它们展开各种市场的竞争，即按照产品生命周期不断地演进，直到它们的市场被后起国家的同类产品所占据为止。总之，新产品的传播和其进出口的消长犹如海涛奔腾，一浪又一浪地向前推进。

3. 国际贸易产品生命周期理论的动态意义

必须看到，产品生命周期理论是一种动态的理论，产品在不同的阶段和不同的情况下会有各自的特点（见表 5-1）。

表 5-1　产品生命周期贸易理论基本观点

阶段	产品特征	比较优势	贸易方向
创新	技术密集	技术	创新国家　其他发达国家
成熟	资本密集	资本	其他发达国家　发展中国家
标准化	劳动密集	劳动	发展中国家　创新国家

从产品的要素密集程度来看，在产品生命周期的不同时期，其生产要素的比例会发生规律性的变化。在产品创新时期，需要投入大量的科研与开发费用，这一时期的产品要素密集性表现为技术密集型；在产品成熟时期，产品创新国已经采用大规模生产的方式来制造该产品，即已转入正常的生产阶段，知识技术的投入减少，资本和管理要素投入增加，高级的熟练劳动投入越来越重要，这一时期的产品要素密集性表现为资本密集型；在产品标准化时期，产品的技术趋于稳定，技术投入更是微乎其微，资本要素投入虽然仍很重要，但非熟练劳动投入大幅度增加，产品要素密集性也将随之改变。

从产品的需求状况来看，整个生命周期也发生有规则的变化。在新产品时期，生产者数目很少，产品缺乏相近的替代品，又主要满足高消费水平的需要，所以产品的价格昂贵，其需求面狭窄。到了产品增长时期，市场不断扩大，参与竞争的生产者大量增加，生产成本也趋于下降，此时只有降低价格才能放大产品销路，这样比较便宜的价格又刺激了该产品的需求。进入产品成熟时期后，该产品已经标准化，各国的技术差距拉平，大规模生产已普遍化，于是生产者之间展开激烈的价格竞争。

从不同类型国家的相对优势来看，它们在产品生命周期的各个阶段也有不同特点。第一种类型是以美国为代表的最发达国家。它们工业先进，技术力量雄厚，资本和自然资源相对丰富，国内市场广阔，因此它们研制新产品有明显优势，生产增长产品也获益甚多。第二类是较小的发达国家。它们同样有丰富的人力资本和科技力量，国土虽小但发达，可是它们国内市场狭小，过分依赖出口，致使其生产优势到了产品增长时期就减少，进入成熟阶段更是完全丧失，因此它们主要适合于研究开发新产品。第三类是经济后起的国家。它们拥有相对丰富的熟练劳动，资本比技能和科研力量相对丰裕，因此生产成熟产品占有优势。况且成熟产品的国际市场比较健全，出口也比较健全。可见，不同国家应该只生产那些在生命周期中处于本国具有相对优势阶段的产品。

总之，产品生命周期学说从产品的生命运动过程及同赫-俄学说相结合，说明了比较利益是一个动态的发展过程，它随着产品生命周期的变化从一种类型国家转移到另一种类型国家，因而不存在那种一国能永远具有相对优势的产品。显然，它比传统的贸易理论前进了一大步，而且可以用来解释工业品的国际贸易格局，而且它对确定进出口贸易的方向和重点，同样颇具启发意义。

在该学说的基础上，20世纪70年代又出现了一种解释原料贸易格局的原料产品周期理论。它指出，原料生命周期恰好同产品周期相反，在原料生产的"生命"初期，发展中国家占据很重要地位，是原料的净出口国；在原料生命的后期，原料生产的优势逐渐转移到发达国家，其原因在于发达工业国家用高级技术不断生产出原料的合成替代品。具体地说，原料周期可以划分为3个阶段。第一阶段是派生需求上涨阶段。因为某种产品的需求量大量增加，导致有关的原料需求随之猛涨，从而导致原料价格大幅度上升。第二阶段进入需求和供给来源出现替代的阶段。由于天然原料的供给出现了越来越多可供选择的来源，生产者会用较便宜的替代品来替换天然原料。于是原料价格的上涨速度会减缓，甚至出现实际的下降。第三阶段则是研究与开发起着重大作用，最终导致人工合成替代品的广泛使用和发现了节约使用原料的重要方法，从而天然原料的重要性进一步下降。该理论实际上还告诉人们，一国的技术进步可以代替天然原料的国际贸易活动，因此全球天然原料供给的完全耗竭并不意味着它的供给全部断绝，天然原料的世界市场价格必然随着人工合成原料或其他替代品的广泛出现而不断下降。不难看出，这些论述同样富于借鉴、参考作用。

专栏 5-1

袖珍计算器与产品生命周期

袖珍计算器经历了产品生命周期的各个阶段。该产品由 Sunlock Comptometer 公司于1961年发明，并很快以近1 000美元的价格投放市场。与计算尺（当时被高中生和大学生广泛使用）相比，Sunlock的袖珍计算器更为精确，并且较机械计算器和计算机等功能相似的产品便于携带。

到1970年，几家美国公司和日本公司陆续进入袖珍计算机市场，这些公司包括德州仪器、康柏和卡西欧（日本）。日趋激烈的竞争迫使价格下降到400美元。接下来的几年里，又有一些企业进入该市场。其中的部分企业开始到新加坡等地设厂，利用廉价的劳动力装配自己的计算器，然后再把这些计算器运往美国。技术的稳步提高在完善产品的同时却使价格不断下跌。到20世纪70年代中期，袖珍计算器的售价通常在10美元至20美元之间，有时甚至更少。进入20世纪70年代后期，袖珍计算器已经达到产品生命周期的标准化生产阶段，产品技术在整个产业趋于普及，价格（成本）竞争成为最重要的制胜因素，产品差异化得到了广泛运用。不到20年，袖珍计算器就已经完成了其国际产品生命周期。

资料来源：CARBAUGL R J. 国际经济学. 原毅军，译. 8版. 北京：机械工业出版社，2002.

5.2　需求决定的贸易模式

商品价格的差异是产生贸易的重要原因，至此贸易理论都是从生产或供给方面来分析这种差异的。由于商品的价格是由供求两方面决定的，在同样的生产条件下，商品的相对价格会由于需求的不同而不同。这一节从需求的角度来看产生贸易的可能性。

5.2.1　决定需求的因素

在以前的分析中，都假定需求是给定的，而没有探讨过各国的需求有什么差别，以及这种差别是怎样决定的。事实上，各国对各种商品的需求是很不同的。亚洲人喜欢吃大米，欧美人主要吃面包；中国人过年要放鞭炮，美国人过圣诞则要点彩灯，装饰圣诞树；俄国人一年中有将近一半的时间戴皮帽，穿大衣，越南人却整年一件无领衫，因此各国对大米、面包、鞭炮、圣诞树、皮帽和无领衫的需求肯定不会相同。即在同样的价格下，各国消费者愿意并且有能力购买的数量会不同。

那么，造成各国对同一商品不同需求的原因是什么呢？决定需求的因素主要包括以下几种。

（1）实际需求

所谓实际需求，指的是地理、气候等环境的差别造成的不同需求。越南人当然不会有对皮衣、皮帽的需求，因为他们那里一年四季不冷；蒙古人大概不会需要很多船，因为他们那里基本上没有江河湖海；而皮毛衣服对于位于寒冷地区的国家，船对于沿海或有江河的国家来说，则是必不可少的商品。

（2）喜爱偏好

对商品的不同喜爱偏好主要是由不同的历史文化、宗教信仰和风俗习惯造成的。中东大部分国家信奉伊斯兰教，当然没有对猪肉的需求，而猪肉是中国市场的主要肉食之一。日本人爱吃生鱼片，别的国家大概不太习惯那个味道。欧美人过圣诞节要买圣诞树，而多数中国人暂时还不会有这个需求。可见，各国消费者喜爱偏好的差异会造成对同一商品需求的不同。不过与实际需要不同，偏好改变的可能性比较大。随着各国经济文化的交流，喜爱偏好也会互相影响。现实中，美国人喜欢吃中餐的越来越多，中国人穿西装的越来越普遍，日本欧美化倾向则更加浓厚。随着喜爱偏好的转移，对商品的需求也会发生变动。

（3）收入水平

实际上，各国对同一商品的需求不同，很大程度上是因为收入水平不同。中国人对汽车的需求量不如美国和日本，不是因为中国人不能开汽车，也不是因为中国人不爱开汽车，而是在中国的收入水平上许多人还买不起汽车。同样，对耐用消费品、医疗保健、旅游度假、高档住宅等商品的需求，发达国家都远远高于发展中国家，而对粮食尤其是基本谷物的需求，发展中国家则相对比较高。这种需求上的差别是由收入水平不同造成的。

各国对各种商品的需求除了要受到上述因素的影响外，还与各种商品本身的属性有关。例如需求的收入弹性，当收入增加时，增加的收入中主要用于购买奢侈品（手机、彩电、汽车等），较小比例用于购买必需品（食品等）①。当经济不断增长，国民收入水平不断提高的时候，各国对商品的需求会逐渐从农副产品转移到工业消费品。这不仅说明了为什么发达国家与发展中国家有不同的需求模式，也说明了整个世界的贸易为什么会从以初级产品为主发展到以工业产品为主的变动。

5.2.2 需求偏好不同而产生的贸易

下面来考察单纯由于需求差别而产生的贸易。如果两国在技术及要素禀赋等各方面都相同，但只要两国的需求偏好不同，就仍然存在着通过贸易共同获利的可能。比如说，对某种商品偏好较弱的国家，该种商品的无贸易相对价格就会较偏好强的国家低，该国对这种商品就具有比较优势，从而会发生与前几部分所描述的一样的国际分工和交易过程。举例来说，美国用世界标准衡量并不是一个大米生产国，但却是大米的主要出口国之一，这是因为美国食用大米很少的缘故。也就是说，虽然美国不具有生产大米的比较优势，但由于美国对大米的需求偏好较差，最终形成美国出口大米的贸易模式。

为了集中说明单纯基于不同偏好的贸易，假定各国在生产方面的能力是完全一致的，即同样的生产技术、同样的资源比例、同样的生产规模等。如果用生产可能性曲线来描述，各国的生产可能性曲线应该是相同的。下面用图 5-3 来说明这一现象。

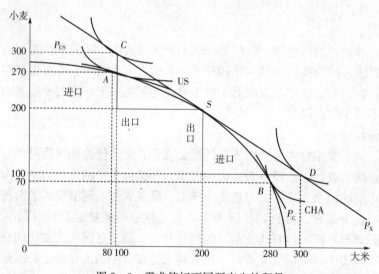

图 5-3 需求偏好不同所产生的贸易

假设中国和美国在小麦和大米上有相同的生产能力（用同一条生产可能性曲线表示），但有不同的需求偏好。中国人喜欢大米，美国人喜欢面食，因此美国的无差异曲线与生产可能性曲线相切于点 A，中国的无差异曲线与生产可能性曲线相切于点 B。在双方没有贸易的情况下，中国人根据需求不得不多种大米，甚至不惜在不适合作水田的土地上种大米，生产和消费都在点 B 上（70 吨小麦和 280 吨大米）。美国人不得不多种小麦，也可能把本来应该用来种大米的土地改种小麦，其生产和消费点在点 A（270 吨小麦和 80 吨大米）。贸易前，

---

① 随着人均收入的增长，人们花费在食品上的支出占收入的比重会越来越少，这一论断被称为"恩格尔法则"。

中国的大米机会成本和相对价格（用 P_C 表示）比较高，小麦的相对价格低；而美国正好相反，大米相对便宜（用 P_{US} 表示），而小麦的成本价格高。故美国在大米上有比较优势，中国在小麦上具有比较优势。

两国大米和小麦市场价格的差异带来的套利空间会产生贸易的可能性。如果贸易发生，美国会增加成本较低的大米生产并向中国出口以换取小麦；中国也不必人为地将旱地改种水稻，而将这些土地有效地用来多生产小麦然后跟美国换大米。贸易和分工的结果是两国的生产都移向 S 点，各自生产 200 吨大米和 200 吨小麦。在新的国际市场价格（P_x）下，中国向美国出口 100 吨小麦，换回 100 吨大米；美国则进口 100 吨小麦，出口 100 吨大米。贸易在 S 点达到均衡，使得美国的出口刚好等于中国的进口，反之亦然。两国新的消费点分别为 C（300 吨小麦和 100 吨大米）和 D（100 吨小麦和 300 大米），通过分工和贸易，中美两国的小麦和大米的消费量都增加了，达到了超出自己生产能力的新水平。需要注意的是，在基于不同偏好的贸易中，两个国家均脱离了自给自足状态，其生产模式也是一样。这样，只要两个国家之间存在着对商品的不同偏好，互利贸易就可以发生。

5.2.3　需求偏好相似（重叠）说

按照 H－O 原理，国际贸易的基础是比较成本的差异，而比较成本的差异来自于各国生产要素禀赋的相对比例不同和生产不同产品所需要素比例不同。因此，生产要素禀赋的差异越大，发生贸易的机会越大，贸易量越大，大量的国际贸易应是工业发达、资本存量丰富的国家和土地或劳动丰裕的非工业国家之间以工业品交换初级产品的贸易。但现实是，第二次世界大战后，国际贸易主要是发达工业国家之间的工业品与工业品的交换。统计资料显示，在 20 世纪 50 年代，大部分贸易发生在发达国家与发展中国家之间（即"南北贸易"）。到了 20 世纪 60 年代以后，这种格局逐渐改变，发达国家相互之间的贸易（即"北北贸易"）不断增加。到 20 世纪末，发达国家之间的贸易已经接近全球贸易的 50％，成为国际贸易的重要部分。表 5－2 给出了 2000 年 7 个主要工业化国家从其他工业化国家进口和向其他工业化国家出口占该国总进出口的比例。

表 5－2　各工业化国家与其他工业化国家贸易占其总贸易的份额（2000 年）

	出口到工业化国家的比例	从工业化国家进口的比例
美国	0.56	0.51
英国	0.81	0.76
加拿大	0.95	0.82
日本	0.51	0.39
德国	0.75	0.72
意大利	0.73	0.69
法国	0.77	0.80
全部工业化国家	0.70	0.70

注：根据 IMF 贸易方向统计季报，全部工业化国家包括美国、加拿大、澳大利亚、日本、新西兰、奥地利、比利时、丹麦、芬兰、法国、德国、希腊、爱尔兰、意大利、卢森堡、荷兰、挪威、葡萄牙、西班牙、瑞典、瑞士、英国、冰岛。

资料来源：根据 IMF 贸易方向统计季报（2002 年 3 月）计算。

针对这一矛盾，瑞典经济学家林德尔（Linder）提出了偏好相似论（Theory of Overlapping Demand）。林德尔理论假定消费者的偏好在很大程度上受制于他们的收入水平，一国的人均收入水平决定了该国特定的偏好模式。① 该国有"代表性的消费者"的偏好会转而产生对产品的需求，这些需求又会导致该国厂商的生产行为。因此，一国生产的各种商品都反映着该国的人均收入水平。

一国的新产品首先必须满足本国的需求，然后再出口到国外，满足外国的需求，原因如下。

① 出口是市场扩大的结果。根据林德尔的理论，"出口是在一条典型的市场扩展小路的尽头，而不是这条小路的开端"②。因为企业家对国外市场不可能像对国内市场那样熟悉，不可能想到一个国内不存在的需求。一个企业生产规模日益扩大后，感到本地市场狭小，开始扩大销售范围，才会想到出口赚取国外利润。

② 产品发明来自于国内市场需求。一项发明很可能是解决本身环境中所遇到的切身问题而产生的。一国本身的需求才是技术革新和发明创造的推动力。如果所要解决的问题不是发明者所处环境的一部分，那么发现和解决这个问题都是困难的。

③ 出口的工业品必须先有一个国内市场，才能获得相对优势。在国内市场上，消费者与生产者之间的关键性信息容易沟通。当某种产品进入开发与改进阶段时，这种信息实际上对任何产品的推出都是必要的。企业家不大可能想到去满足一个国内不存在的需求，即使看到了国外的需求，也很难想像出满足这种需求的合适产品；即使设想出基本合适的产品，但不花费高昂的代价，也不可能生产出适合于本国企业家所不熟悉的外国市场情况的产品。因为要使一种新产品最终适合市场需要，在生产者和消费者之间必须反复地交流信息，如果消费者和市场在国外，取得信息的成本将是高昂的。

需求结构是影响国际贸易规模的重要因素。也就是说，两个国家的需求结构越相似，它们之间的贸易量也就越大。如果两个国家的需求结构完全相同，这就意味着两国的进出口商品结构也相同。在这种情况下，一国的国内需求也就是外国的进口需求。

林德尔对制成品断言，"可出口产品的范围是由国内需求决定的。一种产品在国内被消费（或投资），对于这种产品成为潜在的出口产品是一个必要但不充分的条件。"在这里，国内需求必须是一国需求的"代表"③，即一国首先应该专业化于国内大多数人所需求的产品的生产。如在美国，这些产品是指那些迎合中产阶级和中上层社会收入的人们所需求的产品；而在中东国家，尽管有些人拥有林肯等名贵小轿车，但这种车并不包括在具有代表性的产品中。这一观点暗含着这样一个结论，即一国企业家将生产他们所最了解的、代表国内需求的产品，对发明创造的开发利用被首先用来迎合国内市场需求。当本地的市场潜力不足，企业家们意识到可以从国外获利时，他们开始出口产品，出口到那些与本国需求结构相似的国家。因此，两国的需求结构（需求偏好）越相似，两国开展贸易的可能性就越大。

决定一个国家的需求结构的是该国的平均收入水平。平均收入水平的相似可以用来作为

---

① 注意，林德尔仅考虑制成品的情况，他认为 H－O 理论完全足以解释初级产品的贸易。

② 依据林德尔，如果获得国外的需求信息很容易，满足需求的发明不需依靠创造性的努力，很少或完全不需要开发工作，那么这条"典型的小路"可能会改变。

③ 代表性需求（Representative Demand）：一国的平均需求档次（消费量最大的需求）就是该国的代表性需求。

需求结构相似的指标，不同收入水平的国家，其需求结构是不同的。因此，两国人均收入水平和收入分配方式越相近，两国的需求结构越相似，相互需求就越大，贸易量也就越多，越会成为特别牢固的贸易伙伴。[①] 例如，欧、美的一些高收入国家收入水平比较接近，打高尔夫球是一项比较普及的运动，但在非洲的一些低收入国家里，虽有少数富人有能力从事这种运动，但打高尔夫球不是代表性的需求，这些国家的人们普遍大量需要的可能是食品等生活必需品。

那么，收入水平相似的两个国家相互开展贸易，它们之间将交换哪些商品呢？贸易将发生在那些具有"重叠需求"（Overlaping Demand）的商品上。例如，假设国家Ⅰ的人均收入水平使消费者产生了对商品 A、B、C、D、E 的需求，这些商品按照其"质量"和复杂性由低到高排列。国家Ⅱ的人均收入水平较国家Ⅰ略高一些，需求结构为商品 C、D、E、F、G。商品 F 和 G 可能是质量级别较高的产品，它们是国家Ⅰ的低收入者所无法购买的。显然商品 C、D、E 是两个国家的重叠需求，成为两国开展贸易的可贸易商品。这样，可以在需求偏好相似理论的框架下总结出贸易发生的条件：两国的平均收入水平有差距，这样两国的代表性需求不一致；但差距不能太大，否则两国间无重叠需求，就没有了贸易发生的基础。

需求偏好相似理论适用于解释工业制成品的贸易在具有相同和相近发展水平的国家间更易于开展的现象，至于初级产品的贸易是由要素禀赋差异而引起的，所以初级产品的需求与收入水平无关，而且就算生产国缺少对初级产品的国内需求，它也可以成为出口品。因此，初级产品可以在收入水平相差很大的国家之间进行，而工业制成品的品质差异较明显，其消费结构与一国的收入水平有很大关系，从而工业制成品的贸易主要发生在收入水平比较接近的发达国家之间。由此，林德尔进一步指出，人均收入水平的差异是贸易发展的潜在障碍。其含义是即使一国拥有比较优势产品，但由于其他国家收入水平的差别，这种比较优势产品就不能成为贸易商品。

同时，可以看到林德尔并没有否认富国和穷国之间发生工业制成品贸易的可能。由于国民收入分配的不均衡，不同国家的需求结构总会有某些重叠的地方。毕竟，穷国也存在一部分富人，而富国也会有穷人。但不论怎样，当需求重叠少时，国与国之间开展工业制成品贸易的潜力就较小。

最后，对于林德尔理论，有必要强调的是，在前文的例子里，只是指出了商品 C、D、E 可以在两国间贸易，并没有指明其中任何一种特定商品的贸易流向。即当谈到国家Ⅰ和国家Ⅱ相互交换商品 C、D 和 E 时，并没有指明哪个国家将出口哪一种或哪些商品。这并不是林德尔疏忽了，他明确指出，商品可在两个方向上移动，即同一个国家既出口又进口该商品。这种出口和进口同类产品的贸易是产业内贸易，下一节将分析有关产业内贸易的相关理论。

5.3　产业内贸易理论

20 世纪 60 年代以来，国际贸易的发展产生了新的特点，即绝大多数国际贸易是在要素

---

①　如何用偏好相似理论解释以下贸易格局：就消费品而言，中国的主要贸易伙伴是美国、欧盟和日本，而不是发展中国家？林德尔的回答是，在一国内不平均的收入分配会扩大两国之间进出口物资的范围，增加两国之间需求的一致程度，因为贫穷国家的高收入者和富有国家的较低收入者可能需求同一产品。例如，富康、捷达等中低档小轿车在中国和发达国家都有一定程度的需求。

禀赋相似的国家之间进行，而且大部分贸易具有在同一产业内进行的性质，甚至还出现相同产品的互相买卖。此外，第二次世界大战后国际贸易虽有巨大发展，但对资源重新配置和收入分析的变化不见得有很大影响。这些都是传统贸易理论无法给予解释的，不少人先后对此作了探讨分析。20世纪70年代中期，格鲁贝尔、劳艾德、克鲁格曼等人进一步系统地阐述了产业内国际贸易理论，并指出产业内贸易发生的主要依据是产品的异质性、规模经济、需求偏好，这引起了西方国际贸易理论界的广泛兴趣。

5.3.1 产业内贸易

所谓产业内贸易（Intra-Industry Trade），是指一个国家在一定时期内（一般为1年）既出口又进口同一种产品，同时同一种产品的中间产品（如零部件和元件）大量参加贸易。例如，日本出口丰田汽车到德国，同时又进口德国的奔驰汽车；瑞士出口劳力士手表到日本，而又从日本进口精工手表；美国出口汽车的零部件到英国，又从英国进口汽车的零部件；韩国出口计算机中的各种零部件到日本，同时又从日本进口半导体芯片及计算机的其他零部件等。

1. 产业内贸易指数

经济学家通常用产业内贸易指数（Index of Intra-Industrial Trade）来测度一个产业的产业内贸易程度。这一指数的计算公式为

$$T = 1 - \frac{|X-M|}{X+M}$$

式中，X 和 M 分别表示某一特定产业或某一类商品的出口额和进口额，T 的取值范围为 0～1。当一个国家只有进口或出口（$X=0$ 或 $M=0$），即不存在产业内贸易时，$T=0$；当对某一类商品的进口等于出口，即 $X=M$ 时，产业内贸易达到最大，即 $T=1$。如果 $T>0$，意味着该国同时出口和进口这一行业的产品，T 越大，表示产业内贸易的程度越高。当然，产业内贸易指数的大小在很大程度上取决于如何定义一个产业或产品，产业或产品定义得越宽泛，T 值就会越大，否则就比较小。

产业内贸易指数在用来测算不同产业间的产业内贸易的差异及同一产业中随着时间推移产业内贸易的变化时还是十分有用的。有关研究表明，大部分贸易额来自于产业内贸易而非产业间贸易，那些具有高额产业内贸易额的制造品一般比较精密复杂，如化工产品、药品和发电设备。这些产品主要由发达国家出口，而且在生产上具有很强的规模经济特征。相反，产业内贸易额低的多为典型的劳动密集型产品，如鞋类和服装，美国就从发展中国家大量进口这些产品。这也说明发达国家产业内贸易在贸易中所占比重较高，而经济落后的发展中国家的产业内贸易较少，如表5-3所示。

表5-3　部分国家制造业部门产业内贸易指数

单位:%

工业化国家	1970	1987	1999	发展中国家	1970	1987	1999
美　国	55.1	61.0	81.1	印　度	22.3	37.0	88.0
日　本	32.8	28.0	62.3	巴　西	19.1	45.5	78.8
德　国	59.7	66.4	85.4	墨西哥	29.7	54.6	97.3
法　国	78.1	83.8	97.7	土耳其	16.5	36.3	82.2

续表

工业化国家	1970	1987	1999	发展中国家	1970	1987	1999
英 国	64.3	80.0	91.9	泰 国	5.2	30.2	94.8
意大利	61.0	63.9	86.0	韩 国	19.4	42.2	73.3
加拿大	62.4	71.6	92.8	阿根廷	22.1	36.4	48.7
西班牙	41.2	67.4	86.7	新加坡	44.2	71.8	96.8
平 均	56.8	65.3	85.5	平 均	22.3	44.3	82.5

资料来源：1970 年和 1987 年的数据来自于 STONE J A，LEE H H. Determinants of Intra-Industry Trade：A Longitudinal，Cross Country Analysis. Weltwirscha ftliches Archiv，1995 (1)。1999 年数据是根据 WTO 的 2000 年度的国际贸易统计报告计算的。

随着经济的发展和工业化程度的提高，我国产业内贸易指数也在不断提高。按 SITC（国际贸易商品标准分类）方法，1999 年我国工业制品部门的产业内贸易指数达到 88.5%，其中第 6 类，即按原料分类的制成品的产业内贸易指数达到 98.4%，第 7 类即机械及运输设备的产业内贸易指数达到 91.7%。2000 年中国的产业内贸易指数达到 88.7%，2001 年为 90.4%。

2. 产业内贸易与产业间贸易的比较

具体比较产业间贸易与产业内贸易模式（图 5-4），主要呈现出以下特点。

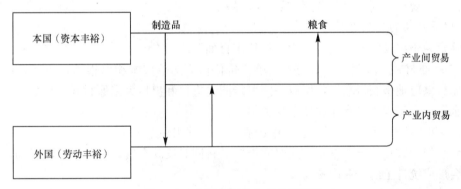

图 5-4 产业内贸易与产业间贸易

① 产业间贸易是建立在国家间要素禀赋差异产生的比较优势之上，而产业内贸易则是以产品的差异性和规模经济为基础。国家间要素禀赋差异越大，产业间贸易的可能就越大；国家间的要素禀赋越相似、经济规模越接近，产业内贸易的机会就越大。可以说，产业间贸易反映了自然形成的比较优势，而产业内贸易反映的是可获得的比较优势。

② 产业间贸易的流向可以根据贸易前同种产品的价格差来确定。如果在规模经济条件下进行差异产品的生产与产业内贸易，贸易前相对商品价格就不能准确地预测贸易模式。因为不论是大国还是小国，所有国家利用规模经济降低成本的机会是相同的，很难事先预测哪个国家将生产哪种产品。

③ 按照 H-O 模型，产业间贸易会提高本国丰裕要素的报酬和降低本国稀缺要素的报酬，而基于规模经济的产业内贸易可以使所有要素都获得收入。这可以解释为何第二次世界大战后制成品的自由化进程没有遭到各种利益集团的阻挠，而发达国家向新兴的发展中国家

开放市场却遭到了本国劳工力量的强烈抗议。

④ 在以要素禀赋差异为基础的产业间贸易条件下，要素的国际流动在一定程度上是贸易的一种替代品；而在要素禀赋相似的国家间产业内贸易条件下，要素流动带来了作为产业内贸易主要载体的跨国公司的兴起。从这点来说，产业内贸易与要素流动之间存在着一定的互补关系。

5.3.2 产业内贸易理论的主要观点

产业内贸易理论的假设前提是：理论分析基本是从静态出发进行分析的；分析不以完全竞争（垄断竞争）市场而以非完全竞争市场为前提（过去的贸易理论的前提大多为完全竞争市场）；经济中具有规模收益；在分析中要考虑需求不相同与相同的情况。从这些假设前提可以看出，产业内贸易理论的出发点与其他贸易理论是相当不同的。

1. 产品差异论

同类产品是那些消费上能够互相替代、生产上投入相近或相似的生产要素生产的产品，它被分为同质产品（Homogeneous Products）与差异产品（Differentiated Products）。同质产品是指性质完全一致因而能够完全相互替代的产品，如同样的水果、砖等。这类商品在一般情况下大多属于产业间贸易的对象，但由于市场区位不同，市场时间不同，也存在一定程度的产业内贸易现象。产品的差异性或差异产品是指从实物形态上看，产品的品质、性能、造型、设计、规格、商标及包装等方面的差异①。

1）同质产品的产业内贸易

国际贸易中出现同质产品的买卖，往往来自如下原因。

① 许多原材料（如黄沙、水泥等）单位价值低而运输成本相对很高，消费者应该尽可能靠近原料供应地来获得它们，所以一国可能同时进口和出口大宗原材料。例如，我国在东北出口水泥而在华南进口水泥便属于这种情况。

② 一些国家和地区（如新加坡、中国香港）大量开展转口贸易和再出口贸易，其许多进出口商品的形式自然基本不变。这时同类产品将同时反映在转口国的进口项目与出口项目中，便会形成统计上的产业内贸易。

③ 由于一些产品（如水果、蔬菜）具有季节性特点，一个国家会有时进口而有时出口这类商品。例如，欧洲一些国家之间为了"削峰填谷"而形成的电力进出口。

④ 政府干预产生的价格扭曲，尤其是相互倾销，会使一国在进口的同时，为了占领其他国家的市场而出口同种产品，从而形成产业内贸易。另外，在存在出口退税、进口优惠时，国内企业为了与进口货物竞争，就不得不出口以得到退税，再进口以享受进口优惠，造成产业内贸易。

⑤ 出于经济合作或特殊技术条件的需要，有些国家也进行某些同质产品的交易，如各国银行业、保险业"走出去，引进来"的情况。例如，我国吸引外国银行在华投资，却又在世界其他国家投资建立分行。

⑥ 跨国公司的内部贸易也会形成产业内贸易，因为同种商品的产品与中间产品和零部

---

① 这里的差异性产品是格鲁拜尔所坚持的观点意义上的产品，即仅仅是由于产品风格、质量、使用特点上的细微变化或品牌名称上存在差异，但性能十分相似的替代品，如汽车和香烟品牌。

件大都归入同组产品，因而形成产业内贸易。

这些同质产品贸易只要加入运输成本等因素的分析，都仍然能用赫-俄学说加以说明。因此，差异产品贸易分析是产业内贸易理论的主要内容。

2）差异产品的产业内贸易

资料表明，大多数的产业内贸易发生在差异化产品之间。在制造业中，产业内贸易商品明显偏高的是机械、药品和运输工具。属于同一产品大类的差异化产品在现代经济中有着很高的占有率。在汽车产业，福特不同于本田、丰田或是雪佛兰。因此，在一大类的不同品种的产品之间，也会发生双向的贸易流动。

国际产品差异性是产业内贸易发生的基础，这体现在产品的水平差异、技术差异和垂直差异等三方面。

（1）水平差异（Horizontal Differentiation）

水平差异是指产品特征组合方式的差异。在一组产品中，所有的产品都具有某些共同的本质性特征，即核心特征。这些特征不同的组合方式决定了产品的差异性，从差异内部一系列不同规格的产品中可以看出水平差异的存在，如烟草、香水、化妆品、服装等。这类产品的产业内贸易大多与消费者偏好的差异有关。差异产品在牌号、规格、服务等特点上的不同，也正是由于差异产品的这种不完全可替代性使得人们对同类产品也产生了不同需求。在人们日益追求生活质量的时代，在科技进步的作用下，厂商能够提供的差异产品日益繁多，但一国国内厂商很难满足国内消费者的所有需求。如果一国消费者对外国产品的某种特色产生了需求，它就可能出口和进口同类产品。

（2）技术差异（Technological Differentiation）

技术差异是指新产品出现带来的差异。处于产品生命周期不同阶段的同类产品（如不同档次的家用电器）在不同类型国家进行生产，继而进行进出口贸易，便会产生产业内贸易。在本章第一节讲到的产品生命周期理论中提到美、欧和其他发展中国家的例子中，如果欧洲开始生产该新产品，与美国生产的该产品形成差异，那么在整个周期过程中可能会出现欧美之间的产业内贸易或是欧洲从美国进口同时向发展中国家出口的贸易现象。

（3）垂直差异（Vertical Differentiation）

垂直差异是指产品质量方面的差异。为了占领市场，人们需要不断提高产品质量，而一个国家的消费者不能全部都追求昂贵的高质量产品，因此在出口高质量产品的同时往往也会从其他国家进口一些中低质量的同类产品，从而产生产业内贸易。在需求偏好相似论中，我们讲到一国厂商会生产其国内具有代表性需求的产品，那么处于该国国内需求结构两端的产品就可能会通过进口来解决。

以上三类情况，都有着"从供给看存在"的规模经济、"从需求看存在"的需求偏好方面的重叠。当然也注意到，基于产品差异的产业内贸易是建立在不完全竞争的基础上的（传统贸易理论一般都假设市场是完全竞争的）。

2. 规模经济论

1）规模经济的含义

要理解规模经济必须先搞清楚一个概念，这就是规模报酬。规模报酬（Returns to Scale）是指所有投入要素同比例增加时，即生产规模扩大时，总产量的变化情况。根据产出变化的程度，规模报酬可以分为 3 种情况，即规模报酬递增、规模报酬不变和规模报酬递减。

规模报酬递增（Increasing Returns to Scale）是指所有投入的增加导致了产出水平更大比例的增加。规模报酬不变（Constant Returns to Scale）表示所有投入的增加导致产出水平的同比例增加。规模报酬递减（Decreasing Returns to Scale）则表示所有投入的增加导致产出水平较小比例的增加。图 5-5 描述了规模报酬的三种情况。

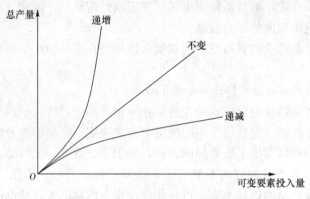

图 5-5　规模报酬的 3 种情况

下面用数学方式表示这 3 种情况。假设生产一种产品需投入 n 种可变要素，生产函数为

$$Q = f(x_1, x_2, \cdots, x_n)$$

若 x_1，x_2，$\cdots$，x_n 同时增加 α 倍，产量增加 λ 倍，即

$$\lambda Q = f(\alpha x_1, \alpha x_2, \cdots, \alpha x_n)$$

若 $\lambda > \alpha$，表示规模报酬递增；若 $\lambda = \alpha$，表示规模报酬不变；若 $\lambda < \alpha$，则表示规模报酬递减。图 5-5 描述了这 3 种情况，其中横轴为可变要素的投入量，纵轴为总产量。在规模报酬的 3 种情况中，规模经济通常与规模报酬递增这一概念联系在一起。规模经济是指在产出的某一范围内，平均成本随着产量的增加而递减。换言之，规模经济是指随着生产规模扩大，单位生产成本降低（即成本递减）而产生的生产效率提高（边际收益递增）。当生产过程遵循规模报酬递增规律时，自然存在规模经济；但反过来，规模经济并不要求规模报酬递增一定存在。规模经济是引起产业内贸易的另一个原因。规模经济通常可以分为内部规模经济（Internal Economies of Scale）和外部规模经济（External Economies of Scale）。内部规模经济指的是单位产品成本取决于单个厂商的规模而非行业规模；外部规模经济则指的是单位产品成本取决于行业规模而非单个厂商的规模。内部的规模经济和外部的规模经济对市场结构具有不同的影响，因此它与国际贸易模式的决定也可以分为两种情形。

规模经济指厂商进行大规模生产使成本降低而产生的经济效益。规模经济产生的原因有两个：一是能更好地利用交通运输、通信设施、金融机构、自然资源、水利、能源等良好的企业环境（即企业外部规模经济）；二是能充分地发挥各种生产要素的效能，更好地组织企业内部分工和提高厂房、机器设备等固定设施的利用率（即企业内部规模经济）。在图 5-6 中，甲、乙两国技术水平一样，某一产品在两国的长期平均成本曲线完全一样，为 cc'；甲

国产量为 $Q_甲$，乙国产量为 $Q_乙$。乙国因产量大于甲国而具有规模经济，从而形成比较优势，可以低价出口到甲国。

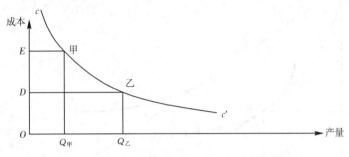

图 5 - 6　产量差异导致成本差异而产生的规模经济

2）内部规模经济与国际贸易

一般情况下，内部规模经济的实现依赖于一个产业或行业内厂商自身规模的扩大和产出的增加。在一个行业内，厂商数量越少，专业化程度就越高，规模收益也就越高。在具有内部规模经济的产业中，随着生产规模的扩大，总产量增加的速度超过要素投入的增加速度，这意味着平均成本下降，生产效率提高。因而大厂商比小厂商更有成本优势，随着小厂商被挤出市场，少数大厂商逐渐垄断了整个市场，不完全竞争取代完全竞争成为市场的基本特征。在封闭经济的情况下，这会导致一系列负面现象的发生，如经济中的竞争性下降，消费者支付的成本上升，享受的产品多样性减少等，而解决这些矛盾的办法之一便是国际贸易。

一个国家享有规模经济的优势，它的成本就是随着产量的增加而减少，从而得到生产的优势。这样它的产品在贸易活动中的竞争能力必然大大提高，占据贸易优势，取得贸易利益。具体来说，假设在参与国际贸易以前，垄断竞争企业面对的只是国内的需求，需求量有限；参与国际贸易后，外国需求增加，从而总需求增加，企业的生产相应扩张。在短期内，需求的突然扩张使得企业的平均成本比产品价格下降得更快，形成超额利润。超额利润会吸引更多的国内企业进入该行业。新进入的企业生产的产品对原有企业的产品具有很大的替代性，使得市场对原有企业的需求下降，所以长期内超额利润消失。不过，由于企业在贸易后面对更富有弹性的需求，使得其获得了更低的长期平均成本，从而获得了比较优势，形成贸易发生的基础。可见，规模经济既是贸易形成的基础，同时贸易也推动规模经济的实现。

下面借助一个简单的生产可能性曲线来描述基于内部规模经济的产业内贸易。实现了内部规模经济的产业，具有机会成本递减的特点。机会成本递减的生产可能性曲线应当是一条凸向原点的曲线。假定有 A、B 两个国家，生产 X、Y 两种产品。再假定两国规模、消费偏好等其他条件完全一致，则规模经济下的两国生产可能性曲线将完全重合且凸向原点。在图 5-7 中，贸易前，两国的均衡相对价格相同，$P_X/P_Y = P_A$。贸易发生后，两国各自实现专业化生产，A 国可以在 C 点生产商品 X，B 国可以在点 C' 生产 Y。A、B 两国可以相互交换产品，A 国 X_1 数量的 X 产品换取 B 国 Y_1 数量的 Y 产品，使各自的效用达到无差异曲线 Ⅱ 上的 E_1 点，高于贸易前 E_0 的效用，表明两国都增加了福利。

在规模经济较为重要的产业，国际贸易可以使消费者享受到比封闭经济条件下更多种类的产品。因为规模经济意味着在一国范围内企业只能生产有限的产品种类，如果允许进口，则在国内市场上就可以购买到更多种类的产品，这也是福利增加的表现。

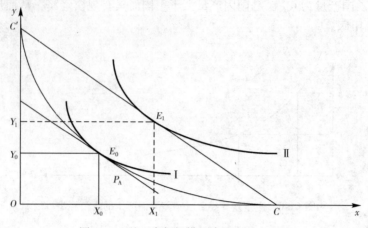

图 5-7　基于内部规模经济的产业内贸易

举例来说，在 20 世纪 60 年代《美加汽车自由贸易协定》达成之前，由于加拿大对从美国进口汽车课以重税，使得美国几乎所有的汽车生产厂商都在加拿大境内设厂，但由于市场容量有限，使得美国在加拿大的汽车生产厂商生产的汽车成本较高，而且种类较少。20 世纪 60 年代中期以后，美、加之间扩大了汽车及零部件的贸易，因而在加拿大境内消费者可以购买到美国生产的多种型号的汽车。这样，加拿大的美国汽车生产厂商就集中生产几种类型的汽车，部分用于出口，实现了规模生产，大幅度削减了生产成本。

对于研究和开发费用等成本支出较大的产业来说，规模经济更显得重要，如果没有国际贸易，这类产业就可能无法生存。研究和开发费用可以说是一种固定的成本费用，随着产量的增加，单位产品的固定成本降低。如果这种产品仅局限在国内市场上销售，则由于产量有限，单位产品的固定成本就较高，因而平均成本较高，厂商难以实现规模经济甚至无法收回投入的研究和开发费用。如果允许国际贸易，使产品在世界市场上销售，产量就会增加，厂商就能够实现规模经济下的生产。

3）外部规模经济与国际贸易

外部规模经济主要来源于行业内企业数量的增加所引起的产业规模的扩大。存在外部规模经济的产业，其特点可以归结如下。

① 由许多生产规模相对较小的厂商构成。

② 厂商地理位置集中。

③ 整个产业的规模较大，处于完全竞争状态。

目前，世界各国形成产业规模的现象十分普遍。例如，在瑞士集中了大量生产手表的企业。美国研制半导体芯片的企业聚集在加利福尼亚的硅谷，研制机器人设备的企业聚集在底特律以西的密歇根 94 号公路附近和波士顿的 128 号公路附近。近几年来，我国出口出现了许多县、乡、镇集中发展一个产业的现象。例如，广东的佛山集中了大量的建筑陶瓷的生产企业。

外部规模经济同样会带来该产业成本的降低。导致外部规模经济发生的原因主要有 3 个方面：一是厂商集中能够促进专业化的供应商形成；二是厂商的地理集中有利于劳动力市场共享；三是厂商的地理集中有助于产生知识外溢。这一切都使整个产业的劳动生产率得到提高，所有厂商的成本下降。产业的规模越大，生产成本越低。

那么，在外部规模经济下，贸易模式是如何来确定的呢？具体地说，由外部经济所带来的成本优势能使该国成为商品出口国。或许出口产业的建立是偶然性的，但一国一旦建立起大于别国的生产规模，该国就会获得更多的成本优势。这样，即使其他国家更具有比较优势，如果该国已先行将产业发展到一定的规模，那么其他国家就不可能成为该产品的出口国。在外部规模经济存在的情形下，贸易模式并不能根据比较优势而加以确定，强烈的外部经济会巩固现有的贸易模式，可能导致一国被"锁定"在某种以无比较优势的专业化分工模式中，甚至可能导致该国因国际贸易而遭受损失。这方面最典型的例子就是瑞士的钟表业，可以用图 5-8 来说明这个问题。

假设在钟表市场上存在瑞士与韩国两个国家，两国平均成本曲线分别为 AC_S 和 AC_K，且 $AC_S > AC_K$，D 为钟表的需求曲线。再假设韩国在技术上领先瑞士，能以更低的成本生产钟表，但是由于历史原因，瑞士先生产并发展到一定规模，规模经济效应使得瑞士钟表业的成本迅速下降至 C^*，此时若韩国想进入该市场，其成本是 C_K，可见虽然韩国较瑞士有生产钟表的比较优势，但由于 $C^* < C_K$，外部规模经济会锁定在现有的贸易模式上，这使得韩国无法进入钟表市场。

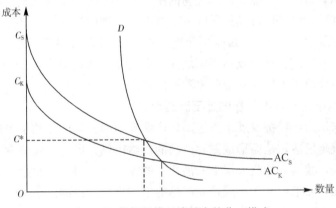

图 5-8　外部规模经济锁定的分工模式

若考虑产业知识随时间推移而积累导致的劳动生产率提高而非单纯成本下降，则外部规模经济就是动态的。一般情况下，知识积累最初由个别产生突破，而后通过各种形式的"外溢"与模仿传播至整个产业，导致整个产业整体知识积累的增加，由此使产业平均成本不断下降。例如，飞机产业装配 100 架飞机要耗费 1 000 个小时，由于工人经验的积累，再装配另外 100 架飞机时可能只要 700 个小时了。这个过程与单个企业的边干边学（learning by doing）极其相似，实际上是单个企业边干边学的放大，因此也可以借助学习曲线予以描述。学习曲线反映的是随着产业累计产量的增加，生产平均成本下降的过程。如图 5-9 所示，横轴表示随时间推移该产品的累计产量，纵轴仍然表示平均成本。曲线 L_1 表示 A 国的平均成本随着累计产量的增加而下降，当累计产量为 Q_1 时，平均成本为 C_1，而当产出量达到 Q_2 时，平均成本则下降为 C_2。曲线 L_2 表示 B 国的学习曲线，当 B 国的产量为 Q_2 时，其平均成本为 C_3。但与外部规模经济的分析类似，如果此时 B 国还未生产该产品，其初始成本将为 C_0，而 C_0 要高于 C_1 或 C_2，这是市场所不能接受的，因而 B 国不可能进入该产业。在动态外部经济的条件下，贸易模式也是不确定的；B 国为了进入该产业，政府必然会提供贸

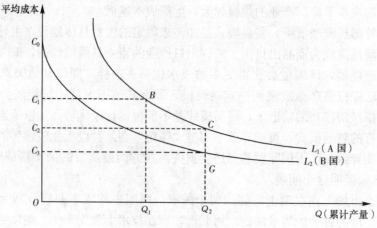

图 5-9　动态的外部规模经济

易保护，即所谓的保护幼稚工业。

由于工业品的多样性，任何一国都不能囊括一个行业的全部产品，从而使工业制成品生产上的国际分工和贸易成为必然。国际贸易的格局取决于哪个国家在某种产品的生产上率先达到规模经济。这种规模经济推动的国际分工有两种实现的形式：一是先起步并发展较快的国家最先实现规模经济（自发）；二是两个起步相同的国家为避免资源的浪费，互相协调，分别发展两种产品的生产。这种发达国家之间工业产品"双向贸易"（产业内贸易）的基础是规模经济，而不是技术不同和资源配置不同所产生的比较优势。

3. 经济发展水平是产业内贸易的重要制约因素

西方经济学家认为，经济发展水平越高，产业部门内差异产品的生产规模也就越大，产业部门内部分工就越发达，从而形成差异产品的供给市场。同时，经济发展水平越高，人均收入水平也就越高，较高人均收入层上的消费者的需求会变得更加复杂、更加多样化，呈现出对差异产品的强烈需求，从而形成差异产品的消费市场。在两国之间收入水平趋于相等的过程中，两个国家之间的需求结构也趋于接近，最终导致产业内贸易的发生。林德尔在其提出的需求偏好相似理论中就指出，贸易国之间收入水平和国内需求结构越相似，相互贸易的倾向就越强。

5.3.3　对产业内贸易理论的评价

作为对第二次世界大战后国际贸易新格局的理论解释，产业内贸易理论的发展可以分为两个层次：一是对统计现象直观推断的理论解释，主要是在 20 世纪 70 年代以前出现的大量的经验性研究；二是 20 世纪 70 年代中期以后对统计现象的理论解释。

关于 1979 年以来赫尔普曼（Helpman）、克鲁格曼（Krugman）、兰开斯特（Lancaster）等人提出的产业内模型，还有一些有趣的地方需要指出。

首先，赫-俄模型中的贸易是基于各国比较优势或要素禀赋（劳动力、资本、自然资源及技术）差别的，而产业内贸易是基于产品差别和规模经济的。这样，要素禀赋差别较大的国家之间基于比较优势的贸易额也较大，而产业内贸易则在具有相同的经济规模和要素比例的国家（如工业化国家）之间较大。

第二，如果在规模经济条件下进行差异产品的生产，贸易前相对商品价格就不能准确预测贸易模式。特别是由于规模经济，一个大国生产某一商品的成本会低于一个小国生产同一商品的成本。然而，在有贸易的情况下，所有国家都可以在相同程度上利用规模经济，可以想象，小国也能向大国廉价出口相同的商品。

产业内贸易理论是对传统贸易理论的批判，尤其是假定更符合实际。如果产业内贸易的利益能够长期存在，这实际说明自由竞争的市场是不存在的，因为其他厂商自由进入这一具有利益的行业将受到限制，因而不属于完全竞争的市场，而是不完全竞争的市场。另外，理论不仅从供给方面进行了论述，而且更从需求角度进行了考察，这实际将李嘉图理论中贸易利益等于国家利益的隐含假设转化为供给者与需求者均可受益。这一理论还认为，规模经济是当代经济重要的内容，它是各国都在追求的利益，而且将规模经济的利益作为产业内贸易利益的来源，这样的分析较贴近实际。产业内贸易理论是对比较优势学说的补充，它揭示了李嘉图的比较利益学说和传统的赫-俄模型用于解释初级产品和标准化产品的合理性，但产业内贸易发生的原因应该从其他的角度予以说明。产业内贸易理论仍然是静态分析，但在政策建议上该理论赞同动态化的建议。

专栏 5-2

保罗·克鲁格曼（Paul Krugman）

保罗·克鲁格曼，1953 年出生于一个美国的中产阶级家庭，父亲是个保险公司的经理。他在纽约的郊区长大，童年时代喜爱看科幻小说，曾梦想成为一名心理学家或历史学家。当他成为一名著名的经济学家后，他诙谐地说："有趣的思想与有趣的生活经验关系甚微。"

保罗·克鲁格曼于 1974 年毕业于耶鲁大学。在大学期间主修经济，但他只上了经济学必修课，选得更多的是历史课。克鲁格曼在经济学领域第一次向传统作出挑战是在 1973 年春天。当时著名经济学家威廉·诺德豪斯（William Nordhaus）举行了一个关于能源和自然资源的讲座，克鲁格曼写了一篇论文，表明汽油的长期需求富有价格弹性，这一观点与当时流行的观点恰好相反。克鲁格曼对经济问题的深刻理解引起了诺德豪斯的关注。

大学毕业后，在诺德豪斯的推荐下，克鲁格曼进入麻省理工学院（MIT）攻读博士学位。在 1977 年取得经济学博士学位之后，便直接去耶鲁大学任教，从此开始了他作为专业经济学家的研究生涯。

克鲁格曼的成名是在 1978 年。他当时写了一篇关于国际贸易的论文，即《规模报酬递增、垄断竞争和国际贸易》，于 1979 年发表于《国际经济学杂志》，并于当年 7 月在美国国民经济研究局（NBER）的研讨会上宣读。参加这个会议的都是当时国际上最有影响的经济学家。当他刚开始宣读论文时，人们没有加以注意。然而，随着克鲁格曼一步一步地展开他的分析，大厅渐渐地安静下来，人们开始专心地倾听克鲁格曼的演讲。他的这篇论文奠定了国际贸易理论新的分析框架，从而也使克鲁格曼一夜成名。克鲁格曼回忆道："那是我生命中最美好的 90 分钟。"

　　克鲁格曼是一个不安于现状、不断向自己及社会挑战的经济学家。1982 年 8 月，他成为总统经济顾问委员会的主要成员，对一系列的传统毫不客气地提出挑战。由于他的这种坦率和自身与政界的不融合，一年后便重新回到学校做学者。此后，他与赫尔普曼（Helpman）合写了《市场结构与对外贸易》，他所撰写的一系列具有真知灼见的经济学著作（包括已经翻译成中文的《流行的国际主义》、《汇率的不稳定性》、《地理和贸易》等）在经济学界和政界产生了强烈反响。

　　克鲁格曼对于国际经济学的贡献主要包括以下三点。第一，突破了传统的国际贸易理论，对战后大量出现的工业国之间和同行业之间的贸易作出了解释。通过引进微观经济学中的产品差异、垄断竞争、规模经济等原理，克鲁格曼不仅为国际贸易理论建立了一个新的分析框架，而且将经济学基本原理与国际贸易中的新思路有机地结合起来，从而为当代国际贸易理论的发展做出了开创性的贡献。第二，克鲁格曼分析了国际贸易中的寡头竞争行为，为战略性贸易政策的研究奠定了基础。与传统的贸易政策不同，战略性贸易政策有时不仅可以保护国内市场，也可以促进出口。政府对某些产业的有限保护有助于该产业获得规模经济，降低成本，提高竞争力。但是，作为负责的经济学家，克鲁格曼还对战略性贸易政策做了许多实证研究，结果表明这种政策所获得的总体收益是很有限的。因此，克鲁格曼在分析了战略性贸易政策可能带来的益处后又指出了由此产生的问题。他认为，相比之下，自由贸易仍是最好的政策选择。第三，克鲁格曼还在汇率和发展中国家债务等问题上独有建树，其中最主要的贡献是关于汇率的"目标区域"理论，主张汇率的有限浮动等。

　　由于克鲁格曼在国际经济学领域中的杰出贡献，他于 1991 年获得了两年一次、颁发给 40 岁以下的美国杰出经济学者的约翰·贝茨·克拉克奖，并于 2008 年获得诺贝尔经济学奖。

资料来源：海闻，P·林德特，王新奎. 国际贸易. 上海：上海人民出版社，2003.

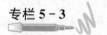

专栏 5－3

行业内贸易实例：1964 年北美汽车贸易协定

　　20 世纪 60 年代后半期，美国和加拿大之间汽车贸易的发展是一个特别明显的行业内贸易的例子，它清晰地展现了规模经济在促进国际贸易、提高双方利益中的作用。本案例显示了提出的基本概念在现实生活中是有用的。

　　1965 年以前，加拿大和美国的关税保护使得加拿大成为一个汽车基本自给自足的国家，进口不多，出口也少得可怜。加拿大的汽车工业被美国汽车工业的几个大厂商所控制，这些厂商发现，在加拿大大量建立分散的生产体系比支付关税要划算。因此，加拿大的汽车工业实质上是美国汽车工业的压缩版，大约为其规模的 1/10。

　　但是，这些美国厂商在加拿大的子公司也发现小规模带来的种种不利。一部分原因是在加拿大的分厂比其在美国的分厂要小，但重要的原因可能是美国的工厂更加"专一"——集中精力生产单一型号的汽车或配件；而加拿大的工厂则不得不生产各种各样不同的产品，以至于工厂不得不经常停产以实现从一个产品项目向另一个的转换，不得不保持较多的库存，不得不少采用专业化的机器设备等。这样，加拿大汽车工业的劳动生产率比美国的要低大约 30%。为了消除这些问题，美国和加拿大政府通过努力，在 1964 年同意建立一个汽车自由贸易区（附有一些限制条件）。这一举措使汽车厂商得以重组。例如，通用汽车削减了其在加拿大生产的汽车型号的一半。但是加拿大的总体生产及就业水平并没有改变。加拿大一方面从美国进口自己不再生产的汽车型号，另一方面向美国出口加拿大仍生产的型号。在自由贸易前的 1962 年，加拿大出口了价值 1 600 万美元的汽车产品，然而却进口了 5.19 亿美元的汽车产品。但是到 1968 年，这两个数字已分别成为 24 亿美元和 29 亿美元。换言之，加拿大的进口和出口均大幅度增长。

贸易所得是惊人的。到 20 世纪 70 年代初，加拿大汽车工业的生产效率已可与美国的同行相媲美。

资料来源：KRUGMAN P, Maurice Obstfeld. International Economics：Theory and Policy. 5th ed. (影印版). 北京：清华大学出版社，2001.

5.4　国家竞争优势论

20 世纪 80 年代，当贸易经济学家们将研究产业组织的分析工具和方法应用于国际贸易并建立起数学模型时，哈佛大学商学院的学者迈克尔·波特（Michael Porter）教授也将对产业组织和商业战略的深入了解应用于国际贸易领域，这就是他的《国家竞争优势》。波特主要研究的问题是：为什么一国的某些公司能够在国际竞争中获得成功？他的著作旨在为那些在国际市场上寻求竞争优势并负责决策的经理们和试图创造有利商业环境的政府官员的政策制定提供指导。他既不打算证实、也未计划驳斥任何特定的理论，只是试图超越传统的比较利益观点。

波特在 20 世纪 80 年代到 90 年代以《竞争战略》、《竞争优势》、《国家竞争优势》（*The Competitive Advantage of Nations*）3 本书震动了西方学术界和企业界。前两本著作主要针对产业如何在竞争中获得优势进行了深入研究，而《国家竞争优势》则在此基础上提出，一国兴衰的根本在于该国在国际竞争中是否能赢得优势，而国家竞争优势取得的关键又在于国家是否具有合宜的创新机制和充分的创新能力。

5.4.1　创新机制

波特说的国家竞争优势是指一国产业和企业持续地以较低价格向国际市场提供高质量产品、占有较高市场份额并获取利润的能力。他从微观、中观和宏观 3 个层面阐述创新机制。

1. 微观竞争机制

企业活动的目标是使其最终产品增值，而增值要通过研究、开发、生产、销售、服务等诸多环节才能逐步实现。这种产品价值在各环节首尾相贯的联系，就构成了产品的价值增值链。所以，能使企业获得长期盈利能力的创新应当是整个价值链的创新，而非单一环节的改善。

2. 中观竞争机制

中观层次的分析由企业转向产业、区域等范畴。从产业看，个别企业价值链的顺利增值，不仅取决于企业内部要素，而且有赖于企业的前向、后向和旁侧关联产业的辅助与支持（如与服装业关联的拉链、布匹、机床）；从空间上看，各企业为寻求满意的利润和长期发展，往往在制定空间战略时，把企业的研究与开发部门、生产部门和服务销售部门按一定的方式进行组合与分割，如将企业总部和研究与开发部门放在交通方便、信息灵通的大都市，将生产环节放在劳动力廉价的地区，以降低生产成本，提高灵活反应的能力。

3. 宏观竞争机制

波特教授阐述的重点在于宏观竞争机制。他认为个别企业、产业的竞争优势并不必然导致国家竞争优势。国家整体竞争优势的获得取决于 4 个基本因素和两个辅助因素的整合作用。国家被放在这一由 4 个基本因素构成的框架下面进行评估，以决定它们形成和维持具有国际竞争优势产业的可能性（这一框架在图 5 - 10 中有具体说明）。一个有利的国内环境为国内产业在全球市场上的成功提供了基础。

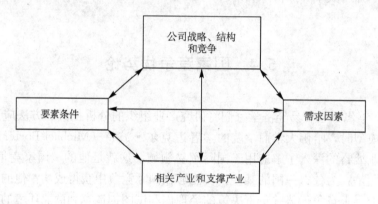

图 5 - 10　一国竞争优势的决定因素

（1）要素条件

要素包括物质资源、人力资本、气候条件、知识资源、地理位置、资本资源和基础设施等，它们不仅包括数量，还包括要素质量，以及获得这些要素的成本高低。

从要素的产生机制和所起作用看，要素可分为基础要素和推进要素。前者是指一国先天拥有或不需太大代价就能得到的要素，如自然资源、非熟练劳动力及地理位置等；后者则指必须要通过长期投资和培育才能创造出来的要素，如高质量人力资本、高精尖技术等。对于国家竞争优势的形成而言，后者更为重要，因为随着科学技术的发展，对基础要素的需求减少，靠基础要素获得的竞争优势难以持久，推进要素才是竞争优势的长远来源。在特定条件下，一国某些基础要素上的劣势反而有可能刺激创新，使企业在可见的瓶颈、明显的威胁面前为提高自己的竞争地位而奋发努力，最终使国家在推进要素上更具竞争力，从而创造出动态竞争优势，如日本和瑞士自然资源的劣势刺激了其推进要素的发展。但基础要素的劣势转化为推进要素的优势需要一定的条件，如企业从环境中接收到正确的信息，从而知道挑战的严重性；企业所面对的市场需求、国家政策及相关产业的条件要相对有利。就推进要素本身而言，通过努力创造，而不是继承或购买所得到的推进要素，更有价值，而创造新要素的速度与效率也比一定时点上既有要素的存量来得重要。

要素根据其作用和专门性又可分为一般要素和专门要素。一般要素是指适用范围广泛的要素，可能被利用于广泛的产业种类中（如公路系统、资本市场）。专门要素则是指专门领域的专业人才、特殊的基础设施、特定领域的专门知识等专业性很强的要素，如专门供集装箱装卸的港口、研究所毕业的专业人才等。专门要素更有可能为持续的竞争优势提供基础，因为它们更显得稀缺，更难培养，更不易得到。

波特认为，一国的产业要在国际竞争中保持优势地位，就必须进行要素创造。国家需要开发新的推进要素库和新的专门要素库，以此帮助以国内需求为基础的产业。这样，要素创新方面的更新投资就需要不断地进行，尤其是当产业必须克服基础要素劣势时，那些以国内市场为基础的产业就显得更加重要，他们能为其他竞争激烈的产业获得足够资源提供长期支持。考虑到这些因素，以国内市场为基础的产业就会积极寻找高于当地竞争对手的可持续优势，设法拥有必要的从事发明创新的刺激因素，并将它们留在这一产业中而不是转移到另一产业。

（2）需求因素（特别是国内市场的需求状况）

波特认为，国内需求直接影响一国公司和产品的竞争优势。其作用表现如下。

① 本国市场的需求量大，将有利于本国企业迅速达到规模经济。

② 老练、挑剔的国内买主有助于产品高标准的建立。买方的高质量要求会使国内企业在买方压力下努力改进产品质量、性能和服务。

③ 领先于世界的国内买方需求有助于国内企业在国际竞争中获得领先地位，因为在一国的买方需求领先于其他国家的情况下，国内企业将率先意识到新的国际需求的来临，并积极从事新产品的研究与开发，使企业的产品不断升级换代。此外，领先的国内需求还会使企业的新产品更容易在国内找到市场，使企业的新产品和企业得到发展的机会。

④ 对于国内并非处于世界领先水平的产业来说，如果本国消费者有强烈的攀比心理，则会迫使本国企业不断跟踪国际水平，否则会被淘汰出局。

（3）相关产业和支撑产业

相关产业是指共用某些技术、共享同样的营销渠道和服务而联系在一起的产业或具有互补性的产业，如计算机设备和计算机软件、汽车和轮胎等。支撑产业是指某一产业的上游产业，主要指作为生产原料和中间产品供应者的国内企业。相关产业和支撑产业的价值不仅在于它们能以最低价格为主导产业提供投入品，更重要的是，它们与主导产业在地域范围上的邻近，将使得企业相互之间能频繁、迅速地传递产品信息、交流创新思路，从而极大地促进企业的技术升级，形成良性互动的"地方化经济"。

（4）企业战略、结构与竞争

波特认为，现实经济生活中，企业皆有各自的规模、组织形式、产权结构和竞争目标，但这并不是说存在一种普遍适用的、能使企业在任何情况下都能应付自如的企业管理体制。企业良好的管理体制的选择，不仅与企业的内部条件和所处产业的性质有关，而且取决于企业所面临的外部环境。例如，消费品资料部门，为满足客户多变的需求，要精干灵活；而制造大型和精密机械的生产资料部门则要保持组织管理上的严格有序。

波特强调，强大的本国竞争对手是企业竞争优势产生并得以长久保持的最强有力的刺激。在激烈的国内竞争下，国内企业间产品、市场的细分可以阻碍外国竞争者的渗透；正常竞争状态下的模仿效应和人员交流效应可提高整个产业的创新速度，促进产业升级；国内的激烈竞争还迫使企业尽早向外扩张，力求达到国际水准，占领国际市场。鉴于此，波特反对"国内竞争是一种浪费"的传统观念，认为国内企业之间的竞争在短期内可能会损失一些资源，但从长远看则利大于弊。国内竞争对手的存在，会直接削弱国内企业所可能享有的一些优势，从而迫使它们苦练内功，努力提高竞争力。这方面在我国有很多实例，如我国的冰箱、洗衣机、彩电。相反，国内竞争不激烈的产业往往不具有国际竞争力，如我国的邮政行业。

除了上述 4 个基本因素之外，波特指出，一国所面临的机遇和政府所起的作用对国家整体竞争优势的形成也具有辅助作用。机遇是指重要的新发明、重大技术变化、投资成本的巨变、外汇汇率的重要变化、突然出现的世界或地区性需求、战争等偶然事件。机遇的作用在于它可能打断事物发展的正常进程，使原来处于领先地位的企业丧失竞争优势，落后国家的企业则可借此获得竞争优势，并后来居上。[①] 但一国能否抓住并有效地利用机遇则取决于上述 4 个基本因素，因而它属于辅助因素。

政府作用表现在它可以通过对 4 个基本因素施加影响，从而影响国家竞争优势。例如，政府可以通过教育政策影响劳动力要素，通过产业政策为产业、企业竞争力的提高创造良好的环境，通过对消费者权益的保护培育国内需求……不过，政府政策仅在那些决定国家竞争优势的主要因素已存在的产业中才能有效。波特注意到政府政策可以加速或增加获得竞争优势的可能性（当然也可以迟延或减少这些可能性[②]），但在没有其他有利条件的情况下，政府政策缺少创造国家竞争优势的力量。显然，政府作用也属于辅助因素。

一国所面临的机遇和政府作用通过对 4 个基本因素施加影响会对一国的竞争优势产生巨大作用，如日本二战后在朝鲜战争期间成为美国军需品的供应基地；日本政府在二战后技术兴国、贸易兴国等政策的确立，极大地促进了日本经济的发展和国家竞争优势。相反，中华人民共和国成立后，西方国家对我国封锁、禁运、经济制裁，国内进行"文化大革命"等，严重影响了我国经济的发展和国家竞争优势的发展。

5.4.2 竞争优势的发展阶段

波特还提出了一个分阶段的发展模型，表明尽管不是严格的连续，但一国经济一般经过以下 4 个阶段的发展。第一阶段是要素推动阶段。基本要素（即丰富的自然资源和廉价的劳动力）成本上的优势是获取竞争优势的主要源泉。第二阶段是投资推动阶段。竞争优势的获得和产业价值链的延续主要来源于资本要素，持续的资本投入可以大量更新设备、引进技术并提高人员素质。第三阶段是创新推动阶段。竞争优势的持续需要整个价值链的创新，特别要依靠企业将高科技转化为商品的努力以赢得竞争优势的持续。20 世纪 80 年代的日本就处

---

① 如美国的禁酒令促进了加拿大酒业的诞生。

② 政府的这种作用可能更大一些。美国著名的经济学家约翰·肯尼斯·加尔布雷思提出过如下观点："环视当今的世界，一个好的、诚实的政府是经济发展的最必要的条件，正如过去一个世纪在欧洲、美国所认识到的。经济发展所遇到的最大障碍之一便是政府不为自己的人民服务，同时又受到主权承诺的庇护。我们需要认识到（当然渠道是联合国而不是具体国家），主权在有些时候'保护'的是惨不忍睹的煎熬"。见约翰·肯尼斯·加尔布雷思与 Asimina Caminis 的谈话录："有关新千年的问题". 金融与发展（国际货币基金组织季刊）. 1999 年 12 月号.

于这一阶段。最后一个阶段是财富推动阶段。产业主要依靠"吃老本"维持，创新的意愿及能力均下降，面临丧失竞争优势的危险。这就提示人们要居安思危，通过促进产业结构的进一步升级来提高价值链的增值水平，防止被淘汰的厄运。

5.4.3　政策含义

波特关于政府政策的观点是建立在若干个与一般经济分析有所不同的前提之上的。首先，他认为竞争是公司之间而非国家之间的事情，政府不宜实施直接的干预行动，而应该制定政策来促进环境的改善，这种环境能够产生竞争机会并对持续的发明创造形成一种压力。其次，保持一国的竞争优势需要持续不断的发明创造与变革。所以，政府不应该采取那些导致短期静态优势的政策而削弱产生发明与活力的基础。再次，一些国家竞争优势的基础比另一些国家的基础更具有可持续发展性。为此，政府应发展专门要素和推进要素的生产，发展产品差异较大和供给不足的市场部门。第四，一国的竞争优势要经过几十年而不是一两年的商业循环周期就可以产生，因而最有益的政府政策应该着眼于长期计划，而不是短期的经济波动。最后，并非所有的公司和劳动力都能理解它们长期的自身利益。这就意味着政府要选择一种不考虑其公民即时享受和愿望的政策，避免"得利于眼前，遗患于长远"。

5.5　贸易引力模型

前述的比较优势理论和要素禀赋理论，重点解释了国际贸易产生的原因和贸易模式；本章前四节对国际贸易新理论的介绍重点在于不完全竞争市场中国际贸易产生的原因，对于贸易模式并未深入解释，对于国际贸易量和双边贸易规模没有涉及。在国际贸易领域，引力模型是研究双边贸易量的重要工具，最早由丁伯根（Tinbergen，1962）引入，他们认为两个国家之间的单项贸易流量与它们各自的经济规模成正比，与它们之间的距离成反比，一般用GDP/GNP 来表示各国的经济规模。

5.5.1　贸易引力模型的基本模式

贸易引力模型的简化公式为

$$M_{ij} = k\frac{v_i \cdot v_j}{D_{ij}}$$

其中，M_{ij} 为贸易量；k 为常数（通常也称为引力系数）；v_i 和 v_j 为两国的 GDP/GNP，是内生变量；D_{ij} 为两国之间的空间距离，一般指两国经济中心或主要港口之间的距离，反映了包括运输成本和贸易壁垒在内的两国间贸易成本。

简而言之，国际贸易引力模型认为两个国家之间的贸易量和这两个国家的 GDP/GNP之积成正比，与它们之间的距离成反比。因此，经济规模大的国家之间潜在的贸易量将会较大，相对距离较接近的国家之间潜在的贸易量之间将会较大。

5.5.2　贸易引力模型的理论拓展

贸易引力模型的出现并不是源自贸易理论的推导，而是以对现实贸易关系的直观判断为依据建立起来的，因此贸易引力模型的实证研究在先，理论研究在后。安德森（Anderson，1979）指出，"不识别模型的性质就会妨碍其在政策研究方面的运营，比如在模型中加入诸如边境税之类的政策变量就很难在理论上找到合理性。"伯格斯特兰德（Bergstrand，1985）也提及，"尽管引力模型很成功地从计量角度解释了贸易量流动，但由于其缺乏强有力的经济基础，其对潜在贸易量的预测受到很大局限。"因此，20 世纪 70 年代末以来，国际经济理论界对引力模型实证和理论基础的推导进入高潮时期。

引力模型的理论基础研究一般可分为两个流派：一派是以 Anderson（1979）、Bergstrand（1985）、Anderson 和 Wincoop（2003）为代表的不基于任何贸易理论基础推导出引力模型；另一派是以 Bergstrand（1989）、Deardorff（1995）、Evenett 和 Keller（2002）为代表的基于国际贸易理论推导引力模型[①]。

5.5.3　贸易引力模型的实证应用

（1）对国家间贸易量的验证

赫尔普曼（Helpman，1987）推导出规模离散系数，并用 OECD 国家的数据验证该系数与贸易量和 GDP 之比的关系。赫尔普曼认为：如果所有国家的生产是完全专业化的，消费者偏好相同且是同位的，那么在自由贸易的背景下，地区 A 的国家间进行的贸易总量与它们的 GDP 之比为

$$\frac{\text{地区 A 的贸易总量}}{\text{地区 A 的 GDP}} = s^A \left(1 - \sum_{i \in A} (s^{iA})^2\right)$$

其中的 $s^A = Y^A/Y^W$，表示地区 A 相对于世界的 GDP 之比，$s^{iA} = Y^{iA}/Y^A$，表示国家 i 相对于地区 A 的 GDP 之比。赫尔普曼的实证结果证实了上式，也就是说，随着时间的推移，OECD 国家的大小越来越接近，贸易量也在扩大[②]。

但是，2002 年德巴拉（2002）用 1970—1989 年间 OECD 国家和非 OECD 国家的数据进行验证的结果表明，对于 OECD 国家而言，赫尔普曼的研究结果得到证实，但是非 OECD 国家的数据却基本不支持这一结论。

（2）边界效应的验证

贸易引力模型最引人注目的实证分析结论就是验证了国际贸易中存在的边界效应。麦卡勒姆（1995）利用 1988 年的数据对加拿大省际之间的国内贸易和加拿大各省与美国各州之间的国际贸易量进行了比较研究。其因变量为加拿大各省到其他省或美国各州的出口，自变量为贸易涉及的省或州的 GDP、两地的距离及贸易类型的虚拟变量（加拿大省际贸易取 1，其余为 0），其结论是：加拿大 1988 年的省际贸易比跨境贸易大约 22 倍。当在麦卡勒姆的模型的因变量中加入美国各州之间的贸易，数据更改为 1993 年时，得到的结论是：加拿大 1993 年的省际贸易比跨境贸易大 15.7 倍，美国 1993 年的州际贸易仅比跨境贸易高 1.5 倍（芬斯特拉，2002）。

贸易引力模型的这一实证结论引发了经济学家的思考：在美国和加拿大之间存在着什么因素导致二者间的贸易被屏蔽了如此大的比重？所有可能影响或阻碍两国（实证中指美国和

---

①　对贸易引力模型的理论推导，一般在高级国际贸易理论课程中涉及，感兴趣的读者可以阅读相关参考文献。

②　欲对赫尔普曼和德巴拉的实证分析进一步了解的同学，建议阅读芬斯特拉的《高级国际贸易理论》第 106 - 109 页。

加拿大两国）之间贸易的全部因素被统称为边界效应。在边界效应中，最重要的影响因素是运输成本和贸易壁垒。

边界效应为何有如此明显的影响呢？安德森和范·温库帕（Anderson and van Wincoop，2003）在贸易引力模型中加入运输成本自变量时，加拿大 1993 年的省际贸易比跨境贸易大 10.5 倍，美国 1993 年的州际贸易仅比跨境贸易高 2.6 倍，也就是说边界效应对于经济规模不同的国家的影响不同，经济规模小的国家受边界效应的影响越大。

（3）本地市场效应的验证

克鲁格曼（1980）提出，两个国家进行贸易，规模大的国家将生产更多数量的产品而且会成为差异化产品的净出口国。这就是国际贸易的"本地市场效应"，也就是说经济规模大的国家会吸引更多的企业，最终可能成为净出口。

戴维斯和温斯坦（Davis，Weinstein；1996，1999）运用 OECD 国家产业数据进行了本地市场效应的实证分析，他们得到的结论是：需求差别的系数为 1.6，也就是说一国 10% 的需求增加将会导致该国产出增加 16%，也就意味着出现了净出口的增加。在对日本各县的产业数据进行分析时，他们发现，日本大约一半的产业显著地存在本地市场效应。

本章要点

1. 技术差异论证明了即使两国在要素禀赋和需求偏好上都相似，技术领先的国家就拥有比较优势，从而产生国际贸易。

2. 产品生命周期理论说明了比较利益是一个动态的发展过程，它会随着产品生命周期的变化从一种类型国家转移到另一种类型国家，因而不存在一国能永远具有比较优势。

3. 产业内贸易理论解释了"二战"以后大量存在的产业内贸易情况，其从产品差异、规模经济及需求相似三个方面说明了产业内贸易发生的原因。

4. 波特试图超越传统的比较利益观点，提出了国家竞争优势理论，其认为一国兴衰的根本在于该国在国际竞争中是否能赢得优势，而国家竞争优势取得的关键又在于国家是否有合宜的创新机制和充分的创新能力。

5. 国际贸易引力模型认为两个国家之间的贸易量和这两个国家的 GDP/GNP 之积成正比，与它们之间的距离成反比。贸易引力模型的实证结论证实了边界效应和本地市场效应的存在。其中，边界效应是指所有可能影响或阻碍两国之间贸易的全部因素，本地市场效应是指两个国家进行贸易，规模大的国家将生产更多数量的产品而且会成为差异化产品的净出口国。

复习思考题

一、本章关键术语

技术差距论　产品生命周期理论　需求偏好相似说　产业内贸易　水平差异　技术差异

垂直差异 规模经济 外部规模经济 国家竞争优势论 贸易引力模型 边界效应 本地市场效应

二、简答题

1. 简要比较技术差距论与产品生命周期论的异同。

2. 为什么外部规模经济可以成为国际贸易产生的原因?

3. 简述国家竞争优势理论的基本思想。

4. 简要分析竞争优势与比较优势的异同。

5. 简述贸易引力模型的基本内容。

三、论述题

1. 试述产品生命周期理论的动态意义。

2. 试述产业内贸易理论的主要观点。

3. 产品差异性是产业内贸易发生的基础,这体现在产品的哪些方面?

第 **6** 章

贸易保护理论

从对外贸易政策的发展历史来看，基本上可以将各国的贸易政策划分为两类：自由贸易政策和保护贸易政策。所谓自由贸易政策，是指政府取消对对外贸易的限制，不对本国商品和服务企业提供特权和优惠，力图消除各种贸易壁垒，使商品与服务尽可能地自由流动。从贸易政策的历史发展进程来看，自由贸易政策并不是绝对的自由，即使是在英国经济最强大的时候，尽管有亚当·斯密和大卫·李嘉图的理论指导，英国也没有实行完全的自由贸易政策。换而言之，自由贸易政策一般都是相对的、部分的。所谓保护贸易政策，是指政府采取各种措施限制商品和服务的进口，以保护本国的产业和市场不受或少受外国商品和服务的竞争，同时对本国的商品与服务的出口采取促进措施，以鼓励出口。

从贸易政策的历史发展进程来看，保护贸易政策不是绝对的保护，也不是完全地保护本国的市场和产业。因为任何一个国家总有部分产业或商品在国际上具有竞争力，需要自由地参与竞争。大多数贸易理论支持自由贸易政策，但现实中从未有过纯而又纯的自由贸易政策。自由贸易虽会给世界带来经济利益，但也会引起经济利益在不同国家及不同利益集团间的重新分配。一国政府出于某种目的，可以并且必须采取某种手段来干预这种经济利益的分配过程，这正是保护贸易理论的出发点。本章专门介绍贸易保护理论及其发展。

6.1 保护幼稚工业说

早在汉密尔顿的保护关税说及李斯特的保护幼稚工业说之前，重商主义者已经为保护贸易提出了理论依据。重商主义从增加一国的财富出发，认为只有贸易顺差才能使得金、银等贵金属流入国内，从而增加本国财富。保证本国实现贸易顺差的政策措施就是限制进口、鼓励出口这种最直接的保护贸易政策手段。有关重商主义的详细内容见第 2 章，这里从重商主义之后出现的保护关税说开始。

6.1.1 汉密尔顿的保护关税说

保护关税说是由汉密尔顿提出的，他是美国贸易保护主义的鼻祖。亚历山大·汉密尔顿（Alexander Hamilton，1757—1804）是美国的开国元勋、政治家和金融家，美国独立后的首任财政部长。

1. 理论背景

美国独立以前一直受到英国的殖民统治，美国实际上是英国经济上的原材料供应市场和工业品销售市场，美国的经济发展尤其是工业的发展受到严重制约，经济发展水平十分落后。1776年，美国宣告独立，英国极力反对，派军队进行镇压，于是一场独立和反独立战争爆发并持续了7年之久。美国虽然取得了战争的最后胜利，但经济却遭到了严重的破坏，加之战后英国的经济封锁，使其经济更加凋敝，工业处于落后状态。当时摆在美国面前有两条路：一条是实行保护关税政策，发展本国的制造业，减少对外国工业品的依赖，以彻底摆脱西欧殖民主义的经济束缚和经济控制；另一条是实行自由贸易政策，继续向西欧国家出口农产品，用以交换这些国家的工业品。前者反映了北方工业资本家的要求，后者符合南方种植园主的利益。

2. 主要论点

汉密尔顿代表当时美国工业资产阶级的利益，极力主张美国实行保护关税政策。他于1791年12月向美国国会递交了一份《关于制造业的报告》(*Report on manufacture*)。在报告中，他阐述了保护和发展制造业的必要性，以及一个相当大的非农业消费阶层对于一个稳定而繁荣的农业的重要性，并提出了以加强国家干预为主要内容的一系列措施。

汉密尔顿的保护关税论主要围绕制造业展开分析。首先，他认为，制造业在国民经济发展中具有特殊的重要地位。保护和发展制造业有利于提高整个国家的机械化水平，促进社会分工的发展；有利于扩大就业，吸引移民流入，加速国土开发；有利于提供更多的创业机会，使个人才能得到更充分的发挥；有利于消化农产品原料和生活必需品，保证农产品的销路和价格稳定，刺激农业发展，等等。其次，他还指出，保护和发展制造业对维护美国经济和政治独立具有重要意义。一个国家如果没有工业的发展，就等于失去了经济发展的基础，其结果不但不能使国家富强，而且很难保持其独立地位。况且，美国工业起步晚，基础薄弱，技术落后，生产成本高，效率低下，难与英国、法国、荷兰等国的廉价商品相抗衡。在这种条件下，实行自由贸易政策将断送美国工业，进而威胁美国经济和政治上的独立地位，因此美国必须实行保护关税制度以使新建立起来的工业得以生存、发展和壮大。最后，保护和发展制造业的关键在于加强国家干预，实行保护关税制度。他提出的具体措施有：

① 向私营工业发放政府信用贷款，扶持私营工业发展；

② 实行保护关税制度，以高关税来限制外国工业品输入，保护国内新兴工业；

③ 限制重要原材料出口，同时采用免税的办法鼓励进口本国急需的原材料；

④ 为必需品工业发放津贴，给各类工业发放奖励金；

⑤ 限制改良机器及其他先进生产设备的输出；

⑥ 建立联邦检查制度，保证和提高工业品质量；

⑦ 吸引外国资金，以满足国内工业发展的需要；

⑧ 鼓励外国移民迁入，以增加国内劳动力供给。

3. 简评

① 具有历史进步意义。汉密尔顿递交《关于制造业的报告》时，自由贸易学说在美国占上风，因而他的主张遭到不少人的反对。随着英、法等国工业革命的不断发展，美国工业遇到了国外越来越强有力的竞争和挑战，汉密尔顿的主张才在美国的外贸政策上得到反映。1816年，美国提高了制成品的进口关税，这是美国第一次实行以保护为目的关税措施。

1828 年，美国再度加强保护措施，工业制成品平均关税（从价税）率提高到 49%。汉密尔顿的主张虽然只有一部分被美国国会采纳，但却对美国政府的内外经济政策产生了重大而深远的影响，促进了美国资本主义的发展，具有历史进步意义。恩格斯在《保护贸易与自由贸易》中指出："假如美国也必须变为工业国，假如它不仅有赶上它的竞争者的机会，而且有超过它的竞争者的机会，那么美国面前摆着两条道路，即或者以比它先进一百年的英国工业为对手，在自由贸易之下，用 50 年的工夫，作极大牺牲的竞争战；或者实行保护贸易，在 25 年之内拒绝英国工业品进口，在 25 年之后，美国工业在世界公开市场上能够居于强国的地位，是有绝对把握的。"

② 对落后国家寻求经济发展和维护经济独立具有普遍的借鉴意义。与旨在增加金银货币财富、追求贸易顺差而主张采取保护贸易政策的重商主义不同，汉密尔顿的保护贸易思想和政策主张反映的是经济不发达国家独立自主地发展民族工业的愿望和正当要求，它是落后国家进行经济自卫并通过经济发展与先进国家进行经济抗衡的保护贸易学说。汉密尔顿的关税保护论实际上回答了这样一些问题：落后国家应不应该建立和发展自己的工业部门？如何求得本国工业部门的发展？对外贸易政策如何体现本国经济发展战略？这对落后国家赶超先进国家来说，不无借鉴意义。当然，在当时的历史条件下，汉密尔顿没有能够进一步分析其保护措施的经济效应和经济后果，没有注意到保护措施也有其制约经济发展的消极一面。

汉密尔顿保护关税说的提出，标志着保护贸易学说基本形成，因而具有重要的理论意义。

6.1.2　李斯特的保护幼稚工业论

在欠发达国家中，贸易保护最重要、最流行的依据是保护幼稚工业（Infant Industry）论，也称阶段保护论。该理论是由德国经济学家弗里德里希·李斯特（Friedrich List，1789—1846）提出的。李斯特在其名著《政治经济学的国民体系》（1841）中详细阐述了后起国家推行贸易保护政策的历史与理论。

专栏 6-1

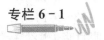

弗里德里希·李斯特（Friedrich List，1789—1846）

李斯特于 1789 年 8 月 6 日出生于德国符腾堡（Wurttemberg）的罗伊特林根（Reutlingen），他早期的生活并不引人注目。他一开始在父亲的制革店中工作，一段时间后，他进入了政府部门任职，1811 年他在蒂宾根（Tubingende）得到一个职位，并开始不定期地旁听法律讲座，两年后放弃公职专心学习。1816 年，他开始参与出版一个改良主义杂志，撰写有关改革地方管理的文章，也参与提出在蒂宾根大学创立一个新的国家经济学院的建议。在 1818 年，李斯特成为蒂宾根大学管理和政治学的教授。

1819 年，李斯特参加了德国贸易和商业协会的成立会议。这一协会的目的是取消国内贸易壁垒，所以其后一年中，他作为协会的代表四处宣扬自由主义，并入选了符腾堡的议会。结果，他因议会活动遭到当局迫害，不仅失去了教授职位并被驱逐出符腾堡议会，而且被捕监禁 9 个月。之后，李斯特开始了流亡生活，1825 年来到美国，成为矿业主和铁路制造者，累积了一笔财富。他和宾夕法尼亚制造和机器业促进会过往甚密，亲眼见到美国实施保护主义政策对制造业发展的影响，开始转而成为保护关税的"美国制度"的支持者。李斯特于 1827 年出版了第一部真正的经济学著作《美国政治经济学大纲》。1832 年，他作为驻莱比锡（Leipzig）的美国领事回到德国。为了促进德国经济发展，李斯特鼓动德国经济统一并鼓吹南部德国的保护主义，甚至于 1843 年创立了《关税同盟报》，努力拥护关税同盟的形成，宣扬他的保护主义和保护幼稚工业理论。李斯特在 1841 年出版了他的代表著作《政治经济学的国民体系》（Das National System der Politischen Okonomie）。然而，李斯特最终感到自己的经济政策理想在现实社会中无望实现，绝望之余，他于 1846 年自杀身亡。

资料来源：约翰·伊特韦尔，默里·米尔盖特，彼得·纽曼. 新帕尔格雷夫经济学大辞典：3 卷. 北京：经济科学出版社，1992：234-236.

1. 理论提出背景

李斯特所处时代的德国是一个政治上分裂割据、经济上十分落后的农业国。在政治上，拿破仑战争后的德国仍保持着中古时代的封建制度，全境分裂为 38 个小邦，每个小邦都拥有自己的政府、军队、法庭、货币及外交。这种状况一直持续到 1848 年革命后才由于完成政治统一而结束。在经济上，各邦之间实施封锁政策，存在不同的地方税率，关税壁垒林立，严重地阻碍商品流通和国内统一市场的形成。德国 19 世纪 30 年代才开始工业革命，到 1848 年革命爆发时，它甚至还没有建立起自己的机器制造业，工场手工业和分散的小手工业仍占主导地位。在对外贸易经济方面，由于没有统一的保护国内工业成长的关税制度和贸易政策，致使英国等国的廉价商品涌入德国国内市场。贸易商品结构则是出口原料和食品，进口本国所需的半制品和制成品。德国经济发展实际上受到了来自外国强大经济力量的冲击。因此，对于对外贸易政策的选择问题，德国国内产生了激烈的辩论。一派主张实行自由贸易，认为任何保护税制在理论上都是站不住脚的。这种观点占主导地位。另一派主张实行保护关税制度，德国经济才会发展。这种观点受到排挤。李斯特积极倡导并参与了取消德意志各邦之间的关税、组建全德关税同盟的活动，因此触犯了德国政府当局，1825 年初流亡美国。李斯特移居美国以后，受到汉密尔顿关税保护论的启发和影响，并亲眼目睹美国实行保护贸易政策的成效，因而使得他从当时德国的实际情况出发，强烈呼吁实行保护贸易。

2. 保护幼稚工业论的主要观点

保护幼稚工业论的主要观点是：后起国家的新兴工业起步时如同幼儿一样没有自立能力，在自由贸易环境下必然会被国外有竞争力的同类工业所摧毁而永无长大的可能，因此在欠发达国家中，政府必须通过征收关税限制国外同类产品的进口，以保护本国的幼稚工业。所谓幼稚工业（Infant Industry），是指处于成长阶段尚未成熟、但具有潜在优势的产业。

1）生产力论

李斯特反对"比较成本论"关于当外国能用较低的成本生产并出口某种产品时，本国就不必生产该产品，而是通过对外贸易获得，双方都能从贸易中获益的主张。因为贸易只是既定财富的再分配，它虽使一个国家获得了短期的贸易利益——财富的交换价值，却丧失了长期的生产利益——创造物质财富的能力。他认为，"财富的生产力比财富本身，不晓得要重要多少倍；它不仅可以使已有的和已经增加的财富获得保障，而且可以使已经消失的财富获得补偿"。① 有了生产力的发展就有了财富本身。"生产力是树之本，可以由此产生财富的果实，因为结果子的树比果实本身价值更大。"② 从国外进口廉价的商品，短期内看来是要合算一些，但是这样做的结果是，本国的工业得不到发展，以致长期处于落后和依附的地位。如果采取保护关税政策，开始时国产工业品的成本要高些，消费者要支付较高的价格；但当本国的工业发展起来之后，生产力将会提高，生产商品的成本将会下降，本国商品的价格就会下降，甚至会降到进口商品的价格以下。古典派自由贸易理论只单纯追求当前财富交换的短期利益，而不考虑国家和民族的长远利益。正如李斯特所说："保护关税如果使价值有所牺牲，它却使生产力有了增长，足以抵偿损失而有余。由此使国家不但在物质财富的量上获得无限增进，而且一旦发生战事，可以保证工业的独立地位。工业独立及由此而来的国内发展，使国家获得了力量。"③ 因此，李斯特认为生产力是决定一个国家兴衰存亡的关键问题，这里的生产力应是国家综合生产力，而国家综合生产力中最具有决定意义的是国家的工业生产力。

2）经济发展阶段论

李斯特反对不加区别的自由贸易，主张一定条件下的保护政策。他认为，古典学派的国际贸易理论忽视了各国历史和经济发展的特点，所宣扬的是世界主义经济学，把将来世界各国经济高度发展之后才有可能实现的经济图式作为研究现实经济问题的出发点，因而是错误的；各国的经济发展必须经过 5 个阶段，即"原始未开化时期，畜牧时期，农业时期，农、工业时期和农、工、商业时期"。他认为，处于不同经济发展阶段的国家应实行不同的对外贸易政策：处于农业阶段的国家应实行自由贸易政策，以利于农产品的自由输出，并自由输入外国的工业产品，以促进本国农业的发展，并培育工业化的基础；处在农、工业阶段的国家，由于本国已有工业发展，但并未发展到能与外国产品相竞争的地步，故应实施保护关税制度，使它不受外国产品的冲击；而农、工、商阶段的国家，由于国内工业产品已具备国际竞争能力，国外产品的竞争威胁已不存在，故应实施自由贸易政策以享受自由贸易的最大利益，刺激国内产业进一步发展。

李斯特提出上述主张时，认为英国已达到第五个阶段，法国在第四个阶段与第五个阶段之间，德国和美国均在第四个阶段，葡萄牙和西班牙则在第三个阶段。因此，李斯特根据其经济发展阶段论，认为德国在当时必须实行保护贸易政策。

3）国家干预论

李斯特认为，要想发展生产力，必须借助国家的力量。同将国家视为"消极警察"、只负担国家安全与公共安全的保障工作，主张实行自由放任经济政策的英国自由贸易论者相反，李斯特将国家比喻为国民生活中如慈父般的有力指导者。他认为，国家的存在比个人存在更为重要，国家的存在是个人和人类全体安全、幸福、进步及文化发展的第一条件，所以个人的经济利益应从属于国家真正财富的增进与维持。因此，在培植国家生产力，尤其是发展民族工业方面，国家应当作一个理性的"植树人"，采取主动而有效的产业政策。他以风力和人力在森林成长中的不同作用作比喻，来说明国家调控在经济发展中的作用。他说：

---

① 弗里德里希·李斯特. 政治经济学的国民体系. 北京：商务印书馆，1961.

② 同①.

③ 同①.

"经验告诉我们，风力会把种子从这个地方带到那个地方，因此荒芜原野会变成稠密森林；但是要培植森林因此就静等着风力作用，让它在若干世纪的过程中来完成这样的转变，世上岂有这样愚蠢的办法？如果一个植树者选择树秧，主动栽培，在几十年内达到同样的目的，这不算是一个可取的办法吗？历史告诉我们，有许多国家，就是由于采取了那个植树者的办法，胜利实现了它们目的。"① 李斯特还以英国经济发展的历史为证，论述了英国经济之所以能够快速发展，主要是由于当初政府实行扶植政策的结果。因此，李斯特主张在国家干预下实行保护贸易政策，并指出德国正处于类似英国发展初期的状况，应实行国家干预下的保护贸易政策。

李斯特的保护幼稚工业论以生产力理论为基础，以经济发展阶段论为依据，以英国、荷兰、西班牙等国的兴衰为佐证，猛烈地抨击了古典学派的自由贸易学说，建立起了一套以保护关税为核心、以阶段保护为特点的为落后国家提供保护贸易政策依据的国际贸易理论体系。

3. 保护幼稚工业论的政策主张

1）保护的对象

虽然李斯特主张落后国家实行保护贸易，但其目的是促进生产力的发展，而不是所有的产业。李斯特提出作为保护对象的应当是新兴的（幼稚的）、面临国外强有力竞争的并具有发展前途的工业，并具体指出：农业一般不需要保护，因为工业发展以后，农业自然跟着发展；无强有力的外国竞争者的幼稚工业不需要保护；有强有力的外国竞争者的幼稚工业需要保护。

有关幼稚产业的判定标准如下。

① 穆勒标准——潜在竞争力标准。穆勒认为当某一产业规模较小，其生产成本高于国际市场价格时，如果任由自由竞争，该产业必然会亏损。如果政府给予一段时间的保护，使该产业能够发展壮大，以充分实现规模经济、降低成本，以致最终该产业能够完全面对自由竞争，并且获得利润，那么该产业就可以作为幼稚产业来加以扶植。

② 巴斯塔布尔标准——现值标准。该标准引进经济分析的现值概念，认为被保护的产业不仅要具有潜在的国际竞争力，并且它在未来所获利润的现值一定要大于保护它时所付出的社会成本。如果这个条件不被满足，就不能列入幼稚产业。

③ 肯普标准——外部经济标准。该标准在包括前两个标准的同时，又提出外部经济的内容。他认为，前两种标准所界定的企业，即使没有政府的保护，企业利润最大化目标也会促使企业发展这些产业，因此政府不需要保护。只有具有外部规模经济的产业，如产业的知识可以被其他企业模仿或无偿使用，这类的企业政府应该扶植和保护。

④ 小岛清的标准——总体经济发展标准。日本经济学家小岛清认为，穆勒、巴斯塔布尔、肯普的标准都是根据个别企业的利弊得失来寻求保护正当合理的标准，这种研究方法是不正确的。最重要的是，要根据要素禀赋比率和比较成本的动态变化，从国民经济的角度选择应该发展的幼稚产业，只要是这样的幼稚产业，即使不符合巴斯塔布尔或肯普的标准，也是值得保护的。

⑤ 筱原三代平标准——产业基准标准。这一标准包括收入弹性基准和生产率上升基准。

---

① 弗里德里希·李斯特. 政治经济学的国民体系. 北京：商务印书馆，1961.

收入弹性基准是指将收入弹性高的产业作为优先发展产业。这是因为这类产业具有广阔的市场，可以为其提供成长的空间。生产率上升基准是指选择优先发展生产率上升快、技术进步率高的产业作为受保护的幼稚产业，提高其在整个产业结构中的比重。

2）保护的目的

为了保护和促进国内生产力的发展，最终仍然是进行国际贸易。

3）保护的手段

李斯特认为，保护本国工业的发展有众多的手段可以选择，但保护关税制度是建立和保护国内工业的主要手段，不过应根据具体情况灵活地加以运用。比如，为保护幼稚工业，"对某些工业品可以实行禁止输入，或规定的税率事实上等于全部或至少部分地禁止输入"。同时，"对凡是在专门技术与机器制造方面还没有获得高度发展的国家，对于一切复杂机器的输入应当允许免税，或只征收轻微的进口税"。一般来说，在从自由竞争过渡到保护阶段初期，绝不可把税率定得太高，因为税率过高会中断与外国的经济联系，如妨碍资金、技术和企业家精神的引进，这必然对国家不利。正确的做法是从国内工业起步开始逐步提高关税，并且应当随着国内或从国外吸引来的资本、技术和企业家精神的增长而提高。在从禁止政策变到温和的保护制度阶段的过程中，采取的措施则恰恰相反，应当由高税率逐渐降低而过渡到低税率。总之，一国的保护税率应当有两个转折点，即由低到高后由高到低。税率的升降程度是不能从理论上来决定的，而要看比较落后国家在它对比较先进国家所处关系中的特殊情况及相对情况来决定。

4）保护的程度

区别不同对象给予不同程度的保护。保护关税的税率可以高到实际上等于完全禁止进口，也可以低到只对进口数量稍加限制。对国内需求量大、对国计民生有重大影响的制成品征收高关税严格限制进口；对高贵奢侈消费品征收较高关税一般限制进口；而对复杂的机器设备、技术等征收较低的关税或免税鼓励进口。

5）保护的时间

保护的时间不宜过长，最多为 30 年。在此期限内，如果受到保护的工业还发展不起来，表明其不适宜成为保护对象，就不再予以保护。换言之，保护贸易不是保护落后的低效率。

6）保护的最终归向

保护关税并不是永久性的政策，它随着国内工业国际竞争力的逐渐提高而逐步降低，乃至取消。李斯特原则上承认自由贸易的合理性，他承认国内自由贸易的必要性，否认国际范围内自由贸易的现实可能性，即在国家间经济实力与地位极不均衡的条件下，贸易自由化不仅使落后国失去长期的经济利益——国家财富的生产力，而且动摇了长期的政治利益——国家的政治自主性和国防安全。基于此种认识，李斯特重视关税保护的适度性和暂时性。他认为，禁止性与长期性关税会完全排除外国生产者的竞争，但助长了国内生产者的不思进取、缺乏创新的惰性。如果被保护工业生产出来的产品，其价格低于进口同类产品且在其能与外国竞争时，应当及时取消关税保护；当国家的物质与精神力量达到相当强盛时，应实行自由贸易政策。

4. 对保护幼稚工业论的评价

李斯特的保护幼稚工业论的许多观点是有价值的，整个理论是积极的，对经济不发达国家制定对外贸易政策有较大的借鉴意义。他的关于"财富的生产力比财富本身不晓得要重要多少倍"的思想是深刻的,具有较强的理论说服力;他的关于处于不同经济发展阶段的国家应实行不同的对外贸易政策的观点是科学的,为经济落后国家实行保护贸易政策提供了理论依据;他的关于以保护贸易为过渡时期和仅以有发展前途的幼稚工业为保护对象,其保护也是有限度的而不是无限期的主张是积极的和正确的,说明了他对国际分工和自由贸易的利益也予以承认;他对保护贸易政策得失的分析是实事求是的,揭示了建立本国高度发达的工业是提高生产力水平的关键。李斯特的保护幼稚工业论和政策主张在德国资本主义工业的发展过程中起了积极的促进作用。在保护政策的影响下,德国于1843年和1846年两次提高关税,有效地保护了德国工业的发展,使德国在较短的时间内就赶上了英国和法国。

李斯特理论在逻辑和实践上都证明是正确和有效的,但在具体操作中存在着困难,主要体现在以下两方面。一是保护对象的选择。正确地选择保护对象是保护幼稚工业政策成败的关键,为此,许多经济学家提出了各种选择保护对象的标准和方法。例如,成本差距标准将保护对象定位于具有成本下降趋势且国内与国际的差距越来越小的产业;要素动态禀赋标准则提出若一国对某种产业的保护,使该国的要素禀赋发生有利于该产业发展或获得比较利益的变化,则该产业是有前途的。二是保护手段的选择。保护幼稚工业的传统手段主要是征收进口关税,但很多经济学家认为,既然保护的目的是增加国内生产,而不是减少国内消费,最佳的策略应是采取生产补贴而不是关税的手段来鼓励国内生产。由于采用关税手段政府可以得到关税收入,而采取生产补贴政府既失去关税收入又要增加财政开支,因而欠发达国家更多地倾向于采用征收关税限制进口的手段来保护本国工业。

另外,通过限制进口的手段来保护幼稚工业还可能付出一种常常不被人注意的社会代价,即推迟接受和普及先进技术和知识所造成的损失,尤其是在大多数欠发达国家处于幼稚阶段的新兴工业或高科技工业领域。最明显的例子是对计算机工业的保护。为了保护国内幼稚的计算机工业,一些国家对国外的计算机实行进口管制。结果是,在发达国家计算机已普及到家庭的电子时代,这些国家的计算机仍因价格昂贵而使大多数人望而却步。与彩电、冰箱等不同,计算机不是一般的消费品,它的普及价值是整个社会生产效率的提高和先进技术的外溢与普及,限制计算机进口,保护的只是一个行业,拖延的却是整个社会的进步,其损失是远远超过所得的。

专栏6-2

保罗·克鲁格曼关于保护幼稚工业论的几个观点

对于保护幼稚工业理论的不同观点。保罗·克鲁格曼(Paul R. Krugman)在《国际经济学》一书中,提出了保护幼稚工业理论的几点问题。第一,保护幼稚工业理论常常使得一些国家今天所保护的是将来才具有比较优势的产业。假定一个国家目前劳动丰富,劳动密集型产品是其比较优势,资本只是在积累的过程之中,只有当其资本积累到丰富的程度,该国的资本密集型产品才具有比较优势。这并不意味着这个国家目前就需要发展资本密集型产业,必须对这类产业进行保护。例如,20世纪80年代韩国开始出口汽车,这并不意味着在20世纪60年代,韩国就需要保护汽车制造业,当时它的资本和有技术的劳动力都很缺乏。第二,除非一个国家为了帮助某一产业提高竞争能力,否则保护制造业并不是什么好事。例如，印度和巴基斯坦对于它们的制造业保护了几十年，直到近来制造业产品才开始出口。然而它们所出口的都是一些轻工业产品，如纺织品，而不是它们重点所保护的重工业产品。印度和巴基斯坦是一个很好的例子，它们所出口的是它们从来没有保护的产业，而长期保护的产业却没有出口。在这个例子中，幼稚工业的保护似乎是成功的，但是它们付出了净的成本和昂贵的代价。第三，所谓建立一个产业是昂贵的、需要花费时间的，这些并不能成为政府干预的理由，除非国内市场失灵。在以下情况下，政府不需要进行保护，而应当做其所需要做的事情。其一，如果一个发展中国家，没有一系列的金融体系（如有效率的股票市场和银行），那么需要一些传统的部门进行资本积累（如农业部门），用这些资金来投入新的部门（如制造业），于是新的产业的成长受到当前这一产业的企业不能获得利润的限制。最初较低的利润阻碍了人们对这一新的产业的投资，即便是从长远的观点来看，这一部门的投资利润将来也是很高的。在资本市场正常运转的条件下，政府不需要进行干预。企业家会意识到在企业建立的最初几年里，不可避免地出现亏损，但是经过一定时期可以使得成本逐渐下降，达到国际竞争的水平，将来的利润会增加。这些企业可以通过出售股票或者从银行的贷款中得到资金的支持。因此，最好的办法是建立一个完善的资本市场，而不是政府的贸易保护政策。其二，当一个新的产业建立，一些最早进入该产业的企业会付出"初建"的成本代价。例如，需要对地方的基础设施、开辟新的市场进行投资，而后继的企业可以在没有支出这一类成本的条件下享用现存的条件。如果最早进入新产业的企业所付出的代价得不到回报，那么没有企业愿意较早地进入一个新的产业。这一问题如何解决，最佳的选择是政府对这些做出贡献的企业进行补贴。

　　除克鲁格曼以外，还有许多经济学家持有这样的观点。他们认为，促进幼稚工业发展的最佳办法不是保护，而是发展和改善本国的金融市场，或是对这些产业进行补贴。

资料来源：王俊宜，李权. 国际贸易. 北京：中国发展出版社，2003：158-159.

　　保护幼稚工业理论，在一些国家的经济发展过程中起了积极的作用。例如，19世纪，在美国和德国工业发展的最初阶段，不可否认地起了重要的作用。20世纪，保护幼稚工业理论在日本和东亚一些国家和地区的经济发展中，同样起了积极的作用。当然，也有一些发展中国家，对本国的幼稚工业保护了几十年，而这些国家的工业至今仍然没有成长壮大。保护幼稚工业理论的主要问题或者说是关键点，是贸易保护政策可以使得一些低效率、无效益的企业幸存下来。但是，它并不能保证这些企业会自然而然地成长壮大，变成高效率和有效益的企业。相反，政府的保护常常使得一些低效率和无效益的企业长期不求上进地"活"下来。因此，保护幼稚工业并非万灵药，并非保护就能保证企业自然而然地成长壮大。在保护期间，幼稚企业能否成长壮大，还取决于其他许多因素，这并非保护所能解决的。

6.2　超保护贸易理论

　　凯恩斯主义的超保护贸易学说是由凯恩斯及其追随者马克卢普、哈罗德共同创立的。凯恩斯（John Maynard Keynes，1883—1946）是著名的英国资产阶级经济学家，并且是同其前辈李嘉图一样的集经商、从政与治学于一身的成功的经济学家。他既是凯恩斯主义的创始人，也是现代宏观经济学的奠基人，一生著作很多，其中最有名的是 1936 年出版的《就业、利息和货币通论》（*The General Theory of Employment，Interest and Money*），堪称他的代表作。

马克卢普（F. Machlup）是出生于奥地利的美国经济学家，美国普林斯顿大学教授，凯恩斯的主要追随者之一。其代表作是《国际贸易与国民收入乘数》，1943 年出版。

哈罗德（Roy F. Harrod）是英国著名经济学家，牛津大学教授，凯恩斯的主要追随者之一。其代表作是《国际经济学》和《动态经济学导论》，分别于 1933 年和 1948 年出版。

虽然凯恩斯并没有一本系统地论述国际贸易的专著，但是他和他的追随者们有关国际贸易的观点却对各国对外贸易政策的制定产生了深刻的影响。该学说推崇重商主义保护贸易的传统，对古典学派的国际贸易理论进行严厉批评，主张国家干预，强调具有进攻性的保护贸易政策——超保护贸易政策。凯恩斯的贸易保护是一种完全不同于处在经济发展过程中的国家建立在走向工业化基础上的贸易保护，而是建立在已经实现了工业化的国家试图寻求经济稳定增长基础上的贸易保护理论。

与第一次世界大战前保护贸易政策相比，超保护贸易政策在实践中具有以下一些新的特点。

① 保护的目的不再是培养自由竞争能力，而是对国外市场的垄断能力。
② 保护的对象不仅是幼稚工业，更多的是国内高度发达的或出现衰退的垄断工业。
③ 采取的手段由保守的限制进口扩展到通过倾销、出口补贴等对外市场进攻性的扩张。
④ 保护的后果是，不仅没有提高本国的劳动生产率和出口商品的竞争力，反而妨碍了社会生产力的发展。

6.2.1　理论背景

凯恩斯所处的时代是资本主义进入垄断阶段的时代。科学技术的进步促进了国际分工和世界市场的迅速发展。在新的历史条件下，传统的经济贸易理论失去了昔日的威风。由于对新情况、新问题不能作出合理的和科学的说明，传统经济贸易理论实际上已经陷入困境，而 1929—1933 年资本主义历史上最深刻的经济危机则更是给古典学派和新古典学派以当头一棒。1936 年，凯恩斯出版了他的主要代表作《就业、利息和货币通论》。在这本著作中，凯恩斯批判了传统经济贸易理论，以有效需求不足为基础，以边际消费倾向、边际资本效率和灵活偏好 3 个所谓心理规律为核心，以国家对经济生活的干预为政策目标，把对外贸易和国内就业结合起来，创立了用以取代传统经济贸易理论的新学说。

凯恩斯贸易理论的基本思想是主张国家干预对外经济，利用贸易顺差保持国内充分就业。由于凯恩斯及其追随者极力推崇重商主义的追求贸易顺差的理论观点，他们的保护贸易理论也因此被称为"新重商主义"。

6.2.2　凯恩斯对经典理论的批判

1. 凯恩斯对古典自由贸易理论的批判

凯恩斯对古典自由贸易理论假设前提的批判。在 1929—1933 年大危机以前，凯恩斯是一个坚定的自由贸易论者，他坚决反对那种认为实行保护主义可以增加国内就业和维持经济增长繁荣的观点。他指出："若保护主义者认为可以医救失业，则保护主义之谬误可以说是到了最荒唐、最赤裸裸之地步。"① 但是，20 世纪 30 年代的大危机彻底改变了凯恩斯的立场。他开始批评自己以前所信奉的自由贸易学说，认为传统的自由贸易理论缺乏牢固的理论基础，而且已不适用于当代社会经济贸易发展的新情况和新问题。

凯恩斯及其追随者认为传统贸易理论所说的在自由贸易条件下包括劳动和资本在内的一切生产要素都能得到充分使用的假设，在现实生活中并不存在。事实上，大危机期间，美国等发达国家的失业率高达 25%。

他认为，古典派自由贸易理论者忽略了"国际收支自动调节说"在调节过程中对一国国民收入和就业所产生的影响。按照国际收支自动调节说，顺差国国内支付手段将由于顺差而增加，导致国内价格提高，出口减少而进口增加；相反，逆差国将由于逆差，国内支付手段减少，国内价格降低，于是出口增加而进口减少，如图 6-1 所示。凯恩斯认为，顺差国将由于国内支付手段增加而利率降低，从而投资增加，就业和国民收入增加；相反，逆差国则由于国内支付手段减少而利率提高，导致投资减少、就业和国民收入减少，从而带来痛苦的影响，如图 6-2 所示。

顺差→支付手段↑→国内价格↑→出口↓ & 进口↑

逆差→支付手段↓→国内价格↓→出口↑ & 进口↓

图 6-1　国际收支自动调节图

顺差→支付手段↑→利率↓→投资↑→就业 & 收入↑

逆差→支付手段↓→利率↑→投资↓→就业↓ & 收入↓

图 6-2　国际收支自动调节对就业和收入的影响

2. 凯恩斯对重商主义的评判

凯恩斯本人还尖锐地批评了批判重商主义的经济学家，认为他们对重商主义的批判是缺少远大眼光，没有看到重商主义有关理论和政策的合理性和科学性，并认为重商主义主张追求贸易顺差就是重商主义最高智慧的结晶。因为当时国家既不能直接控制利率，又不能直接操纵影响国内投资的因素，所以对于国家来说，增加国外投资的唯一的和直接的办法就是保持对外贸易顺差。一旦贸易顺差，那么国外贵金属将流入本国，这样政府就可以减低国内利率，从而达到增加国内投资的目的。

但是，凯恩斯同时认为由于重商主义追求贸易顺差是为了增加财富，因此希望顺差越大越好，这对经济发展是不利的。如果一国贸易顺差，则外国贵金属流入，导致该国利率下降，可能会产生两种不利情况：一是利率下降使投资量增加，就业率大幅度上升，如果此时投资继续增加，劳动工资就会以更快的速度增加，因而使国内生产成本提高，这种结果会影响到对外贸易，从而造成本国贸易利益因出口数量降低而减少；二是如果本国利率水平下降到比其他国家低的程度，本国贵金属将会以对外贷款的形式流向国外，一旦这种对外贷款数额超过贸易顺差额，就形成贵金属外流。而且，国家越大，其国际地位越重要，出现上述两种情况的可能性也就越大。所以，凯恩斯指出，重商主义过度追求贸易顺差的不利影响不仅来源于国内成本上涨，利率下降，也来源于国外成本下降，利率上升。因此，贸易逆差要不得，因为它"很快就会产生顽固的经济衰退"，但贸易顺差也不宜太大，否则会物极必反，

---

① 凯恩斯 . 就业、利息和货币通论 . 2 版 . 北京：商务印书馆，1983.

一切努力前功尽弃。

6.2.3 主要论点

凯恩斯学派对有关国际贸易问题的理论观点是在凯恩斯的就业理论和乘数理论基础上提出来的，大致可以归结为保护就业理论和对外贸易乘数理论。

1. 保护就业论

保护就业论主要为西方发达国家所普遍应用。每当经济不景气、失业率上升时，西方国家的一些政治家和工会领袖就归罪于来自外国的尤其是发展中国家的竞争，纷纷主张以限制进口来保障本国工业的生产和就业。20世纪八九十年代的西方贸易保护主义的一个重要理论依据，就是保护国内的生产和就业。

保护就业论可以从微观和宏观两方面来解释。从微观上说，某个行业得到了保护，生产增加，工人就业也就增加；从宏观上说，保护就业论是建立在凯恩斯主义经济学说基础之上的。

在1929年至1933年的西方大萧条中，凯恩斯看到了古典经济学完全依赖市场机制和只重视供给方面的不足，认为一国的生产和就业主要取决于对本国产品的有效需求。如果有效需求增加，就会带动生产和就业的增加；反之，如果有效需求不足，就会出现生产过剩、经济衰退，造成失业增加。因此，要达到充分就业，就要对商品有足够的有效需求。

什么是有效需求呢？有效需求包括消费需求和投资需求，其中投资需求对有效需求的影响是很大的。投资需求有国内投资需求和国外投资需求，国内投资需求主要决定于利息率，国外投资需求则和贸易收支状况相联系。贸易顺差就相当于是对国民经济的"注入"，国外投资增加，并因此导致国内货币供给增加，利率下降，刺激国内投资增加，进而增加有效需求；相反，如果贸易逆差，则减少有效需求。因此，贸易对整个社会就业水平的影响过程可以表述为

增加出口，减少进口 ⇨ 增加有效需求 ⇨ 增加国民生产和就业水平

因此，保持贸易顺差，就可以不断扩大国外投资，增加投资需求和有效需求，解决就业问题，促进经济繁荣。

凯恩斯根据这样的认识，提出政府应放弃自由贸易政策，采取"奖出限入"的政策措施来干预对外贸易，实现贸易顺差，以增加就业，刺激经济繁荣。凯恩斯主义的保护就业论带有超保护贸易的特征，与以前的贸易保护主义相比，这种政策主张将贸易保护的对象从幼稚产业转向了国内高度发展了的或出现衰落的产业，保护的目的从培养自由竞争能力转向加强对国内外市场的垄断，保护的措施也日益多样化，出现了关税以外的各种"奖出限入"的措施，并建议通过组建货币集团来争夺世界市场。

如何对保护就业论进行评价呢？从理论上说，贸易保护无论在微观还是在宏观上，对增加就业都有积极作用，但是也不能不看到保护就业理论的局限性。

第一，怎样才能做到限制进口同时不伤害出口呢？我们知道，任何的贸易活动都是双方的事，一国只出口不进口是不可能的事。这样，希望通过扩大出口减少进口来保护就业的做法在现实中会遇到困难。首先，要考虑到别国的报复。因为一国限制进口，其实就是限制别国的出口，那么别国同样也出于增加就业的考虑而以限制本国进口作为回报，其结果可能是该国的出口减少。其次，要考虑别国的购买能力。若别国长期存在大量的贸易逆差，势必会影响其经济发展和国际支付能力，最终会影响到该国对本国出口商品的需求，直接导致实行贸易保护国家的出口减少。因此，从总体均衡或长期均衡的角度来看，要想限制进口而不伤

害出口或扩大出口而不增加进口都是不大可能的。

第二，发达国家的实践证明，采用关税或非关税壁垒限制进口、保护就业，其结果是成本高、效果差。美国经济学家戴维·塔（David Tarr）1989 年给联邦贸易委员会的报告中，对美国三大行业贸易保护的结果作了分析。据其估计，美国对其纺织品、汽车、钢铁行业所作的进口限额并没有提高整个就业水平，对钢铁行业就业的保护还造成钢铁价格上升，汽车生产成本上升，汽车行业的就业人数下降，而由此带来的各种明显的或隐含的经济损失则高达 209 亿美元。表 6-1 显示的是贸易保护造成的各行业的就业变化。

表 6-1　美国纺织品、汽车、钢铁业进口限额造成的就业变动

就业增加的行业和人数估计/万人		就业减少的行业和人数估计/万人	
纺织业	15.756	汽车制造业	−0.195
钢铁业	1.622	服务业	−5.588
农业、矿业	1.989	制造业	−7.862
		消费品生产工业	−1.745

资料来源：David Tarr. A General Equilibrium Analysis of the Welfare and Employment Effects of US Quotas in Textiles，Autos and Steel. Bureau of Economics Staff Report to the Federal Trade Commission，1989.

另一些美国经济学家还对每个因保护政策增加的工作机会进行了代价估计，列举几项如表 5-2 所示。

表 6-2　美国限制进口保护就业的代价估计

保护行业	消费者为每个工作机会所付代价
钢铁	＄75 万～＄100 万
彩色电视	＄42 万
奶制品	＄22 万
制鞋业	＄5.5 万

资料来源：G. Hufbauer，D. Berliner，K. Elliott. Trade Protection in the United States：31 Cases Studies. Institute for International Economics，1986。

根据上述资料可以看出，美国政府实施保护就业的政策，成本高昂，效果却普遍不佳。原因在于：从需求方面来看，无论实施关税或非关税壁垒都会使进口产品和国内同类产品的价格上涨，那么消费者会寻求其他代替品以减少对该产品的需求，导致国内进口替代产品行业的萎缩，减少就业机会；从供给方面来看，在美国劳动力成本相对较高，而厂商会从追求利润最大化的目标出发降低成本，有效的办法就是用便宜的资本替代相对昂贵的劳动力（这里假设在生产中资本与劳动是可以相互替代的）。当保护使得国内厂商得以生存并获得保护带来的超额利润时，他们就有能力以机器设备替代劳动力，这样就减少了就业机会。可以说，贸易保护主义政策是这种生产要素转换的催化剂。

2. 对外贸易乘数论（Foreign Trade Multiplier）

为了更好地理解对外贸易乘数论，下面先来回顾凯恩斯的投资乘数理论。

1）投资乘数理论

凯恩斯提出了投资乘数理论。投资乘数是指投资增长与国民收入扩大之间的依存关系。他指出，投资增加（无论是建立新的企业还是已有企业扩大生产规模）会导致对生产资料需求的增加，而生产资料需求的增加会引起从事生产资料生产的企业主和工人的收入增加（包

括新增就业人数的收入和原来就业者的收入增加），这导致对消费品的需求增加；消费品需求的增加又会引起从事消费品生产的企业主和工人的收入增加，并进一步增加对消费品的需求；为满足增加的需求又进一步增加投资……结果，国民收入的增加量将是初始投资的若干倍。用 K 表示这个倍数，用 ΔY 表示国民收入增量，$\Delta \mathrm{Inv}$ 表示投资增量，则存在以下关系

$$\Delta Y = K \cdot (\Delta \mathrm{Inv})^{①}$$

其中

$$K = \frac{1}{1-C} \qquad (C \text{ 为边际消费倾向}^{②})$$

2) 对外贸易乘数理论

凯恩斯的追随者将凯恩斯的一般乘数理论引入对外贸易领域，建立了对外贸易乘数理论。对外贸易乘数是指贸易顺差增量与国内投资增量之和与国民收入增量之间的依存关系。他们把进口看成是一国收入流量的"漏出"，把出口看成是外国人的收入直接注入国内收入流的结果。他们认为，进口会对本国国民收入产生倍减效应，而出口则会产生倍增效应，所以只有当贸易顺差时，对外贸易才能增加一国的国民收入，而且国民收入的增量是贸易顺差增量的若干倍。原理如下：出口增加，则出口部门的收入增加，出口部门对其他部门的产品需求增加；进一步，其他部门的收入和就业增加……相反，进口增加，则进口竞争部门收入减少，进而对其他部门生产的产品需求减少，导致其他部门的收入和就业减少……用 ΔX 表示出口增量，ΔM 表示进口增量，ΔY 表示国民收入增量，$\Delta \mathrm{Inv}$ 表示投资增量，K 表示对外贸易乘数，则有

$$\Delta Y = [\Delta \mathrm{Inv} + (\Delta X - \Delta M)] \cdot K$$

其中，

$$K = \frac{1}{1-C} = \frac{1}{S+M}^{③}$$

3) 对该理论的评价

从理论上看，凯恩斯主义的国际贸易理论在一定程度上揭示了对外贸易与国民经济发展之间的内在规律性，具有一定的科学性。国民经济是一个完整的庞大系统，各个子系统之间存在着密切的相互联系。投资、储蓄、进口和出口的任何变动都会对其他部门产生影响，并把这种变动所产生的影响传递到其他部门。乘数论就是反映这种相互联系的内在规律之一。

---

① 说明：(1) Y、Inv、C 等均为总量概念；(2) 此公式产生了所谓的"节俭悖论"。"悖论"的含义是指在 $C_1 < C_2$ 时，$\Delta Y_{C_1} < \Delta Y_{C_2}$（$C_1$ 表示某一个时期的边际消费倾向，C_2 则表示下一个时期的边际消费倾向）；不是指如下的"合成谬误"：个人的边际消费倾向变小，个人的收入不变；但所有的"个人"边际消费倾向变小时，相对收入减少。

② 即增加的收入中用于消费的部分与增加的收入的比值。由 $\Delta Y = \Delta S + \Delta C$（$\Delta S$ 表示增加的收入中用于储蓄的部分，ΔC 表示用于消费的部分），则 $\frac{\Delta Y}{\Delta Y} = \frac{\Delta S}{\Delta Y} + \frac{\Delta C}{\Delta Y}$。令 $S = \frac{\Delta S}{\Delta Y}$（即边际储蓄倾向），令 $C = \frac{\Delta C}{\Delta Y}$，则 $1 = S + C$，从而 $\frac{1}{1-C} = \frac{1}{S} = K$。

③ 由 $\Delta Y = \Delta S + \Delta C + \Delta M$，可得 $1 = S + C + M$（推理同上），于是 $1 - C = S + M$，进一步可得 $\frac{1}{1-C} = \frac{1}{S+M}$。

只要条件具备，成熟的经济机制作用就会直接或间接地影响到经济增长。

从方法论上看，把经济学的分析从微观扩展到宏观是一种进步。传统的贸易理论侧重要素分析、价格分析和利益分析等，因而属于微观经济分析。凯恩斯及其后来者应用乘数理论，注意将贸易流量与国民收入流量结合起来，分析出口额的增加对国民收入的倍数起到了促进作用，从而将贸易问题纳入宏观分析的范围，这在贸易理论上是一种突破。

从实践上看，出口贸易的增加对国民收入的提高是非常重要的。日本"贸易立国"政策的成功和韩国、新加坡及我国的香港和台湾地区以出口为主导带动经济起飞的实绩完全证实了这一点，因而重视对外贸易乘数论的研究是有现实意义的。

但是，对外贸易乘数论又存在很大的局限性。首先，不应夸大乘数的作用。因为乘数要起作用，社会再生产过程的各个环节必须运转顺畅，但实际情况却是经常处于不平衡状态。同时，新增投资部分不可能全部转化为收入，收入也不可能全部用来吸收就业，因而投资乘数的作用往往是有限的。其次，如果在国内已经或接近实现充分就业的情况下，出口的继续增加将会造成需求过度，从而推动生产要素价格上涨。生产要素价格上涨不仅会削弱本国商品的国际竞争力，而且可能迫使政府采取反通货膨胀政策。所以，在这种情况下出口继续增加实际上并不会推动国民收入的连续增长。再次，乘数作用还要受出口商品的供给和需求弹性的影响，因此乘数论在工业化国家适用性较强，而在农业比重大的国家则适用性较弱。最后，对外贸易乘数论把贸易顺差视为同国内投资一样，是对国民经济体系的一种"注入"，能对国民收入产生乘数效应。其实，贸易顺差与国内投资是不同的，投资增加会形成新的生产能力，使供给增加；而贸易顺差增加实际上是出口相对增加，它本身并不能形成生产能力。投资增加和贸易顺差增加对国民收入增加的乘数作用并不等同。

6.3　战略性贸易政策

20 世纪 80 年代，经济学家们在围绕贸易政策的争论中提出了一种新的观点——战略性贸易政策理论。贸易环境的变化，助长了人们对贸易理论的关注。贸易经济学家们将产业组织理论中关于规模经济[①]、范围经济[②]、学习效应[③]、研究与开发竞争[④]、技术外溢[⑤]等的分析方法用于分析国际贸易问题，产生了战略性贸易政策理论。

战略性贸易政策理论（Strategic Trade Policy Theory）是 20 世纪 80 年代初期由加拿大经济学家布兰德（Brander）和斯潘瑟（Spencer）首次提出来的，后来经过巴格瓦蒂

---

① 当规模经济处于稳定状态时，平均成本会随着产量的扩大而降低。规模经济同规模收益的递增紧密相连，但两者还是有区别的。规模收益递增是规模经济的技术基础，但契约性的融资和价格效应也同样会产生规模经济。

② 它存在于这样一种情况，即把一个企业中两条或多条生产线连结起来进行生产的成本要比单独生产的成本更低。

③ 当单位成本随累积产量的不断增加而下降时，学习效应就产生了。这种效应的暂时性特点使它区别于静态的规模经济。

④ 通常认为企业为保证获得超额利润，都会加入研究与开发竞争。在这种竞争中，企业为首先取得专利而向市场推出新产品，会增加它们在研究与开发上的费用支出。

⑤ 是指一种产品线上发生的技术革新能被其他产品线利用。这种外溢效果可以发生在企业内部、行业内部，也可以发生在国家内部或国家之间。企业越是能够抑制这种外溢并使其独家利用，则这项技术革新越具有专用性，企业从中获得的经济收益越大。

（Bhagwati）、赫尔普曼（Helpman）和克鲁格曼（Krugman）等人的进一步研究，现已形成比较完善的理论体系。

6.3.1 战略性贸易政策的含义及主要论点

所谓战略性贸易政策，是指一国政府在不完全竞争和规模经济条件下，可以凭借生产补贴、出口补贴或保护国内市场等政策手段，扶持本国战略性产业的成长，增强其在国际市场上的竞争能力，从而谋取规模经济之类的额外收益，并借机劫掠他人市场份额和工业利润。即在不完全竞争环境下，实施这一贸易政策的国家不但无损于其经济福利，反而有可能提高自身的福利水平。[①] 简单地说，战略性贸易政策就是通过政府政策干预，把市场竞争构造成市场"博弈"。

战略性贸易政策论者认为传统国际贸易理论是建立在规模收益不变和完全竞争的理想境界上的，他们用国家之间在自然环境、技术、劳动生产率和要素禀赋等方面的差异来解释国际贸易的发生。由于贸易能改善贸易双方的资源配置状况并使双方的国民福利得以提高，所以自由贸易政策是最优选择。但现实的情况是不完全竞争（包括寡头市场），市场结构和规模收益递增成为经济中的常态，这种对传统自由贸易理论前提的背离，使市场本身运行结构处于"次优"境地。适当的政策干预有可能改进市场运行的结果，使自由贸易政策失去最优的地位。适当的政策干预，指的是战略性的政策干预，由于国际市场上不完全竞争和规模经济普遍存在，市场份额对各国企业变得更加重要。市场竞争变成一场少数企业之间的"博弈"（Game），谁能占领市场，谁就能获得超额利润。根据贸易对手的行为调整自己的战略，可以达到本国经济福利的最大化。

6.3.2 战略性贸易政策的扶持对象

战略性贸易政策只对具有市场垄断和规模经济效益的产业有效，因此在现实经济中，其扶持对象也基本局限于高科技产业。高科技产业通常具有如下特点和优势。

（1）外溢效应

在供给方面，高科技产业通过产品和人员的流动可将先进科技传播到整个社会，从而使整个社会都能从某一个或某几个高科技产业的发展中获益；在需求方面，高科技产业的发展将带动产业界对科技人才及研究成果的需要，进而带动对教育的投资，而教育所带来的技术及劳动素质的提高是一国贸易条件改善的基本决定因素之一。高科技产业的这种外溢效应是政府实施战略性贸易政策的一个主要原因。企业在追求利润最大化的目标中，往往不考虑产业的外溢效应，即使其预见到高科技产业的外溢效应，也可能因为风险的考虑而不进行实际投资，因此政府要实施战略性贸易政策来扶持高科技产业的发展。

（2）规模经济

高科技产业的平均成本往往具有随生产规模的扩大而下降的特点，即经济学上的"规模经济效应"。

（3）易于形成"自然垄断"

高科技产业的这一优势是由该产业的"规模经济"的特点所决定的。规模经济意味着企

---

① 夏申. 论战略性贸易政策. 国际贸易问题，1995（8）.

业的利润会随生产规模的扩大而增加，先进入该产业从事生产经营的企业会获得较高的利润，而且比后进入者更有成本竞争优势，因而在自由竞争的市场上，先进入者很容易垄断市场。如果将先进入者的定义由个别厂商推广为国家，那么一国率先在某一高科技产业投资，在各国都实行自由贸易政策的情况下，该国就容易形成自然垄断。在这种情况下，如果后进入国不对该产业实施保护和补贴措施，那么它将很难获得发展。这也是高科技产业需要政府实行战略性贸易政策保护的主要原因之一。

6.3.3 战略性贸易政策的举例说明

为了说明这一道理，经济学家常常用美国波音（Boeing）公司和欧洲空中客车（Airbus）公司作为例子。现实中，它们也确实是飞机制造业中最主要的公司。

假定这两家公司生产技术和能力相近，都可生产大型客机。这种大型客机具有规模经济，且世界市场容量有限。如果两家公司都生产，则两家公司都亏损；如果两家公司都不生产，则都不亏损，也都没有利润。只有在一家生产的情况下，生产的那家公司才会有足够的市场和产量，从而获得利润。表 6-3 列出了波音和空中客车公司在各种情况下假设的收益（"＋"表示利润，"－"表示亏损）。每对数字左下角数字表示波音的利润或亏损，右上角数字表示空中客车公司的利润或亏损。纳什均衡的结果是：谁先进入生产，另一家就不再进入。假定在没有政府干预的情况下，波音公司由于历史原因而先于空中客车公司生产并占领了世界大型宽体客机市场，此时波音公司生产并获得 100 亿美元利润，空中客车公司不生产。若空中客车公司硬要挤入这个市场，则结果是两败俱伤，两家公司都亏损 5 亿美元，空中客车公司的理性决策是不生产。

表 6-3　美国波音公司和欧洲空中客车公司相同情况下的利润或亏损

单位：亿美元

美国波音		欧洲空中客车	
		生产	不生产
	生产	－5　　　－5	＋100　　　0
	不生产	＋100　　　0	0　　　0

现在假设欧洲政府采取战略性贸易政策，补贴空中客车公司 10 亿美元，则会出现表 5-4 所示的收益矩阵。这样空中客车就会选择生产并获得利润，而不管波音如何选择。事实上，波音也只能选择不生产或退出竞争，因为它没有获得利润的可能。这样，欧洲政府以 10 亿美元的补贴，换来了 110 亿美元的收益，净得利润 100 亿美元。

表 6-4　欧洲政府进行补贴后波音公司和空中客车公司的利润或亏损

单位：亿美元

美国波音		欧洲空中客车	
		生产	不生产
	生产	－5　　　＋5	＋100　　　0
	不生产	0　　　＋110	0　　　0

　　从这个例子可以看到，在某种不完全竞争的市场结构条件下，政府的干预政策可以改变不完全竞争厂商的竞争行为和结果，使本国企业在国际竞争中获得占领市场的战略性优势，并使整个国家获益。这也是战略性贸易政策主张者说明政府干预重要性的经典案例，但是这一理论也受到了一些情况的挑战。

　　首先，美国政府也可能采取战略性措施，向波音补贴 10 亿美元。这样，虽然两家公司都生产并都能从中获利 5 亿美元，但各国政府的支出大于企业所获利润，出现了"双输"局面，如表 6-5 所示。

表 6-5　欧美政府都补贴的利润或亏损

单位：亿美元

		欧洲空中客车		
		无补贴的生产	有补贴的生产	不生产
美国波音	无补贴的生产	−5 −5	+5 −5	0 +100
	有补贴的生产	−5 +5	+5 +5	0 +110
	不生产	+100 0	+110 0	0 0

　　其次，如果空中客车在生产成本上高于波音公司，如表 6-6 所示，都无补贴地生产波音，可获得 5 亿美元的利润，而空中客车则会亏损 5 亿美元。此时，若欧洲政府补贴空中客车 10 亿美元，并不能使波音退出，只是使其利润减少而已；但空中客车只能获得 5 亿美元的利润，整个国家亏损 5 亿美元。而且，无论欧洲政府补贴多少，这一结果都不会改变。

表 6-6　波音公司和空中客车公司成本不同情况下的利润或亏损

单位：亿美元

		欧洲空中客车	
		无补贴的生产	不生产
美国波音	无补贴的生产	−5 5	0 105
	不生产	100 0	0 0

　　虽然存在上述挑战，但由于采用明了、直观的数学公式表述方法，新贸易理论家们使战略性贸易政策理论获得了在学术上令人尊敬的地位。但是，贸易模型的前提假设狭窄，脱离实际，减少了战略性贸易政策出台的实用性。为了鉴别哪些模型或多或少更有说服力，经济学家转向了经验研究。在不完全竞争条件下，模型的研究面临着缺少数据等令人气馁的障碍，因此理论家们把建立模型和根据一定经验的猜测结合起来，确定缺少的参数。起初的经验研究结果是，使用战略性贸易政策时应谨慎小心。在贸易保护主义情况下，即使其他国家不报复，来自于以邻为壑的战略性贸易政策的获益也可能是非常小的；如果导致贸易战，则两国都成为净损失者。就自由贸易来说，其获益要大于用传统模型计算的获益，这种增长来自于竞争加剧和产业结构的合理化，这一合理化变革的作用被传统模式中完全竞争假设忽略掉了。

6.3.4　战略性贸易政策的政策选择

战略性贸易政策是以市场的不完全性为基础的。根据不同的情况，学者们提出 3 种政策可供选择。

（1）抽取垄断租金

当本国尚不具有潜在的进入者时，政府对外国垄断厂商商品的进口可选择征收最佳关税的政策。面对进口国政府的政策措施，外国出口商需要确定自己的对策——是将这种关税转嫁给消费者，还是自己承担全部关税。如果转嫁给消费者，进口国市场上该商品的价格就会上升，从而进口国生产成本比较高的厂商就可能进入市场，形成同外国厂商的竞争局面；如果外国出口商承担全部关税，它必须牺牲掉因垄断市场所获得的一部分额外利润或垄断利润。倘若选择后者，进口国政府的关税收入并非是外国进口产品的加价，而是来自外国厂商为保住自己的市场份额，被迫让出的一部分垄断利润。对进口国政府而言，这种租金征收的原则不是满足于单纯的征收关税，而是征收尽可能多的关税或最佳关税。这种关税达到最佳是指外国企业处在被迫承担关税的边缘。如果征税水平或关税率过高，外国出口商将放弃阻止进口国企业进入市场的战略。

（2）政府征收关税高到外国出口商放弃阻止本国厂商进入市场的战略

外国厂商在进口国市场上居于垄断地位的情况下，如果进口国政府希望通过贸易政策，使本国生产同类商品的企业发展起来，进入市场，那么政府将采取征收关税的措施。在此情况下，外国厂商可能有两种选择：一是继续承担征收的关税，以便阻止进口国企业进入该市场；二是放弃承担关税，默许进口国厂商进入市场，自己只是作为市场价格的领先者，决定市场价格的水平。而后者正是进口国政府所希望看到的，即希望市场价格高到这样的程度，以致进口国的厂商也能卖出自己生产的商品，获取高额垄断利润，从而达到鼓励本国厂商进一步增加商品生产的目的。对外国出口厂商而言，其被迫接受进口国厂商进入的条件是：采取承担关税战略所获得的垄断利润少于采取允许进口国企业进入市场战略所获得的利润。相应地，对于进口国政府而言，迫使外国出口厂商选择第二种战略的最佳关税水平是：使外国厂商选择承担关税战略后所得的利润水平低于选择允许进口国企业进入的利润水平。对进口国自己的企业而言，当它进入市场后，能够在跟随垄断厂商定价的基础上弥补自己的生产成本，并获得可观的垄断利润。由此它受到激励，增加商品的生产，使市场的供应量不断增加，进而使市场价格下降。直到外国垄断者认为，该市场不再具有获取垄断利润的价值时，进口国自己的企业将外国企业挤出该国市场。这一结果正是进口国政府实施贸易政策的目标。

（3）政府对本国的出口采取某种干预政策

当外国厂商退出本国市场后，本国的生产不断增加，直到能够满足本国自己的需求而有余。实际上，在规模经济能够发挥作用的部门或产业，当企业的生产规模足够大时，它的生产成本也会随之降低，从而该国商品不仅在本国市场上代替了外国商品，而且在第三国市场上也会有与外国厂商展开竞争的实力。在本国厂商与外国厂商势均力敌的情况下，政府的某种支持或资助将有利于本国企业竞争能力的提高。也就是说，在势均力敌的企业"博弈"中，额外的支持将改变整个"博弈"的天平。因此，政府对本国企业的某种支持或补贴是非常重要的。当然，如果在外国市场上，本国企业处于绝对的竞争优势地位，而外国企业处在竞争劣势地位，以致不需要政府的干预或支持本国企业也能占据竞争的有利地位时，政府宁愿鼓吹自由贸易。但是这里的自由贸易不是一般意义上的自由放任，而是在一定的市场结构下，政府所作出的战略性贸易政策选择。如果本国出口企业规模过小，以致在国外市场有限的情况下形成了本国企业在国外市场上相互竞争的局面，那么在此情况下，政府为使本国获得最大限度的利润或利益，即使本国企业有强有力的价格竞争能力，也要对过度的出口实施干预，从而使本国的出口规模适度。政府的干预工具是对出口征收关税，以便阻止一些生产成本比较高的企业难以在国外市场上获得利润。

最后，对模型的这些经验研究结果使得理论家们在把战略性贸易政策理论应用于现实问题时格外谨慎。究其原因，首先是政府一般缺乏赖以制定政策的无偏数据资源，即使能得到，其真实性也有很大的不确定性，错误的估计可能导致误导性的政策。其次是很少有人相信构成这些贸易模型的关键因素是以充分的现实为基础的，从而能提供令人满意的决策指导。再次，模型关于外国企业和政府反应的假设条件的敏感性，削弱了政策制定者和学者在制定规则时对模型的信任。旨在抢占优先权的研究与开发投资，如上述飞机生产的例子，可能引发一场研究与开发的补贴战而不是阻止市场进入。最后，模型的复杂性使政策制定过程的透明度降低，因而监督其公平就更加困难。

鉴于以上考虑，新贸易理论家们认为，政府遵守一条"有条件的、合作性的"贸易主动性规则是明智的，无条件的合作战略是鼓励外国政府免费搭车。采用"胡萝卜（自由贸易）加大棒"（报复）的有条件战略被认为是最可能诱使外国政府做出合作反应的办法。合作性战略避免了因错误估计外国政府对不合作行动的反应而可能产生的严重后果。

专栏 6-3

中国补贴新兴产业　美企能否招架？

美国一家太阳能公司 Solyndra LLC 在获得 5 亿多美元的联邦贷款保证后破产倒闭，其后果之一在于：不管是否合理，它已经让美国人警觉起来，看到中国接受政府补贴的企业给美国多个行业构成了威胁。

白宫坚持认为，这家公司倒闭的原因之一是中国太阳能产业的迅速崛起。美国行业团体认为，中国太阳能产业得到的政府补贴有助于中国企业与美国企业之间展开低价竞争。Solyndra 引起高度关注的破产加上近期另外一些美国太阳能公司的倒闭，引发了有关这个问题的激烈讨论。

中国长期用慷慨的贷款、廉价的土地和确定无疑的政府采购补贴其国有产业。中国最新五年规划列出了七个"战略性新兴产业"，把它视为中国下一个发展阶段的关键，并承诺让政府投入巨资支持它们。这几个产业分别是新能源、生物、高端装备制造、节能环保、新能源汽车、新材料和新一代信息技术。

中国希望这些产业在国内生产总值的比重能够从 2010 年的 5％迅速扩大到 2020 的 15％。美国国会的一篇分析报告说，虽然相关五年规划并没有专门提到补贴，但融资优惠、税收减免、电力和公用事业费用补贴、土地免费或优惠使用等标准补贴，却是可以由地方政府提供给这些产业的。公共事务咨询公司安可顾问（APCO Worldwide）说，当前五年规划期间政府和民间对七大新兴产业的投入规模，最高估计达人民币数万亿元，折合数千亿美元。

对于看着美国预算被削减、听着华盛顿有关联邦贷款担保价值的论战的美国公司，中国或许看起来简直是一个蜜罐。美国锂电池及系统生产商 Boston—Power 有限公司在中国有业务，当初该公司想为下一代产品融资时，曾与美国能源部接触，并考虑在美国开设一个工厂，但未能如愿，后来它在中国找到了一个心甘情愿的合作伙伴。该公司宣布，中国政府将提供各类资金、低息贷款和相关金融、税收方面的激励措施，帮助该公司在上海设立一个制造厂。

其他刚刚起步的公司也纷纷飞越太平洋，而美国大公司则早就与中国国有企业建立了合作关系。合资企业给美国公司提供了进入中国市场的途径，而且通过合作伙伴，美国公司还获得了各类高额政府补贴。中国则获得了新技术，增强了自己在全球市场的竞争力。

前美国能源部助理部长雷切尔（Dan Reicher）说，中国越来越多地被美国公司视为资金的来源和政策支持的来源；中国下一个五年规划及在清洁能源方面的支出前景，规模都非常大。

资料来源：华尔街日报中国版，2011-10-24。

6.4　保护贸易新论

第二次世界大战以后，民族国家纷纷取得了政治上的独立。摆在这些国家面前最紧迫的任务就是迅速发展民族经济，实现经济上的自主。但是，民族经济的发展受到了旧的国际经济秩序特别是旧的国际分工和贸易体系的严重阻碍。普雷维什[①]代表广大发展中国家的利益，提出了著名的"普雷维什命题"，"建立国际经济新秩序"的口号，"发展中国家贸易条件长期恶化"的论点及加强国际合作特别是发展中国家之间的合作的建议等一系列理论政策观点，反对实际上并不平等的自由贸易原则，强调发展中国家只有采取保护主义政策，才能求得经济的自主发展和政治独立的稳定性。为了区别以往的贸易保护主义，把代表二战以来广大发展中国家经济发展要求的保护贸易理论称为保护贸易新论。

6.4.1　"中心—外围"论

普雷维什把世界看成是由中心国家和外围国家构成的结合体系，提出了以建立国际经济新秩序为目标的富有更丰富内涵的保护贸易新论。普雷维什认为，当今世界是由两大类国家组成。一类是以西方七国集团为代表的高度工业化国家，它们的经济增长是全

---

① 普雷维什（R. Prebisch, 1901— ）是当代著名的阿根廷经济学家。1964—1969 年担任联合国贸发会议第一任秘书长，1981 年成为第一届"第三世界基金奖"的获得者。普雷维什的理论政策主张反映了拉丁美洲及其他地区发展中国家战后经济贸易发展的要求，是公认的当今发展中国家的理论代表。

面的、自主性的，它们出口工业品或高附加值产品，而进口原材料或初级产品，它们是技术创新的源头，但也占有了技术进步所带来的几乎全部利益，甚至借技术进步进一步掠夺外围国家；在政治上，它们实行帝国主义政策，"一旦外围有意无意地损害了这种经济和政治利益时，中心——特别是主要中心——往往就会采取惩罚的措施，在极端的情况下甚至会通过军事干预的手段进行报复。"① 另一类是没有实现工业化或畸形工业化的国家，它们的经济往往有增长而无发展，严重受制于前者的经济周期，而且常常是出口单一的原材料，换回各种工业制品。前者处于世界体系的中心，后者处于外围。中心与外围进行着严重不平等的交换，中心存在以外围的存在为前提，中心的发展以损害外围的发展为代价。普雷维什深刻地指出，在这个相对稳定的经济发展秩序中，中心国家长期地和大量地侵吞外围国家的利益，造成中心国家和外围国家经济发展水平的差距越拉越大。这就是著名的"普雷维什命题"。

之所以造成上述情况，原因主要有 3 个。一是资本输出国家获得了投资收益的绝大部分。中心国家除了采用一般的方式进行资本输出获取利润外，还通过建立跨国公司的途径进行直接资本输出，最大限度地剥削外围国家。它们可以凭借其技术优势和管理优势获取高额垄断利润，也可以利用其产品优势和消费取向影响外围国家的消费结构和消费水平，造成"消费早熟"，破坏正常的投资比例和经济发展，强化外围国家对中心国家经济上的依赖关系。二是经济结构的单一性和出口生产的专业化扭曲了外围国家正常的经济发展道路。传统的国际分工体系造成了外围国家单一的经济结构和专业化的出口生产，使外围国家实际上成为专门为工业发达国家提供食品和原料的机器。因此，外围国家的经济发展并不等于民族经济的发展，而不过是中心国家工业发展的辅助。三是外围国家贸易条件长期恶化。

6.4.2 贸易条件恶化论

1950 年，普雷维什在联合国拉丁美洲经济委员会秘书处工作时，分析了 1876—1938 年间英国进出口产品的平均价格指数。由于英国进口的多是初级产品，出口的多是制成品，故可分别近似代表原材料和制成品的世界价格。研究结果表明，如果以 1876—1880 年间世界原材料和制成品价格之比为 100，此后绝大部分时间里该比价一直呈递减趋势，到 1936—1938 年间已降到 64，即表明同量制成品可以交换到更多的初级产品，即贸易条件对初级产品出口国越来越不利。普雷维什由此得出结论，贸易条件的变动趋势越来越不利于外围地带，发展中国家贸易条件长期地恶化了。这是很奇怪的现象，因为按照"看不见的手"的调节，商品的价格取决于劳动生产率，劳动生产率高的商品价格低，反之则高；相应地，劳动生产率提高得快的商品价格应该下降得快，反之则慢。根据这一规律，劳动生产率提高得慢的初级产品与制成品的价格之比应该上升才对，为什么不升反降呢？普雷维什认为，发展中国家贸易条件长期恶化的原因有以下几个。

（1）技术进步的利益不能平均分配

技术进步造成了商品生产成本因劳动生产率的提高而下降的结果。因此，技术进步的利益集中表现为国际市场商品价格下降幅度与商品生产成本下降幅度的比较。如果初级产品和

---

① ［阿根廷］劳尔·普雷维什. 我的发展思想的五个阶段. 世界经济译丛，1983：11.

制成品的价格比例严格按照生产率增长比例而下降，那么外围国家和中心国家的收入就会按各自的生产率增长的比率而增加。一般来说，制成品的生产率提高比初级产品的生产率提高要快，因此其价格下降幅度就更大，初级产品和制成品的价格比率的变动将对发展中国家有利。但是现实的情况是，初级产品和制成品的价格并没有严格按照各自生产率的变动而变动。技术进步实现后，制成品的价格并不一定随之下降，或下降幅度小于生产率增长幅度。在企业家的收入和生产要素的报酬增加幅度超过生产率增长幅度的条件下，制成品价格不但不会下降反而会上涨。普雷维什指出，中心国家保有由于技术进步而产生的全部利益，而外围国家则将其技术进步的利益转移一部分给中心国家，外围国家的贸易条件自然要趋于恶化。

(2) 制成品的市场结构具有垄断性

在经济繁荣时期，制成品和初级产品价格都上涨，但后者上涨的幅度往往较小，这是正常的；在经济萧条和危机时期，正常情况就应该是需求弹性大的制成品价格下降幅度更大，但由于制成品市场结构具有垄断性质，其实际价格下降幅度要比初级产品小得多。这样，随着经济危机的周而复始，初级产品的相对比价自然就下降了。

(3) 中心国家的工资具有刚性

由于中心国家工会力量强大，繁荣时期工资上涨，在危机时期却不易下降，于是中心国家的资本家就将危机的压力转移到外围国家。相反，从事初级产品生产的工人缺乏工会组织，没有谈判工资的能力，经济繁荣时，工资上涨不多，危机到来时，工资下降的幅度却很大，结果同样促成初级产品的比价下跌。

这 3 个原因归结起来是，中心国家利用强势地位占有了技术进步而产生的全部利益，而外围国家则还得将技术进步的"果实"转移一份给中心国家，这样外围国家的贸易条件恶化就不难理解了。

曾在联合国任职的美国经济学家辛格从需求方面论证了初级产品贸易条件恶化的论点。他认为，初级产品贸易条件的恶化是由以下两个原因造成的。一是不同类型产品需求的收入弹性存在差别。初级产品需求的收入弹性远比制成品小。根据恩格尔定律可知，人们实际收入水平的增加会引起制成品需求的更大程度的增加，且收入水平提高越快，制成品需求强度就越大，其结果必然是制成品需求越来越旺盛，初级产品需求越来越疲软，初级产品贸易条件随之恶化。二是技术进步对不同类型产品的市场供求关系的影响是不同的。技术进步直接导致了原材料的节约和新的合成材料及代用品的出现，使初级产品的供给量绝对地增加了。由于初级产品的需求不像制成品需求那样可以自动扩大，加之其需求的收入弹性又比较低，因此初级产品价格必然下降。这种价格下降不仅是周期性的，而且是结构性的。初级产品贸易条件具有长期恶化的趋势。

6.4.3　结论和政策建议

在上述分析的基础上，普雷维什等人认为，外围国家必须实行工业化，从而独立自主地发展民族经济。为了实现工业化，普雷维什主张外围国家实行保护贸易政策，但这首先要从传统国际贸易理论的束缚中解脱出来。在普雷维什看来，传统国际贸易理论在逻辑上是正确的，但问题是其理论的前提条件与当代国际贸易现实极不吻合，因而不能用来说明中心国家与外围国家之间的贸易关系。他认为，传统国际贸易理论只适用于说明中心国家之间的贸易关系。由于中心国家技术结构相似，技术水平差距较小，通过国际分工和国际贸易，无论是制成品生产国还是初级产品生产国，都能获得技术进步的利益，因此贸易具有互利性。但是，当这种理论面对"中心—外围"体系时，原来的理论结论就不再成立。因为在这个体系中，中心国家控制着外围国家，外围国家没有应有的地位，贸易的互利性无从谈起，因此传统国家贸易理论必须抛弃。

然而，打破旧的国际分工格局和旧的国际经济秩序的关键还是在于发展中国家工业化的实现。普雷维什认为："工业化本身并不是目的，而是那些国家取得一部分技术进步利益、逐步提高其人民生活水平的主要手段。"因此，发展中国家应该只把少量的资源用于初级产品的生产和出口上，而将更多的资源集中到建立和扩大其现代化的工业上。同时，工业化的进程应该安排得有条不紊。第一步是加快建立现代化工业所需资金的积累。具体办法是在建立工业化初期继续扩大初级产品出口，增加外汇收入，为进口工业化必需的资本货物创造条件。第二步是建立和发展国内进口替代工业。通过进口的国内替代，扶持国内工业的发展。第三步是逐步建立和发展国内出口导向工业。通过大量出口国内生产的工业制成品，改善贸易条件，最大限度地获得国际贸易利益。

但是，要保证发展中国家工业化的顺利实施，就必须抛弃传统国际贸易理论所鼓吹的自由贸易主张，实行保护贸易政策。普雷维什认为，保护贸易政策至少有以下几个好处：一是限制进口可以减少外汇支出，改善国际收支状况；二是提高进口商品关税可以削弱外国商品的出口能力和竞争能力，相对增强本国出口商品的竞争优势，有利于贸易条件的改善；三是对与本国幼稚工业产品相竞争的外围产品设置贸易壁垒，能有效扶持本国新兴工业部门的发展，推动工业化进程；四是对国内市场的保护可以引导国内消费商品国别结构的调整，扩大国内工业产品的国内需求，刺激本国工业的发展。从保护贸易的政策措施来看，普雷维什认为，既要采用传统的关税手段，也要通过外汇管制、进口配额等非关税办法，实行对本国工业和市场的保护。在出口导向阶段，还应实行有选择的出口补贴等鼓励出口政策，增强国内产品的国际市场竞争能力。他还特别强调保持高水平的积累率的重要意义，主张通过政府采取紧缩财政、发挥私人企业作用、优先扩大工业品生产和出口、合理选择进口替代工业等具体办法来扩大生产性投资在国民收入中所占的比重。

普雷维什还强调指出，发展中国家和发达国家实行的保护贸易在性质上是不同的，后者降低了世界贸易发展水平和速度，而前者则没有。因此，要保持世界贸易的稳定增长和贸易利益的互利分配，发达国家必须放弃其贸易保护主义。在普雷维什看来，发展中国家实行贸易保护主义源于其经济发展的内在要求。除非这些国家放弃经济发展，否则它们就不可避免地采取保护主义措施。保护贸易政策是发展中国家实现工业化的唯一选择，但是发展中国家的保护贸易政策并不会妨碍世界贸易的增长速度。因为它们的政策目标之一是纠正国际贸易中由于需求弹性的不同而产生的一系列不平等因素，缩小制成品与初级产品的收入需求差异。但是发达国家的保护贸易政策则不同，它们的保护贸易政策不仅不是必需的，而且还产生了减低世界贸易增长速度的严重后果。这是因为，这种政策对制成品的保护旨在扩大制成品与初级产品的收入需求差异，而不是相反。而且，如果发达国家对本国初级产品的生产也进行保护，则进一步加重了制成品与初级产品之间不平等贸易的程度，世界贸易规模和速度必然会降低。因此，如果发达国家减少或取消保护贸易政策措施，发展中国家出口将增加，世界贸易将会扩大。不仅如此，由于发展中国家存在较高的工业品进口需求弹性，因此贸易形成了"互惠"特征。

6.4.4　理论论争

"中心—外围"论提出后,遭到了以美国经济学家范纳和奥地利经济学家哈伯勒为代表的中心国家经济学家的猛烈抨击。

1）不承认旧的国际分工体系和旧的国际经济秩序是发展中国家经济落后的主要原因

哈伯勒认为,基于传统的比较优势理论,贸易会赋予参与国以直接的静态效益和间接的动态效益。贸易使参与国获得经济发展所必需的物资、技术知识、诀窍及技能和管理经验等;贸易是不发达国家从发达国家获得资金的渠道,而且自由贸易还是最好的反垄断措施。哈伯勒指出,"国际分工与国际贸易,由于它们能使每个国家专门从事它能生产出更廉价的商品,并以之换取他国能以较低成本供应的其他商品,过去与现在都是增进每一个国家经济福利及提高国民收入的基本因素之一。……贸易既能提高收入水平,它也就能促进经济发展。所有这些对于高度发达的国家与不发达国家同样适用。"发展中国家主要从事农业和矿业的问题,他们认为,普雷维什武断地把农业和矿业等同于贫困是缺乏依据的。农业不等于贫困,工业不等于富裕。一个国家在国际分工体系中的地位取决于其工业或农业或矿业上的比较优势状况,而不是取决于其所从事的产业部门的特性。他们还列举了新西兰、澳大利亚、丹麦等国家为证,说明农业并不意味着贫困。又以意大利和西班牙为例,证明工业也不一定就意味着富裕。因而,亚非拉国家不应发展多种产品,否则会影响资源分配,不能取得最大的经济利益。

2）质疑"发展中国家贸易条件长期恶化论"

① 数据不完整。普雷维什以英国进口价格指数代替发展中国家出口价格指数,并用一个发达国家的贸易条件来推算不发达国家整体的贸易条件,这些推算数据不能为一般理论结论提供坚实的统计基础。而且,普雷维什所列统计数据中,英国的出口产品价格按不包括运费在内的离岸价格计算,而进口产品价格则按包括运费在内的到岸价格计算。根据 T·摩根的估计,第二次世界大战以前的 100 年间,运输成本由占国际贸易商品到岸价格的 30%～70%下降到 10%。因此,1876 年到第一次世界大战前后英国进口商品价格的下降,很大程度上源于这段时期的技术进步,特别是蒸汽机的运用和铁路的扩展推动下的运输成本的下降。另一个值得注意的问题是,普雷维什的统计资料并不具有代表性。英国的统计资料开始于 1801 年,如果 1900 年英国的进出口商品价格为 100,那么从 1801 年到 1876 年以前,初级产品的贸易条件是显著改善的;如果 1972 年的价格为 100,那么从 1972 年到 1976 年,初级产品的贸易条件也没有下降趋势,1974 年后反而有显著改善。

② 把初级产品与制成品之间的交换关系等于发展中国家与发达国家之间的关系,这存在逻辑上的矛盾。普雷维什把初级产品出口国等同于发展中国家、把工业制成品出口国等同于发达国家是错误的。事实上,发展中国家也出口工业制成品,而不少发达国家也是初级产品出口大国。不仅如此,这种做法还导致了难以自圆其说的逻辑矛盾。一方面,如果说初级产品贸易条件恶化了,那么那些大量从事初级产品出口的发达国家的贸易条件也就恶化了。这又不符合普雷维什的基本结论。另一方面,普雷维什认为,发达国家的垄断力量和工会组织等因素推动了制成品价格的上涨或相对上涨,因此这些使发达国家制成品价格上涨的因素同样也应该作用于发达国家的初级产品,但是普雷维什又认为初级产品价格是下降的。这显然是矛盾的。

③ 用进、出口商品价格之比表示贸易条件，把复杂问题简单化了，因而不能准确地说明一个国家的贸易地位。西方经济学家认为，普雷维什使用的贸易条件实际上是最简单的商品贸易条件，这种贸易条件并不能确切地反映一国贸易利益的大小。他们提出了新的贸易条件概念。一是收入贸易条件（见1.3节）。收入贸易条件概念充分考虑一国出口的总收入状况。在其他条件不变的情况下，如果出口商品价格下降，以商品贸易条件概念来判断，就是贸易条件恶化。但是，如果出口商品价格下降引致出口数量的增加并使出口总收入大于原有水平，即用收入贸易条件概念来判断，则是贸易条件的改善。二是要素贸易条件。要素贸易条件充分考虑要素生产率的变动对贸易条件的影响，具体又分为单要素贸易条件和双要素贸易条件（见1.3节）。

要素贸易条件表明，出口商品生产率的提高可能导致出口商品价格下降，而国外进口商品生产率的下降则会造成进口商品价格的上升。用商品贸易条件衡量贸易利益的大小不能说明任何问题，因为在这种情况下贸易利益的大小不是取决于进出口商品价格的比率，而是取决于生产率的变动幅度与商品价格变动幅度的比较。由此可见，即使普雷维什的"发展中国家贸易条件长期恶化"的论点是正确的，那它也不一定就能得出贸易不利于发展中国家的结论，相反，还可能是有利的。

④ 对发展中国家贸易条件长期恶化的原因的分析是站不住脚的。普雷维什认为，正是由于发达国家垄断势力和工会力量的作用，发达国家才获得了技术进步的大部分利益，表现为利润和工资水平的不断提高。但是，发展中国家独立以后的发展表明，发展中国家的工会力量已迅速加强，政府也一直都在努力提高出口商品价格。事实上，工会的力量不足以提高商品价格。而且，大企业的垄断权力的行使需要企业对产品市场有足够的垄断程度，这在目前的世界市场上并不多见，因此缺乏说服力。至于辛格提出的初级产品需求疲软的论点，也难以令人信服。西方经济学家认为，并不是所有初级产品的需求弹性都很低，如咖啡、茶叶、水果及各种高蛋白高营养食品等的需求收入弹性就很高。而且，有不少初级产品的销售更多地取决于其需求的价格弹性。从技术进步对初级产品需求的影响来看，技术进步的确有节约原料的一面，但并不一定意味着对原料需求的减少，相反也可能导致某些原料需求的增加。第二次世界大战以来，石油、天然气、铀、铜及其他稀有金属需求的迅速增加就是证明。

在上述对"发展中国家贸易条件长期恶化论"的诸多批评中，西方经济学家其实主要在于强调两点：一是分析一个包括所有初级产品在内的总的贸易条件是没有多大意义的；二是大多数初级产品的贸易条件近百年来经常在变动，但并没有长期恶化的趋势。

3）反对普雷维什的实行贸易保护主义、走工业化道路的主张

范纳、哈伯勒等人认为，发展中国家应该按照比较利益原则来慎重考虑其经济发展，而不要把仅有的一点人力和物力浪费在浪漫的工业化的幻想上。因为从经济发展的观点来看，特别是从发展中国家的观点看，自由贸易是极端令人希求的。范纳等人还批评了普雷维什主张贸易保护主义的主要理由。他们认为，发展中国家企图通过关税影响进出口商品价格来改善贸易条件的努力会受到现实中其较小的进出口规模的限制而不能实现。而限制进口措施实施的后果，一方面与其说是保护幼稚工业，倒不如说是产生幼稚工业；另一方面它将导致国内生产的高成本和低效率。

6.4.5　简评

普雷维什的保护贸易新论是对有关发展中国家国际贸易的开拓性的理论探讨。建立在古典经济学基础上的西方国际贸易理论实际上是以发达工业国的对外贸易为主要研究对象的，而以李斯特、汉密尔顿为代表的保护贸易论则是把一般意义上的不发达国家作为自己的主要研究对象。第二次世界大战以来，不发达国家无论在政治上还是在经济上都有着和以往的不发达国家全然不同的含义，普雷维什的研究正是以这种新的意义上的不发达国家作为自己理论的研究对象。这一开拓性的研究，丰富了国际贸易理论体系。

普雷维什的保护贸易新论代表着发展中国家的利益。普雷维什的理论从分析发展中国家在现存国际分工体系中的不公平地位开始，进一步探讨了发展中国家贸易条件长期恶化的趋势，提出了实行贸易保护主义，走发展本国工业化的道路，打破传统国际分工体系，建立国际经济新秩序的一整套理论政策主张。其出发点是积极的，主要论点在方向上是正确的，基本政策主张也是有意义的。拉丁美洲及其他地区的发展中国家在 20 世纪 60 年代后掀起的工业化浪潮和所采取的政策措施不能不认为是在一定程度上受到了普雷维什理论的影响。

普雷维什的保护贸易新论的突出贡献在于第一次从理论上和实践上初步揭示了发达国家和发展中国家之间贸易关系不平等的本质。以比较成本理论为基础的西方国际贸易理论的共同的根本缺陷就是撇开生产关系、生产方式对国际贸易的深刻影响，因而难以揭示国际贸易关系的本质特征。普雷维什从发展中国家利益出发，猛烈抨击了传统国际贸易理论的错误观点，揭示了在当代国际分工和国际贸易体系中，发达国家控制和剥削发展中国家的实质，以及现存国际分工格局和国际经济秩序的不合理性。也正是由于这一点，普雷维什的理论才引来了范纳、哈伯勒等人的极力攻击。很显然，他们对普雷维什的批评出于对传统贸易理论的维护，而归根到底则是对现存国际分工格局和国际经济秩序的庇护。这是由他们的阶级立场所决定的。

但是，也应该看到，普雷维什的理论也有其局限性和错误，集中表现在他对资本主义世界经济体系批评的不彻底性和对西方传统国际贸易理论一定程度上的依赖性。例如，发达国家工会组织对产品价格的影响、技术进步利益不公平分配的原因、以资本主义工业化的模式对发展中国家工业化的解释等，以及辛格用需求收入弹性对收入间接转移的分析等，都有不科学的方面。至于发展中国家贸易条件长期恶化的论点，则应作具体的分析。首先应该承认，发展中国家贸易条件的确有恶化的现象，尽管不一定有持续上百年的长期趋势，但是近年来国际市场许多初级产品价格严重下跌则是无法否认的事实。更为严重的是，这些产品价格的下跌并没有出现像西方经济学家所指出的那样会导致需求增加的情况。其次，从原因看，除了国际分工格局不合理这一根本原因外，发展中国家贸易条件恶化虽然和初级产品供求本身有关，但最主要的则在于发达国家长期实行保护本国初级产品生产的贸易政策。这种政策人为地压缩了对发展中国家初级产品的需求。当然，初级产品的技术含量少、加工程度低、替代品增加，以及发达国家对初级产品自我供应的重视和世界性经济周期的影响等因素也促成了发展中国家贸易条件的恶化。

本章要点

1. 最早的贸易保护理论是从保护关税说开始的，它强调落后国家要想发展民族工业振兴经济，就应该采用关税来阻止外国商品对本国的冲击。在此基础上，李斯特提出保护幼稚工业论，同样强调的是要发展民族工业。只是与保护关税说有所区别的是，它保护的对象仅限于幼稚工业，并提出了他的生产力论、国家发展阶段论、国家干预论。

2. 超保护贸易理论是发达国家在战后为了保护自身原有优势制定保护贸易政策的依据，它建立在凯恩斯的有效需求理论和投资乘数理论的基础上，认为出口就如同国内投资一样对国民经济具有"注入"效果，会增加有效需求，进而提高就业水平，并且还会对国民收入有倍增效应。

3. 战略性贸易政策是指一国政府在不完全竞争和规模经济条件下，可以凭借生产补贴、出口补贴或保护国内市场等政策手段，扶持本国战略性产业的成长，增强其在国际市场上的竞争能力，从而谋取规模经济之类的额外收益，并借机劫掠他人市场份额和工业利润。

4. 贸易保护新论更多地强调了发展中国家相对于发达国家在国际分工体系中处于劣势地位，并进一步探讨了发展中国家贸易条件长期恶化的趋势，提出了实行贸易保护主义、走发展本国工业化的道路，打破传统分工体系，从而要求建立国际经贸新秩序。

复习思考题

一、本章关键术语

自由贸易　保护贸易　关税保护说　保护幼稚工业论

超保护贸易理论　对外贸易乘数　战略性贸易政策　贸易条件恶化论　"中心-外围"论

二、简答题

1. 各国制定对外贸易政策的目的是什么？

2. 作为发展中国家，中国应该选择自由贸易政策还是保护贸易政策？

3. 战略性贸易政策的主要观点有哪些？试对其进行评价。

4. 为什么进口替代政策在较大的发展中国家比较小的发展中国家更容易成功？

5. 高科技产业具有哪些特点？

6. 幼稚产业的判定标准有哪些？

三、论述题

1. 保护幼稚工业论的主要观点有哪些？其政策主张是什么？

2. "许多发展中国家试图通过对资本密集型的工业制成品实施进口配额，并对机器设备的进口给予补贴，来创造制造业的就业机会。不幸的是，它们往往加剧了城市失业问题。"

请对此论点进行解释。

3. 如果一国政府能够确定哪些产业在未来的 20 年里增长最快,为什么这不能自动地意味着该国应当实施支持这些产业增长的政策。

4. "战略性贸易政策论揭示了像韩国这样的国家采取出口补贴政策的明智之处。这种补贴给了每个产业在世界竞争中所需要的战略优势。"请讨论上述判断。

第 7 章

世界贸易组织

按照世界贸易组织（World Trade Organization，WTO）秘书处的观点，WTO 是依据《建立世界贸易组织协议》建立的，为各成员提供贸易谈判场所、执行经过磋商的贸易规则和协议、解决贸易争端的国际性组织。中国于 2001 年 12 月 11 日正式成为世界贸易组织成员，那么熟悉 WTO 的规则，了解 WTO 对各国贸易政策的约束，参与贸易谈判，陈述对贸易政策的诉求，以及通过 WTO 来解决现有的贸易争端对于我国对外贸易的良性发展十分关键。因此，本章主要介绍了 WTO 的基本情况及其管理的多边贸易体制，其后的章节则对于各国采用的贸易政策从进出口两个角度出发进行介绍。

7.1 世界贸易组织的基本知识

世界贸易组织（World Trade Organization，WTO）于 1995 年 1 月 1 日经由乌拉圭回合谈判成立，总部位于瑞士日内瓦。截止到 2013 年 3 月，WTO 共拥有 159 个成员[①]。WTO 的日常运行机构为 WTO 秘书处，该秘书处的行政领导为总干事。

7.1.1 WTO 的概念

按照 WTO 秘书处的说法，"WTO 就是在全球或接近全球的层面上处理国与国之间贸易规则的国际组织。但它不仅于此，从不同的角度看待 WTO，可以有不同的答案。它是一个促进贸易自由化的组织，也是政府间谈判贸易协议的场所，还是政府解决贸易争端的地方，以及多边贸易体系的管理机构。"由上述观点可以了解到，WTO 同时承担着不同的角色，其中至少包括以下三个。

1. WTO 是一个谈判场所

从关税与贸易总协定（General Agreement on Tariff and Trade，GATT）的历史来看，和平解决贸易争端应该是多边贸易体制建立的根本原因之一，而和平解决争端的第一步就是谈判。因此，从本质上来说，WTO 是供成员政府解决贸易冲突的场所。而且 WTO 本身产生于谈判，WTO 所做的任何事也都是谈判的结果，WTO 的大量现有工作都来源于 GATT

---

① Tajikistan 于 2013 年 3 月 2 日成为 WTO 的第 159 个成员方（成员国和成员单独关税区合称为成员方）。

乌拉圭回合谈判及之前的谈判。同时，WTO 也是始于 2001 年的"多哈回合议程"新一轮谈判的东道主。

自从国际贸易产生以来，每个参与其中的国家或地区都或多或少地采取了一些保护措施，尽管他们并不十分了解自己采取政策的理论根据，但是他们的初衷都是为了提升自己的贸易竞争力。换言之，他们都意识到，国家/产品的竞争力并不像自由贸易主义者所认为的那样由自然禀赋决定，而是可以从后天的努力中获得的。但是就效率而言，从前面章节的国际贸易理论中可知，在比较优势/竞争优势一定时，自由贸易能够带来更多的贸易利益。因此，WTO 是一个致力于促进贸易自由化的组织。但在某些情况下，WTO 的规则也允许维持贸易壁垒，例如保护消费者或阻止疾病的传播，或是给发展中国家提供的例外。国际贸易发展到今天，新贸易保护措施层出不穷，而当各国遭遇并希望降低贸易壁垒时，谈判就能够促进贸易自由化，带来更多的贸易利益。从建立 18 年的历史来看，作为谈判场所的 WTO，在解决贸易自由化与贸易保护的冲突中扮演了极其重要的角色[①]。

2. WTO 是一系列规则

"WTO 的核心是 WTO 协议，这些协议是全球大多数贸易国家通过谈判签署的。这些文件为国际商务活动提供了基本的法律基础，本质上来说它们是契约，约束各国政府将其贸易政策限制在一定的范围内。WTO 协议的目标是为了帮助产品制造商、服务提供者、进出口商进行其商务活动，同时也允许政府达到其社会和环境目标。"

GATT 的 8 次多边贸易谈判形成了大量的法律文本和贸易协议，其中历时最长的乌拉圭回合谈判达成的多边贸易协议就包括《建立 WTO 协议》，而 WTO 也是依据该协议成立的，同时其日常的工作本身就围绕着多边贸易协议的履行和磋商。WTO 所掌管的贸易协议都是各成员政府经过谈判达成的，也是经过各成员立法机构签署认定的，因此具备国际法地位。WTO 的协议既然是磋商而得的，也就是说这些协议大多数是经过各方的讨价还价，相互约束贸易规则和贸易政策形成的。

3. WTO 帮助解决争端

这是 WTO 的第三项重要工作。在任何产品/产业/国家的价值链中，销售环节是整个价值链实现的关键。在经济一体化、企业全球化的今天，贸易关系带来更多的利益冲突，尤其是各成员对贸易与就业、贸易与国内产业的发展等问题的认识不一，更带来了经济利益的冲突，甚至是政治利益的冲突。为此，需要第三方介入，对贸易争端进行调解和裁决认定，这就是 WTO 贸易争端解决机制的功能。

WTO 协议是法律文本，而且由于文化的差异，各成员的理解也不完全相同，因此经常需要解释，这也包括那些在 WTO 体系下经过艰苦谈判的协议在内。解决分歧的最和谐方法是通过建立在议定的法律基础上的中立程序，即多边贸易争端解决机制，这也就是《WTO 协议》中包含争端解决机制的目的之一。

---

① 2001 年 11 月，在卡塔尔首都多哈举行的第四次世界贸易组织部长级会议上，成员一致同意发起新一轮多边贸易谈判，称为多哈发展议程（Doha Development Agenda，DDA），其主要涉及的议题大多为发展中国家关心的问题，而且也是发展中国家最主动参与的一次多边贸易谈判。整个磋商过程由贸易谈判委员会及其下属机构主持，但由于谈判各方的利益协调没有得到很好的解决，因此多哈发展议程已经超过了原定的谈判期限，仍在进行当中。

7.1.2 WTO 的建立与发展

WTO 建立于 1995 年，是世界最年轻的国际组织之一，但它是"二战"结束后建立的 GATT 的继承者。所以，尽管 WTO 相当年轻，而始于 GATT 的多边贸易体制却有 50 多年的历史。自 1948 年以来，GATT 就已经为这个多边贸易体系制定了规则。

1. GATT 阶段

"二战"结束前后，在美国进行磋商谈判时，参加国都希望建立三个联合国的专门机构以解决国际经济关系中的三大问题，也就是国际货币基金组织（IMF）处理金融问题、世界银行（WB）处理投资问题和国际贸易组织（ITO）重建国际贸易秩序。国际贸易组织的设想是建立一个专门处理国际经济运作的国际机构。尽管 1948 年在古巴首都哈瓦那通过了国际贸易组织宪章，但是由于美国国会没有批准美国参加，ITO 并未成立。[①]

在《国际贸易组织宪章》尚未通过之前的 1946 年，有 23 个国家出于自身利益的要求，决定进行关税减让谈判，以消除 20 世纪 30 年代以来的关税大战对国际贸易的影响。1947 年参与谈判的 23 个国家签订了《关税与贸易总协定》，该协定在 1948 年 1 月 1 日正式生效。不久，非正式但事实上的国际组织也就随之产生，也就是作为准国际组织存在的 GATT 的出现。多年来，GATT 一直致力于促进国际贸易的发展，促进贸易的自由化，为此它发动和组织了八轮贸易谈判（见表 7 - 1），所涉及的国际贸易问题从最初的关税扩展到货物贸易、服务贸易和知识产权贸易，以及与贸易相关的诸多事宜。

表 7 - 1　GATT 的贸易谈判回合

年份	地点/名称	涉及的内容	参与国家
1947	日内瓦（Geneva）	关税	23
1949	法国安纳西（Annecy）	关税	13
1951	英国托奎（Torquay）	关税	38
1956	日内瓦（Geneva）	关税	26
1960—1961	日内瓦（Geneva）（狄龙回合）	关税	26
1964—1967	日内瓦（Geneva）（肯尼迪回合）	关税和反倾销措施	62
1973—1979	日内瓦（Geneva）（东京回合）	关税、非关税措施，"框架"协议	102
1986—1994	日内瓦（Geneva）（乌拉圭回合）	关税、非关税措施、贸易规则、服务、知识产权、争端解决、纺织品、农业、建立 WTO 等	123

2. WTO 的建立

GATT 最后和最大的一次贸易谈判就是 1986 年到 1994 年的乌拉圭回合，正是该回合导致了 WTO 的建立。

尽管 GATT 成功地将关税降低，但是由能源危机带来的西方发达国家 20 世纪 70 年代和 80 年代的经济衰退和萧条，促使各国政府采取了形形色色的贸易保护措施。高失业率和

[①] 美国 1945 年国民生产总值占全部资本主义国家国民生产总值的 60%，黄金储备占资本主义世界黄金储备的 3/4，贸易总额占资本主义世界 1/2 以上。所以没有美国的参加，ITO 也就失去了存在的意义。

工厂倒闭使得欧美国家开始追求高额补贴和签订双边市场份额协议。同时 GATT 主要处理的是货物贸易领域，而自 70 年代以来，服务贸易及知识产权贸易大幅度上升，加上发达国家产业升级及跨国公司全球化战略的影响，单纯货物贸易在国际贸易中的重要地位日益受到削弱，对于新出现的国际贸易现象 GATT 显然力不从心。从东京回合谈判（GATT 第七次谈判）开始，GATT 就酝酿着变革，一直持续到乌拉圭回合谈判期间才使 GATT 缔约方一致认为 WTO 该出现了。

乌拉圭回合谈判之初并没有专门建立 WTO 的议题，但是随着谈判的曲折前进，进入 20 世纪 90 年代，经济全球化日益重要，国际贸易和国际投资形式多样化，以及新经济开始凸显其魅力，最终在 1991 年，欧盟提出应该建立一个正式的国际性贸易组织取代 GATT，以处理随之产生的新国际贸易问题和争端，而且得到了缔约方的赞同。最终，在摩洛哥的马拉喀什签订了《关于建立 WTO 的协定》，而且 WTO 及其协议还涉及了服务贸易和与贸易有关的发明、创造和设计（即知识产权）。由此 WTO 于 1995 年 1 月 1 日正式成立。[①]

3. WTO 发展史

图 7-1 清晰地列出了自 1994 年马拉喀什协议签署到 2010 年 WTO 发展史上的主要事实：部长级会议的召开、总干事的人选及多哈发展议程的进展。

7.1.3　WTO 的宗旨和职能

《建立 WTO 协定》的导言中明确规定：各成员在处理贸易和经济关系发展方面，应该关注提高生活水平，保证充分就业，大幅度提高实际收入和有效需求，扩大货物与服务的生产和贸易，坚持可持续发展和世界资源的合理利用，保护和维持环境，并以符合不同经济发展水平下各自需要的方式采取相应的措施，进一步做出积极的努力，确保发展中国家尤其是最不发达国家在国际贸易增长中获得与其经济相适应的份额。

为实现上述目的，WTO 拥有以下几项职能。

（1）实施协议

由于 WTO 本身是根据《建立 WTO 协定》而存在的，因此该协定第三条规定 WTO 首要和最主要的职能就是"便利本协议和多边贸易协议的履行、管理和实施，并促进其目标的实现"，以及"为诸边贸易协议的履行、管理和实施提供框架"。

（2）作为贸易谈判的场所

WTO 的第二项职能是提供谈判场所。在这个谈判场所的谈判包括两类：第一类的谈判包括对该协议附件所列各项协议所涉事项的多边谈判，即对 GATT 和乌拉圭回合已经涉及的议题的谈判；第二类谈判是 WTO 部长级会议可能决定的有关多边贸易关系的进一步谈判，如果进行此类谈判，WTO 也可以提供使谈判结果生效的框架。

（3）解决贸易争端

WTO 的第三项职能是管理《WTO 协议》附件 2 所列的安排，即解决成员间可能产生的贸易争端。由于世界上存在不同的国家、民族，也就存在着各式的冲突，包括文化上的、

---

① 作为一个组织，在第 8 轮谈判，即乌拉圭回合，成立了 WTO 取而代之。作为一个协议，1947 年的 GATT 的有关协议经过修正，作为 WTO 管理关于货物贸易的文件，改称 1994 年 GATT，与服务贸易、和贸易有关的知识产权保护协议等并列（GATT 在 1995 年与 WTO 并存 1 年，1996 年 1 月 1 日被 WTO 取代）。

1994	● 4月建立WTO的马拉喀会协议签署；GATT1994成为WTO货物贸易协议
1995	● WTO建立于1月1日；5月鲁杰夫成为WTO总干事
1996	● 2月WTO总理事会建立了WTO区域贸易委员会；12月第一次部长级会议在新加坡召开
1997	● 12月70个成员方达成金融服务业开放协议
1998	● 5月第二次部长级会议在日内瓦召开
1999	● 9月来自新西兰的迈克 穆尔成为WTO总干事；第三次部长级会议在美国西雅图召开
2000	● 1月服务谈判开始启动；3月农业谈判开始启动
2001	● 11月第四次部长级会议在卡塔尔的多哈举行；多哈发展议程启动
2002	● 9月来自泰国的素帕差被选为总干事
2003	● 9月第五次部长级会议在墨西哥坎昆举行
2004	● 7月在日内瓦就多哈发展议程举行部长级会议磋商
2005	● 9月来帕斯卡 拉米成为总干事；12月第六次部长级会议在中国香港举行，香港宣言通过
2006	● 6月在日内瓦就多哈发展议程举行部长级会议磋商；9月第一届WTO公共论坛召开
2007	● 1月越南成为第150个成员；在日内瓦召开第一届贸易援助全球展望会议
2008	● 7月在日内瓦就多哈发展议程举行部长级会议磋商
2009	● 4月帕斯卡 拉米继任总干事；7月在日内瓦召开第二届贸易援助全球展望会议；9月WTO首个开放日；11月第七次部长级会议在日内瓦召开
2010	● 1月发布援助发展中国家的新"Chairs Proggramme"；9月第二个WTO开放日
2011	● 12月第八次部长级会议在日内瓦召开，接受俄罗斯成为成员

图 7-1　WTO建立与发展史[①]

经济上的。在当前经济全球化越来越广泛的情况下，这些冲突会更加频繁出现。GATT 中虽然也有争端解决机制，但苦于 GATT 并非一个正式的国际组织，它作出的裁决也只是由成员选择性适用，并不具备强制性，所以由它来解决贸易争端，似乎有不少的局限。而 WTO 贸易争端解决机制则可以名正言顺地对成员贸易争端进行调解和裁决，也就可以尽量避免贸易问题政治化的倾向，避免世界和平局势被打破。

———

① 译自 WTO Annual Report 2011.

（4）审议各成员的贸易政策

WTO 的第四项职能是管理《WTO 协议》附件 3 所列的安排，即按照规定的时间期限对各成员的贸易政策进行审议，其中在全球贸易中份额在前 4 位的成员每 2 年审议一次，第 5 到第 20 位的每 4 年审议一次，对余下成员每 6 年审议一次，对最不发达成员的审议可以间隔更长。[①]

（5）创建贸易能力（Building trade capacity）

WTO 协议对发展中国家有特殊条款，包括执行协议或履行承诺的时间拉长，增加贸易机会的措施，帮助它们创建贸易能力、处理贸易争端和应用技术标准的支持措施。WTO 每年组织上百次针对发展中国家的技术合作项目。每年在日内瓦为发展中国家的政府官员举行大量的培训。贸易援助主要针对发展中国家发展其扩张贸易所需的技巧和基础设施。

（6）外联（Outreach）

为促进合作，提高对 WTO 活动的认知，WTO 保持与非政府机构、国会议员、其他国际组织、媒体及涉及 WTO 和多哈回合谈判各方面的公众之间的联系与合作[②]。

建立 WTO 协定第三条的补充文件之二是《关于 WTO 对于实现全球经济决策更大一致性所作贡献的宣言》，也就是针对 WTO 在与其他国际经济组织合作时应该有哪些作用，以及如何合作进行了说明。最早协商组建国际贸易组织的目的也是与 IMF 和 IBRD 共同促进全球经济的健康发展和繁荣。

7.1.4 WTO 的组织机构

WTO 的组织机构见图 7-2，其所有成员都有权参加任何的理事会、委员会，但是争端解决机构的上诉机构和纺织品监督机构除外。

1. 部长级会议（Ministerial Conference）

WTO 的最高决策机构是部长级会议，该会议至少每两年举行一次。部长会议可以就任何多边协议所涉及的所有问题作出决定。首届部长会议于 1996 年 12 月在新加坡举行，迄今为止共举行了 8 次部长级会议。

2. 总理事会（General Council）

在两届部长级会议之间，日常工作由总理事会（通常是驻日内瓦大使或代表团团长构成，有时也由成员首都派出官员构成）负责处理。总理事会一般每年在日内瓦总部召开几次例会，通常为 6 次左右。总理事会也作为贸易政策审议机构和争端解决机构召开会议，作为争端解决机构的总理事会一般一个月召开一次会议，而作为贸易政策审议机构的总理事会则更经常地召开会议。另外，作为争端解决机构 Dispute Settlement Body，简称 DSB 的总理事会下设专家小组和上诉机构，这两个机构并不是所有成员都能参加的。

3. 三大理事会（Council）

总理事会下有三大理事会向其报告，即货物贸易理事会（Council for trade in goods）

---

① 欧盟作为一个整体进行排位，尽管其投票时一个成员一票（从 2007 年 1 月 1 日起 27 个成员 27 张票）。在入世议定书中，中国承诺，允许 WTO 在中国入世前八年中每年对中国贸易政策进行审议。2003 年中国在全球贸易中的地位已经上升到第 4 位。所以有的年份中国一年要进行两次政策审议。

② WTO Annual Report（2011）将其基本原则进行了修订。

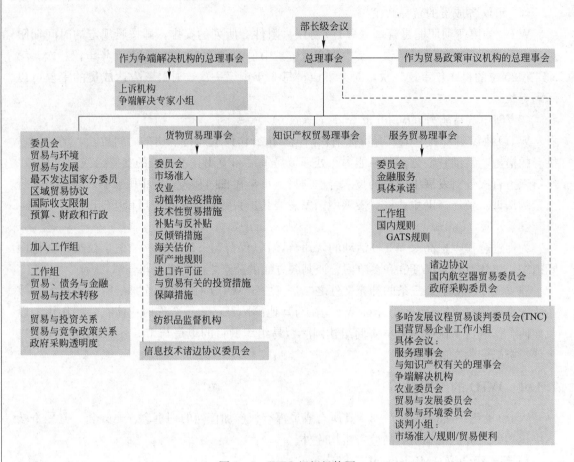

图 7-2　WTO 组织机构图

负责国际货物贸易方面的事务；服务贸易理事会（Council for trade in services）负责国际服务贸易领域；以及知识产权贸易理事会（Council for trade－related aspects of intellectual property rights）负责与贸易有关的知识产权领域的事务。

4. 总理事会下属的委员会

在总理事会下有五个专门委员会直接向其报告，包括贸易与环境委员会、贸易与发展委员会（另有最不发达国家委员会向其报告）、区域贸易协议委员会、国际收支限制委员会，以及预算、财政与管理委员会。另外，因为多哈部长级会议成功地发起了发展回合谈判，因此在 WTO 的组织机构中新增加了一个贸易谈判委员会（TNC）直接向总理事会报告。

5. 总理事会下属的工作组

另一个直接向总理事会负责的是工作组（working party），负责成员加入事务；以及工作小组（working groups），负责政府采购事务、贸易与投资事务、贸易与技术转移事务。

6. 理事会下属的委员会（Committees）

在三大理事会之下，还有诸多的委员会负责专门事务的处理。货物贸易理事会管辖了 11 个委员会，包括农业委员会、补贴与反补贴委员会、技术壁垒委员会、原产地委员会等；另有纺织品监督机构和国营贸易公司工作组。服务贸易理事会只有两个委员会：金融服务委员会和具体承诺委员会，还有一些工作组。知识产权理事会目前还没有专门委员会。

7. WTO 秘书处

负责 WTO 日常具体工作的是 WTO 秘书处，它设在日内瓦，有 550 名职员，并由一名总干事领导。它的年度预算约为 1.54 亿瑞士法郎。在日内瓦之外，没有秘书处的分支机构。由于决策是由 WTO 成员自己所作，所以秘书处并没有像其他国际行政系统那样具有决策权。秘书处的主要职责是为各个理事会、委员会和官方会议提供技术支持，为发展中国家提供技术援助，分析世界贸易及向公众和媒体解释 WTO 事务。秘书处也在争端解决过程中提供某些法律援助，为那些希望成为 WTO 成员的政府提供建议。

7.1.5 WTO 成员

1. WTO 现有成员

截至 2013 年 3 月 2 日，WTO 共有 159 个成员，包括美国、中国、日本、德国等贸易大国，也包括柬埔寨、厄瓜多尔等贸易小国，既有成员国，也有单独关税区成员，约占全球贸易额的90%。图 7-3 展示了 2010 年 WTO 成员中最大的货物、服务贸易进出口国及最新成员国。

图 7-3 2010 年 WTO 成员国之"最"①

2. 成为 WTO 成员的程序

按照规定，独立国家或单独关税区加入 WTO 有两个途径：一是成为创始成员；二是成为加入成员。同时，任何成员都可以退出 WTO 组织，一般是在 WTO 总干事收到书面退出通知之日起的 6 个月期满之后，退出生效。

（1）创始成员

根据《建立 WTO 协定》，成为 WTO 的创始成员必须具备两个条件。第一，在 1995 年1 月 1 日《建立 WTO 协定》生效之前，已经成为 GATT 的缔约方，并在该协定生效后两年内接受该协定及其多边贸易协定（只有刚果是例外，它在 1997 年 3 月才成为创始成员）；第二，在货物贸易和服务贸易领域作出关税减让和承诺，有关关税减让和承诺表已分别附在

《GATT1994》和服务贸易总协定之后。

（2）加入成员

《建立 WTO 协定》第 12 条规定了加入 WTO 的规定，"任何国家或在对外贸易关系及本协议和多边贸易协议规定的事务方面享有充分自治的单独关税地区，可以在它们和 WTO 成员议定的条件下，加入本协议。这种加入适用于本协议及所附的多边贸易协议。"

依照该条款的规定，中国作为主权国家成为 WTO 成员，中国台北作为单独关税区也成为 WTO 成员。按照程序，加入 WTO 大体应该经历四个阶段：提出申请与受理阶段；对外贸易制度审议和双边市场准入谈判阶段；多边谈判和起草加入文件阶段；表决和生效阶段。WTO 部长级会议对加入议定书、工作组报告书和决定草案进行表决，只需要三分之二的多数成员同意就可以通过。申请加入方以签署或其他方式表明接受加入议定书。在 WTO 接到申请加入方表示接受的文件之日起第 30 天，有关加入文件开始生效，申请加入方成为 WTO 正式成员。

以中国为例：2001 年 11 月 10 日，在卡塔尔首都多哈举行的 WTO 第四届部长级会议上，通过了关于中国入世的相关文件。11 日晚，中国对外贸易经济合作部石广生部长代表中国政府签署了《中华人民共和国加入议定书》，并向 WTO 秘书处递交了当时的国家主席江泽民签署的批准书。因此，30 天后，即 2001 年 12 月 11 日，中国成为 WTO 正式成员。

从中国入世的艰难谈判过程可以了解到，越是贸易大国，参与双边谈判的成员越多，谈判越复杂，持续的时间也就越长。

7.1.6 WTO 协议

WTO 协议是成员间进行磋商的结果，目前的协议主要是 1986—1994 年乌拉圭回合谈判的产物，冗长而且复杂，涉及广泛的贸易事务。GATT1994 现在是 WTO 在货物贸易方面的主要规则。乌拉圭回合同时也创立了处理服务贸易、知识产权、贸易争端和贸易政策审议方面的规则。整个协议长达 3000 多页，共有 60 个协议、附件、决定和谅解，虽然冗长繁杂，但结构比较简单（见图 7-4）。

通过这些协议，WTO 成员建立了非歧视性的贸易体系。每个国家都得到其他成员的承诺，它们的出口在其他国家将会受到公平和一致的待遇。每个承诺对进口到本国的产品亦有效。

对于货物和服务贸易两大贸易领域的协议，其基本框架相同，都包括了以下三部分内容。

① 内容广泛的原则性协议，即 GATT1994 和 GATS。

② 其他协议与附件，即处理具体部门或问题的特殊要求。

③ 减让表，即各成员国允许外国具体产品或服务进入本国市场的具体承诺程度。但是服务贸易总协定还包含第四部分，即关于最惠国待遇豁免的清单。

1. 有关货物贸易的主要协议

（1）1994 年关税与贸易总协定

该协议的主要内容包括 GATT1947 的各项条款及其在《建立 WTO 协议》生效前已经实施的法律文件核准修正和修订的文本及附件等。

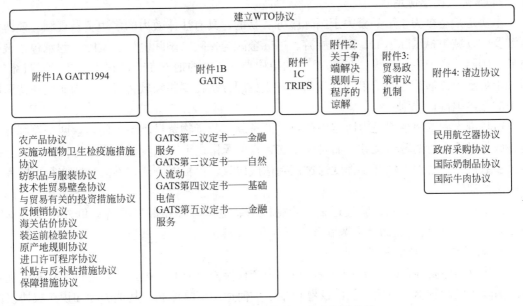

图 7-4　《建立 WTO 协议》的法律结构①

（2）农产品协议

农产品协议主要涉及三大方面的内容，包括市场准入、国内支持和出口补贴及其他人为增加出口产品竞争力的措施。

① 对于市场准入，该协议规定的规则是"单一关税"，即要求各成员国将农产品的非关税措施转化成关税措施。

② 对于国内支持，该协议则将其划分为三类："红箱"措施，即不允许使用的对贸易产生严重扭曲的国内支持措施；"蓝箱"措施，即允许限制使用的某些国内支持措施，例如对于被迫限制生产的农民，可以给予某种直接支付；"绿箱"措施，即对贸易影响最小，而且允许自由使用的措施，包括政府的农业服务措施，如研究、病虫害控制、基础设施和粮食安全等，以及不刺激生产的对农民的直接给付等。

③ 对于出口补贴，协议禁止对农产品实施出口补贴，除非补贴已经列入了成员的减让表。

（3）纺织品与服装协议

1995 年《纺织品与服装协议》取代《多种纤维协定》，将纺织品与服装正式纳入正常的 WTO 规则之中。协议规定自 1995 年 1 月 1 日起 10 年内分三阶段逐步取消发达国家按《多种纤维协定》对纺织品和服装进口的配额限制，实现贸易自由化。该协议是 WTO 协议中唯一规定了自行废止的协议。虽然美国等不少国家提出将配额取消的时间期限延长到 2007 年，但该协议仍然于 2005 年 1 月 1 日准时到期。

（4）与贸易有关的投资措施协议

该协议要求各成员将其与贸易有关的投资措施中容易引起贸易限制或扭曲的规定通知货物贸易理事会，并要求发达国家在 2 年内、发展中国家在 5 年内、最不发达国家在 7 年内取消这些规定。要求取消的主要规定包括：当地成分要求、出口比例要求、外汇平衡等。

---

① "国际奶制品协议"和"国际牛肉协议"已于 1997 年并入农产品协议。

2. 服务贸易总协定

本协定是迄今为止第一套关于国际服务贸易的、具有法律效力的多边贸易规则。该协定所涉及的领域包括国际运输、国际旅游、国际金融与保险、国际电讯、国际工程承包、视听服务、国际文教卫生交流等。与 GATT 的结构唯一不同的地方在于，它还包括了第四部分，即关于最惠国待遇豁免的清单，它列明了各成员国分别在哪些领域暂时不适用非歧视待遇原则中的最惠国待遇原则。

市场准入和国民待遇是本协定中最重要的条款。与货物贸易领域不同，这两个原则并不是各成员必须履行的普遍义务，而是建立在各自的承诺之上，或者说是在平等协商基础上按照大多数成员同意的市场开放程度通过谈判达成协议，再根据协议在不同行业实行不同程度的国民待遇。

协定还包括人员流动、航空运输、金融服务、电讯服务和最惠国待遇例外申请五项附录，以及 1995 年后达成的《金融服务协议》和《信息技术产品协议》。

3. 与贸易有关的知识产权协议

该协议的主要的目的在于缩小各国在知识产权保护方面的差距，并要使这些权利受到共同的国际规则的管辖。协议涉及的议题包括了如何适用贸易体制及其他国际知识产权协议的基本原则；如何给予知识产权充分的保护；各国如何在其领土内充分实施这些权利；各成员之间如何解决与知识产权有关的争端；过渡期间如何安排。

本协议覆盖的知识产权范围是版权及其邻接权、商标（包括服务商标）、地理标识、工业设计、专利、集成电路外观设计、未公开信息（包括商业秘密）。

7.1.7 WTO 的基本原则

因为 WTO 协议都是法律文本，而且覆盖了农业、纺织品和服装、银行、电信、政府采购、产业标准和产品安全、食品卫生检疫规则、知识产权等各个领域，内容冗长而复杂，但贯穿所有文件的简单基本原则构成了现行多边贸易体系的基础。WTO 所秉持的基本原则包括以下 6 个[①]。

1. 非歧视待遇原则

非歧视待遇原则，又称无差别待遇原则，它要求缔约双方在实施某种优惠和限制措施时，不要对贸易伙伴实施歧视待遇，也不要对本国和外国的货物、服务和国民实施差异待遇。在 WTO 中，非歧视待遇原则由最惠国待遇和国民待遇条款体现出来。

（1）最惠国待遇：平等对待他人

所谓最惠国待遇就是缔约一方现在和将来给予任何其他第三方的任何优惠、特权都必须自动、无条件地给予缔约另一方。WTO 协议规定，成员间不能歧视性地对待它们的贸易伙伴。WTO 某成员一旦授予某些国家一项特殊优惠（例如给予某种产品更低的关税），就必须给予所有其他成员。换而言之，就是"Favour one, favour all（优惠一个国家，就必须优惠全部国家）"。

最惠国待遇原则在《关税与贸易总协定》（GATT1994）的第 1 条、《服务贸易总协定》（GATS）第 2 条、《与贸易有关的知识产权协定》（TRIPS）第 4 条中规定，尽管各协议的

---

① WTO 秘书处 2011 年将多边贸易体制的基本原则扩展为 6 个。

规定有些区别，但是足见该原则的重要性。

从货物贸易领域来看，最惠国待遇主要适用于以下几个方面：进口关税；对进出口本身征收的费用，包括进口附加税、出口税等；与进出口相关的费用，如海关手续费、质量检验、卫生检疫费等；与进出口国际支付及转账征收的费用；征收上述税费的方法；与进出口相关的各种规则和手续；对进口货物直接或间接征收的税费，如销售税等；有关进口产品在境内销售、购买、运输、分销等方面的法律、法规、规章和政策措施。

（2）国民待遇：平等对待外国人和本国国民

WTO 规定，进口产品和本地生产的产品应该受到同等的待遇，而且至少应该在外国产品进入进口国市场之后给予同等待遇。对于外国和本土的服务、商标、版权和专利也应该享受同等的待遇。这就是国民待遇原则，它规定在 GATT1947 第 3 条、GATS 第 17 条、TRIPS 第 3 条。

具体而言，国民待遇原则包括以下内容：不能直接或间接地对进口产品征收高于对境内相同产品征收的税费；给予进口产品在境内销售、购买、运输、分销等方面的待遇，不得低于给予境内相同产品的待遇；不得直接或间接地对产品的加工、使用规定数量限制，不得强制规定优先使用境内产品；不得利用税费或者数量限制等方式，为境内产业提供保护。

对于国民待遇原则应该注意以下三个方面内容。

① 适用对象涉及货物、服务和知识产权三个方面，但适用的范围、具体规则有所差别。

② 只涉及其他成员方的产品、服务或服务提供者、知识产权所有者和持有者在进口国关境内所享有的待遇。也就是说，只有一成员的产品、服务或知识产权进入另一个成员境内时才能享受国民待遇，换而言之，一成员对进口征收关税并不违反本原则。

③ 成员方的产品、服务或服务提供者、知识产权所有者和持有者在进口国境内享有的待遇不应该低于进口成员方同类产品、服务及相关对象所享有的待遇。换而言之，允许成员对进口实施超国民待遇，但不允许实施低国民待遇。

2. 贸易自由化原则：通过谈判逐渐降低贸易壁垒

降低贸易壁垒，消除贸易扭曲，是促进国际贸易自由流动的主要措施之一。贸易壁垒不仅包括关税措施，还包括一切存在贸易效应的非关税措施，例如进口禁令、进口配额等有选择性的数量限制措施及其他的贸易政策措施。随着时间的推移，大部分的非关税壁垒措施，像汇率政策、技术标准、环境保护、生态安全等都纳入到 WTO 的谈判范畴，有不少已经达成了多边协议。

自 GATT 在 1947 年建立以来，它主持了 8 个回合的多边贸易谈判，以削减现存的贸易壁垒。其中，在第八次谈判即乌拉圭回合的基础上建立了 WTO。而 WTO 在 2001 年的多哈部长级会议上开始了第一次，也是历史上第九次多边贸易回合谈判，即多哈发展议程。尽管这两年的多边贸易谈判不尽如人意，在诸多问题的谈判中发达国家与发展中国家的观点差异很大，导致谈判在 2003 年墨西哥的坎昆 WTO 部长级会议上陷入僵局。但是，如果考虑到乌拉圭回合谈判的曲折，以及多哈发展议程的雄心，也能够预见这一轮谈判是不可能在短期内达成一致的。

GATT 最初的多边贸易谈判主要是围绕着进口商品的关税削减展开的。作为 20 世纪 90 年代中期谈判的结果，工业化国家的关税税率已经降到了 4％以下。在 20 世纪 80 年代，多边贸易谈判就已经开始涉及货物贸易领域的非关税壁垒措施，以及其他一些新的谈判领域，像服务、知识产权等。尽管贸易自由化原则要求各成员进行各项贸易政策的调整，但整体而言对该成员还是利大于弊的。同时 WTO 协议还允许各成员通过渐进式自由化，逐步进行调整，而且发展中国家也有更长的时期来履行其作出的承诺。

总而言之，本原则要求各成员通过谈判逐渐降低贸易壁垒，开放市场，促进商品与服务的自由流动。对于各个成员来说，就是削减关税，控制非关税壁垒措施的实施。但是，贸易自由化并不意味着完全的自由贸易，而是在某些情况下允许一定程度的保护。例如，当某成员出现因进口商品的倾销而受到损害时可以提起反倾销诉讼，征收反倾销税；在受到补贴产品的损害时可以寻求反补贴诉讼和反补贴措施，甚至在进口商品因正常贸易，即使没有受到不公平竞争而出现某些问题时，也允许寻求保障措施的保护。另外，WTO 要求一般取消数量限制，禁止出口补贴，但是在农产品、纺织品领域还存在不少例外。①

3. 可预见性原则：通过约束和透明度原则来实现②

对于从事国际贸易业务的企业来说，进口国政府保证不提高贸易壁垒有时可能与降低贸易壁垒同样重要。这主要是因为 WTO 并不是一个完全禁止贸易保护的组织，它本身允许存在各种贸易救济措施，而且它的基本原则中也存在不少例外，并因此形成了诸多履行中的法律漏洞。因此，WTO 各成员承诺不会无故地提高贸易壁垒，这有助于提供一个清晰的、透明的商务环境。因为如果商务环境具有稳定性和可预见性，国际投资就会相应增加，就业也能增加，消费者也同样会拥有更多更好的选择。当然，各成员政府推动多边贸易体系的建立健全，这本身就是期望获得稳定而又可预见的商务环境。

在 WTO 中，只要成员同意开放其商品或服务市场，他们就受到了自己承诺的约束。对于货物贸易来说，这些约束就是承诺关税税率的上限，也就是说成员征收的关税税率不会高于自己的承诺水平，但允许降低。一旦成员要求改变约束的关税税率，它必须与其他成员协商之后，才有可能采取。乌拉圭回合谈判的成就之一就是扩展了受约束的贸易范围。在货物贸易领域，GATT 一直对一些敏感性商品没有达成协议，也就是农业、纺织品与服装一直游离于 GATT 规则管辖之外，而经过乌拉圭回合谈判后签订的 WTO 协议中包括《农业协议》，对 100% 的农产品贸易达成了关税约束。《纺织品与服装协议》则将纺织品与服装纳入了 WTO 管辖的范围。由于关税约束的存在，提高了贸易和投资者市场保证的程度。

除关税约束之外，WTO 的多边贸易体系也通过其他方式改进自己的可预见和稳定性。方法之一是减少使用配额和其他措施来设立进口数量限制，因为通过经济学分析了解到，配额对一国经济的扭曲程度更高。另一种方法是使成员的贸易规则尽量清晰和公开，也就是保证透明度。许多 WTO 协议要求成员政府公开其政策，既可以在国内公开，也可以通知WTO。WTO 贸易政策审议机制对成员贸易政策的常规监督也鼓励各成员政策的透明。

4. 鼓励公平竞争原则

WTO 并不是一个自由贸易机构，因为 WTO 所管理的多边贸易体系确实允许进行关税保护，在某些情况下也允许其他形式的保护。因此准确地说，WTO 是一个致力于公正、公平和无扭曲竞争的贸易体系。例如，在货物贸易方面，允许在国际收支恶化的情况下不履行承诺的义务；在一国因出现倾销损害、他国补贴的损害时允许征收进口附加税；尤其是允许

----

① 在某些文章和书籍中将此点内容称为"WTO 的适当保护原则"。
② 在某些文章和书籍中将本原则直接称为透明度原则。

在特定条件下采取保障措施。尽管保障措施与反倾销和反补贴措施同属贸易救济措施，但前者与后者最大的区别就在于：保障措施是针对正常贸易行为采取的措施。在服务贸易领域，各成员开放市场的依据是自己的承诺表。换而言之，成员可以对没有列入承诺表中的行业采取保护措施。在知识产权方面，由于知识产权有别于一般的商品和服务，其价值保存的前提就是采取一定的手段进行保护，以维持知识产权方面的公平竞争，所以相关协议的主要目的是加强全球范围内对知识产权的保护，而不是促进降低保护。

非歧视原则，包括最惠国待遇和国民待遇原则设立的目的之一就是寻求公平的贸易条件。倾销和补贴问题在某些情况下是不公平竞争行为，应该受到谴责。但是这些问题非常复杂，如何判定一项倾销或补贴是否应该受到制裁、如何制裁、税率如何确定，这些问题在各国都有不同的规定。WTO 的《反倾销协议》、《补贴和反补贴协议》都是针对存在不公平竞争行为时，进口国遭受损害的情况达成的成员共识。

其他许多 WTO 协议中也都有支持公平竞争的内容，如农业、知识产权、服务方面的协议。政府采购协议（是一个诸边协议，只有部分 WTO 成员签署）将竞争规则拓展到成千上万政府机构的采购之上。

5. 对欠发达国家更优惠

WTO 鼓励发展，因此允许发展中国家在履行协议内容时拥有更大的弹性。同时 WTO 的协议一般都继承了 GATT 对发展中国家提供特殊援助和贸易减让的条款。

WTO 成员中有四分之三是发展中国家和转型国家。在乌拉圭回合的 7 年半谈判中，这些国家中有近 60 个执行了贸易自由化计划。同时，发展中国家和转型国家比以往更积极地参与乌拉圭回合谈判，在多哈回合谈判中也是如此。

在乌拉圭回合后期，发展中国家准备接受发达国家提出的绝大多数减让义务。但是，协议也确实给予它们一段过渡时间来进行调整，以适应其不熟悉甚至是困难的 WTO 条款，尤其对那些最不发达国家而言。

考虑到发展中国家成员的具体利益和要求，WTO 确立了对发展中国家的特殊待遇原则。这包括允许发展中国家的市场保护程度可以高于发达国家；通过"授权条款"规定各成员可以给予发展中国家差别及更加优惠的待遇，而不必将这种待遇延伸到其他成员；GSP（Generalized System of Preferences，普惠制）制度的存在为发展中国家的工业制成品出口提供了单方面的优惠待遇；在知识产权协议的实施方面，发展中国家有更长的时间安排；在争端解决机制方面，也要求 WTO 秘书处对发展中国家提供技术援助和法律援助。

6. 保护环境

在 2011 年的 WTO 年度报告中，保护环境被列入多边贸易体系的第六个基本原则。WTO 协议允许成员方采取措施保护环境和公共健康、动植物安全，但是实施这些措施时必须对本国和外国企业一视同仁。换言之，在实施环境保护措施时，成员方不能将其作为隐蔽的贸易保护政策之一。

7.2　世界贸易组织的争端解决机制

贸易涉及的是价值实现环节，直接与经济利益挂钩，因此简单的贸易问题常常会涉及巨大的利益冲突，引发贸易争端。WTO 的主要功能之一就是提供贸易争端解决的场所。从某种程度上来说，WTO 本身就是一个贸易争端解决机制。2011 年 WTO 年度报告指出，2010 年 WTO 成员方共提交 17 个新争端议案，截止到 2010 年年底，自 WTO 建立以来，共有 419 个贸易争端提交，其中以美国和欧盟为最。

一般而言，争端解决机制是多边贸易体系的一个中心内容，它也是 WTO 对全球经济稳定的特有贡献。如果没有争端解决的手段，那么以规则为基础的多边贸易体系就会非常脆弱。因为不对违反规则的情况进行惩处，规则是不会得到有效执行的。与 GATT 的贸易争端解决机制相比，WTO 的争端解决程序加强了争端解决机构裁定的执行力度，并使贸易体系更加有保证而且具有可预见性。WTO 争端解决机制对具体争端规定了时间表。贸易争端解决机构的出发点不是进行审判，而是解决争端。如果可能，WTO 争端角平决机构一般鼓励争端成员方通过磋商来解决争端。

7.2.1 WTO 争端解决机制的宗旨与职能

WTO 争端解决机制源自 GATT 的贸易争端解决制度，而乌拉圭回合《关于争端解决规则和程序的谅解》（Understanding on Rules and Procedures Governing the Settlement of Disputes，DSU）则是对 GATT 争端解决制度的全面修订和更新。DSU 第 3 条中明确重申，WTO 成员应该遵守根据 GATT 第 22 条和第 23 条所适用的争端解决的原则。GATT 第 22 条规定了 GATT 缔约方之间进行磋商的权利；第 23 条规定了由于一成员采取的措施使另一成员未能获得根据 GATT 所应获得的利益时，后者可以采取的解决办法。这两个条款都强调通过磋商产生合意的方案来解决争端。如果磋商没有达成一致，则可以邀请 GATT 缔约方全体对这一争端进行审议，并作出适当的裁决和提出适当的建议，有必要的话，可以授权有关缔约方进行报复。

1. 争端解决机制的宗旨

从协议的内容来看，争端解决机制在为 WTO 多边贸易体制提供安全和可预见性方面起着中心作用。而且争端解决机制的宗旨是提供一种有效、可靠和规则取向（rule - oriented system）的制度，以便在多边框架内解决因适用 WTO 协定所产生的各种争端。从 DSU 和 GATT 条款的规定来看，DSB 确实是偏爱磋商一致的解决办法，因为即使是在专家小组阶段也允许进行磋商调解。如果磋商不能达成一项相互满意的解决办法，争端解决机制的目标就是保证撤消已经被确认为违反 WTO 协定的有关措施。

2. 争端解决机制的职能

① 维护 WTO 各成员依据 WTO 协定所享有的各项权利和所承担的义务。

② 按照国际公法解释的习惯规则，澄清 WTO 协定的各项现行规定。

在行使职能时，争端解决机构不能损害各成员通过决策程序谋求总理事会权威性地解释 WTO 协定条文的权利。争端解决机构作出的建议和裁定也不能增加或减损 WTO 协定所规定的各项权利和义务。

7.2.2 WTO 争端解决机制适用的国际贸易争端范围

1. WTO 框架下的国际贸易争端

在 WTO 框架之下存在各种贸易争端，包括：WTO 与成员之间的争端；WTO 成员之间的争端；WTO 与某私人或利益集团之间的争端；WTO 与非成员之间的争端；WTO 成员与非成员之间的争端；不同国家间私人或利益集团之间的争端；WTO 与其公务员之间的争端；WTO 与其他国际组织的争端；某一成员政府与私人或利益集团之间的争端。

2. WTO 争端解决机制适用的国际贸易争端范围

WTO 争端解决机制适用的国际贸易争端范围由以下两个方面界定。

① 主体界定。WTO 争端解决机制可以用来解决因解释或适用 WTO 协定所引起的成员方之间的争端、WTO 成员与 WTO 有关机构之间的争端。

② 内容界定。凡属于 WTO 协定范围内的任何与解释或适用 GATT/WTO 协定有关的问题，均可诉诸于 WTO 争端解决机制。

由此可见，上述①和②类的国际贸易争端属于 WTO 争端解决机制适用的范围。

3. WTO 争端解决机制解决的国际贸易争端基本情况

根据 WTO 贸易争端解决机构的资料显示，自 1995 年成立以来到 2012 年 12 月 31 日为止，WTO 争端解决机制已经收到成员提交的并已经立案的贸易争端共 454 件。

（1）各年度情况

图 7-5 列出了 1995—2012 年提交到 WTO 的贸易争端数。

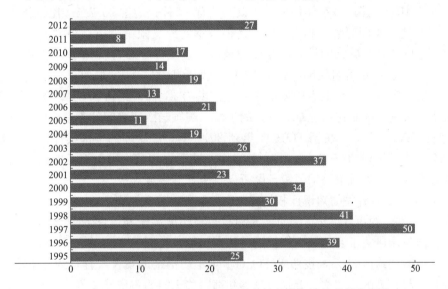

图 7-5　1995—2012 提交 WTO 贸易争端解决机构的贸易争端数

（2）主要申诉方和被诉方

表 7-2 列出了在 1995—2012 年间主要的贸易争端方，其中美国与欧盟为最主要的申诉与被诉方。

表 7-2　1995—2012 年争端解决机构主要的贸易争端申诉方与被诉方情况表

申诉			被诉		
序号	成员方	争端数	序号	成员方	争端数
1	美国	110	1	美国	139
2	欧盟	89	2	欧盟	85

续表

申诉			被诉		
序号	成员方	争端数	序号	成员方	争端数
3	加拿大	33	3	中国	31
4	巴西	27	4	印度	22
5	墨西哥	23	5	阿根廷	22
6	印度	22	6	加拿大	17
7	阿根廷	20	7	日本	15
8	日本	17	8	韩国	14
9	韩国	15	9	巴西	14
10	泰国	13	10	智利	13

数据来源：WTO 官网。http://www.wto.org/english/tratop_e/dispu_e/dispu_maps_e.htm? country_selected＝USA&sense＝c（2013 年 7 月 27 日进入）。

（3）按照协议区分的争端主要种类

① 违反 GATT1994。在 WTO1995 年到 2011 年 6 月受理的全部案件中，共有 336 件，约占 80.1％。其中，违反《反倾销措施协议》共有 87 件，约占 20.7％。比较新的案件包括 2011 年 4 月欧盟诉美国对意大利进口的不锈钢板钢卷的反倾销措施、2010 年 9 月美国诉中国对从美国进口的铁芯硅钢的反补贴与反倾销税。违反《补贴与反补贴措施协议》共有 87 件，约占 20.7％。比较著名的案件就是美国、欧盟和日本与印度尼西亚关于汽车工业措施的争端。违反《实施动植物卫生检疫措施协定》共有 37 件，约占 8.8％。例如加拿大与澳大利亚关于澳大利亚限制进口加拿大鲑鱼的争端、美国与欧盟之间的激素牛肉争端等。

② 违反 GATS 协定。在 WTO1995 年到 2011 年 6 月受理的全部案件中，共有 22 件，约占 5.3％。2007 年到 2010 年间，共 6 起案件，被诉方均是中国，涉及的内容包括信息服务、媒体分销服务、集成电路增值税、电子支付服务等领域。

③ 违反《与贸易有关的知识产权协定》。在 WTO1995 年到 2011 年 6 月受理的全部案件中，共有 29 件，约占 6.9％。例如美国和欧盟与印度关于药品和农业化学产品专利保护的争端、美国与瑞典关于实施知识产权措施的纠纷等。按照 WTO1995—2000 年初受理的全部案件，此类案件约占 39％，按照 WTO2001 年年初审结的案件统计，约占 15％。比较典型的案件有欧盟、美国和加拿大分别与日本和韩国关于酒的关税分类争端。

此外，对争端解决机制的理解争端有 14 起，对建立 WTO 协定的理解争端 44 起。

7.2.3　WTO 争端解决机制的基本原则

WTO 争端解决机制的基本原则是公平、快速、有效且相互接受。WTO 的争端一般都涉及不遵守承诺的问题。WTO 成员已经承诺，如果他们认为其他成员违反了贸易规则，那么他们将会用多边争端解决机制取代以往的单方面行动。这意味着每个成员都承诺遵守这个一致通过的争端解决机制程序，并尊重最后的裁定。

当一个成员采取某项贸易政策或采取某些行动时，如果其他某成员或多个成员认为这违反了 WTO 协议或者没有遵守该国承诺的义务时，就产生了争端。另外，第三方可以提出与该案件利益相关，而享有某些权利。

DSU 规定，迅速解决一成员认为另一成员所采取的措施正在对其依照 WTO 协定直接或间接享受的任何利益造成损害的情势，是 WTO 有效运行与维护其成员权利义务适当平衡的必要条件。因此，快速和有效也是争端解决机制的基本原则之一。为保证快速，DSU 规定了争端解决的时间表；为保证有效性，DSU 规定了详尽的程序规则，并赋予争端解决程序准司法性质。

与 GATT 的争端解决程序不同，乌拉圭回合协议引进的程序结构性较强，各个阶段对整个程序进行了清楚地界定。争端解决程序中也加入了对案件解决的时间期限规定，形成了一个相对固定的时间表（见表 7-3）。当然在各阶段的时间规定上还是有一定的弹性。如果一个案件经历了整个程序，那么它持续的整个时间期限不应该超过 1 年，若有上诉，不超过 15 个月。一致同意的时间表是有弹性的，如果认为案件十分紧急，也可以加速进行。

表 7-3　争端解决的具体时间表

程序	时间期限
协商、调解等	60 日
建立专家小组并任命其成员	45 日
最终报告提交各方	6 个月
最终报告提交给 WTO 各成员	3 个星期
DSB 通过报告（如无上诉）	60 日
总计	1 年
上诉机构报告	60～90 日
GSB 通过上诉机构报告	30 日
总计（如上诉）	1 年零 3 个月

对于争端解决机制准司法性质的最好解释就是：对于败诉的成员，DSU 的规定使其不能阻止裁决的通过。在 GATT 程序中，裁决必须经过全体合意才能通过。这就意味着，任何一个国家的反对都能阻止裁决的通过。现在，裁决自动通过，除非有"一致拒绝"的合意，也就是说，任何希望阻止裁决通过的国家必须劝说其他所有成员，包括案件中的对手，都同意它的观点。因此，争端解决机构作出的最后裁决被否定的可能性极低。

7.2.4　国际贸易争端解决程序

解决争端是由争端解决机构（Dispute Settlement Body，DSB）负责，而 DSB 是由 WTO 所有成员组成，它有权建立处理案件的专家小组，有权接受或拒绝专家小组的认定或上诉机构的结论。它监督着裁决和建议的执行，而且在成员没有遵守裁决时，它还有权授权进行报复。根据 DSU 的规定，整个争端解决的程序如下。

1. 第一阶段：磋商（60 天）

在采取任何行动之前，争端各方必须相互进行谈判，以期自己解决相互的分歧。如果未能磋商成功，它们也可以要求总干事进行调解或采取其他行动来解决这个争端。

2. 第二阶段：专家小组（45 天之内成立，6 个月内形成报告）

如果磋商失败，那么申诉方可以要求成立专家小组。被诉方可以有一次阻止专家小组成立的机会。但是，当 DSB 对同一申诉举行第二次会议时，就必须成立专家小组（除非一致同意不成立）。专家小组帮助 DSB 作出裁决或建议。但是，因为专家小组报告只能在 DSB 一致拒绝的情况下才会被否决，所以它的结论一般很难被推翻。专家小组的认定必须建立在所引用的协议之上。专家小组报告一般应该在 6 个月之内提交给争端各方，在紧急情况之下这一期限缩短为 3 个月。

3. 上诉

对于专家小组的裁定，双方都可以提起上诉。上诉机构可以维持、修改或推翻专家小组的法律认定和结论。一般而言，上诉程序不得超过 60 天，最长绝对不得超过 90 天。DSB 必须在 30 天内接受或拒绝上诉机构报告，当然拒绝必须是在全体一致同意的情况下才能作出。

4. 后续程序

如果某成员确实做错，那么它应该修正错误之处。如果它继续违反协议，那么它必须支付赔偿或接受适当的惩罚。即使案件已经进行了裁决，在进行贸易制裁（传统的惩罚方式）之前仍然有不少可以选择的行动。在此阶段，败诉"被诉方"首先应该使其政策与裁定或建议相符。争端解决协议强调的是，"为保证对所有成员有利的有效争端解决方式，遵守争端解决机构的裁定或建议非常重要。"

如果被诉方败诉，那么它必须遵循专家小组报告或上诉机构报告的建议。它必须在报告通过 30 天内举行的争端解决机构会议上陈述自己的打算。如果证实立即遵守建议方案不具备可行性，那么该成员就可以获得一个"合理期限"以遵守建议。如果它在此期间没有做到，那么它就必须与申诉方进行磋商，以决定相互可以接受的补偿——例如，在对申诉方具有特殊利益的领域进行关税削减。

如果 20 天后，没有达成满意的补偿方案，那么申诉方可以要求 DSB 授权它对另一方进行有限的贸易制裁（中止或减让义务）。争端解决机构必须在"合理期限"期满之后的 30 天内授权，除非全体成员一致反对。

原则上说，报复必须是针对争端的同一部门。但是，如果在同一部门进行报复不可行或者无效，可以对同一协议中不同部门进行报复。同理，如果这也不可行或无效，或情况十分严峻，也可以对另一协议管辖的范围进行报复。这就是所谓的交叉报复。如此规定的目的是为了尽量减少报复行动涉及不相关的部门，但同时又使报复行为具备一定的有效性。

争端解决机构还负责监督已经通过的裁定如何执行。任何案件都列在它的日常事务之上，直到问题已经完全解决。

7.2.5 参与争端解决活动的有关实体介绍

1. 争端解决机构（DSB）

DSU 第 2 条规定，争端解决机构管理争端解决规则和程序，且有权设立专家小组，有权通过专家小组和常设上诉机构的报告，有权监督对专家小组和上诉机构的裁定和建议的执行，以及有权授权中止减让和其他适用协定义务。

争端解决机构是总理事会在履行管理争端解决活动职责时的称谓，有自己的主席（任期一年）、自己的程序规则、单独的工作人员和文件档案。争端解决机构对所有成员开放，即任何成员都可以派出代表参加该机构，但是在涉及有关诸边协议的争端时，只有该诸边协议的签约国才能参与 DSB 就此作出决定或采取行动的活动。

争端解决机构主席在涉及最不发达国家的案件中有特殊的作用。如果协商不能解决问题，在进入专家小组程序之前，在最不发达国家的请求下，争端解决机构主席必须进行斡旋、调解或调停以协助解决争端。当然，在提供协助时，主席可以向其认为合适的任何途径咨询。

2. 专家小组（Panels）

专家小组由 DSB 设立，职能是协助 DSB 对争端各方提出的事实和理由进行客观审查，并就案件的事实与法律问题提出调查报告，进行事实认定，得出结论，提供建议，便于DSB 在此基础上提出建议和作出裁决。

专家小组的设立程序是：WTO 秘书处在通过设立专家小组决定后的 30 日内，从其保管的专家候选人名册中推荐三位候选人供争端各方决定，如果争端各方无法决定，则由WTO 总干事直接任命。

专家小组只能以独立的身份参与争端解决，不能接受任何政府的指示。专家小组有权从任何有关途径获得信息，进行咨询，但一般需要向相关成员通报才能搜集信息。专家小组还可以要求与有关技术专家协商，要求技术专家为争端提供科技问题的书面咨询报告。

2004 年年初，中国的三名法律专家进入 WTO 秘书处的专家候选人名册。在以后的贸易争端解决案件中，专家小组名单中或许会出现中国人的名字。

3. 常设上诉机构

常设上诉机构的职责是：当争端方对专家小组报告提出上诉时，负责审查该报告所涉及的法律问题；专家小组对引用的 WTO 协议条款作出的法律解释；最后作出维持、更改或推翻专家小组的法律认定和结论的意见。

常设上诉机构由 DSB 任命的 7 名公认的国际贸易、法律和 WTO 其他活动领域的权威人士组成，任期 4 年，允许连任一次。2010—2011 年的七位上诉机构成员是：Lilia Bautista（菲律宾），Jennifer Hillman（美国），Shotaro Oshima（日本），Ricardo Ramírez - Hernández（墨西哥），David Unterhalter（南非），Peter Van den Bossche（比利时），Yuejiao Zhang（中国）。任何上诉的案件由三名常设上诉机构成员组成的上诉庭审理。

4. WTO 秘书处

应争端方的要求或各方的同意，WTO 总干事可以以职务身份在任何时候进行斡旋、调解或调停，协助解决争端。此外，WTO 秘书处负责管理专家名册，负责推荐专家小组人选，负责为专家小组提供秘书服务。同时，根据成员的请求，可以提供争端解决方面的协助，尤其是给发展中国家提供长期法律咨询服务和援助。

7.2.6 贸易争端解决案例

本着简单但又不失一般性的原则，本节选择 2003 年前后的国际钢铁产品贸易争端（见案例研究 7 - 1）来对 WTO 贸易争端解决机制的有效性进行分析。

1. 案例背景

自 1980 年以来，美国的钢铁业已经历了相当大的结构重组，使得国内钢铁生产量大大削减，进口增加。在 1997—2002 年期间，有 35 家钢铁企业申请破产，其中有 18 家企业在该时期末已经停止运营或是已经停止设备的使用。钢铁在美国制造业贸易中的地位日益下降。1999 年，钢铁业分别占制造业出口和进口的 0.9% 和 1.7%。从美国进口的国家构成上看，加拿大和墨西哥占进口的 25.1%，欧盟占 24.4%，亚洲占 25.1%。现在，美国的钢铁产业不足 GDP 的 1%，2002 年提供了 170 000 个工作岗位。

钢铁产品在美国是一个政治敏感的产品，美国对国内钢铁产业一直通过关税配额、最低限价、反倾销、反补贴和保障措施进行保护，并且通过贷款担保、退休金紧急拨款和"购买美国货"计划等对钢铁产品提供联邦支持，同时钢铁产业也是美国反倾销和反补贴的主要领域。近几年来，尤其是在 1998 年之后，对钢铁产品提出反倾销和反补贴税调查要求的数量也在增加。在 1998—2002 期间，已经有 148 个对钢铁和钢铁相关产品进行反倾销（AD）和反补贴税（CAD）的调查开始。到 2003 年 7 月，美国有 134 个反倾销和 35 个反补贴税调查命令是关于钢铁相关产品的。

美国钢铁贸易政策本身源自于政治与经济利益的结合，政府对钢铁产业提供强大的贸易保护，既有钢铁产业集团的游说，又有政府对于选票的考虑，还有政府政治外交上的因素。显然美国对待不同的贸易对象国采取了截然不同的钢铁贸易政策。

对于俄罗斯这个申请加入 WTO 的国家，采取的是软硬兼施的谈判手段，达到的是自愿出口限制；对于日本采取的反倾销措施，最终失败。当时间进入 2001 年，美国政府出于政治利益的考虑开始再次提出钢铁产品的保护贸易措施时，选择保护力度极大的保障措施，引起了不少国家的质疑。在受影响的国家或国家集团向 WTO 的 DSB 提出申诉时，在整个的争端解决程序中，包含的主要阶段都是各个成员方的政治经济博弈过程。最重要的是，8 个申诉方出于利益的考虑联手，表达一致的意见，最终使美国政府修改钢铁贸易政策。当然，尽管政策已经取消，但是争端解决的两年时间里，美国政府的目的也达到了。

尽管在本案结束后，美国的某些议员开始鼓吹"WTO 未经选举的官僚会毁掉美国经过选举产生的政府制订的政策体系"。对于这个问题的探讨，又是 WTO 政治经济学的另一方面内容，即国际贸易规则如何体现各国贸易规则和政策，或者说，使各国贸易规则在多大程度上成为通行的国际贸易规则。

另外，中国的钢铁产业在 2002 年也提出要求进行产业保护，其结果是临时保障措施在实施不到 3 个月时，就被迫进行紧急修改，其中的原因应该是中国的钢铁生产商和消费商这两个不同的利益集团在中国的政治考虑中处于不同的位置。所以，任何贸易政策的实施都是国内外各种利益集团进行较量的直接结果。

2. 美国的钢铁贸易争端

（1）美国与俄罗斯的钢铁贸易争端

1998 年，美国商务部对从俄罗斯进口的钢铁产品进行反倾销调查。根据美国商务部和国际贸易委员会的调查报告，1999 年 1 月 5 日，时任美国总统的克林顿如期向国会提交了行动计划。在这份计划中，他保证采取行动保护美国的钢铁业，保证避免进口增多现象的出现。具体行动计划包括美国商务部将继续就俄罗斯钢铁产品倾销做认定调查；白宫与俄罗斯、国际货币基金组织之间进行磋商，以确定如何稳定俄罗斯经济，帮助俄罗斯的经济转轨和发展。报告还指出，俄罗斯目前正在申请世贸组织的成员国身份将对改善俄罗斯经济起到积极作用。

其后，美国和俄罗斯进行了双边谈判。美国的要求是，在今后 5 年内，俄罗斯对美国的钢铁产品出口应不超过 1998 年的水平，并把俄罗斯向美国出口的热轧钢数量减少一半。数月后，时任美国商务部部长的威廉·戴力宣布，美国与俄罗斯达成自愿出口限制。

据专家对美俄协议的评估，俄罗斯 5 年内要损失镀锌铁板出口将近 1 亿美元、生铁出口近 1.3 亿美元、条钢 2.5 亿美元。但是，美国人也明确地告诉俄罗斯，如果不签署自愿出口限制协议，不自愿地限制钢铁产品的出口，那么 5 年内俄罗斯就会因为美国的其他措施，如反倾销、反补贴措施等而遭受 15 亿美元的损失。

但是，美国钢铁厂商对这个双边协议并不十分满意，因为自愿出口限制协议的签订，俄罗斯可以免除 25％～80％ 的关税制裁。为此，钢铁厂商仍然要求国会通过法律程序保证给俄罗斯严厉的制裁。美国钢铁厂商认为，美国总统的行动方案和政府所做的谈判努力，都是短期制止钢铁进口的方法，钢铁业希望得到的是长期的保障措施，也就是法律手段。

（2）美国与日本的钢铁贸易争端[①]

在对俄罗斯的进口钢铁产品进行磋商时，1999 年年初，美国的钢铁产业针对日本钢铁产品提起反倾销诉讼，要求美国商务部调查并认定日本企业在向美国市场倾销钢铁产品。当年 4 月，美国商务部确认日本企业存在倾销行为。按照美国的法律程序，如果国际贸易委员会作出确认日本的钢铁产品倾销对国内相关产业造成损害或损害威胁的结论，美国就可以作出征收反倾销税的决定。

在商务部确认日本企业存在倾销事实的同时，美国政府同样希望日本政府能够接受谈判，进行协商。但是，谈判并不顺利。1999 年 6 月，美国国际贸易委员会宣布日本钢铁产品在美国市场上造成了对美国钢铁产业的实质性损害。最终，美国政府宣布对日本的新日本钢铁公司、NKK 公司和川崎制造商的钢铁产品分别征收 19.65％、17.86％ 和 67.14％ 的反倾销税。

1999 年 11 月 18 日，日本政府向世贸组织贸易争端解决机构提起申诉。日本认为美国在案件的调查程序上存在问题，出现错误；美国《1930 年关税法》也存在问题；美国也违背了 GATT 和 WTO《反倾销协议》的多个条款。2001 年 2 月 28 日，由专家小组认定，美国存在反倾销程序上的错误，并建议美国纠正这些错误之处。

在两个钢铁纠纷案件中，美国使用了不同的处理方式，对俄罗斯，以软硬兼施的谈判为主，迫使俄罗斯"自愿"地限制自己的出口数量；对日本则提出反倾销诉讼，采取了法律手段，但却遭争端解决机构裁决败诉，最后不得不进行纠正。2001 到 2003 年美国针对钢铁产品又掀起保护浪潮，与前述两起保护不同的是，这次美国采取的是"201"条款，即发起保障措施调查。这是 WTO 历史上众多国家对同一贸易政策进行申诉，也是 8 个国家或国家集团共同与美国贸易政策之间进行的竞争。

（3）2002 年美国钢铁产品 201 条款保障措施案[②]

在美国传统的利益集团中，钢铁制造商和钢铁工人工会仍然保持着相当大的影响力，这主要是因为美国钢铁工业主要集中在几个老牌的工业州，如西弗吉尼亚、宾西法尼亚、俄亥俄和密歇根州，而这些州在政治上大多是游移不定。2002 年 11 月份，美国国会进行中期选举，时任政府希望通过帮助钢铁工业，来支持这几个州的共和党候选人。

---

① 本部分案情源自：United States - Anti - Dumping Measures on Certain Hot - Rolled Steel Products from Japan (DISPUTE DS184)．＜http：//www.wto.org/english/tratop - e/dispu - e/cases - e/ds184 - e.htm＞（2009 年 9 月 6 日进入）。

② 本部分案情源自：United States - DEFINITIVE SAFEGUARD MEASURES ON IMPORTS OF CERTAIN STEEL PRODUCTS＜http：//www.wto.org/english/tratop_e/dispu_e/cases_e/ds248_e.htm＞（2009 年 9 月 5 日进入）。

在此背景下，2001 年 6 月 28 日，美国国际贸易委员会（United States International Trade Commission，USITC）启动了针对 4 大类、33 小类进口钢产品的 201 保障措施调查，并于同年 12 月 7 日就 16 小类产品分别提出提高关税、实施关税配额或配额管理等救济措施的建议。2002 年 3 月 5 日，美国政府宣布对部分国家对美出口的 16 小类钢材实行保障措施，加征 8％～30％的关税，为期 3 年；同时对其优惠贸易伙伴，如加拿大、以色列、约旦和墨西哥及大部分发展中国家免除以上措施。

USITC 已经发表了关于总统自 2002 年起实施的钢铁产品保障关税（措施）的中期影响报告。该报告称，GDP 受到的影响并不大，大约为 3004 万美元。钢铁从国内的直接购买从 65％增加到了 73％。保障措施对美国各产业的福利影响不等，从受益 6560 万美元到损失 1.1 亿美元。综合来说，损失 4160 万美元。

2003 年 7 月 11 日，专家小组裁定，美国针对钢铁产品的保障措施违反了世贸组织的有关规则；认为美国没有证明，"不可预见的发展"导致了对国内相关钢铁产品制造商造成严重伤害的进口激增；没有提供充分和足够的证据，说明进口激增和国内相关产业严重伤害之间的"因果联系"。

WTO 上诉机构于 2003 年 11 月 10 日公布了对轰动一时的美国钢铁保障措施案的终审裁决，维持该案专家小组 2003 年 7 月的裁定，即认为美国从 2002 年 3 月 6 日起对热轧、冷轧钢材与不锈钢材等 10 种钢铁产品采取的保障措施违背了世贸组织的有关规则，作为原告的欧盟、日本、中国、巴西、韩国、新西兰、挪威、瑞士八个成员胜诉。

最后，上诉机构建议，争端解决机构要求美国根据上诉机构报告和修改后的专家小组报告，将其不符合《保障措施协议》和《GATT1994》规定的保障措施进行修改，以符合其在这些协议下承担的义务。

2003 年 12 月 4 日，美国总统布什终于发表声明，决定取消美国对进口钢材征收的保护性高关税，同时发表声明，决定取消从去年 3 月开始对进口钢材征收的惩罚性高关税。消息传出，欧盟、日本也纷纷宣布放弃将对美国采取的贸易报复计划。中国商务部也表示，如果美国兑现其取消保护性关税的承诺，中国将不再对部分自美国进口的商品采取报复措施。一场全球贸易大战终于得以避免。

美国最终撤消保障措施的原因有以下两个。

① 担心招致欧盟报复。美国总统布什当初决定发起 201 条款调查显然出自争取选票的考虑，而取消保护性关税也同样是考虑到了选民的要求。如果欧盟对美国柑橘类水果、农业机械等大批产品进行贸易制裁，布什总统会赢得一些以钢铁业为支柱产业的州的选票，却会得罪另一些以农产品为支柱产业的州的选民。在权衡利弊之后，美国政府最终作出了取消保障措施的选择。

② 保障措施已经达到了目的。尽管美国钢铁业指责布什总统是"向欧盟的勒索投降"，有人认为，这项措施的实施期刚过半，就不得不将其取消，从政治上看是一次失败。但《商业周刊》发表题为《布什狡猾的钢铁政策》的评论，称此次启动保障措施不仅不是失败，反而在政治和经济上得了分。美国启动保障措施的真正目的是争取时间，使受保障企业能够通过调整提高竞争力，变弱为强。在受保护的这段时间，美国许多钢铁厂商加强了整体运作。

其后，美国 3 个最大的钢铁厂家投资 30 亿美元合并了扁轧钢生产，而且美国钢铁一半以上生产力都来自采取保障措施后合并或重组的钢铁公司。美国贸易代表也表示，在钢铁关税的保护下，高达数千万吨的钢铁过剩产能已经被清除，钢铁业的竞争力已明显提升，2001年 3 月实施的这项措施已经"达到了目的"。此外，美元下跌、美国对钢铁的需求减少及运输成本的上升使进口钢铁的吸引力降低，使美国政府具备了取消钢铁保护性关税的充分理由。

本章要点

1. 世界贸易组织建立于 1995 年 1 月 1 日，是在全球或接近全球的层面上处理国与国之间贸易规则的国际组织，是各成员进行贸易谈判、建立多边贸易体系规则和解决争端的场所。

2. 虽然 WTO 协议内容繁杂，但秉持一贯的基本原则：非歧视待遇、贸易自由化、可预见性、鼓励公平竞争、对欠发达国家的优惠及保护环境。

3. 世界贸易组织的最高权力机构是部长级会议。WTO 的决策机制包括一致通过和一致否决（在 DSB 中使用）。

4. 世界贸易组织成立的法律依据是《建立 WTO 协定》，该协定包括 16 条案文和 4 个附件。

5. WTO 争端解决机制的基本原则是公平、快速、有效且相互接受，因此成为解决国际贸易争端的重要手段，成为 WTO 良好运行的重要保障。

6. WTO 多边贸易体制源自于各成员的磋商谈判，是各成员在 WTO 进行多边博弈的结果。

复习思考题

一、本章关键术语

关税与贸易总协定　世界贸易组织　最惠国待遇　国民待遇　乌拉圭回合　非歧视原则
贸易争端解决机制

二、简答题

1. 简述世贸组织的宗旨、基本原则和职能。

2. 简要分析 WTO 与 GATT 的区别与联系。

3. 试述多哈回合谈判的主要议题、内容与最新进展。

三、论述题

1. 如果美国对部分出口到中国的产品给予了补贴扶持，且这种补贴对我国的国内产业利益造成了一定的不利影响。那么，在你看来如何才能通过 WTO 争端解决机制来获得救济？针对不同性质的补贴又该寻求怎样的救济帮助呢？

2. 试述世贸组织面临哪些新议题。

3. 分析中国加入世界贸易组织的利弊。

第 **8** 章

出口鼓励措施与出口管制

鼓励出口是国际贸易政策措施的重要内容。无论是以世界市场为背景的发达国家，还是奉行外向型发展战略的新兴工业化国家和广大的发展中国家，都十分重视通过各种鼓励出口措施，促进出口贸易的发展。与鼓励出口同时存在的，还有因各种特殊目的而实行的出口管制措施。本章首先介绍鼓励出口的主要政策措施种类，之后以出口补贴和生产补贴为例分析鼓励出口措施的经济效应，最后介绍出口管制。

8.1 鼓励出口措施的主要种类

鼓励出口措施有很多种，不同的国家采取的具体措施也不完全相同。本节介绍几种主要的鼓励出口措施，包括出口信贷、出口信用保险、出口补贴、生产补贴、外汇倾销、商品倾销、组织措施和经济特区措施。

8.1.1 出口信贷

出口信贷（Export Credit）是出口国为促进本国商品，尤其是大型机械设备和船舶的出口，加强其国际竞争能力，以对本国的出口给予利息补贴并提供信贷担保的方式鼓励本国银行对本国出口商或外国进口商（或其银行）提供较低利率的贷款，以解决本国出口商资金周转的困难，或满足国外进口商对本国出口商支付货款需要的一种融资方式。出口信贷按其贷款对象不同，可分为卖方信贷和买方信贷两种形式。

1. 卖方信贷

卖方信贷（Supplier's Credit）是由出口方银行直接向本国出口商提供的贷款，一般用于成套设备、船舶等的出口。这种大型机械、设备的出口所需资金较多，时间长，买方一般要求采用延期付款的支付方式，卖方要很长时间才能把全部货款收回。因此，出口厂商为了资金周转，往往需要取得银行贷款的便利。卖方信贷就是出口国银行直接资助出口厂商向外国进口厂商提供延期付款，以促进商品出口。进口商以这种方式购入商品的价格比现汇购入的商品价格高，有时高出 3%～4%，甚至有的高出 8%～10%[①]。卖方信贷的优点是手续简

---

① 刘舒年. 国际金融. 3 版. 北京：对外经济贸易大学出版社，2005：352.

便，缺点是将商业利润、银行利息、手续费、附加费混在一起，买方不易了解进口商品的真正价格，而且卖方报价较高。图8-1是卖方信贷图解。

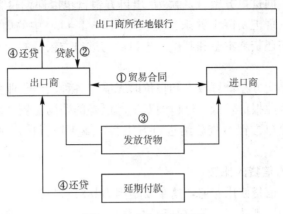

图8-1　卖方信贷图解

卖方信贷的基本做法是：进、出口商先签订贸易合同，约定采用延期付款的支付方式，但进口商要缴付15%的现汇定金；出口商与其所在地银行签订出口卖方信贷融资协议，获得贷款；出口商依据合同组织生产发货；进口商分期偿还货款，出口商以之偿还贷款（最常见的做法是由进口商把货款直接向贷款银行支付）。

2. 买方信贷

在大型机械设备和船舶贸易中，由出口商所在地银行向外国进口商或进口方银行提供贷款，给予融资便利，以扩大本国设备的出口，这种出口信贷称为买方信贷（Buyer's Credit）。在买方信贷下，进口商必须将其所得贷款的全部或大部分用于购买提供贷款的国家的商品，所以又称之为约束性贷款（Tied Loan）。这种措施的本质是通过借贷资本的输出带动商品的输出。图8-2是买方信贷图解。

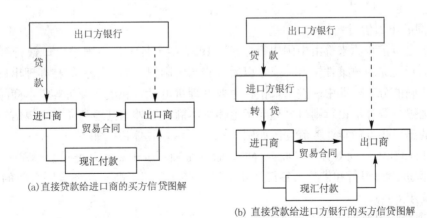

(a)直接贷款给进口商的买方信贷图解

(b) 直接贷款给进口方银行的买方信贷图解

图8-2　买方信贷图解

买方信贷的基本做法是：签订进、出口商之间的贸易合同后，如果是贷款行直接贷款给外国进口商，进口商要用自身资金，以即期付款的方式向出口厂商支付买卖合同金额15%的现汇定金，其余货款以即期付款的方式将出口方银行提供的货款付给出口厂商（实际上是出口商所在地银行直接把款项划拨给出口商，视为进口商已经提款，见图8-2（a）中的虚线），然后按贷款合同规定的期限，将贷款本金和利息还给供款银行（见图8-2（a））。

如果是出口方银行向进口方银行贷款[①]，出口方银行也以即期付款的方式代进口商向出口商支付应付的货款（现汇实际上并未出境，见图8-2（b）中的虚线），进口方银行按贷款规定期限向供款行归还贷款本金和利息。进口商与进口方银行的债务关系按双方商定的办法在国内结算。

买方信贷的优点是卖方在计算成本和报价时无需把各种因信贷业务而发生的各项费用计算在成本和报价内，因此报价较低，进口商对货款以外的费用比较清楚。

多数买方信贷是出口方银行贷款给进口方银行，属于银行信用（进口方银行再贷给进口商）。

3. 卖方信贷与买方信贷的比较

买方信贷要比卖方信贷使用普遍，这主要是因为其对参与各方都有明显的好处。对进口方而言，可以提高贸易谈判效率，争取有利的合同条款。一方面，进口方集中精力于自己熟悉的领域，如货物的技术、质量等级、包装、价格和有关的贸易条件等，而将自己比较陌生的方面如信贷手续和有关费用交给银行处理，这样在谈判过程中可以有更充足的时间争取有利的贸易条件。另一方面，买方信贷费用由进口方银行和出口方银行双方商定，并由进口方银行支付给出口方银行，这笔费用往往少于卖方信贷下由出口方支付给出口方银行的费用。

对出口方而言，买方信贷可简化手续和改善财务报表。一方面，出口方出口货物时收入的是现汇，制定出口价格时无需考虑附加的信贷手续费等费用，只需根据同类商品的国际市场价格制定价格；另一方面，由于收入现汇，没有卖方信贷形式下的应收账款，一定程度上改善了出口商年末财务报表状况。

对出口方银行而言，买方信贷是向进口方银行提供的。一般而言，银行信用大大高于商业信用（企业信用），出口方银行贷款的安全收回较为可靠。

对进口方银行而言，在金融业特别是银行业竞争越来越激烈的局势下，承办买方信贷可拓宽与企业联系的渠道，扩大业务量，增加收益。

4. 中国的出口信贷

我国的出口信贷原来都由中国银行办理。1994年7月1日中国进出口银行（直属国务院领导的、新设立的政策性银行）成立以后，它与中国银行等外汇银行在办理出口信贷业务方面作了明确的分工，即中国进出口银行主要办理机电设备和成套设备等资本商品的出口信贷，而中国银行等外汇银行则可办理除了上述资本商品以外的其他商品的出口信贷。中国进出口银行的出口买方信贷业务流程图如图8-3[②]所示，具体说明如下。

① 出口商和进口商双方签订商务合同，合同金额不少于200万美元。

② 中国进出口银行和借款人签订贷款协议，贷款金额不高于商务合同金额的85%，船舶项目不高于80%。

③ 视项目情况要求担保人提供担保。

④ 是否投保出口信用险主要根据借款人的国别风险而定。

---

① "出口商所在地银行向进口商银行贷款"与"出口商所在地银行向进口商贷款"是二者择一的关系。

② 感兴趣的读者可登录该行网站了解其业务，网址为：http://www.eximbank.gov.cn。

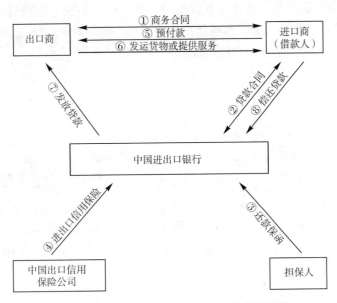

图 8-3 中国进出口银行出口买方信贷流程图

⑤ 借款人预付款金额不能低于商务合同总金额的 15%，船舶项目不低于 20%。

⑥ 出口商根据合同规定发放货物。

⑦ 中国进出口银行在出口商发货后发放贷款。

⑧ 借款人根据贷款协议每半年偿还一次贷款本息及费用。

中国进出口银行提供的出口卖方信贷贷款种类包括：设备出口卖方信贷、船舶出口卖方信贷、高新技术产品（含软件产品）出口卖方信贷、一般机电产品出口卖方信贷、对外承包工程贷款、境外投资贷款。

8.1.2 出口信用保险

出口信用保险（Export Credit Insurance）是国家为了推动本国的出口贸易，保障出口企业的收汇安全而制定的一项由国家财政提供保险准备金的非盈利性的政策性保险业务。它旨在鼓励发展出口贸易，并保证出口厂商因出口所受到的损失能得到绝大部分补偿，使本国出口商在世界市场上与其他国家的出口商处于同等的竞争地位。

我国设有"中国出口信用保险公司"①，用于对出口提供信用保险。投保出口信用保险可以给企业带来以下利益。

① 出口贸易收汇有安全保障。出口信用保险使企业出口贸易损失发生时有了经济补偿，维护出口企业和银行权益，避免呆坏账发生，保证出口企业和银行业务稳健运行。

② 有出口信用保险保障。出口商可以放心地采用更灵活的结算方式，开拓新市场，扩大业务量，从而使企业市场竞争能力更强，开拓国际贸易市场更大胆。

③ 出口信用保险可以为企业获得出口信贷融资提供便利。资金短缺、融资困难是企业共同的难题，在投保出口信用保险后，收汇风险显著降低，融资银行才愿意提供资金融通。

---

① 感兴趣的读者可登录该公司网站了解其业务，网址为：http://www.sinosure.com.cn。

④ 得到更多的买家信息，获得买方资信调查和其他相关服务。出口信用保险有利于出口商获得多方面的信息咨询服务，加强信用风险管理，事先避免和防范损失发生。

⑤ 有助于企业自身信用评级和信用管理水平的提高。

专栏 8-1

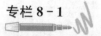

保银携手促出口　能使四两拨千斤
——从出口伊朗电扶梯项目的成功看中国信保融资担保的作用

2002 年，中国信保为上海 A 进出口贸易公司提供了总额为 2 300 万元的出口融资担保，从而使 A 公司出口伊朗德黑兰城郊地铁公司 189 部电扶梯贸易项目得以顺利进行。该笔业务采取滚动使用担保额度模式，利用较少的人民币额度，满足了数倍金额的外汇出口项目的资金需求，充分体现了中国信保作为政策性出口信用保险机构在支持企业扩大出口方面"四两拨千斤"的作用。

2001 年，上海 A 进出口贸易公司在伊朗德黑兰城郊地铁公司招标的地铁建设分标中中标，签约出口电扶梯共计 189 部，合同标的金额 1 800 万美元。根据合同规定，伊朗业主在项目开工前支付合同金额的 10%，即 180 万美元作为预付款，之后根据工程进度按期支付合同金额的 80% 为进度款，上述两类款项均以信用证方式结算。合同还规定，A 公司需向伊朗业主开立银行预付款保函，保证按合同履约，否则返还预付款。

A 公司向上海某商业银行 B 提出向伊朗业主开立预付款保函的申请。另外，A 公司为了弥补安排生产中的资金缺口，还向 B 银行申请借款人民币 500 万元。B 银行提出，A 公司需向其提供可接受的预付款反担保函和借款担保函。于是，A 公司向中国信保申请开立以银行 B 为受益人的反担保函，金额分别为 1 800 万元和 500 万元。

经过对 A 公司实地考察，详细了解 A 公司的资产状况、财务状况和该公司的结构，并分析出口项目的各方关系人资信和履约能力后，中国信保向 A 公司提出了可有效控制收汇风险和出口商及供应商履约风险的项目风险控制方案。

① A 公司需投保中长期出口信用保险，控制出口收汇风险。

② 由 A 公司的母公司向中国信保分别就预付款保函和融资担保出具连带责任保证函，保证如果 A 公司违约，中国信保可向其母公司追索一切损失。

③ 中国信保与 B 银行签订账户监管协议，由银行监管 A 公司按合同规定使用预付款。

④ 同时，为了防范供应商的履约风险，中国信保督促上海迅达电梯公司向 A 公司出具履约保函。

在上述措施基础上，中国信保为 A 公司开立了 1 800 万元的预付款保函和 500 万元的融资保函，并在预付款保函中规定随 A 公司分批次交货，相应递减预付款保函未了责任金额。

在该项目实施过程中，中国信保采取保银联手合作、加强监管，主动控制风险，防患于未然。中国信保的担保服务为出口企业向银行申请对外担保提供了非抵押保障，节省了出口企业的抵押资金，增强了出口企业的融资能力。中国信保为出口企业向生产企业提供付款担保，提升了出口企业的信誉，实现了出口企业对生产企业的延期付款。

　　通过该笔业务，中国信保支持了我国高附加值、高技术含量的机电产品的出口，支持了我国出口市场多元化战略的实施，是中国信保履行促进我国外经贸事业发展职责的实际行动。

　　由此案例可以看出，大型机电设备出口项目涉及的环节比较多，金额也比较大，采取滚动使用担保额度的模式，可有效控制项目各方履约风险，满足出口企业数倍于担保额度的担保需求，中国信保作为政策性出口信用保险机构在支持企业扩大出口方面的作用也由此得以充分发挥。

　　资料来源：中国出口信用保险公司网站《典型案例》。

8.1.3　出口补贴

　　出口补贴（Export Subsidies）又称出口津贴，是一国政府为了使出口商品在价格方面具有较强的竞争能力，在出口商品时给予出口厂商的现金补贴或财政上的优惠待遇。出口补贴可分为两种：一种是直接补贴（Direct Subsidies），即出口某种商品时，直接付给出口厂商的现金补贴；另一种是间接补贴（Indirect Subsidies），指政府对某些出口商品给予财政上的优惠，如政府退还或减免出口商品的直接税、超额退还间接税（增值税、消费税、关税等）、提供比在国内销售货物更优惠的运费等。

　　一方面，许多国家为了扩大出口，纷纷采用补贴这种较为隐蔽的方式实施对本国的贸易保护。另一方面，许多国家纷纷出台反补贴[①]税法抵制补贴行为，其中不少国家滥用反补贴措施，使其从一种保证公平贸易的手段蜕化为贸易保护主义的工具。其结果是，补贴与反补贴措施扭曲或损害了贸易各国的利益，影响了国际贸易的健康发展。为了约束、规范补贴和反补贴措施，乌拉圭回合经过艰苦的谈判，在东京回合的《补贴与反补贴规则》基础上，达成了《补贴与反补贴协议》。该协议将补贴分为禁止使用的补贴、可申诉的补贴和不可申诉的补贴。

　　（1）禁止使用的补贴

　　禁止使用的补贴又称"红灯补贴"，是形式上或实际上依出口情况而定或用于使本国货压倒进口货的补贴。"红灯补贴"分为出口补贴和进口替代补贴两类，主要是指出口补贴。"红灯补贴"具体包括的内容很多，如政府按出口实绩对某一企业或产业提供的直接补贴、与出口或出口实绩相联系的特殊税收减让等。

　　（2）可申诉的补贴

　　可申诉的补贴又称"黄灯补贴"，是指允许使用的补贴，但若该补贴对 WTO 成员产生了不利影响，则可对其采取磋商手段，或动用争议解决程序或对其采取反补贴措施。"黄灯补贴"也有多种，如政府机构对某些特定企业或产业实施的各种收入保证或价格支持政策；政府机构以特别优惠的条件向某些特定企业提供货物（如原材料、设备、中间品等）和服务（如运输、技术、各种生产和销售服务等）；政府机构给予企业特殊的优惠安排，如实行差别税率、缓征税收或注销拖欠税款、减免税收等。

---

　　①　见"关税措施"一章中的"反补贴税"。

（3）不可申诉的补贴

不可申诉的补贴又称"绿灯补贴"，是合法的补贴，不能受到反补贴制裁，它包括所有非专门补贴，即那些不是主要使某个企业、某个产业或某个产业集团受益的补贴。非专门性补贴要求补贴的分配标准必须是中立的、非歧视的和以整个经济为基础的，不对部门加以区分。但对某些专门补贴也是不可申诉的，其中有研究与开发、对落后地区的帮助、帮助工厂适应新的环保规则（以上补贴均有一定限制）。

专栏 8-2

农产品出口补贴

由于出口补贴是政府对市场的一种干预，得到补贴的出口被视为一种不公平竞争，因此在世贸组织中出口补贴受到严格限制，但农产品除外。根据 WTO 的《农业协定》，出口补贴包括：政府根据出口实绩提供的补贴，政府以低于国内市场的价格出口或处理库存，通过政府措施融资（包括征税）支付农产品出口，视出口产品含农产品情况而对农产品提供的补贴，以及影响出口产品营销和运输成本的补贴。

截至 20 世纪末，共有 25 个 WTO 成员对 428 种农产品使用出口补贴，包括（括号内是补贴产品品种数量）：澳大利亚（5）、巴西（16）、保加利亚（44）、加拿大（11）、哥伦比亚（18）、塞浦路斯（9）、捷克（16）、欧盟（20）[①]、匈牙利（16）、冰岛（2）、印度尼西亚（1）、以色列（6）、墨西哥（5）、新西兰（1）、挪威（11）、巴拿马（1）、波兰（17）、罗马尼亚（13）、斯洛伐克（17）、南非（62）、瑞士（5）、土耳其（44）、乌拉圭（3）、美国（13）和委内瑞拉（72）。

欧盟是全球最大的出口补贴使用者。1995—1998 年，欧盟年均出口补贴支出约 60 亿美元，占全球出口补贴支出的 90％。瑞士是第二大出口补贴使用者，补贴份额约占 5％。美国是第三大出口补贴国，补贴份额不到 2％。欧盟、瑞士、美国和挪威 4 个 OECD 成员的出口补贴占到了全球的 97％。

出口补贴使用国最多的产品依次为：水果和蔬菜（19 国）、其他奶产品（15 国）、牛肉（14 国）、禽肉（13 国）、粗粮（12 国）、其他农产品（11 国）、蔬菜油（11 国）、乳酪（11 国）、糖（10 国）及小麦和面粉（10 国）。从数量上看，出口补贴最多的产品是粮食；从价值上看，出口补贴最多的产品是牛肉和奶产品；从实际补贴数量上看，单项最大补贴产品是小麦和面粉及粗粮，年均实际补贴量都在 1 000 万吨以上。100 万吨以上的产品依次为：水果和蔬菜、糖、其他奶产品和牛肉。从承诺完成情况看，较多依赖补贴（承诺完成率超过 50％）出口的产品主要是奶产品和肉蛋产品，包括乳酪、脱脂奶粉、蛋、牛肉、禽肉等。粮食的补贴水平则依国际市场状况波动较大。1995 年挪威禽肉出口补贴的数量超过承诺水平的 1.14 倍；1996 年欧盟稻米、1997 年波兰食糖和挪威羊肉、1998 年美国脱脂奶粉和欧盟猪肉的补贴数量都超过了当年承诺水平的 40％以上。最大的价值补贴超标发生于 1995 年匈牙利玉米出口补贴，其补贴价值超过承诺水平的 1.82 倍。1995—1998 年间，欧盟和挪威

---

① 显然，这里的欧盟指东扩之前的 15 国。在投票时，欧盟成员国一国一票。

成为 WTO 超标最多的两个成员。

由于美国和欧盟是全球最大的两个农产品出口地，其出口占世界市场的 35％以上，因此它们的农产品出口补贴对国际市场价格有着重要的影响。从几种主要补贴产品看，1995/1996 至 1999/2000 年度美国和欧盟的小麦出口约占世界市场的 44.2％（美国 29.8％，欧盟 14.4％），粗粮出口占 65.7％（美国 57.8％，欧盟 7.9％），脱脂奶粉出口占 30.3％（美国 5.1％，欧盟 25.2％），黄油出口占 27.2％（美国 2.6％，欧盟 24.6％），乳酪出口占 45.4％（美国 3.2％，欧盟 42.2％），牛肉出口占 32.9％（美国 15.8％，欧盟 17.1％），猪肉出口占 47.6％（美国 15.6％，欧盟 32.0％），禽肉出口占 61.9％（美国 45.3％，欧盟 16.6％），果菜出口占 28.7％（美国 17.2％，欧盟 11.5％）。可见，补贴较多的产品通常也是美欧拥有较大国际市场份额的产品。显然，这会对粮食、奶产品、畜产品和园艺产品的国际市场价格有不同程度的扭曲作用。据有关估计表明，出口补贴对全球农产品价格扭曲的贡献为 13％。

在 WTO 的新一轮谈判中，农产品贸易的自由化将会成为一个重要议题。在出口补贴上，以美国和凯恩斯集团（Cairns Croup）为主的成员主张全面终止一切形式的出口补贴，至少要大幅度削减出口补贴，比如在下一个执行期开始时，一次性削减出口补贴的50％，然后在一定时期内（发达国家 3 年，发展中国家 6 年）全面停止或一次性大幅度削减出口补贴。中间的建议（如印度和东盟等发展中国家）是，在新一轮谈判进行过程中，继续按现行《农业协定》规定的方式逐步削减出口补贴，并在谈判结束或 2006 年后的 3 年内终止使用出口补贴，但应给予发展中国家执行的灵活性，如更长的执行期限，允许补贴在不同类别的农产品之间转移，在发达国家高补贴情况下保留实施高关税的权利加以制衡等。还有部分成员建议，在不取消出口补贴的情况下，应针对不同的产品类别实行对单位（每吨）补贴数量进行不同的约束。

资料来源：转引自海闻等. 国际贸易. 上海：上海人民出版社，2003：308-309。

8.1.4　对出口产业的生产补贴

与出口补贴密切相关的出口鼓励措施是对出口产业进行生产补贴（Production Subsidies），这属于鼓励出口的产业政策。根据世界贸易组织（WTO）的规定，"除出口补贴以外的补贴"都是生产补贴。生产补贴与出口补贴不同，生产补贴对某些产业生产的所有产品都进行补贴，不管该产品是在国内市场销售还是出口到国际市场。生产补贴包括政府对商业企业的资助、税收减免、低息贷款等直接的方式，也包括对某些出口工业生产集中的地方给予区域性支持（如以优惠价提供土地或电力支持，加强交通通信等基础设施的建设等）、资助研究与开发项目等间接的方式。所有这些政策措施降低了这些出口企业的生产成本，提高了出口竞争力，起到了鼓励出口的作用。

由于生产补贴的形式多种多样，不像出口补贴那样明显，因此在出口补贴受到《补贴与反补贴协议》限制的情况下，不少国家的政府通过生产补贴等产业政策支持本国的出口行业。例如，日本政府在 20 世纪七八十年代就投入大量资金支持计算机和半导体行业的发展。1976 年至 1980 年的四年中，日本通产省为富士、日立、三菱、NEC 和东芝等企业的计算机集成技术开发补贴了 300 亿日元，占整个研究与开发费用的 43％。欧洲空中客车的生产也得到了法国和德国政府的大量补贴，据计算，这些补贴高达飞机价格的 20%。出口行业的国有企业也通常直接得到政府的生产补贴。不过，发达国家对其农业的补贴是最明显和最普遍的生产补贴。[①]

8.1.5 外汇倾销

外汇倾销（Exchange Dumping）是指降低本国货币对外国货币的比价，从而降低本国商品以外币表示的价格，增强本国商品的竞争力，达到扩大本国商品出口的目的。由于本币对外贬值还会引起进口商品价格的上涨，减少进口，所以外汇倾销在一定条件下可起到促进出口和限制进口的双重作用，进而改善贸易收支。

一国要通过外汇倾销成功地扩大出口、限制进口，改善贸易收支，必须满足"马歇尔-勒纳条件"（Marshall-Lerner condition），即出口需求弹性（D_x）与进口需求弹性（D_i）之和大于 1（$D_x + D_i > 1$）。"马歇尔-勒纳条件"假定：

① 当本币对外贬值导致国外市场需求扩大后，本国要能增加供给，且增加供给的产品数量与结构和增加的需求相适应；

② 有"闲置资源"，保证增加供给所需要的资源投入。

8.1.6 商品倾销

乌拉圭回合签订的《反倾销协议》第 2 条明确规定，如果一产品自一国出口至另一国的出口价格低于在正常贸易中出口国国内消费的同类产品的可比价格，即以低于"正常价值"的价格进入另一国市场，则该产品被视为倾销（Dumping）。

按照《反倾销协议》，对于市场经济成员来说，产品正常价值的确定有 3 种方法。第一种是同类产品在本国国内市场通常贸易过程中确定的价格。如果长期（通常为一年）以低于平均总成本（总成本指固定成本与可变成本加上销售费用、一般开支及管理成本的总和）的价格销售大量产品，则该价格不被视为通常贸易中的价格。第二种是如果在出口国国内市场的正常贸易过程中不存在该同类产品的销售，或由于出口国国内市场的销量太小，以至于不能进行价格比较，则用同类产品出口至一适当第三国的最高可比出口价格。第三种是原生产国的生产成本加合理金额的管理、销售和一般费用及利润之和，即所谓结构价值。一般情况下，应优先采用第一种方法；只有在不能采用第一种方法时，才能采用第二种或第三种方法。

1. 商品倾销的分类

按照倾销的目的不同，商品倾销可分为以下几种。

（1）偶然性倾销（Sporadic Dumping）

偶然性倾销是指公司因商品过季或改营其他业务，需要处理库存商品，但国内市场容量有限而以低于成本或较低的价格在国外市场抛售。这种倾销虽然会对进口国国内同类产品的生产与销售造成一定程度的冲击，但由于持续时间短，进口国家通常较少采用反倾销措施。

（2）周期性倾销（Periodic Dumping）

在需求萎缩期间，如果企业预期未来有更好的行情，并认为与收不回全部成本而继续生产相比，解雇工人和降低生产能力的成本更高，企业就可能倾销，以便在整个商业周期内稳

定生产。

（3）防御性倾销（Defensive Dumping）

即以低于生产成本的价格出口，以利于阻止潜在的竞争者进入进口国市场。

（4）间歇性倾销或掠夺性倾销（Intermittent or Predatory Dumping）

它是指一国出口商为了将进口国国内生产商挤出市场，获得其在进口国国内市场的垄断地位后再制定垄断高价，获取垄断利润，而以低于本国国内市场价格甚至低于成本的价格在某一外国市场销售产品。这是仅有的一种潜在地危害到进口倾销产品国家福利的倾销，它是20世纪初几十年间美国反倾销立法的最初原则。美国担心外国企业（或卡特尔）可能会故意使产品价格低得足以把现有的美国企业赶出市场而形成垄断。一旦形成垄断，垄断者会利用其市场力量超额弥补低价造成的损失。不过，垄断者（卡特尔）要实现垄断目的，不仅要消除进口国国内的竞争，而且还必须能够阻止新竞争者的进入。为了使这种情况成为可能，垄断者要么必须具有全球性垄断力量，要么说服进口国政府实施或容忍对进入市场的限制。

从实践上来看，20世纪20年代和30年代的国际混乱期间，工业制成品的掠夺性倾销曾普遍存在。但是，在现代竞争性市场上，掠夺性倾销可能变得越来越少了。试图消灭所有竞争者而暂时降低价格的厂商会发现，一旦他再度提高价格，许多跨国企业就会作为竞争者以有效率的大规模生产重新进入市场。实际上，第二次世界大战后一直没有关于掠夺性倾销的成功案例记载。

（5）持续性倾销（Persistent Dumping）

它是指一国出口商在较长时期内以低于国内市场价格的低价在某一外国市场销售产品，打击竞争对手，以挤进该国市场或提高在该国市场的份额。持续性倾销获得成功，需要具备以下几个条件。

① 能够成功地实施严格的市场分割，防止出口商品再被进口到国内，从而能够维持国内市场的高价。

② 企业能够实现规模经济或使生产能力得到充分利用，或企业需要尽可能快地沿其学习曲线下移，即随着产量增加，生产工人们不断提高效率，从而使单位生产成本逐渐下降。

③ 倾销价格必须高于边际成本[①]。

④ 出口商认为国外市场的需求弹性[②]大于国内市场，即随着价格的降低，外国消费者对出口产品需求的增加大于国内消费者。

2. 商品倾销与出口补贴的比较

出口补贴是"鼓励出口措施"，但商品倾销是否属于"鼓励出口措施"却有争议。逻辑上讲，"鼓励出口措施"属于政府政策措施，实施主体应为政府，而商品倾销却是企业行为。正因为如此，WTO——作为国家与政府的组织，并不处理公司的事务——仅订有《反倾销协议》，以规范政府对倾销可以采取的行动，却订有《补贴与反补贴协议》，既规范政府补贴，又规范政府对补贴做出的反应。[③] 商品倾销之所以被作为鼓励出口措施看待，原因是有

---

① 边际成本表示生产最后一单位产量的额外的或增加的成本。短期内，当生产商面对较大的规模经济和学习曲线，成本随着生产的增长而暴跌时，引来"远期价格"，就可能将价格定得低于当前的成本，无论是平均成本还是边际成本。

② 需求弹性被定义为价格变化导致的需求量变化百分比与价格变化百分比的比率。

③ 世界贸易组织秘书处. 贸易走向未来. 北京：法律出版社，1999：57。

的经济学家认为，出口商背后如果没有所在国政府的支持，根本不可能长期从事亏损的出口倾销。但是这种观点又使得商品倾销与出口补贴难以区别。

企业商品倾销与政府提供出口补贴的结果一般都表现为低价出口，但二者存在如下不同之处。

① 如上所述，二者行为主体不同。商品倾销是企业行为，出口补贴是政府行为。

② 低价出口期间造成的损失补偿来源不同。商品倾销来源于掠夺性倾销的垄断高价或长期性倾销的国内高价和规模经济，出口补贴则来源于政府的补偿。

③ 当低价出口给进口国造成"实质性危害"或有"实质性危害"威胁时，进口国政府谈判、调查的对象不同。前者是出口企业，后者是出口国政府。

④ 进口国针对低价出口采取的措施不同。前者征收反倾销税，后者征收反补贴税。对我国而言，美国和欧盟等国家（集团）在过去仅征收反倾销税。

⑤ 低价出口损失能否得到补偿的风险不同。商品倾销的降价损失有可能因垄断高价落空或国外需求弹性小而得不到补偿，出口补贴则无此风险。

⑥ 从目的来看，掠夺性倾销的出发点或目的是恶意的垄断高价，而出口补贴仅是为了增加产品竞争力，以挤进国际市场或扩大市场份额，是无恶意的，尽管出口补贴也会对进口国国内市场造成冲击。

8.1.7 促进出口的组织措施

为了鼓励出口，各国政府还普遍采取各种组织措施。具体做法主要有以下几种。

（1）重视本国驻外经济商务代表的工作

驻外经济商务代表的主要目标是尽最大努力，在最广泛的意义上增加国家的出口净收入。他们要寻找贸易机会，识别并评估所在国影响本国出口的各种贸易壁垒，组织贸易宣传活动，为本国出口商参加所在国的促销活动提供建议和支持，鼓励所在国的投资者到本国投资，搜集所在国的经济贸易信息等。

（2）设立权威性的综合协调机构

为了有效地促进出口，一些国家和地区很重视设立权威性的综合协调机构。例如，日本政府于1954年专门设立了由内阁总理担任委员长的"最高出口会议"，负责制定出口政策，为实现出口目标而在各省厅之间进行综合协调。韩国从1965年起建立了每月召开一次且由总统亲自主持的"出口扩大振兴会议"制度，专门研究扩大出口的问题。

（3）设立专门的为促进出口服务的机构

为了促进出口，许多国家成立了专门机构，为出口商提供各种服务。例如，为了促进英国的出口贸易，英国于1972年建立了海外贸易委员会，在海外贸易方面为政府提供咨询和为出口商提供出口帮助。它的主要任务有两项：一是提供信息，二是在资金方面对出口厂商提供资助。

（4）组建贸易中心和展览会

贸易中心是永久性设施，在贸易中心内可提供陈列展览场所、办公地点和咨询服务等。贸易展览会是流动性的展出，许多国家十分重视这项工作。例如，意大利对外贸易协会对它发起的展出支付本国公司80％的费用，对参加其他国际贸易展览会的本国公司给予30％～35％的补贴。

（5）组织贸易代表团出访和接待来访

许多国家为了发展出口贸易，经常组织贸易代表团出国访问，费用大部分由政府补贴。例如，加拿大政府组织的经贸代表团出访，政府支付大部分费用。还有许多国家设立专门机构接待来访团体。例如，英国海外贸易委员会设有接待处，专门接待官方代表团、社会团体、工商界协会等，以密切贸易活动。

（6）组织出口商的评奖活动

第二次世界大战后，对出口商给予精神奖励的做法在许多国家日益盛行。例如，美国设立了总统"优良"奖章，得奖厂商可以把奖章样式印在它们公司的文件、包装和广告上；日本政府把每年的 6 月 28 日定为贸易纪念日，在每年的贸易纪念日，由通商产业大臣向出口贸易成绩卓著的厂商和出口商社颁发奖状。

（7）发挥商会的作用

商会是企业之间一种自愿的、长期的、可以不断调整合作关系的组织，可以促进信息的交流，加大对涉及影响声誉事件的处理，降低解决贸易争端的成本等。不论在发达国家还是在发展中国家，商会已成为普遍的现象。

8.1.8 经济特区措施

一些国家或地区为了促进出口，在其领土上的部分经济区域内实行特殊政策。在这个区域内，政府通过降低地价、减免关税、放宽海关管制和外汇管制、提供各种服务等优惠措施，吸引外国商人发展转口贸易，或鼓励和吸引外资，引进先进技术，发展加工制造业，以达到开拓出口货物、增加外汇收入、促进本国或本地区经济发展的目的。目前，各国设置的经济特区主要分为以下 4 种。

（1）自由贸易区

自由贸易区（Free Trade Zone）[①] 是划在关境[②]以外的一个区域，对进出口商品全部或大部分免征关税，并且准许在港内或区内进行商品的自由储存、展览、加工和制造等业务活动，以促进地区经济及本国对外贸易的发展。

国际上通行的自由贸易区内基本上没有关税或其他贸易限制，实施贸易与投资自由化的政策与法规，贸易区内人、财、物及信息的流动都比较自由，办事程序简便、透明，政府部门办事效率高，通关速度快，资金融通便利。自由贸易区通常还有完善的海、陆、空交通基础设施，有发达的、国际化的多式联运体系和物流体系，有满足现代化大型集装箱船舶需要的深水港务体系，有通向世界各地的航线及发达的国内支线。[③]

虽然自由贸易区本身是对进出口的双向鼓励，但多数国家在本国境内设立自由贸易区的目的是为了促进出口。

---

① 此处的自由贸易区（Free Trade Zone）是设在一国境内的区域，不同于国家之间的自由贸易区（Free Trade Area，FTA）。

② 关境是一国海关所管辖和执行有关海关各项法令和规章的区域。一般情况下，关境和国境范围是一致的，但是也有不同的情况。有些国家在本国的国境内设有属于关境之外的自由贸易区、自由港、出口加工区等，则其关境小于国境；有些国家组成关税同盟甚至更高水平的区域经济一体化形式（如欧盟），则其关境大于国境。

③ 海闻等. 国际贸易. 上海：上海人民出版社，2003：313.

（2）出口加工区

出口加工区（Export Processing Zone）是一国专门为生产出口产品而开辟的加工制造区域。在此区域内，一些以出口为导向的经济活动受到一系列政策工具的刺激和鼓励，而这些政策工具通常不适用于其他经济活动和其他经济区域。加工区生产的产品全部出口或大部分供出口。

在不发达国家建立的大部分出口加工区内，生产活动占统治地位；加工区内的大部分公司是跨国公司的子公司，而这些公司生产的产品均销往国外。东道国提供各种鼓励措施以吸引外国公司进入出口加工区，这些措施包括免税、提供廉价的劳动力和土地租金、放宽管制、限制工会活动等。对跨国公司来说，所有这些特权（优惠政策）均可通过出口加工区转化成比向其他地方投资来得更高的盈利潜力。[①]

我国从 2000 年开始批准 15 个出口加工区试点，它们位于大连、天津、北京、烟台、威海、江苏昆山、苏州工业园、上海松江、杭州、厦门杏林、深圳、广州、武汉、成都、吉林珲春。这些加工区的功能比较单一，仅限于产品外销的加工贸易，区内设置出口加工企业及相关仓储、运输企业。加工区对出口产品免征增值税和消费税，有力地促进了产品的出口。区内实行封闭式的区域管理模式，海关在实行 24 小时监管的同时，提供更快捷的通关便利，实现出口加工货物在主管海关"一次申报、一次审单、一次查验"的通关要求。

（3）保税区

保税区（Bonded Area）是海关所设置的或经海关批准注册的特定地区和仓库。外国商品存入这些保税区内，可以暂时不缴纳进口税；如果再出口，不缴纳出口税。运入区内的商品可进行存储、改装、分类、混合、展览、加工和制造等。设置保税区主要是为了发展转口贸易，增加各种费用收入，并给予贸易商经营上的便利。

我国借鉴国外自由贸易区、出口加工区的成功经验，结合我国国情而创办了保税区，其主要功能与自由贸易区和出口加工区相似。自 1990 年 5 月以来，我国已建成了上海外高桥、天津港、大连、青岛、张家港、宁波、厦门象屿、福州、海口、汕头、珠海、广州、深圳福田、沙头角和盐田港 15 个保税区，规划开发面积累计 42.39 平方公里。

（4）自由边境区

自由边境区（Free Perimeter）一般设在本国的一个省或几个省的边境地区，其目的和功能都与自由贸易区相似，只是在规模上小一些。对于在区内使用的生产设备、原材料和消费品可以免税或减税进口；如果从区内转运到本国其他地区出售，则须照章纳税。外国货物可以在区内进行存储、展览、混合、包装、加工和制造等业务活动。设置自由边境区的目的在于利用外国投资，开发边境地区的经济，也可通过这些地区自由出口一些商品。美洲的一些国家设有自由边境区，我国在中俄边境、中越边境也有少量的自由边境区。

8.2　鼓励出口措施的经济效应

从理论上看，出口鼓励政策有其积极的一面，但同时也可能有与之相伴随的不利影响。

---

① 转引自：海闻．国际贸易．上海：上海人民出版社，2003：313-314．

下面分析出口补贴和生产补贴两种出口鼓励政策措施实施的经济效应。

8.2.1　出口补贴的经济效应

出口补贴的影响远不限于其引起的直接后果——出口扩大，而是会对出口国的生产者和消费者、进口国的生产者和消费者，乃至对进、出口国的经济发展和收入分配都产生一系列的深刻影响。这些影响也因各国在国际市场上的份额大小而不同。

1. 出口小国出口补贴的经济效应

在图 8 - 4 中，没有出口补贴时，出口小国的国内生产为 S_1，需求量为 D_1，出口 X_1 面临着国际市场价格 P_w。假定该国政府实施出口补贴，每单位商品出口的补贴为 100 元，出口商每出口一单位商品的实际所得为 $P_w + 100$ 元。在这一价格下，生产者愿意扩大生产，增加出口，新的生产量为 S_2。

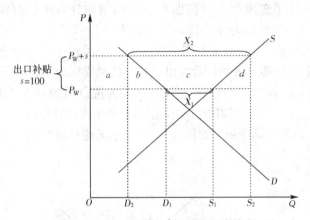

图 8 - 4　出口小国出口补贴的经济效应

国内消费面临的市场价格与消费量是否会发生变动呢？由于出口补贴使得出口比在国内销售获利更多，在政府没有限制出口数量的情况下，企业当然要尽量扩大出口，除非生产商在国内市场也能获得与出口同样多的收入。正是因为补贴限于出口商品，生产商要想在国内获得与出口同样多的收入，除了提价别无他法，所以国内市场价格上涨。价格上升后，消费自然减少，下降到 D_2。从另一个角度来看，消费者也只有付出与出口者出口所能得到的收入一样的价格，才能确保一部分商品留在国内而不是全部出口。供给在满足了国内需求之后的剩余即为出口，用 X_2 表示。可见，出口补贴的结果是：国内的生产增加，出口增加，国内价格上升，消费减少。

国内价格上涨使消费者剩余减少 $(a+b)$；生产者剩余[①]增加 $(a+b+c)$，其中 a 是由消费者剩余转移过来的；政府出口补贴的总支出为 $(b+c+d)$，其中 $(b+c)$ 转变为生产者剩

[①]　所谓生产者剩余，是指生产者以比他们愿意接受的最低价格更高的市场价格销售商品所获得的经济福利，在数字上即收入与生产成本的差额。在图形上表示就是供给曲线以上、价格线以下与纵轴围成的面积。消费者对产品的价值评价与其购买商品时所支付价格的差额，对消费者来说，这是一个净经济福利收益，即消费者剩余，也就是消费者用比他们为某商品愿意且能够支付的最高价格更低的市场价格购买该商品所获得的经济福利。在图形上表示就是价格线以上、需求曲线以下与纵轴围成的面积。

余；国民福利的净影响是$-(b+d)$，即净损失，其中b为消费者减少消费而带来的福利下降，d为生产者增加产量而带来的效率损失。

2. 出口大国出口补贴的经济效应

如果是出口大国，出口补贴对国内价格、生产、消费及国民福利的影响在性质上是一样的，但国民福利净损失更多。如图8-5所示，大国出口补贴的结果是国际市场上的供给大大增加，国际市场价格下跌（假定P_W从降到P_W'）。所以，虽然生产者每出口一单位商品同样从政府那里得到了100元的补贴，但每出口单位商品从进口国所得到的收入要低于补贴前，即与补贴前相比，单位商品出口的实际收入增加不到100元，比在小国情况下要少。因此，同是每出口一单位商品得到100元的补贴，大国生产和出口增长的情况要小于小国。国内价格等于新的出口产品国际市场价格（P_W'）加上100元，其低于小国的（P_W+100）元，从而使国内商品消费量的下降幅度也小于小国。

大国的出口补贴除了造成生产的扭曲和消费的扭曲外，还会造成出口产品的国际市场价格下降，使出口国的贸易条件恶化，国民福利的净损失大于小国出口补贴造成的国民福利净损失。在图8-5中，消费者剩余减少（$a'+b'$）；生产者剩余增加（$a'+b'+c'$），其中a'是由消费者剩余转移过来的；政府出口补贴的总支出为（$b'+c'+d'+e+f+g$），其中（$b'+c'$）转变为生产者剩余，（$e+f+g$）转变为进口国的收入；国民福利的净损失是（$b'+d'+e+f+g$）。由于图8-5中的$b'+e$相当于小国出口补贴时的b，$d'+g$相当于小国时的d，大国国民福利的实际净损失比图8-4中的小国的净损失多了f，而大国出口增长量小于小国。

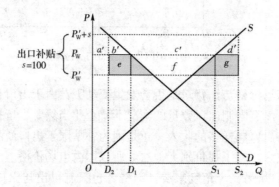

图8-5　出口大国出口补贴的经济效应

8.2.2　生产补贴的经济效应

如同出口补贴的经济影响在小国和大国两种情况下不同一样，生产补贴的经济影响也分小国和大国两种情况。

1. 小国的出口产业生产补贴效应

图8-6中的S和D分别是出口小国国内某种产品的供给和需求曲线。在自由贸易情况下，A国生产S_1吨，国内消费D_1吨，出口X_1吨。现在假定该国政府对该产品进行生产补贴，生产商每生产一吨该产品可得到100元。如此补贴的结果，由于是小国，国际市场价格不变，生产商仍然按原来的国际市场价格P_W销售，但实际收益是每单位P_W+100元，生

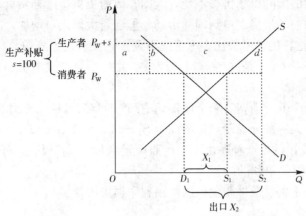

图 8-6　小国出口产业的生产补贴经济效应

产商会将生产扩大到 S_2[①]。与出口补贴不同，生产补贴不影响国内市场价格，从而没有在增加出口的同时牺牲本国消费者的利益。原因在于生产补贴是按产量而不是按在国内外哪个市场销售进行补贴。对于生产商来说，在产品进入市场以前就已得到了补贴，所以在哪个市场销售就取决于售价了。在自由贸易条件下，国内、外市场价格相同，生产商在这两个市场可以得到同样的报酬，就不必在国内市场提高价格了。[②] 由于该产品的国内市场价格没有变化，国内的需求量也没有变化，新增加的生产量就成为新增的出口量，即由原来出口 X_1 增加到出口 X_2。[③]

　　由于消费者价格不变，消费者剩余不变；生产补贴的结果是生产者剩余增加($a+b+c$)，政府的补贴支出是 ($a+b+c+d$)，国民福利的净损失是 d（由生产扭曲造成），小于出口补贴下的国民福利净损失（$b+d$）。因此，从国民福利的角度来讲，生产补贴优于出口补贴。但是，对于政府来说，政府支出的生产补贴要比出口补贴多 a。

2. 大国的出口产业生产补贴效应

　　大国的情况要复杂些，如图 8-7 所示。大国政府提供生产补贴，产量增加，其结果与

---

　　① 关于 S_2 的确定及经济效应，也可以这样理解：如此补贴的结果，相当于该产品每吨的生产成本下降 100 元，供给曲线向下平移 100 元，为 S'（见图 8-6'）。由于是小国，国际市场价格不变，生产商会依据新的供给曲线 S' 将生产扩大到 S_2。由于消费者面对的价格不变，消费者剩余不变；生产补贴的结果是生产者剩余增加 ($d+e+x$)（x 是 S 和 S' 两条供给曲线与 P_W-s 价格线围城的面积），政府的补贴支出是 ($a+b+c+d+e+f$)，净福利效应是 ($x-a-b-c-f$)。

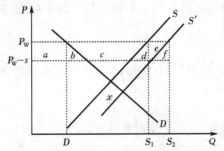

图 8-6'　小国出口产业生产补贴的经济效益

　　② 如果国内市场由于得到保护，国内市场价格高于国际市场价格，则生产商就会优先在国内市场销售。竞争的结果是国内市场售价降低。如果国内市场价格降到国际市场价格以前国内市场不能出清，则会降到等于国际市场价格。

　　③ 相当于成本降低。

小国不同。小国面对的国际市场价格不变，大国在政府提供生产补贴后，新增加的生产量期初可以按照生产补贴前的价格出口到国际市场，但随着大国出口增加，国际市场售价会降低到 P'_W，贸易条件恶化，出口增长比小国情况下要少；而且由于竞争，国内市场售价也降低到 P'_W，但生产者的实际收益是 (P'_W+s)，产量扩大到 S'_2，产量增量小于小国的增量；同时消费量上升到 D'_2。

于是，由于价格降低，消费者剩余增加 e；生产者剩余增量比小国的 $(a+b+c)$ 少（一部分缘于价格降低，另一部分缘于产量增加为 S'_2-S_1，小于 S_2-S_1，得到的补贴减少），为 $(a'+b'+c')$；政府支出的生产补贴由于生产商产量增加比 S_2-S_1 小而减少，为 $(a'+b'+c'+d'+e+f+g)$；国民福利的净损失是 $(d'+f+g)$，其中 $d'+g$ 相当于小国的 d，所以与小国相比，大国由于贸易条件恶化，国民福利净损失增加了 f。[①]

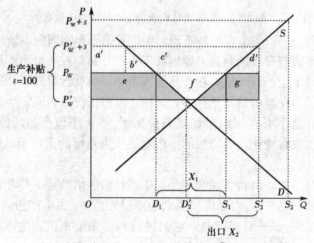

图 8-7　大国出口产业的生产补贴[②]经济效应

8.3　出　口　管　制

大多数情况下，各国政府是鼓励出口、限制进口的，但对某些商品或在某些时候或对某些国家也采取出口管制（Export Control）措施。所谓出口管制，也叫出口限制，是指出口国通过各种经济和行政措施，对本国出口贸易进行管理和限制的行为。

8.3.1　出口管制的原因

通常，各国尤其是西方发达国家，实行出口管制的主要原因包括经济原因、政治原因、军事原因及其他原因。

（1）经济原因

许多国家对本国比较稀缺而又比较重要的商品常常会实行出口管制，以保证国内的需

---

① 另一种理解方法可参考小国的情况。

② 图中的价格（P_W+s）和产量 S_2 在大国情况下是不存在的，今在图中标出，只是为了帮助读者理解大国与小国的比较。

要，如不少发展中国家对其粮食或其他农产品实行出口管制。一些资源缺乏的发达国家（如日本等）对其原材料的出口也实行出口管制。另外，对于本国出口量大或占国际市场份额大的产品，为了稳定或控制国际市场价格也会实行出口管制，如石油输出国组织（OPEC）为了保证国际油价不下跌，往往限制石油的生产和出口。

（2）政治和军事原因

政治和军事原因往往是出口管制的主要原因，也是各国实行国别政策的重要手段之一。一些西方发达国家经常对与自己"敌对"或"不友好"的国家实行出口管制，特别是武器、军事设备、高技术产品和重要战略物资的出口受到了严格的限制。最典型的例子是美国。美国将阿富汗、叙利亚、伊朗、黎巴嫩等国列入恐怖主义国家而实行禁运。西方国家为了保持在军事上对社会主义国家的领先地位，对武器及相关技术设备和战略物资向这些国家出口也予以控制。

冷战结束以后，联合国在国际事务中发挥着日益重要的作用，对发动侵略战争的国家实行制裁，其中禁运就是迫使发动战争的国家停止侵略行为的主要措施。例如，伊拉克发动对科威特的侵略战争后，联合国安理会便通过了对伊拉克实行全面禁运的决议。为了保证世界的和平与安全，国际社会通过了"核不扩散条约"，各国都有义务对可能用于核武器制造的技术与装置、原料的出口实行出口管制。同样，国际社会也禁止生化武器的研究与使用，有关化学武器与有关原材料的出口也受到限制。

（3）其他原因

如为了人权，禁止劳改产品的出口；为了保护地球生态环境和濒危动植物，对一些物资进行全球性的贸易禁运；为了保护历史文物，对一些特殊商品的出口实行管制。

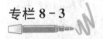

专栏 8 - 3

封锁和禁运

封锁是经济封锁的简称，指一国或数国为达到一定的政治、经济、军事目的而对另一国或数国断绝贸易金融关系，冻结资金、财产等的行为。禁运是经济封锁的组成部分，指一国或数国断绝与其他国家的商品、劳务关系及一切运输工具相互往来关系的行为。为达到封锁与禁运的目的，通常采用的措施有以下几种。

①中断与被封锁或被禁运国家之间的一切商品、劳务交换关系。

②禁止向被封锁或被禁运国家出口专利技术和专有技术（KNOW - HOW）。

③停止向被封锁或被禁运一方提供一切军事、经济以至人道援助。

④禁止向被封锁或被禁运一方进行任何投资，断绝彼此之间的货币金融关系。

⑤冻结被封锁或被禁运一方政府机构和私人在本国的一切资金和财产。

⑥禁止本国的车辆、船只、飞机及其他运输工具装载货物前往被封锁或被禁运国家或地区。

⑦制止双方之间的人员交流，等等。

俄国十月革命胜利之后，为了扼杀年轻的苏维埃政权，几乎所有帝国主义国家都参加了对苏维埃俄国的全面封锁与禁运。第二次世界大战爆发后，德国法西斯使用了一切经济、军事手段，对英国实行了经济封锁与禁运，造成了英国在第二次世界大战中各种物资极度匮乏的状况。第二次世界大战结束至今，世界上发生过多次的封锁与禁运。1949年11月，为适应"冷战"的需要，美国在北大西洋公约组织第一次理事会上，操纵成立了未经签约的非正式经济封锁组织——巴黎统筹委员会，专门从事对前苏联和东欧人民民主国家实行经济封锁与禁运。1950年，美帝国主义发动侵朝战争，中、朝人民为了保家卫国，并肩与美帝国主义及其仆从军队进行了战斗。为此，1951年美国操纵联合国大会通过了对我国、朝鲜实行封锁与禁运的决议，并于1952年9月在巴黎统筹委员会中增设"中国委员会"，加强对我国实行全面的封锁与禁运。该委员会通过的对我国的禁运货单项目达500余项，占当时参加国际贸易商品数目的一半左右。经过我国人民的长期斗争及世界局势的逐渐缓和，20世纪60年代以来，该委员会逐渐放宽了对我国的贸易限制。在1973年10月爆发的阿以中东战争中，阿拉伯石油生产输出国家与其他主持正义的国家联合起来，对那些支持以色列发动侵略战争的发达资本主义国家实行了石油禁运，这是发展中国家对发达资本主义国家主动实行的禁运。这次以石油为武器的禁运斗争取得了巨大的胜利。1979年，联合国安理会通过了对南非种族主义政权实行武器禁运的决议。1986年，由于南非种族主义者对内实行残酷的种族歧视政策，对外进行侵略扩张，引起了全世界各国人民和主持正义国家的极大愤怒，非洲国家绝大多数宣布对南非实行全面封锁或禁运。一些发达资本主义国家和国家集团（如美国、欧洲经济共同体等）也宣布了对南非种族主义政权实行经济制裁和部分禁运。这些封锁、禁运和制裁对南非黑人反对白人种族主义者的斗争给予了有力的支持。

必须指出，与战后初期相比，在国际经济关系中，封锁与禁运正逐渐趋于减少。这是由于在经济生活国际化极大发展的条件下，实行封锁与禁运会破坏正常的经济往来，使封锁禁运国与被封锁禁运国都会遭到不同程度的经济损失。因此，各国在决定采取对一国或数国实行封锁或禁运时是十分审慎的。

资料来源：转引自赵春明．国际贸易学．石油工业出版社，2003：266。

8.3.2 出口管制的对象

实行出口管制的商品通常主要有以下几类。

（1）战略物资及有关的尖端技术和先进技术资料

如武器、军用飞机、先进的电子计算机及有关技术资料等。多数国家对这类商品与相关技术资料实行严格控制，只有领取出口许可证后，才能被允许出口。

（2）国内紧缺物资

国内紧缺物资即国内生产紧迫需要的原材料和半制成品及国内供应明显不足的商品。这些物资如果自由输往国外，势必加剧国内的供给不足和市场失衡，影响本国经济的正常发展，因此其出口常常受到限制。

（3）需要"自愿"限制出口（"Voluntary" Export Restrict，VER）的商品

迫于进口国（集团）的强大压力，出口国不得不对某些具有很强竞争力的商品实行出口管制。例如，根据纺织品"自限协定"，纺织品出口国必须自行管理本国某些纺织品的出口数量。

（4）本国在国际市场上占主导地位的重要商品和出口额大的商品

这对发展中国家来说尤为重要。因为大多发展中国家出口商品较为单一，出口市场也较集中，当国际市场价格下跌时，需要尽量控制该商品的过多出口，以免加剧国际市场供大于求的不利形势，给本国带来更大的经济损失。

（5）为保持生态平衡而得到保护的某些动植物产品

如象牙、犀牛角、虎骨等珍稀动物药材、珍稀动物本身及其制品，均在禁止出口商品的范围。

（6）历史文物和艺术珍品

如文物、艺术品等特殊商品的出口，国家一般都予以严格控制和管理，以保护本国艺术遗产，弘扬民族文化精神。

8.3.3　出口管制的形式

出口管制的形式主要有单方面出口管制和多边出口管制两种。

（1）单方面出口管制

所谓单方面出口管制，是指一个国家根据本国的出口管制法案，设立专门的执行机构，对本国某些商品的出口实行管制。在这方面美国具有代表性。

早在 1917 年，美国国会就通过了《1917 年与敌对国家贸易法案》，禁止任何私人与美国敌人及其同盟者在战争时期或国家紧急时期进行财政金融和商业往来。第二次世界大战结束后，为了对当时存在的社会主义国家如前苏联实行禁运，又于 1949 年通过了《出口管制法案》，以禁止和削减经由贸易渠道出口的所有商品和技术资料。这个法案虽然后来做了几次修改，管制有所放松，但主要规定未变。冷战结束后，美国继续对技术和设备实施严格的单方面出口管制。例如，美国仍对中国实行高技术控制，迫使英特尔公司、美国电报电话公司、国际商用机器公司等，只能将它们最好的技术束之高阁。美国的这一举措也损害了美国自身的贸易和经济利益。为此，美国国会在 1995 年推出了新的《出口管制法案》，以使美国国家安全与出口商的商业利益达到更好的平衡和协调。

在具体操作方面，美国出口管制由总统指令美国商务部执行，商务部设立贸易管理局具体办理出口管制工作。贸易管理局根据有关法案和规定，制定出口管制货单和输往国别分组管制表。在管制货单内列有各种需要管制的商品名称、商品分类号码、商品单位及所需的出口许可证类别等；在输往国别分组管制表中，则把有关输往国家或地区分成八组，进行宽、严程度不同的出口管制。

（2）多边出口管制

所谓多边出口管制，是指一些国家为协调彼此的出口管制政策和措施，通过达成共同管制出口协议，建立国际性的多边出口管制机构，共同制定多边出口管制的具体措施，以期达到共同的政治目的和经济目的。冷战时期存在的巴黎统筹委员会就是一个典型的国际性多边出口管制机构。

巴黎统筹委员会本名为输出管制统筹委员会，正式成立于 1950 年 1 月，其总部设在巴黎，故而得名巴黎统筹委员会，简称"巴统"，由美国、英国、法国、意大利、加拿大、比利时、卢森堡、荷兰、丹麦、葡萄牙、挪威、联邦德国、日本、希腊、土耳其、西班牙和澳大利亚 17 个国家组成。该组织的主要任务是：制定禁止、控制向社会主义国家出口的战略物资、高技术及其产品的标准和详细的禁运清单；审议可免除禁运面向社会主义国家出口的具体申请项目；协调和监督其禁运政策的执行和实施。

1994 年 3 月 31 日，作为冷战产物的巴黎统筹委员会宣布解散。1995 年，美国与其他主要工业化国家就建立新的出口管制体制、防止武器和具有军事用途的高技术产品落入潜在的敌对国之手等问题达成了协议。1996 年 9 月，美国与其他 32 个国家共同签署了《关于常规武器与两用产品和技术出口控制的瓦瑟纳尔协定》（简称《瓦瑟纳尔协定》），在此基础上建立起新的多边出口控制机构。

与"巴统"相比，《瓦瑟纳尔协定》是一个十分松散的组织。它把出口决定权留给各国政府，而不像以前的"巴统"有权禁止向前"华约组织"国家出口高技术产品；它没有正式列举被管制的国家，只在口头上将伊朗、伊拉克、朝鲜和利比亚四国列入管制对象；它也不具备审议职能，不要求成员国将其出口许可证送交审议。《瓦瑟纳尔协定》规定有"自行处理"原则，成员国可以参照共同原则和清单自行决定实施出口管制的措施和方式，自行批准本国的出口许可。

本章要点

1. 鼓励出口的措施主要有出口信贷、出口信用保险、出口补贴、生产补贴、外汇倾销、商品倾销、组织措施、经济特区措施等。

2. 小国出口补贴的经济效应是国内供给增加，出口增加，国内价格上升，消费减少。

3. 大国的出口补贴除了造成生产和消费的扭曲外，还造成了出口产品的国际市场价格下降，使贸易条件恶化，国民福利的净损失大于小国出口补贴造成的国民福利净损失。

4. 小国生产补贴不影响国内市场价格，从而没有在增加出口的同时牺牲本国消费者的利益，因此从国民福利的角度来讲，生产补贴优于出口补贴。但是，对于政府来说，政府支出的生产补贴要比出口补贴多。

5. 大国政府提供生产补贴，产量增加，出口增加，国际市场售价会降低，导致贸易条件恶化，出口增长比小国情况下要少。而且由于竞争，国内市场售价降低，所以产量增量要小于小国的增量。

6. 各国政府采取出口管制措施的原因有经济原因、政治原因、军事原因及其他原因。出口管制的形式主要有单方面出口管制和多边出口管制两种。

复习思考题

一、本章关键术语

出口信贷　卖方信贷　买方信贷　直接补贴　间接补贴　外汇倾销　出口补贴

二、简答题

1. 为什么买方信贷要比卖方信贷使用普遍？

2. 什么是出口管制? 西方国家实施出口管制的基本形式有哪些?

3. 什么是商品倾销, 它可以分为哪些类型?

三、计算分析题

一国每年在世界市场上以每台 6 000 美元的价格出口 50 台拖拉机, 该国政府希望进一步发展本国的拖拉机工业并扩大其出口, 决定给予每台拖拉机 900 美元的出口补贴。该决定使得拖拉机的国内市场价格上升为每台 6 450 美元, 而在外国市场上的价格下降为 5 550 美元。下图描述了该国拖拉机市场的状况。

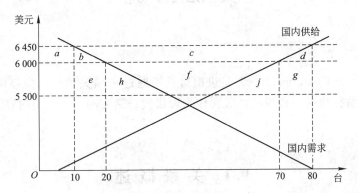

(1) 为什么出口补贴没有完全反映在国内市场的新价格上?

(2) 出口补贴对该国的生产和出口有什么影响?

(3) 出口补贴对消费者剩余、生产者剩余和政府收入有什么影响?

(4) 在图中, 消费者剩余、生产者剩余和政府收入分别由哪些区域表示?

(5) 出口补贴对该国贸易条件有什么样的影响?

四、论述题

1. 试分析贸易小国实施出口补贴后的经济效应。

2. 你认为我国目前可采取哪些具体措施鼓励商品的出口?

第9章

关 税 措 施

关税（Tariff or Customs Duty）是进出口货物通过一国关境时，由该国政府所设立的海关向进出口商所征收的一种税收。关税作为现代贸易制度的一个重要内容，对一国国民经济有重大影响。

9.1 关 税 概 述

9.1.1 关税的特点

关税与其他国内税赋一样，具有强制性、无偿性和预定性。但是，与国内税相比，关税还具有以下特点。

（1）关税是一种间接税

关税属于间接税。因为关税主要是对进出口商品征税，其税负由进出口贸易商垫付，然后把它作为成本的一部分加在货价上，在货物出售时转嫁给买方或消费者。

（2）关税的税收主体和客体是进出口商人和进出口货物

按纳税人与课税货物的标准，税收可分为税收主体和税收客体。税收主体（Subject of Taxation）也称课税主体，是指在法律上根据税法规定，负担纳税的自然人或法人，也称纳税人（Taxpayer）。税收客体（Object of Taxation）也称课税客体或课税对象，是被生产、消费或使用的物品等。

关税的税收主体是本国进、出口贸易商。当商品进、出国境或关境时，进、出口商根据海关法规定向当地海关缴纳关税。关税的税收客体是进、出口货物。根据海关法，对各种进、出口商品制定不同税目和税率，征收不同的税收。

9.1.2 关税的作用

对进、出口货物征收关税，可以起到增加财政收入、调节进出口商品结构、保护国内产业三方面的作用。

（1）增加财政收入

关税是海关代表国家行使征税权，因此，关税的收入是国家财政收入来源之一。这种以增加国家财政收入为主要目的而征收的关税，称为财政关税（Revenue Tariff）。随着社会经济的发展、其他税源的增加，总体上财政关税的意义已大为降低，关税收入在国家财政收入中的比重已经相对下降。发达国家的全部财政收入中关税所占的比重很低，如美国20世纪末关税仅占政府全部财政收入的1％左右。对于经济比较落后的国家来说，财政关税仍是其财政收入的一个重要来源。关税在财政收入作用降低的同时，被世界各国普遍作为限制外国商品进口、保护国内产业和国内市场的一种手段来加以使用。

（2）调节进、出口商品结构

一个国家可以通过调整关税结构来调整进、出口商品结构。在海关税则中，可以通过调高某项产品的进口税达到减少进口数量的目的，或是通过调低某项产品的进口税达到扩大进口数量的目的。但是，在大多数国家和地区加入WTO并达成关税减让表协议，从而将大部分税目的关税率"固定"，关税的这一作用大大减弱。例如，乌拉圭回合后，不按贸易量或贸易额加权，仅按关税税号的百分比计算，发达国家、发展中国家、转型经济国家的约束关税的比例分别为99％、73％、98％。在农产品领域，目前100％的产品为约束关税。我国约束关税的比例为100％。

（3）保护国内产业与市场

关税能限制外国商品的进入，尤其是高关税可以大大减少有关商品的进口数量，减弱以至消除进口产品对国内进口竞争企业的竞争，从而达到保护国内同类产业或相关产业的生产与市场的目的。这种以保护本国产业和市场为主要目的的关税，称为保护关税。目前各国设置的关税主要是保护关税（Protective Tariff）。

在其他条件相同的情况下，关税率越高，关税对本国同类产品的保护程度也越高。但一国产品所受到的保护不仅受到对最终产品征收关税的影响，也受到对它们的原材料投入征收关税的影响。因此，关税税率所反映的保护率只是一个名义保护率（Nominal Rate of Protection，NRP）。名义保护率是指由于实行关税保护而引起的国内市场价格超过国际市场价格的部分与国际市场价格的百分比。以名义保护率来衡量关税保护率的高低有一定的局限性，其主要原因是有许多因素都会影响到一种产品的国内外价格差。除关税外，重要的影响因素还包括外汇制度、补贴、其他非关税措施等。

对制成品而言，其生产涉及不同的原料或半制成品。只有考察某一特定产业单位产品的增值部分的税率时，才代表着关税对本国同类产品的真正有效的保护程度，即有效保护率（Effective Rate of Protection，ERP）。有效保护率是关税等保护措施对某工业单位产品"增值"部分所给予的影响，即一国整个的贸易壁垒体系使某产业单位产出的增值提高的百分比。公式为

$$ERP = \frac{W - V}{V}$$

其中，ERP为有效保护率，W为施加一整套关税后的产出增加值，V为施加一整套关税前的产出增加值。

在实际计算有效保护率时，常使用公式

$$ERP = \frac{T - Pt}{1 - P}$$

其中：

T——进口的最终产品的名义关税率；

t——进口原材料的名义关税率；

P——原材料在最终产品中所占的比重（以不含关税的价格比表示）。

该公式的推导如下。

$$\text{ERP} = \frac{W-V}{V} = \frac{\left[X(1+T)-X'(1+t)\right]-(X-X')}{X-X'} = \frac{XT-X't}{X-X'}$$

其中：

X——某种制成品的自由贸易价格；

X'——生产这种制成品的投入品，即原材料的自由贸易价格。

因为 $X'=XP$，故

$$\text{ERP} = \frac{XT-XPt}{X-XP} = \frac{T-Pt}{1-P}$$

即

$$\text{ERP} = \frac{T-Pt}{1-P}$$

若 t 为 0 或根本没有进口投入品，则上式为

$$\text{ERP} = \frac{T}{1-P}$$

在有多种投入品的情况下，若已知对某一种产业（j）的产出品和 n 种投入品征收的名义关税率，则对产业 j 的有效保护率为

$$e_j = \frac{t_j - \sum_i a_{ij}t_{ij}}{1 - \sum_i a_{ij}}$$

式中：

t_j——对产业 j 的产出品征收的名义关税率；

$i=1$，2，…，n——对产业 j 的投入品征收关税的项目；

t_{ij}——对产业 j 的投入中第 i 项投入征收的名义关税率；

a_{ij}——施加关税前 j 产业中第 i 项投入成本占产业 j 的产出值的比重。

当某一特定产业的产品受到比其投入品高的关税率的保护时，有效保护率会大于名义保护率。由于各个生产阶段会出现关税结构的升级①，最终产品的生产商往往比中间产品的销售者得到更高的有效保护率。因此，关税税率的结构对实际保护水平起着重要的决定作用。最终产品的有效保护率与名义保护率的关系为：当最终产品的名义保护率大于其所用进口原材料的名义税率时，有效保护率大于名义保护率；当最终产品的名义保护率等于其所用进口原材料的名义税率时，有效保护率等于名义保护率；当最终产品的名义保护率小于其所用进

---

① 关税升级是指这样一种关税税率结构，即对工业原料、农产品等的税率较低或免税，但随着加工次数、加工深度的提高，关税率也逐渐提高。

口原材料的名义税率时，有效保护率小于名义保护率。

有效保护率概念比名义保护率更能真实地反映关税的保护水平，但它有以下缺点：一是它在技术上假定原材料系数固定不变（即没有产品替代）；二是假定进口商品的国际价格不受本国关税影响（即假定本国为小国）。

专栏 9-1

随着国内加工程度加深，关税税率不断上升

从表 9-1 可以看出，美国、欧盟、日本具有相同的保护模式：对初级产品进口免税或只征很低的关税，对半成品征收较高的关税，对最终产品进口征收更高的关税。这样一个瀑布式的关税结构的结果是：国内加工程度越深，有效保护率超出名义关税率的比率就越大。

表 9-1 美国、欧盟、日本的瀑布式关税结构

产品	初级产品	半成品	最终产品
美国			
羊毛	4	9	41
皮革	0	3	14
棉花	2	7	7
铁	0	1	4
铜	0	1	2
铅	0	4	8
锡	0	0	2
以上产品平均	0.9	3.6	11.1
全部产品平均	0.2	3.0	6.9
欧盟			
木材	0	2	4
纸浆纸张	0	0	4
锌	0	2	7
以上产品平均	0.0	1.3	5.0
全部产品平均	0.2	4.2	6.9
日本			
可可	0	2	25
黄麻	0	8	20
铅	0	9	12
以上产品平均	0.0	6.3	19.0
全部产品平均	0.5	4.6	6.0

资料来源：Dominick Salvatore. 国际经济学. 5 版. 北京：清华大学出版社，1998：179。

9.1.3 关税水平

关税水平（Tariff Level）是指一个国家进口商品的平均关税税率。关税税率一般代表了进口商品的税前价格（即国际市场价格）和税后价格（即国内市场价格）之间差额与税前价格的百分比。平均关税税率则代表了进口货物征收关税后的国内市场价格比征收关税前的国际市场价格的平均提高幅度。因此，一个国家的关税水平可以反映该国征收关税对该国各种不同商品价格水平的平均影响程度，是衡量一个国家进口关税对本国经济保护程度的重要指标。关税水平有两种计量方法，即简单算术平均法和加权算术平均法。

1. 简单算术平均法

简单算术平均法（Method of Simple Arithmetic Mean）是以一个国家税则中全部税目的税率之和除以税目总数的方法，得到关税税率的简单算术平均数。其计算公式为

$$关税水平 = \frac{税则中所有税目的税率之和}{税则中所有税目之和} \times 100\%$$

简单算术平均法的最大优点是计算简单，只要有一个国家的税则就可以计算出该国的关税水平，并且只要该国的税则不改变，关税水平就不会改变。但由于下面两个原因，它不能真正、全面地反映一个国家征收关税对其经济的保护程度。

① 该方法没有考虑各种货物进口总值不同等因素对关税水平的影响。它对不同单价和不同进口数量的货物，包括根本不进口的商品，都给予同样的考虑是不合理的。

② 该方法计算出的关税水平会受税则中税目设置的影响。如果把税率低的税目细分为几个税目，把税率高的税目尽可能合并，虽然实际上并没有改变对这些商品适用的税率，但却降低了该国的关税水平；反之，会提高其关税水平。例如，我国海关税则 1992 年从CCCN 商品分类目录向 HS[①] 商品分类目录转换时，虽然没有改变原商品税率，但由于税率高的税目更细，转换的结果使我国关税水平提高了。

2. 加权算术平均法

所谓加权算术平均法（Method of Weighted Arithmetic Mean），是指以一国各种进口商品的价值在进口总值中的比重作为权数，计算得到关税税率平均数的一种方法。具体方法有3 种。

（1）全部商品加权平均法

这种方法以一定时期内，一国进口关税总税额除以进口商品总价值得到的加权算术平均数为关税水平。其公式为

$$关税水平 = \frac{进口关税总额}{进口商品总值}$$

由于加权算术平均法把各种商品的进口值在进口总值中的比重作为权数，进口值高的商品在计算中予以较多的份额，因此有效地克服了简单算术平均法的弊端，使计算结果能比较

---

① CCCN 和 HS 的含义见"9.1.4 关税税则"中的第 2 部分"关税税则中的商品分类"。

真实地反映一国的关税水平。如果一个国家税则中税率为零的税目较多，则计算出的结果数值偏低；反之，则偏高。在各国税则中零税率的商品一般都是该国无须保护的商品，因此这种方法仍没有把一国关税对国内经济的保护程度如实地反映出来。

（2）有税商品加权平均法

这种方法是把税则中税率为零的商品的进口值从进口商品总值中扣除，仅以有税税目项下商品进口值相加作为除数的加权平均法。这是一种较为科学的计算方法，比较真实地反映了一国的关税总体水平。其公式为

$$关税水平 = \frac{进口关税总额}{有税商品进口总值}$$

（3）选择性商品加权平均法

在进行国际关税比较时，有时还采用另一种加权平均法。其公式为

$$关税水平 = \frac{有代表性商品进口关税总额}{有代表性商品进口总值}$$

关税与贸易总协定在第六轮（肯尼迪回合）的关税减让谈判时，为比较各国关税减让前的关税水平，采用了联合国贸易和发展会议（UNCTAD）选取的 504 项商品作为代表性商品，以减少因选择商品不同而出现的税率偏差。

9.1.4 关税税则

关税税则又称海关税则，是一国对进、出口商品计征关税的规章和对进、出口的应税与免税商品加以系统分类的一览表。关税税则是海关征税的依据，是一国关税政策的具体体现。

从内容上看，海关税则一般包括两个部分：一是海关课征关税的规章条例及说明；二是关税税率表。关税税率表主要由税则号列（简称税号）、货物分类目录及关税税率等栏目组成。

1. 关税税则的种类

1）根据关税税率栏目进行分类

根据关税税率栏目的多少，海关税则可分为单式税则和复式税则两种。

（1）单式税则（Single Tariff）

又称为一栏税则。在这种税则中，每个税目只有一种税率，该税率适用于来自任何国家的商品，不存在差别待遇。资本主义国家在自由竞争时期曾经实行过单式税则，但是资本主义发展到垄断时期后，这些国家纷纷放弃单式税则，实行复式税则。

（2）复式税则（Complex Tariff）

又称为多栏税则。在这种税则下，每一税目都有两个或两个以上不等的税率。主要目的是对来自不同国家的同一种商品区别对待，适用不同的税率，造成国别歧视。同一税目有两种税率称为两栏税则。以此类推，有三栏税则和四栏税则。目前，世界上绝大多数国家实行的是复式税则。

2）根据海关税则中税率制定的国家权限分类

根据海关税则中税率制定的国家权限不同，海关税则可分为自主税则和协定税则两种。

（1）自主税则（Autonomous Tariff）

又称为国定税则，是由本国政府自主制定并有权加以改变的海关税则。

（2）协定税则（Conventional Tariff）

协定税则是通过本国与其他国家谈判制定，受条约或协定约束的海关税则。

2. 关税税则中的商品分类

国际贸易商品种类繁多，出于对商品征税的管理，科学地对商品进行系统分类显得非常重要。在第二次世界大战前，不同的国家有不同的分类方法，各国差别很大。有的按商品的自然属性分类，分成水产品、农产品、畜产品、纺织品、机械制品等；有的按商品的加工程度分类，分成原料、半制成品等；也有的是按税率的高低顺序进行分类；还有的是按商品名称的拉丁字母顺序分类。这种不同的分类方法显然不利于国际贸易的发展，不利于各国间的比较研究，不利于国家间的关税减让谈判。

为了克服各国在海关税则商品分类上的差异，避免各国通过制定有利于本国的商品分类，实行贸易歧视的做法，国际上的海关合作理事会[①]制定了《海关合作理事会商品目录》（Customs Co-operation Council Nomenclature，CCCN）。因其在布鲁塞尔制定，故又称为《布鲁塞尔税则商品目录》（Brussels Tariff Nomenclature，BTN）。该目录对统一海关税则的商品分类起了很大的作用。

海关合作理事会从 1970 年开始着手研究将海关合作理事会商品目录和已存在的联合国的《国际贸易商品标准分类》（Standard International Trade Classification，SITC）进行统一。联合国的《国际贸易商品标准分类》是为了便于对进出口贸易统计分析而进行的分类，它首先将所有的商品分成初级产品和工业制成品两大类，然后再细分。这两种分类既有差别又有联系。经过几年的努力，海关合作理事会将《布鲁塞尔税则商品目录》和《国际贸易商品标准分类》这两种既有差别有又联系的分类进行了协调，终于在 1983 年通过了《商品名称与编码协调制度》（Harmonized Commodity Description and Coding System），简称《协调制度》（Harmonized System，HS），于 1988 年 1 月 1 日开始生效。我国于 1992 年正式采用该制度。表 9 - 2 是协调制度分类方式的典型例子。

表 9 - 2　协调制度分类举例

税号	商品名称
85 章	电机、电气设备及其零件，录音机及放声机、电视图像、声音的录制和重放设备及其零件、附件
8501	电动机及发电机（不包括发电机组）
8501.10	输出功率不超过 37.5 瓦的电动机
8501.1010	输出功率不超过 18 瓦的同步电动机
8501.1093	交流电动机
8501.20	交直流两用电动机，输出功率超过 37.5 瓦

资料来源：巴吉拉斯·拉尔·达斯. 世界贸易组织协议概要：贸易与发展问题和世界贸易组织. 刘钢，译. 北京：法律出版社，2000：20。

---

① 欧洲关税同盟研究小组于 1952 年 12 月制定了"关税税则商品分类公约"后，设立了海关合作理事会。

9. 2 关税的主要种类

9.2.1 按照商品流向分类

按照商品流向，关税可分为进口税（Import Duty）、出口税（Export Duty）和过境税（Transit Duty）。

（1）进口税

进口税是进口国家的海关在外国商品输入时，根据海关税则对本国进口商所征收的关税。高额进口税便是通常所讲的关税壁垒，高于 100% 的进口关税称为禁止关税。下文"按征税待遇分类"中将对进口税进行详细分析。

（2）出口税

出口税是出口国家的海关在本国产品输往国外时，对出口商所征收的关税。出口一般被认为"有利于"一国的经济，能够改善一国的贸易收支、提供就业机会等。而征收出口税会提高本国商品在国外市场的销售价格，降低竞争能力，不利于扩大出口，所以有必要简要地列举征收出口税的一些理由。

① 发展中国家征收出口税的一个相当重要的原因是为了增加财政收入，因为发展中国家经济落后，税源不广。

② 为了对付国内的通货膨胀压力。征收出口税会使出口商品的国内市场价格下跌，从而遏止国内市场价格水平的上升趋势。不过，除非同时采取紧缩性的国内宏观经济政策，出口税本身不能成为行之有效的反通货膨胀措施。

③ 用来重新分配本国的收入。若对生活消费品征收出口税，会将出口部门的收入转移到消费者。

④ 对于大国来说，征收出口税可以改善贸易条件。

我国有 84 个税号产品实行出口税。[①]

（3）过境税

过境税是一国对于通过其关境的外国货物所征收的一种关税。过境货物对被通过国家的市场和生产并没有影响，只是在地理上通过，并不进入该国市场。征收过境税不利于国际商品的流通，"二战"后绝大多数国家都不征收过境税，仅在外国货物通过时征收少量准许费、印花税、登记费和统计费等。关税与贸易总协定（GATT1947）第五条明确规定："缔约方对通过其领土的过境运输……不应受到不必要的迟延或限制，并应对它免征关税、过境税或有关过境的其他费用，但运输费用及与因过境而支出的行政费用或提供服务的、与成本相当的费用除外。"这项规定在 GATT1994 得以保留并继续有效。

9.2.2 按照征税待遇分类

按征税待遇，关税可分为普通关税、优惠关税和进口附加税 3 种，它们主要适用于进口关税。

---

① 具体产品见《乌拉圭回合多边贸易谈判结果：法律文本，中国加入世界贸易组织法律文件》。

1. 普通关税

普通关税是指对从没有与本国签订双边或多边贸易或经济互惠等协定的国家进口其原产货物时征收的非优惠性关税。这种关税税率一般由进口国自主制定，只要国内外条件不发生变化，就长期采用，税率是正常进口关税中最高的。

2. 优惠关税

优惠关税是指对来自特定国家进口的货物在关税方面给予优惠待遇，其税率低于普通关税税率。优惠关税一般有最惠国待遇下的关税、普遍优惠制下的关税和特定优惠关税3种。

（1）最惠国待遇下的关税：最惠国关税

最惠国待遇（Most-Favored-Nation Treatment）是指缔约双方相互间现在和将来给予第三国在贸易上的优惠、豁免和特权同样给予缔约对方，包括关税优惠。因此，最惠国待遇下的关税适用于那些彼此签订有双边或多边最惠待遇协定国家（地区）之间的进出口。如果甲国与乙国签订了最惠国待遇协定，则甲国从乙国进口的产品适用最惠国关税，若无此协定，则适用普通关税。乙国也是如此。最惠国关税比普通关税率低，两者税率差幅往往很大。例如，美国对玩具的进口征收最惠国税率为6.8%，普通关税率为70%。"二战"后，大多数国家或地区都加入了GATT及现在的WTO或签订了双边贸易条约或协定，相互提供最惠国待遇，享受最惠国待遇下的关税，因此这种关税又被称为正常关税。

（2）普遍优惠制下的关税：普惠税

普遍优惠制（Generalized System of Preferences，GSP）简称普惠制，是发展中国家在联合国贸易与发展会议上经过长期斗争，在1968年通过建立普惠制决议之后取得的，是发达国家单方面给予发展中国家出口制成品和半制成品的一种关税优惠待遇。其主要内容是：在一定数量范围内（主要指关税配额或限额），发达国家对从发展中国家进口的工业品减免关税，部分免除加工过的农产品的进口关税；对于超过限额的进口则一律征收最惠国关税。

普惠制有3项基本原则。

① 普遍性原则。是指发达国家应对从发展中国家进口的制成品和半制成品尽可能给予关税优惠。

② 非歧视原则。是指发达国家应对所有发展中国家一视同仁，实施统一的普惠制，而不应区别对待。

③ 非互惠原则。是指发达国家给予发展中国家特别优惠关税待遇，不应要求发展中国家给予反向对等优惠。

概括起来说就是，发达国家应对从所有发展中国家进口的全部制成品和半制成品给予单向优惠关税待遇。

目前的普惠制由39个给惠国的13个普惠制方案组成（欧盟27国采用一个普惠制方案）。各普惠制方案由各给惠国和国家集团制定，对受惠国或地区名单、给惠产品范围、减税幅度、保护措施、原产地规则、毕业条款等方面进行规定。美国的普惠制方案规定：社会主义国家，石油输出国组织等国际商品卡特尔国家，没收美国公民财产的国家，对有关美国公民或企业所发生的争议不尊重仲裁程序裁决的国家，不能成为受惠国。

至今已有38个国家给我国普惠制关税待遇，它们是：欧盟27国、瑞士（包括列支敦士登公国）、挪威、日本、加拿大、澳大利亚、新西兰、俄罗斯、白俄罗斯、乌克兰、哈萨克斯坦、土耳其。^① 美国在我国加入世界贸易组织后，仍然未给我国普惠制待遇。

普惠制待遇促进了我国出口贸易的发展，但是我国面临着不断增多的"产品毕业"。若我国从发达国家的普惠制方案里"国家毕业"，将给我国带来负面影响：进口关税由普惠税改为最惠国关税，在进口国国内价格提高；一些外国直接投资可能因此而转移投资。

专栏 9 - 2

欧盟新普惠制实施中国企业有得有失（摘）

2006 年 1 月 1 日，酝酿已久的欧盟新普惠制正式实施，新普惠制下的分类由以前的5 个减少为 3 个，包括一般普惠制、针对最不发达国家的特殊普惠制和旨在帮助竞争力微弱国家的附加普惠制。在新的普惠制下，大约 7 200 种商品将可以享受优惠税率。

业内专家认为，欧盟新普惠制必将对我国出口企业带来深刻影响，企业如果不及时调整出口策略，在欧盟的市场份额将受到影响。

欧盟于 1971 年建立普惠制，允许发展中国家的产品以低于正常关税的税率进入欧洲市场。据欧盟方面统计，欧盟普惠制的受益国和地区多达 178 个，近年来享受普惠制的进口商品每年超过 500 亿欧元，约占欧盟进口总额的 40%。普惠制对发展中国家的出口起到了促进作用。然而，欧盟也对普惠制方案施加了一系列限制条件和保护措施，主要限制条件包括受惠国家和地区名单、受惠商品范围、受惠商品必须符合原产地标准等。

其中，最主要的保护措施是"竞争需要标准条款"，又称"毕业条款"。即如果来自受惠国的某种进口商品超过规定的某一额度，就要取消下年度该商品的关税优惠待遇，即所谓"产品毕业"。如果受惠国大多数产品在国际市场上都显示出较强竞争力，则取消该受惠国全部商品的受惠资格，即所谓"国家毕业"。此次欧盟降低了"毕业"门槛，对在欧盟市场上份额较少的国家更优惠。根据欧盟新普惠制，受惠国任何一种产品在欧盟的市场份额如果超过 15%，就将丧失普惠制待遇；发展中国家占有成本优势的纺织品服装行业门槛更低，只有 12.5%。

近八成中国产品"毕业"。目前，欧盟对中国产品也实行普惠制。2005 年之前，中国享受欧盟关税优惠的产品大约占欧盟普惠制进口额的三分之一。但从 1996 年开始，欧盟曾三次较大规模减少中国的"受惠"产品。据了解，在外贸大省浙江，根据"毕业条款"，该省在欧盟享有一定市场份额的产品，如机电产品、玩具、轻工产品等，可能很快就不再享有优惠关税。

美国海陆律师事务所北京代表处首席代表马锋向记者指出，根据新的普惠制，近80% 中国出口到欧盟的产品将不再享受普惠制待遇。这将影响到几乎所有的从中国出口到欧盟的产品，包括纺织品及服装、家用电器、动物源性食品、塑料及橡胶、纸张、光学产品及钟表、电子机械产品等。

影响最大的当属纺织业。欧盟认为，尽管中国还属于发展中国家，可以继续保留中国享受普惠制的资格，但中国纺织业的大宗出口产品竞争力突出，不需要普惠制就可以

---

① 河南出入境检验检疫局<http://www.haciq.gov.cn/html/170105/070531132150.html>（2008-7-24 进入）。

提高在欧盟的市场份额。

据欧盟统计，中国向欧盟出口的纺织品和服装已经占欧盟此类市场的 32%，因此根据普惠制的"毕业条款"，中国纺织品和服装将于 2006—2015 年新普惠制开始实施时启用正常关税。有业内人士估计，中国纺织企业每年将为此付出 1 亿美元的代价。

资料来源：<http://chanye.finance.sina.com.cn/sm/2006-01-10/274111.shtml>（2008-7-24进入）。

（3）特定优惠关税（Preferential Duty）

又称特惠关税，是指对从某个国家或地区进口的全部商品或部分商品给予特别优惠的低关税或免税待遇。特惠关税始于宗主国与殖民地附属国之间的贸易往来，目前国际上最有影响的是依据《洛美协定》实施的特惠关税。第一份《洛美协定》是 1975 年欧共体（欧盟的前身）与非洲、加勒比与太平洋地区 46 个发展中国家（1987 年增至 66 国）在多哥首都洛美签订的经济和贸易协定，参加协定的这些发展中国家二战前都是欧盟国家的殖民地和附属国。目前仍在生效的《洛美协定》是 2000 年签订的、有效期为 10 年的第五份协定。该协定规定，欧共体对来自这些发展中国家的全部工业品和 94% 的农产品免征进口关税，而欧共体向这些国家出口的产品不享受反向的关税优惠待遇。

3. 进口附加税

在国际贸易中，有些国家对进口商品除了征收正常的进口关税外，还往往会根据某种需要再征收额外的关税，即进口附加税（Import Surtax）。进口附加税的征收通常是作为一种特定的临时性措施，其主要目的是调节贸易平衡与收支，对某些商品的进口作特别限制，在国家与地区间实行贸易歧视和贸易报复等。进口附加税，无论其征收目的如何，都是进口数量限制的重要手段。

进口附加税的征收有两种方式：一种是对所有进口商品征收，如美国前总统尼克松在 1971 年 8 月为了应付国际收支危机，宣布对所有进口产品加征 10% 的进口附加税；另一种是只针对某项商品征收进口附加税，以限制这种特定商品的进口。这类进口附加税包括反补反倾销税（Anti-Dumping Duty）、贴税（Countervailing Duty）、惩罚关税和报复关税等，常见的是前两种。

（1）反倾销税

反倾销税是对实行商品倾销的进口货物征收的一种附加税，即在倾销商品进口时除征收进口关税外，再征收反倾销税。征收反倾销税的目的在于抵制外国倾销，保护国内相关产业。

对反倾销措施作出规定的是《关于实施 1994 年关税与贸易总协定第 6 条的协议》，通常称为《反倾销协议》。作为《WTO 协议》不可分割的一部分，它提供了一个关于反倾销措施的详细、具体和全面的框架。在此之前，《1947 年关税与贸易总协定》第 6 条对反倾销措施作出了规定。只要不与《反倾销协议》冲突，《1947 年关税与贸易总协定》第 6 条的有关规定将仍然有效。

依据《反倾销协议》，实施反倾销措施必须具备 3 个条件，分别是存在倾销、损害及商品倾销与损害之间存在因果关系。[①] 倾销是否存在及倾销幅度的确定取决于出口价格与正常

---

① 《反倾销协议》第 5 条第 2 款。

价值的比较（正常价值的确定办法见 7.1 中的"商品倾销"）。[①] 损害是指进口方生产同类产品的产业受到实质性损害、进口方生产同类产品的产业受到实质性损害的威胁或进口方建立生产同类产品的产业受到实质性的阻碍。[②] 对损害的确定应依据肯定性证据，并应包括对下述内容的客观审查。

① 进口倾销产品的数量和价格对国内市场同类产品价格的影响。

② 这些进口产品对此类产品国内生产者产生的影响。

至于倾销与损害之间因果关系的认定，进口方主管机构应审查除进口倾销产品以外的、其他可能使国内产业受到损害的已知因素，包括：未以倾销价格出售的进口产品的价格及数量；需求萎缩或消费模式的改变；外国与国内生产商之间的竞争与限制性贸易做法；技术发展、国内产业的出口实绩及生产率等。

其中，"国内产业"是指国内同类产品的全部生产商，或是其产品合计总产量占全部国内同类产品产量的相当部分的那些生产商。如果生产商与出口商或进口商是关联企业，或者它们本身被指控为倾销产品的进口商，则这些生产商不计算在内。

进口国有关倾销的补救措施有两种：一种是征收反倾销税，另一种是价格承诺。若出口商自愿做出了令人满意的价格承诺，修改价格或停止以倾销价格出口，则调查程序可能被暂停或终止，有关部门不得采取临时措施或征收反倾销税。

出口商在反倾销调查程序中，应仔细地审查对有关倾销、损害和两者之间因果关系的指控，将精力集中于损害及其与倾销之间的因果关系上。因为对于进口国申请人而言，证明损害要比证明倾销困难些，而要证明具体的倾销和损害之间存在因果关系就更加困难。

我国作为 WTO 的正式成员，受到其他成员反倾销措施的影响时，政府可以诉诸 WTO 争端解决机制，要求争端解决机构成立专家小组并要求获得救济。但是，涉及反倾销问题的争端解决程序与正常的争端解决程序大不相同。《反倾销协议》第 17 条第 6 款极大地限制了专家小组裁定案件是非曲直的能力，因为该条（款）要求专家小组必须接受对协议的任何合理的解释。在协议能以一种以上方式进行解释的情况下，专家小组必须接受反倾销调查机构依据任何一种准许的解释所做出的决定。专家小组不能使用调查机构未掌握的或未使用的新信息来推翻反倾销裁决。许多情况下，专家小组只限于确定反倾销裁决是否违反了协议的程序性要求。乌拉圭回合中美国产业部门的主要目标是限制 GATT 专家小组推翻国内反倾销决定的权力……实际上这种游说所寻求的大部分目标都得到了满足。

我国作为反倾销的最大受害国，被征收反倾销税裁决比例很高的一个重要原因是因为所谓的"非市场经济国家"。美国等 WTO 成员将我国视为"非市场经济国家"，在对我国进行反倾销调查程序中，正常价值的确定不是采用《反倾销协议》中规定的办法，而是采用第三国相似产品的价格作为替代，即采用替代国价格。美国区分"市场经济国家"和"非市场经济国家"的理由是：在市场经济条件下，存在着资本、商品和劳务市场，产品价格由竞争状

---

① 可以忽略不计的倾销幅度的最低限额为：倾销幅度不超过出口价格的 2%，或者倾销产品进口量占同类产品进口量的比例不超过 3%。但是，如果几个国家的进口量之和达到总进口量的 7% 或以上，虽然每个国家的供应量不足进口量的 3%，调查仍可进行。"忽略不计"对所有国家都适用，不区分是发达国家还是发展中国家。见巴吉拉斯·拉尔·达斯. 世界贸易组织协议概要. 刘钢译. 北京：法律出版社，2000；世界贸易组织秘书处. 贸易走向未来：世界贸易组织（WTO）概要. 北京：法律出版社，1999。

② 《反倾销协议》第 3 条对损害的注释。

态下的供求关系决定，因此国内市场通常贸易中的价格可以反映产品的真实成本。但在非市场经济条件下，资源和生产资料属于国家所有，原材料、能源的价格和工人工资由国家决定，货币不能自由兑换，市场及供求关系在价格决定中仅起很小的作用。因此，非市场经济条件下的国内销售价格是扭曲的，不能反映产品的正常价值，用这种价格与出口价格进行比较来确定是否存在倾销是不适当的。

"替代国价格"对我国非常不利。首先，替代国选择具有一定的随意性，尽管美国商务部选择的替代国要具备一定条件：经济发展水平与非市场经济国家的发展水平具有可比性；替代国是所比较商品的重要生产商。即使所选择的替代国满足上述条件，如印度，但因两国的价格结构不同，会造成对"正常价值"的高估。仍然以印度为例，印度虽然经济发展水平与我国相当，但其制造业没有我国发达，其制造业产品价格远高于我国。其次，由于只有在遇到反倾销时才选择替代国，我国出口商无法在开始出口就制定一个不存在倾销的价格。大多数替代国与我国生产出口产品的企业在工资、能源及原材料价格方面存在相当大的差异，产品价格自然也就不同。所以，该标准对我国的出口商是很不公正的。

按照《入世议定书》第15条的规定，在我国加入WTO后的15年内，外国企业和政府仍可以使用针对"非市场经济国家"的替代国价格办法处理对我国产品的反倾销案。① 所以，获得"市场经济地位"成为我国企业应对国外反倾销的一个关键因素。但是，非市场经济问题在国际贸易中实际上不是一个学术问题，而是一个涉及实际利益的政治问题，它不是按照几个指标的衡量来完成最后的判定。认定一个国家是不是市场经济国家，没有国际上公认的标准。② 我国经济自由度明显高于俄罗斯，但是欧盟在2002年、美国在2003年认可俄罗斯是市场经济国家。我国政府为获得"市场经济地位"的认可，进行了不懈的努力。中国社科院世界经济与政治研究所国际贸易研究室主任宋泓表示，承认与否并不完全是出于对事实的考察，主要还是双方政治上的意愿。目前，WTO成员国中，有97个承认中国的完全市场经济地位，但中国两大贸易伙伴美国和欧盟至今不予承认。③

（2）反补贴税

又称为抵消关税，是指为抵消进口商品在制造、生产或输出时直接或间接接受的任何奖

---

① 虽然欧盟已将我国从"非市场经济国家"名单划入"特殊的市场经济国家"（这一类国家过去只有中国和俄罗斯，俄罗斯已于2002年获得欧盟"市场经济国家"的认可），但实际做法与"非市场经济"并无太大不同。

② 欧盟关于市场经济地位的标准包括5项。第一项，政府对资源分配和企业决策施加影响的程度。政府应减少通过工业政策对原材料出口或价格限制等方式对企业施加影响，政府应确保所有公司获得平等的待遇。第二项，良好的公司治理结构和财务会计标准。中国公司要提高遵守现有的会计管理制度的水平，以确保在进行贸易保护调查时会计信息的可靠性。第三项，财产权法律制度和破产法。中国应确保企业在破产程序方面获得公平的对待，并尊重和保护私有财产及知识产权。第四项，独立的金融部门。中国应使银行业在市场的规范下运行。中国应取消各种歧视性的银行准入门槛，以保证金融机构的资源得以合理的分配。第五项，在与私有化相关的企业运作中，没有政府引起的扭曲现象，没有易货贸易。

美国关于市场经济地位的标准有6项，即货币可自由兑换；劳资双方可以进行工资谈判；设立合资企业或外资企业的限制程度；政府对生产的控制程度；政府对资源配置、企业生产和商品价格的干预程度；管理机构认为合适的其他标准。

此外，针对国内某一行业是否是市场导向的行业（MOI），美国有专门的3条标准，即政府不能干预被调查商品的定价或产量；被调查商品所属的行业应以私人企业或集体所有制企业为主（该行业可以有国有企业，但国有企业的大量存在将很不利于市场经济地位的判定）；所有主要的投入，不论是实物或非实物（如劳动力、企业管理费用）及总投入中占重要比例的那部分投入，应该是按照市场价格支付的。

③ 见〈http://finance.sina.com.cn/j/20090811/08196598991.shtml〉（2009年8月14日进入）。

金或补贴而征收的一种进口附加税。它主要是为了控制出口补贴对本国造成的影响，一般按"补贴数额"征收。与反倾销不同，进口国在开始反补贴调查前，它有与出口国政府进行磋商的义务。对于我国出口商而言，较少会遭受反补贴税，因为美国、欧盟等国家对于我国出口的"低价"产品仅按商品倾销处理，征收反倾销税。但这种情况正在发生改变①。

乌拉圭回合以前，与补贴有关的条款是《GATT1947》第 16 条，与反补贴措施有关的条款是《GATT1947》第 6 条。现在，作为《WTO 协议》不可分割的一部分，《补贴与反补贴措施协议》同时涵盖了这两个问题（农产品除外）。当然，只要不与《补贴与反补贴措施协议》相冲突，《GATT1947》第 16 条与第 6 条依然有效。

专栏 9－3

中国遭遇的反补贴措施

长期以来，国外反倾销法都将中国视为非市场经济国家，只对中国适用反倾销法，而不对中国适用反补贴法。

国外对华第一起反补贴调查是 2004 年 4 月 13 日，加拿大边境服务署（以下简称 CBSA）对原产于中国的烧烤架进行反倾销和反补贴立案调查。因为从 2003 起，加拿大调整了反倾销法中的非市场经济政策和做法，所以从 2004 年开始，加拿大对华进口产品提起反倾销调查的同时，也提起反补贴调查。

2004 年 6 月 11 日，加拿大国际贸易法庭作出初裁，原产于中国的烧烤架对加拿大国内产业造成了实质性损害。2004 年 8 月 27 日，CBSA 对原产于中国的烧烤架作出反倾销及反补贴初裁，裁定原产于或来自中国进口的烧烤架存在倾销及补贴，倾销幅度为 7.2%～57.5%，平均倾销幅度为 34.6%，补贴幅度为 16%。自 8 月 27 日开始，加方进口商在进口上述被调查产品时，将被征收相当于倾销幅度的临时反倾销税及相当于补贴幅度的临时反补贴税或被要求提交相应的保证金。11 月 19 日，CBSA 决定终止对原产于或来自中国的户外用烧烤架进行的反倾销和反补贴调查。经过最终计算，涉案产品的加权平均倾销幅度为 1.6%；同时，CBSA 认定，在被调查的 8 项"政府补贴"中，中国企业仅从中国政府的外商投资企业税收优惠政策中获得了利益，经计算补贴幅度为 1.4%。根据加反倾销法规定，上述倾销和补贴幅度可忽略不计。因此，CBSA 终止本次反倾销和反补贴调查，并将退还已征收的临时关税。因此，国外对我国发起的首起反补贴调查因中方应对及时合理而获得彻底胜利。

2007 年 3 月 30 日，美国商务部宣布对中国进口铜版纸适用反补贴法，并对原产于中国的铜版纸作出反补贴初裁，中国企业的净补贴率为 10.9%～20.35%。这是美国首次对非市场经济国家的进口产品适用反补贴法。该决定改变了 23 年来美国不对"非市场经济国家"适用反补贴法的政策。

资料来源：作者根据相关新闻摘录编写。

---

① 详见：卜伟，赵伟滨."完全市场经济地位"与对华反倾销反补贴. 郑州航空工业管理学院学报，2008，（1）：45－49。

9.2.3　按照征税标准分类

（1）从量税（Specific Tariff）

从量税是按照商品的重量、数量、容量、长度和面积等计量单位为标准计征的关税。计算公式为

$$从量税额 = 商品数量 \times 每单位从量税$$

（2）从价税（Advalorem Tariffs）

从价税是以进口商品价格为标准计征一定比率的关税，其税率表现为货物价格的百分率。计算公式为

$$从价税额 = 商品总值 \times 从价税率$$

（3）混合税（Compound Tariffs）

又称复合税，它是对某种进口商品采用从量税和从价税同时征收的一种方法。计算公式为

$$混合税额 = 从量税额 + 从价税额$$

（4）选择税（Alternative Tariffs）

选择税是对于同一种进口商品同时订有从价税和从量税两种税率，在征税时选择其中一种计算应征税款。一般是选择税额较高的一种征税。

（5）差价税（Variable Levy）

又称差额税[①]，当某种商品国内外都生产但国内产品的国内价格高于进口产品的进口价格时，为保护国内生产和国内市场，按国内价格和进口价格之间的差额征收关税，这种关税称为差价税。欧洲联盟对农畜产品征收的差价税在 1995—1996 年海关税则中已改为按通常关税征收。

9.3　关税的经济效应

关税对进口国经济的多方面影响称之为关税的经济效应。对关税经济效应的分析，可分为局部均衡分析（Partial Equilibrium Analysis）与一般均衡分析（或总体均衡[②]分析，General Equilibrium Analysis），每一种分析又可分进口大国和进口小国两种情况。

在关税的局部均衡分析中，只分析关税对一种商品市场的影响，而不分析这种影响对其他商品市场的影响。关税的一般均衡分析则考虑了包括关税所影响的商品（X）在内的所有市场，因为商品 X 的市场变化会影响其他商品市场，而这些影响又会对 X 商品的市场产生重要的反作用。由于各种商品市场都是紧密相连的，一般均衡分析有助于把握关税对整个经济的影响。和局部均衡分析相比，一般均衡分析考虑了经济中各部门之间的相互依存和相互作用。

[①]　陈琦伟（1988）将差价税称为"变动进口税率"，并把它看作是一种非关税壁垒，理由是差价税的经常变动与"一旦确定不再轻易变动的传统关税政策不同"。

[②]　General Equilibrium，海闻（2003：33）认为译作"总体均衡"更能反映其经济学含义。

进口大国是指一国某种商品进口量占这种商品国际贸易量的比重较大，以至于其进口量的变化能影响这种商品的国际市场价格，是国际市场价格的影响者，它面对的外国出口供给曲线是一条向上倾斜的曲线；进口小国正好相反，是国际市场价格的接受者，它面对的外国出口供给曲线是一条水平直线。

学习这一部分内容，有助于理解我国履行入世承诺如降低关税率、取消或扩大进口配额对我国的影响。下面的分析反过来就是我国降低进口关税率的影响。由于配额可以折算为等价关税，下面的分析反过来也可以理解取消或扩大配额的影响。

9.3.1 关税经济效应的局部均衡分析

1. 小国征收关税的影响

小国征收关税影响的局部均衡可用图 9-1 分析。图中，S_H 表示小国 A 国国内生产 X 产品的供给曲线。供给曲线说明了生产者每增加一个单位该商品所支付的额外成本，因为供给曲线表明了生产者对每一单位商品愿意接受的最低价格。D_X 表示 A 国对 X 产品的总需求曲线，既包括对国内生产的 X 产品的需求，也包括对外国生产的 X 产品的需求。需求曲线表明了消费者对新增的每一单位商品愿意支付的最高价格。供给曲线和需求曲线交于点 H。自由贸易条件下，A 国国内产品价格与世界价格一致，都为 P_W。在此价格条件下，A 国对 X 产品的需求量为 D_0，国内供给量为 S_0，供求存在缺口，即贸易量为 D_0-S_0。在此供求关系下，生产者剩余为 e，消费者剩余为 $(a+b+c+d+f)$。

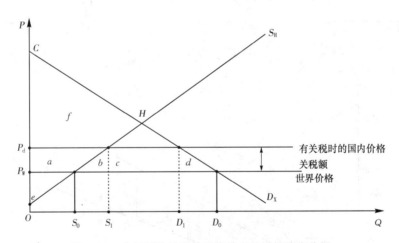

图 9-1 小国征收关税的经济效应的局部均衡分析

如果 A 国对进口的 X 产品征收关税，由于 A 国是小国，X 产品的世界市场价格不变，而进口产品 X 在国内的售价由 P_W 提高到 P_d，此即小国征收关税的价格效应；未考虑 A 国的出口，其出口价格视作不变。由于进、出口价格都不变，故进、出口价格指数都不变。根据贸易条件公式[①]可知，A 国征收关税后的贸易条件不变，此即关税的贸易条件效应。国内生产由 S_0 增加到 S_1，此为关税的生产效应（也指面积 b 所代表的福利损失，即因为关税，

---

① 贸易条件（Terms of Trade，TOT）$=\dfrac{\text{出口价格指数（}P_x\text{）}}{\text{进口价格指数（}P_m\text{）}}$

商品 X 的部分供给由进口转移至成本更高昂的国内生产而导致的额外成本，此为失去的专业化利益）；对 X 产品的需求量由 D_0 减少到 D_1，此为关税的消费效应（也指面积 d 所代表的福利损失，即由于关税而失去的国际贸易利益）；进口量由 D_0S_0 减少到 D_1S_1，此为关税的贸易效应；政府获得了关税收入 c，此为关税的收入效应。

关税的福利效应为：消费者剩余损失 $(a+b+c+d)$，生产者剩余增加 a，考虑到政府关税收入 c，关税给 A 国的净福利影响为减少了 $(b+d)$。

2. 进口大国征收关税的影响

在图 9-2 （a）～（c）中，S_H 表示大国国内对商品 X 的供给曲线，S_F 表示外国对该国的出口供给曲线①，S_{H+F} 表示对该国商品 X 的总供给曲线，它是将国内对商品 X 的供给曲线和外国对该国的商品 X 的供给曲线相加得到的。例如，当 $P_X=1$ 时，10X 由国内供给，10X 由国外供给，总供给是 20X。当 $P_X=2$ 时，国内供给 20X，国外供给 30X，总供给是 50X。

在图 9-2 （d）中，自由贸易时，国内对 X 商品的总需求曲线 D_X 与商品 X 的总供给曲线 S_{H+F} 相交于点 B。当 $P_X=2$ 时，20X 由国内生产商供给，30X 由国外厂商供给，共 50X。

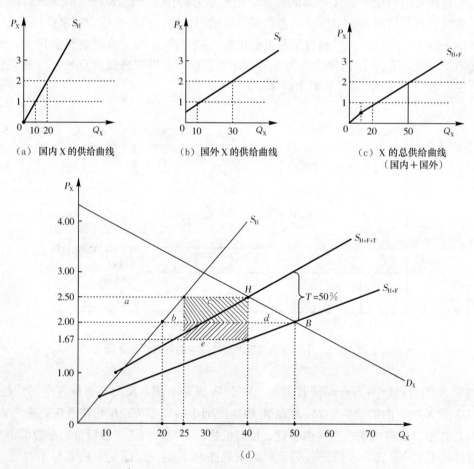

（a）国内 X 的供给曲线　　　（b）国外 X 的供给曲线　　　（c）X 的总供给曲线
（国内＋国外）

图 9-2　大国征收关税的经济效应的局部均衡分析

① 与小国面对的外国供给曲线是水平直线不同，该国面对的是向上倾斜的曲线，表示大国进口增加时，外国供给的商品 X 的价格会提高。

如果该国对商品 X 征收关税（T），比如 $T=50\%$，则 S_F 向上移动 50%，成为 S_{F+T}，此时对该国商品的总供给曲线为 S_H 和 S_{F+T} 之和，即 S_{H+F+T}（由此可知 S_{H+F+T} 与 S_{H+F} 并不平行）。现在 D_X 与 S_{H+F+T} 相交于点 H，此时 $P_X=2.5$，总需求为 40X，国内供给 25X，国外供给 15X。[①]

关税导致该国商品 X 的国内售价提高，国际价格降低，这是大国征收关税的价格效应；由于进口价格降低，该国贸易条件改善，这是关税的贸易条件效应；国内生产增加，这是关税的生产效应；消费减少，这是关税的消费效应；政府得到了（$c+e$）的关税收入，这是关税的收入效应。

进口大国关税的福利效应如下：消费者剩余减少（$a+b+c+d$），生产者剩余增加（a），政府增加关税收入（$c+e$）。其中，c 是政府从消费者手中得到的关税收入，e 是政府从国外出口商那里得到的关税收入。也就是说，该国国内消费者和出口商共同分担了关税。大国征收关税对国民福利的净影响是（$e-b-d$）。

9.3.2 关税经济效应的一般均衡分析

一般地说，局部均衡分析只用来作第一步的近似分析，为了获得完整的答案，还需要进一步使用更复杂的一般均衡分析。

1. 小国征收关税的影响

进口小国征收关税不会影响世界价格，它面对的仍然是与征收关税前相同的世界价格，但是它的进口产品的国内售价会增加一个与关税相同的数额。区别征收关税对单个生产者和消费者的影响与对国家作为一个整体而言的影响，对理解小国情况下关税经济效应的一般均衡分析是非常重要的。假定征收关税的小国政府将关税简单地分发给国内的每个人，或政府由于有了关税收入，可以减少对国内基础服务部门的征税。总而言之，在征收关税的条件下，与征税但不考虑关税收入相比，上述假定直接或间接地增加了消费者的收入，[②] 消费者可以达到表示更高效用的无差异曲线。

在图 9-3 中，自由贸易时，小国 A 专业化生产大米，并通过出口大米换取货币以进口钢铁。给定相对价格（P_r/P_s）（P_r 为大米价格，P_s 为钢铁价格），A 国的生产点是 S_1，社会福利最大化下的消费点是 D_1。D_1O_1 是进口的钢铁数量，S_1O_1 是出口的大米数量，社会福利水平为 CIC_1。

如果 A 国钢铁行业成功地游说议会对钢铁征收 t 的关税，从而使得钢铁的国内市场价格上涨了 t 个百分点，变为 $P_s(1+t)$，高于世界价格 P_s。在大米世界价格不变的情况下，国内大米价格相对地降低了，在国内市场上人们现在需要用更多的大米来换取与原先同样数量的钢铁。在图 9-3 中，这一变化表现为国内大米相对价格曲线变成了一条斜率为 $P_r/[P_s(1+t)]$ 的直线。厂商们将钢铁相对价格的上涨视作促使他们生产更多钢铁（相应地只能生产更少大米）的信号，开始不断地调整生产，直至

$$\frac{MC_r}{MC_s} = \frac{P_r}{P_s(1+t)}$$

---

① 该方法也可用于小国情况；也可以采用只有国内供给曲线的情况，见小国。

② 假定这种"收入增加"没有改变收入分配，因为收入分配的变化有可能改变社会无差异曲线的图形。

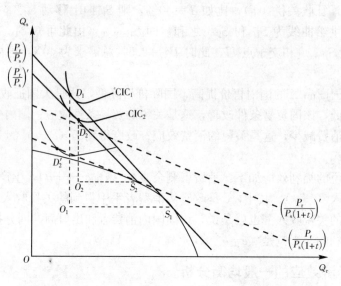

图 9-3 小国征收关税的经济效应的一般均衡分析

时为止。当较为平坦的国内相对价格线与生产可能性边界在 S_2 点相切时，二者便相等了。厂商的调整反应代表着生产偏离了专业化分工的模式，它使该国（作为一个整体而非单个生产者或消费者）的消费可能性边界从 (P_r/P_s) 平行地移到了 $(P_r/P_s)'$。就消费者来说，只能在 $(P_r/P_s)'$ 上选择消费点，使无差异曲线和与相对价格线 $P_r/[P_s(1+t)]$ 平行的虚线 $P_r/[P_s(1+t)]'$ 相切，切点为 D_2。钢铁相对价格的上升，不仅使钢铁的消费减少，其产生的负收入效应也可能减少大米的消费。

在图 9-3 中，消费点 D_2 在 D_1 之下，但在 D_2' 的上边，即在国内相对价格线 $P_r/[P_s(1+t)]$ 的外边。这是因为在关税保护下，经济参与者除了生产者与消费者外，还有政府，政府通过征收关税获得了收入。由前面的假定，消费者可以在比国内相对价格线 $P_r/[P_s(1+t)]$ 所决定的效用更高的无差异曲线 CIC_2 上选择消费点。反映到图 9-3，就是无差异曲线与外移的国内相对价格线即 $P_r/[P_s(1+t)]'$ 相切的点 D_2。这一消费变动实际上是关税收入所带来的消费。最终消费点 D_2 有如下两个特征。

① 在从生产点 S_2 向左上方延伸出来的国际相对价格曲线上，是 A 国作为一个整体面对的消费可能性曲线。换句话说，A 国在 S_2 点上生产，但可以在国际相对价格下与别国进行贸易，从而在国际相对价格线上选择消费。

② 由于国内消费者面对的是国内相对价格，在最终消费点上，反映福利水平的社会无差异曲线必定与国内相对价格曲线相切。切点 D_2 是这些切点中的一个，在 $(P_r/P_s)'$ 上。在这一点，商品的边际替代率（MRS）① 等于包含关税的商品相对价格（国内相对价格曲线的斜率），这是社会福利最大化的选择。

综合而言，征收关税前，A 国生产可能性边界和国际相对价格线 (P_r/P_s) 的切点决定

---

① MRS 被定义为：为了使消费者的效用不变或保持在原来的无差异曲线上，当多增加一个单位 X 商品的消费时，消费者必须放弃的 Y 商品的数量。MRS 是无差异曲线的斜率的绝对值，用两种产品的边际效用的比率来反映。

该国的生产点 S_1；征收关税后，A 国生产可能性边界与国内相对价格线 $P_r/[P_s(1+t)]$ 的切点决定该国生产调整后的生产点 S_2；S_2 决定了该国征收关税后该国作为一个整体的消费可能性边界（P_r/P_s）′；又由于消费者面对的是国内相对价格线 $P_r/[P_s(1+t)]$，消费者只能在社会无差异曲线簇与 $(P_r/P_s)'$ 相交的交点中选择其斜率与国内相对价格线 $P_r/[P_s(1+t)]$ 平行的交点，即点 D_2，为消费点，该点在（P_r/P_s）′上，又是无差异曲线与外移的国内相对价格线 $P_r/[P_s(1+t)]'$ 的切点。在最终消费点 D_2 上的社会无差异曲线（CIC_2）低于自由贸易中的社会无差异曲线（CIC_1），反映了社会福利水平的下降。总之，小国征收关税的经济影响可以概括为：增加进口替代产业的生产，减少出口产品的生产；减少进口替代产品的消费；减少贸易量；降低社会福利水平。

2. 大国征收关税的影响

下面使用提供曲线[①]来分析大国征收关税的一般均衡效应。在大国的情况下，征收关税的福利影响就不像小国那样清楚了，关税可能减少或增加该国的福利，也可能使该国的福利与征收关税前保持不变，因为大国能通过征收关税影响国际市场价格。所以，进口大国征收关税不仅给进口国本身造成影响，而且影响到整个世界。

如图 9－4 所示，OA 是大国 A 自由贸易条件下的提供曲线，OB 是其贸易伙伴的提供曲线。征收关税前，由 OA 与 OB 的交点 E 确定的 TOT 为贸易均衡时的贸易条件。现在 A 国征收关税，在每一贸易条件下，该国从事贸易的意愿都有所减弱，提供曲线“向下移动”，即偏转为 OA'。OA' 与 OB 在点 E' 相交，达成新的贸易均衡，贸易条件 TOT 移至TOT′，A 国贸易条件改善。A 国征收进口关税导致的这种提供曲线移动，也可代表征收出口税的情况，因为这两种手段都意味着在任一贸易条件下，A 国从事贸易的意愿都有所减弱。进口关税和出口关税对贸易量和贸易条件的相同影响称为勒纳对称定理（Lerner Symmetry Theorem）。

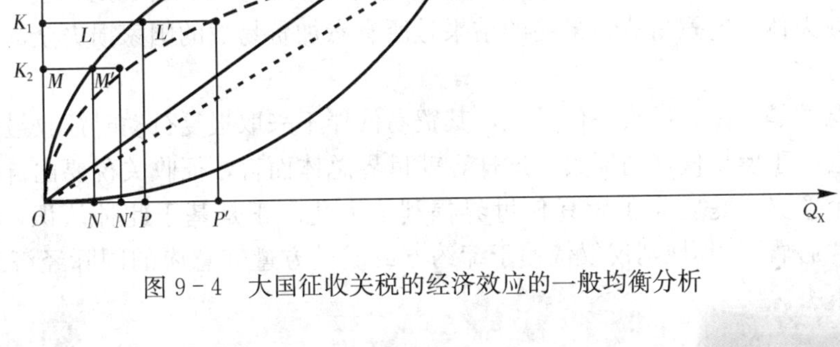

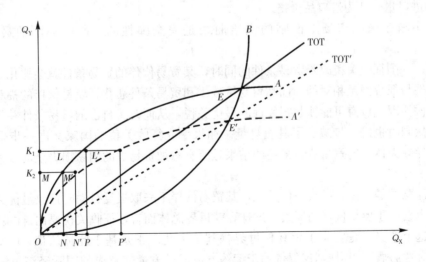

图 9－4 大国征收关税的经济效应的一般均衡分析

① 提供曲线表示的是一国在不同的相对价格（即贸易条件）下愿意出口与进口的数量。

由此可见，大国征收进口关税，贸易量减少，减少了其福利；但由于贸易条件改善，关税也增加了其福利。关税对福利的净影响就取决于这两种反作用的大小。显然，这与小国征收关税的情况形成了对比：小国由于关税而贸易量减少时贸易条件不变，因此征收关税后小国的福利总是减少的。

9.3.3 最优关税

由上文可知，大国征收关税后，其贸易量减少，贸易条件改善。前者将减少该国的福利，后者则会增加该国的福利，由此产生了最优关税税率问题。

最优关税税率是指能使一国福利最大化的关税税率，即使一国从贸易条件改善中所得的收益减去进口数量减少造成的损失后的正差额达到最大时的关税税率。若实际的名义关税税率低于最优关税税率，则该国福利水平就会低于其最大值，因为进一步改善贸易条件可能产生的收益大于进口数量进一步减少所造成的损失。同样地，若实际的名义关税税率高于这一数值，则进一步改善贸易条件所增加的收益已不能抵消进口数量进一步减少所造成的损失的增加。随着关税率提高，最终这个国家将通过禁止性关税回到自给自足的生产点。

最优关税率的计算公式为

$$t^* = \frac{1}{S_m}$$

其中，t^* 是一国的最佳关税率；S_m 是外国的供给价格弹性，

$$S_m = \frac{dM/M}{dP/P}$$

M 为本国进口量，P 为进口品价格。

由于小国在国际市场上面临的供给曲线是完全弹性的，所以小国的最优关税率为零。

然而，一国征收关税改善贸易条件的同时，其贸易伙伴的贸易条件就会恶化，因为它们的贸易条件与征税国是相对的。面临贸易量减少和贸易条件恶化，贸易伙伴的福利无疑会减少，贸易伙伴因此极有可能征收报复性的最优关税，从而改善自己的贸易条件并挽回一定的损失，当然同时也进一步减少了其贸易量。如果率先征收关税的国家又进一步采取报复行动，由此导致无休止的贸易战，最终的结果是所有参加贸易战的国家损失全部或大部分贸易利益。

需要注意的是，一国征收最优关税，其贸易伙伴不采取报复行动时征收最优关税的国家所得收益也会小于贸易伙伴的损失。这样，就世界总体而言，征收关税要比自由贸易下福利减少。从这个意义考虑，自由贸易使世界福利最大化。正是基于此种认识，GATT/WTO这样的没有"后盾"、其规则仅仅依赖于缔约方或成员方遵守意愿的国际经济组织才能得以成立并运作下去。

9.4　关税减让谈判

GATT 和 WTO 所指的关税"减让"具有很广泛的含义，包括：削减关税并约束削减后的税率，如承诺将某产品的关税从 30% 减为 10%，并加以约束；约束现行的关税水平，如某一产品现行的实施关税为 10%，谈判中承诺今后约束在 10%；约束税率上限，即将关税约束在高于现行税率的某一特定水平，各方的实施税率不能超出这一水平；约束低关税或零关税。

关税减让谈判按照以下原则实施：互惠互利，但要从整个国家贸易发展着眼，不仅仅局限在具体的关税谈判上；考虑对方需要，包括每个成员、每种产业的实际需要，发展中国家使用关税保护本国产业的需要，增加财政收入的特殊需要，以及各成员经济发展等其他方面的需要；对谈判情况予以保密，以避免其他成员在谈判中互相攀比要价；按照最惠国待遇原则实施，即关税谈判达成的谈判结果对所有成员实施。

9.4.1　关税减让谈判权的确定

根据 WTO 的规定，只有享有关税谈判权的成员才可参加关税谈判。凡具备以下条件之一者，可享有关税谈判权。

（1）产品主要供应利益方

在谈判前的一段合理期限内，一个 WTO 成员如果是另一成员进口某项产品的前三位供应者，则该成员对这项产品享有主要的供应利益，被称为主要供应利益方，通称主要供应方。主要供应方有权向另一方提出关税减让谈判的要求。另外，对于一项产品，如果某个成员的该产品出口额占其总出口额的比重最高，则该成员虽不具有主要供应方的利益，但应被视为具有主要供应方利益，与主要供应方一样，也有权要求参加关税减让谈判。

（2）产品实质供应利益方

在谈判前的一段合理期限内，一个 WTO 成员某项产品的出口在另一方进口贸易中所占比例达到 10% 或 10% 以上，则该成员对这项产品享有实质供应利益，被称为有实质供应利益方，它有权向另一方提出关税谈判的要求。

在实际谈判中，一个 WTO 成员对某项产品的出口处于上升的发展阶段、今后可能成为该成员有主要供应利益或有实质供应利益的产品；或者这项产品在世界其他国家已成为该成员具有主要供应利益的产品，则该成员一般视为具有"潜在利益"。它也有权要求进行关税谈判。

（3）最初谈判权方

一个 WTO 成员与另一方就某项产品的关税减让进行了首次谈判并达成协议，则该成员对这项产品享有最初谈判权，通常称为最初谈判权方。当作出承诺的一方要修改或撤回这项关税减让时，应与最初谈判权方进行谈判。

最初谈判权的规定，是为了保持谈判方之间的权利与义务平衡。最初谈判权方一般都具有主要供应利益，但主要供应利益方不一定对某项产品要求最初谈判权。

在双边谈判中，有些国家对某项产品并不具有主要供应利益或实质供应利益，但这些国

203

家认为，他们对该产品有潜在利益，因而要求最初谈判权，此时谈判的另一方不得拒绝。给予最初谈判权的产品品种的多少，由双方谈判确定，这种情况一般出现在非 WTO 成员加入时的关税谈判中。

9.4.2 关税减让谈判的方式

关税谈判的方式主要有 3 种，即产品对产品谈判、公式减让谈判和部门减让谈判。

（1）产品对产品谈判

产品对产品谈判，是指一个 WTO 成员根据对方的关税税则产品分类，向对方提出自己具有出口利益的要价单，对方（即被要求减让的一方）根据有关谈判原则，对其提出的要价单按其具体产品进行还价。提出要价单的一方通常称为索要方，在他提出的要价单中一般包括具有主要供应利益、实质供应利益及潜在利益的产品。

（2）公式减让谈判

公式减让谈判，是指对所有产品或选定产品的关税，按某一议定的百分比或按某一公式削减的谈判。该谈判方式是等百分比削减关税，对高关税削减幅度较大，对低关税削减幅度较小。

（3）部门减让谈判

部门减让谈判，是指将选定产品部门的关税约束在某一水平上的谈判。部门减让的产品范围，一般按照 HS（《商品名称及编码协调制度》）的 6 位编码确定。在部门减让谈判中，如果将选定产品部门的关税率统一约束为零，则该部门称为零关税部门；如果将选定产品部门的关税率统一约束在某一水平，则该部门称为协调关税部门。

在 GATT 和 WTO 的关税谈判中，这几种谈判方式交叉使用，没有固定模式，通常是以部门减让及产品对产品谈判方式为主。通过部门减让谈判，解决成员方关心的大部分产品问题；通过产品对产品谈判，解决个别重点产品问题。产品对产品谈判在双边基础上进行，是 GATT 的传统谈判方式。部门减让及公式减让主要在多边基础上进行，有时也用于双边谈判。

9.4.3 关税减让表

如果关税减让谈判没有失败，则会形成一个谈判结果为所有成员接受的减让表[①]，或者形成一个仅对签署成员有约束力的诸边协议。需要说明的是，作为关税减让谈判结果的税率，与各成员实际征收的税率不一定相同。减让谈判结果的税率是约束税率，而实际征收税率是各成员公布的法定适用税率。对于发达国家而言，约束税率一般是实际征收的税率，而大多数发展中国家则将税率约束在高于实际征收税率的水平上，将约束税率作为关税上限。各成员实际征收的关税水平，均不得高于其在减让表中承诺的税率及逐步削减的水平。

一成员不一定约束所有产品的关税，它可以随时、不受限制地提高未被约束产品的关税。若产品的关税水平受到约束，它可以自由地实施低于该约束水平的税率。

如果一成员要将某产品的关税率提高到约束水平以上，则需要按有关条款规定的程序进行谈判。经过谈判确定的修改结果，重新载入关税减让表。表 9-3 是关税减让表的一个例子。

---

① 即记录一个成员关税约束水平的表格。

表 9-3 中国关税减让格式表

税号	商品描述	加入之日约束税率	最终约束税率	实施期	现行减让的确定	最初谈判权	首次并入 GATT 减让表中的减让	早期最初谈判权	其他税费
0203	鲜、冷、冻猪肉								
	——鲜或冷的								
	——整头及半头								
02031110	——乳猪	20				CA, US			0
02031190	——其他	20				CA, US			0
02031200	带骨的前腿、后腿及其肉块	20				CA, US			0
02031900	其他	20				CA, US			0
	——冻的								
	——整头及半头								
02032110	——乳猪	16.8	12	2004		CA, US			0
02032190	——其他	16.8	12	2004		CA, US			0
02032200	带骨的前腿、后腿及其肉块	16.8	12	2004		CA, US			0
02032900	其他	16.8	12	2004		CA, US			0

资料来源：中国加入世界贸易组织议定书"附件8：第152号减让表——中华人民共和国"的"第一部分 最惠国税"的"第1节 农产品"的"第1-A节 关税"。

本章要点

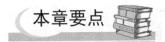

　　1. 关税是进出口货物通过一国关境时，由该国政府所设立的海关向进出口商所征收的一种税收，是一种间接税。

　　2. 对进出口货物征收关税可以起到增加财政收入、调节进出口商品结构、保护国内产业三方面的作用。

　　3. 关税有很多种类。按照商品流向，关税可分为进口税、出口税和过境税；按征税待遇，关税可分为普通关税、优惠关税和进口附加税 3 种，它们主要适用于进口关税；按照征税标准可分为从量税、从价税、混合税、选择税、差价税。

　　4. 就局部均衡分析来看，小国征收进出口关税的福利效应是消费者剩余减少，生产者剩余增加，政府得到关税收入，净福利减少；大国征收进口关税使外国出口商得到的价格比征收关税前低，净福利效应不确定，可能小于、等于，也可能大于征收关税前的福利情况。

　　5. 就一般均衡分析而言，小国征收关税增加进口竞争产业的生产，减少出口产品的生产，减少进口竞争产品的消费，减少贸易量，降低社会福利水平；大国征收进口关税，贸易量减少，减少了其福利，但由于贸易条件改善，关税增加了其福利。关税对福利的净影响就取决于这两种反作用的大小，因此大国存在使其福利最大化的最优关税。

6. 关税减让谈判的两个重要方面是关税减让谈判的确定和关税减让谈判的方式。如果谈判取得成功，就会形成一个谈判结果为所有成员接受的减让表，或者形成一个仅对签署成员有约束力的诸边协议。

❓ 复习思考题

一、名词解释

关税　普遍优惠制　特殊优惠关税　反倾销税　反补贴税　最优关税税率

二、简答题

1. 试用名义关税和保护关税理论来解释目前世界上大多数国家在征收进口关税时实施关税升级的现象。

2. 简述征收反倾销税的依据和条件。

3. 简述普惠制的基本原则。

三、计算分析题

1. 一国想要鼓励本国高清晰度宽屏幕电视机产业的发展。当前这种电视机售价很昂贵，达到6 500美元一台。生产这种电视机的零部件成本为3 000美元。从世界市场上进口同种电视机的价格为5 000美元。

（1）幼稚工业论认为应保护国内产业使之免于与外国竞争。从这一论点出发，你认为是否应采用从价关税？关税率应为多少？

（2）这个关税率对国内电视机产业的有效保护率为多少？

（3）这样的保护使谁得益？谁受损？

2. 一国从国外以每瓶12美元的世界市场价格进口伏特加酒，图9-5描述了该国的市场状况。

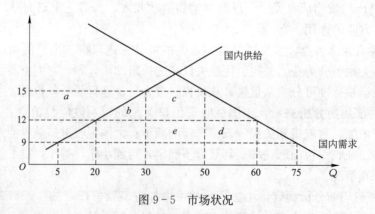

图9-5　市场状况

（1）假定该国对伏特加酒的进口征收关税，伏特加酒的国内市场价格上升到每瓶15美元，而外国的出口价格下降为9美元，这对国内市场的生产与消费有什么影响？

（2）这一关税产生的收益和成本在消费者和生产者之间是怎样分配的？

（3）如果政府能够获得全部关税收入，政府从关税中所获的收益是多少？在图中表示出来。

（4）如果伏特加酒的消费者集体反对这一限制，而政府无力改变既有的法令，那么政府将选用怎样的替代政策？

（5）如果该国在世界市场上是个小国，你对前面问题的答案会有改变吗？

3. 假定一国某种商品的需求曲线为 $D=40-2P$，供给曲线为 $S=10+3P$，自由贸易时的世界市场价格为2，试问自由贸易下该国的进口量是多少？当该国对该种商品征收50％的从价关税时，试问该国的进口量是多少？

四、论述题

1. 试以局部均衡分析方法分析小国进口关税的经济效应。

2. 分析20世纪90年代以来我国出口产品不断遭受反倾销指控的原因，中国加入WTO后，这一问题的前景如何？我们应采取什么对策？

第**10**章

非关税措施

对于参加国际贸易的经济体而言，按照完全竞争市场理论的分析，自由贸易是最有效率的。当考虑规模经济、产品差异等不完全竞争或是垄断因素时，自由贸易却只是理想状态，保护贸易则是一种次优选择。鉴于关税措施受到世界贸易组织的约束，各国在干预国际贸易的政策上更偏重于非关税措施。

10.1　非关税措施概述

在1929—1933年大危机之后，非关税措施在各国开始出现，但因关税水平高，关税的壁垒效应十分明显，所以非关税措施作为贸易壁垒并没有引起过多的重视。随着关税与贸易总协定（GATT）多边贸易谈判回合的推进，发达国家的平均关税水平从40%下降到了3.8%，发展中国家的平均关税水平也下降到13%左右。关税的壁垒效应已经不能满足各国的产业保护需要，非关税措施开始显现出主要贸易壁垒的作用。常见的非关税措施包括钢铁、纺织鞋类、机械设备及汽车等行业的进出口配额等数量限制，也包括对出口企业影响更大的技术标准、卫生检验检疫、劳工标准等非关税措施。尤其是在2008年全球经济因金融危机进入衰退期时，各项具有贸易保护性质的政策在各国竞相出现。

10.1.1　非关税措施的概念与特点

广义而言，非关税措施，又称非关税壁垒（Non-Tariff Measures, NTMs；Non-Tariff Barriers, NTBs）是指一国政府采取的，除了关税以外的，任何可以对国际贸易形成阻碍或扭曲的措施总和，包括一国的法律和行政规定，对本国对外贸易活动进行调节、管理和控制的所有政策。

一国政府可以直接将措施用于限制进口商品，包括进口许可证、进口配额等，这是直接的非关税壁垒；一国政府也可以利用各种措施间接限制外国商品的进口，包括外汇管制、技术标准、环境标准、苛刻的海关程序和原产地规则等，这是间接的非关税壁垒。在实际应用中，这两种措施一般是结合在一起使用的。

随着关税水平的下降，非关税措施通常因其不够透明、形式多样，而且对国际贸易的影响不易度量，所以在国际贸易中成为各国政府干预进口贸易的主要手段。

1. 隐蔽性

关税的税率公开，各国征收关税一般按照本国海关税则进行。世界贸易组织协议规定，其成员如果希望变动关税水平，需要经过复杂的程序。非关税措施一般以法律或政策措施形式出现，也可以在执行过程中通过不透明的手段达到实际的贸易壁垒效果，因而具有较强的隐蔽性。

2. 灵活性

海关税则规定了一国的关税税率，一般不容易变动。相对而言，非关税措施采取的多是行政手段，且种类繁多，它的制定、实施、调整或改变都可以迅速且简单，因而拥有更强的灵活性。

3. 有效性

关税对进口产生的效果是间接的，它主要通过提高进口商的进口成本再影响进口数量。如果进口商品凭借规模经济获得低生产成本时，关税的保护作用不再明显。非关税措施则可以通过直接限制进口数量，或直接禁止某些种类的产品进口，因而具备极强的有效性。例如绝对配额，就是超过限额的部分是不允许进口的；技术标准的要求是不符合标准的产品不具备市场准入的资格。因此，非关税措施的有效性强于关税措施。

4. 歧视性

任何国家只有一部关税税则，不论是单式还是复式税则，不能很好地体现进口国的国别政策。非关税措施如进口配额、禁止进口、反倾销和自愿出口限制等都拥有极强的歧视性，甚至可以针对某一个或数个国家单独采取某种措施。

10.1.2 非关税措施的作用

从各国非关税措施的实际应用来看，非关税措施实际上可以起到如下的作用。

① 限制外国商品进口，保护本国的产业与市场。非关税措施的出现和繁荣源自于关税保护作用的下降或是受到约束。为了防止进口商品垄断本国市场，维护市场的竞争性，保护本国产业的产生与发展，进口国政府必须完善本国的非关税措施体系。

② 在国际贸易谈判中作为砝码，提高本国的谈判力量，逼迫对方妥协让步。在双边、多边及世界贸易体系谈判过程中，逐渐贸易自由化是各国的谈判目标，而削减关税与约束非关税措施成为各方谈判与妥协的筹码。若一国在谈判之中没有对价的壁垒削减措施，则需要付出其他代价以换得对方的壁垒削减。因而发达国家完善的、不断发展的非关税措施体系成为其贸易谈判中的重要砝码。

③ 可以作为对其他国家实施贸易歧视的手段，以达到经济或政治利益。非关税措施的歧视性导致其成为各国经济外交的重要手段之一。

10.1.3 非关税措施的分类

2005 年联合国贸易与发展委员会（UNCTAD）的贸易控制措施分类体系（Coding System of Trade Control Measures，TCMCS）详细地列出了 100 多种非关税措施，按照实施目的和直接影响分为八大章，其中前两章为关税和类关税（Para-tariff）措施，第三章到第八章为非关税措施，具体如下。

① 价格控制措施（Price Control Measures）。以如下理由试图控制进口价格：当进口产

品价格低于国内产品时，用于维持特定国内产品价格；因国内市场价格波动或是国际市场价格不稳定，用于确定国内某产品的价格；为抵消外国贸易不公平竞争行为带来的损失。出于控制目的，绝大多数这类措施对进口成本的影响一般仅限于同一产品两个价格之间的差。最初采用的这类措施包括行政固定价格和自愿出口最低限价或是依据下列调整机制进行价格调查：暂停进口许可证、滑动关税的申请、反倾销措施或是反补贴税。

② 金融措施（Finance Measures）。即规范市场准入、进口外汇成本和界定支付条款的措施。这类措施与关税措施类似，可能提高进口成本。

③ 自动许可措施（Automatic Licensing Measure）。即自由控制某产品的进口申请或是监测其进口趋势。进口国实施这类措施时，可能表示进口激增，或是劝说贸易伙伴降低其出口速度，或是因环境目的而实施，或是进口限制的前兆。

④ 数量限制措施（Quantity Control Measures）。即通过限制性许可证、进口配额或禁止进口，控制从所有供应来源或是特定供应来源的进口数量。

⑤ 垄断措施（Monopolistic Measures）。即为了社会、财政或经济目的而授予一个或有限的经济经营者经济专营权，以实现垄断状态。

⑥ 技术措施（Technical Measures）。指关于质量、安全或规模大小等产品特征的措施，包括对某一产品适用的行政规定、专业术语、标志、检验与检验方法、包装、标签及标签规定。

10.2　非关税措施的主要种类

在 GATT 肯尼迪回合谈判结束时，全球的非关税措施共有 800 种，到 GATT 乌拉圭回合即将结束时，这一数字已经增长到 3000 多种。自 1995 年 WTO 建立以来，非关税措施并没有像关税措施那样受到较为严格意义上的"约束"，而是传统措施并未消失，新的壁垒措施接踵而至。例如，WTO 要求一般取消数量限制，显然关税配额措施应该逐渐取消，但它在各国的贸易政策中依然占据较重要的位置。技术标准、环境问题、动植物检验检疫问题、劳工标准问题等又成为各国贸易壁垒措施发展的新方向。

10.2.1　进口配额制

进口配额制（Import Quotas System），又称进口限额制，是指一国政府对一定时期内进口的某些商品的数量或金额加以直接控制。在规定的期限内，配额以内的货物可以进口，超过配额不准进口，或征收较高关税后才能进口。简单而言，配额是对进口商品设置一定的限额，其目的与征收关税一样，是为了限制进口，保护国内工业。但与关税不同的是，进口配额是直接的数量控制而不是通过提高进口商品价格间接地减少进口。

需要澄清的是，配额的规定并不意味着该国的进口数量或金额必须等于配额。配额只是市场准入的上限，并不是一个国家承诺一定进口的数量，如果进口国国内对进口商品没有需求，那也可以完全不进口。

根据对超过配额部分的做法不同，进口配额可以分为绝对配额（Absolute quotas）和关税配额（Tariff quotas）

1. 绝对配额

绝对配额是指在一定时期内，对某些商品的进口数量或金额规定一个最高限额，超过限额后就不准进口。从分配方法来看，绝对配额有全球配额（Global Quotas）、国别配额（Country Quotas）和进口商配额（Importer Quotas）之分。

全球配额，是指对某种商品的进口给出一个总的限额，对来自任何国家或地区的商品一律适用。主管当局一般根据进口商的申请先后或过去某一时期内的进口实际额发放配额，直至总配额发完为止。

国别配额，是指政府不仅规定了一定时期的总配额，而且在总配额内按照国别和地区分配固定的配额。如果配额的分配由进口国单方面决定，即为自主配额（Autonomous Quotas）；如果是由进口和出口两国政府或民间团体之间通过协议来确定，则为协议配额（Agreement Quotas）。

进口商配额，是指进口国政府将某些商品的进口配额在少数进口商之间进行分配。

在这三种配额中，由于国别配额最能体现进口国的国别政策，而且通过双边协商后订立的双边国别配额不容易引起对方的不满或报复，因此双边协商的国别配额运用十分广泛。

根据入世议定书的承诺，中国政府今后除非符合 WTO 规定，否则不再增加或实施任何新的非关税措施，只有中央政府有非关税措施的统一制定权。同时放宽申请配额和许可证的资格，拥有产品进口权及符合法律要求的申请者均有资格获得配额分配和许可证。

2. 关税配额

关税配额是指在一定时期内，对商品的进口数量或金额规定一个限额，对于限额之内的进口商品，给予低关税或免税待遇，对于超过限额的进口商品则征收高额关税或征收附加税或罚款后再允许进口。关税配额与绝对配额的最大区别在于：关税配额对超过配额的部分是允许进口的，而绝对配额是不允许进口的，因此绝对配额限制得更严，也更容易招致不满和报复。

目前，中国实施关税配额管理的商品包括农产品和化肥等工业品，配额以内的进口适用低关税，配额以外的进口适用高关税，关税配额区分为国营贸易配额和非国营贸易配额。农产品包括小麦、玉米、大米、棉花、食糖、豆油、棕榈油、菜子油、羊毛、毛条 10 大类农产品。除了小麦、玉米、大米、棉花四类产品的进口关税配额由国家发改委会同商务部分配外，其余的进口关税配额均由商务部分配。

专栏 10 - 1

2013 年中国粮食、棉花进口关税配额数量、申请条件和分配原则[①]

根据《农产品进口关税配额管理暂行办法》，国家发改委 2012 年公布了 2013 年粮食、棉花进口关税配额数量、申领条件和分配原则公布如下。

① 进口关税配额量为：小麦 963.6 万吨，国营贸易比例 90%；玉米 720 万吨，国营贸易比例 60%；大米 532 万吨（其中长粒米 266 万吨，中短粒米 266 万吨），国营贸易比例 50%；棉花 89.4 万吨，国营贸易比例 33%。

---

① 中华人民共和国国家发展和改革委员会 2012 年第 35 号公告，有删节。

② 企业通过一般贸易、加工贸易、易货贸易、边境小额贸易、援助、捐赠等贸易方式进口上述农产品均需申请农产品进口关税配额，并凭农产品进口关税配额证办理通关手续。由境外进入保税仓库、保税区、出口加工区等海关特殊监管区域的，免予申领农产品进口关税配额证。

③ 农产品进口关税配额申请者的基本条件为：2012 年 10 月 1 日前在国家工商管理部门登记注册（需提供企业法人营业执照副本）；具有良好的财务状况和纳税记录（需提供 2011 年及 2012 年有关资料）；2010 至 2012 年在海关、工商、税务、检验检疫方面无违规记录；2011 年企业年检合格；没有违反《农产品进口关税配额管理暂行办法》的行为。

④ 国家发展改革委授权机构负责受理属地范围内的企业申请，并于 2012 年 11 月 30 日前将符合公布条件的申请送达国家发展改革委，同时抄报商务部。

⑤ 国家发展改革委于 2013 年 1 月 1 日前通过授权机构将农产品进口关税配额分配给最终用户。

尽管世界贸易组织要求成员一般取消数量限制，但是进口配额制度在某些领域仍然占据十分重要的地位。例如在纺织品贸易、农产品贸易中，进口配额仍然存在。世界贸易组织《纺织品与服装协议（ATC）》规定各成员在 2005 年 1 月 1 日取消纺织品配额制度，但是在 2004 年 3 月初，美国纺织品制造商协会（ATMI）与美国制造业贸易行动联盟（AMTAC）联合伊斯坦布尔纺织品及服装出口商会（ITKIB）发起了《伊斯坦布尔声明》，要求世界贸易组织在 2004 年 7 月 1 日以前召开紧急会议，讨论将纺织品配额延长至 2007 年年底的建议。尽管该建议未被采纳，且 ATC 协议也如期到期，但纺织品配额仍然以特别保障机制或其他形式存在。

10.2.2 "自愿"出口限制

"自愿"出口限制（Voluntary Export Restraints，VERs）是指出口国家或地区在进口国的要求和压力下，"自愿"规定某一时期内某些商品对该国的出口限制，在该限额内自行控制出口，超过限额即停止出口。

对进口国来说，由于对方自愿限制，其进口量也就自然减少。所谓"自愿"，其实只是出口国在进口国的要求和压力下不得不采取的限制政策。因此，经济学家把自愿出口限制看成是进口配额的一种特殊形式，其区别只在于：对进口国来说，自愿出口限制听起来少一点保护主义的味道，少受一点舆论的谴责。对于出口国来说，同样受到数量限制，"自愿"出口比强迫限额要好，因为与进口国设置配额或反倾销相比，"自愿"出口限制对出口国造成的损失要少一些。损失的减少来自于出口国控制出口配额分配，出口国政府或企业可以因此获取"出口配额租"。

自愿出口限制与进口配额制虽然都是采取数量限制进口的方式，但二者仍然存在较大的差异：进口配额制由进口国直接控制进口配额，自愿出口限制则由出口国直接控制配额；进口配额制是进口国采取的措施，自愿出口限制似乎是出口国自愿的行为；进口配额制有影响到该产品的绝大多数供应商，而自愿出口限制则仅应用于几个甚至是一个特定的出口商。

专栏 10 - 2

日美汽车自愿出口限制

在 20 世纪六七十年代，美国的汽油税低，美国消费者与外国消费者对汽车种类及型号的需求不同，美国的汽车工业基本上不与进口汽车形成竞争，因为国内需求和生产都是大型汽车，耗油量大。20 世纪 70 年代后期石油危机的出现，美国国内市场上对小型的节能型汽车的需求剧增。日本由于本身资源的限制，其汽车厂商开发的车型大都是小型的、节能的。由此，日本汽车在石油价格上涨后的需求大幅度上升，美国本土的汽车销量迅速减少，三大汽车制造商相继出现亏损，失业人员大量上升。1980 年 3 月，美国众议院贸易委员会召开会议，其中美国汽车工会代表强烈要求政府对汽车进口实行限制，美国政府则持反对意见。美国贸易代表认为，限制进口会强化垄断，对美国不利，美国总统经济顾问委员会也认为限制进口所带来的损失会超过由此带来的增加生产和就业的利益。

1980 年 6 月美国汽车工会根据《美国 1974 年贸易法》第 201 条，以外国汽车进口使本国产业受到严重损害为由向美国国际贸易委员会提出诉讼，要求提高进口关税并实施进口配额限制。但美国国际贸易委员会的结论是：美国汽车产业所受到的损害来自石油危机后消费需求的转换、利率过高及美国经济不景气三个原因。

为解决实际问题，又不至于违反美国在 GATT 的承诺，1981 年 3 月美国贸易代表访日，与日本通产省进行磋商。同年 5 月日本政府以通商产业大臣声明的形式发表对美出口轿车的限制措施，同意自愿限制对美国汽车出口。《对美出口轿车的措施》主要内容如下。

① 即 1984 年 3 月底为止，根据外汇及外国贸易管理法对日本汽车对美出口进行审查并作出报告。

② 第一年（1981 年 4 月到 1982 年 3 月）自愿将出口限制在 168 万辆以内。

③ 第二年（1982 年 4 月到 1983 年 3 月）的限制额在原有的基础上再加上 16.5%。

④ 根据需要对汽车出口实行出口认可制。

⑤ 第三年（1983 年 4 月到 1984 年 3 月）根据美国轿车市场动态，研究第三年是否继续实行数量限制。

虽然自愿出口限制原定 1984 年 3 月结束，但出于各种原因，直到 1994 年日本的汽车自愿出口限制才最终取消。

尽管日本对汽车实行自愿出口限制后，美国汽车产业的经营状况开始好转，美国三大汽车制造商也扭亏为盈，但却给美国消费者带来了巨大的负担与损失。

表 10 - 1 是 Feensta，Hufbauer，Berliner 和 Elliot，Willing 和 Dutz，以及 Winston 对日美汽车自愿出口限制对日本和美国经济影响的研究总结。

表 10 - 1　研究总结

	价格上升		就业增加	企业的利益		消费者损失/亿美元	美国损失/亿美元
	美国车	日本车		美国企业/亿美元	日本企业/亿美元		
Feensta (1981)	—	3.1%	5 600～11 100	—		—	3.27～3.32
Hufbauer Berliner Elliott	4.4% (1981—1984年平均)	11.0% (1981—1984年平均)	55 000 (1984)	26 (1984)	22 (1984)	58 (1984)	32 (1984)
Willing Dutz (1985)	—	15%～26%	20 000～35 000	9.2		32.5～50	23.3～40.8
Winston (1984)	8.0%	20.0%	32 000	90	30	140	50

资料来源：赵瑾. 全球化与经济摩擦：日美经济摩擦的理论与实证研究. 北京：商务印书馆，2002.

　　自愿出口限制有非协定的自愿出口限制和协定的自愿出口限制两种形式。非协定的自愿出口限制是指出口国政府并未受到国际协定的约束，自动单方面规定对有关国家的出口限额，例如我国对焦炭的出口采取的出口配额制度就属于此范畴。协定的自愿出口限制是指进出口双方通过谈判签订自限协定或有秩序销售协定，规定一定时期内某些商品的出口配额（案例 10 - 2 中的日美汽车自动出口限制属于此范畴）。

　　尽管世界贸易组织要求在 1998 年年底以前取消"自愿"出口限制，但由于该种非关税措施未引起任何正式的争端解决案件，且"是有选择的"，避开了非歧视要求，"自愿"出口限制并未退出限制进口的"舞台"。美国、日本、芬兰、挪威等国对中国的纺织品进口和欧盟对中国的农产品进口都实行自愿出口限制政策。

10.2.3　进口许可证制

　　进口许可证是国家管理货物进口的法律凭证。凡属于进口许可证管理的货物，除国家另有规定外，对外贸易经营者应当在进口前按规定向指定的发证机构申领进口许可证，海关凭进口许可证接受申报和验放[1]。尽管进口许可证制度是传统的非关税措施，但据 WTO 进口许可委员会 2010 年的年度报告指出，在 2009 年 10 月—2010 年 10 月[2]期间，其列表中的 126 个成员方只有 19 个提出没有收到实施进口许可政策的通知，另外 108 个成员均通知启用进口许可证。

　　按照 WTO《进口许可程序协定》总则的定义，所谓进口许可，是指实施进口许可制度的行政程序。进口许可证制（Import License System）是指进口国家规定某些商品进口必须事先领取许可证才可进口，否则一律不准进口。

　　进口许可证则是一国管理货物入境的法律凭证，具备三层含义：一是国家机关签发的具有

---

① 商务部令 2004 年第 27 号《货物进口许可证管理办法》第六条
② WTO 进口许可委员会每年的 11 月到第二年的 10 月为一个报告期。

法律效力的文件；二是批准进口特定货物的文件；三是证明文件，海关凭此接受申报和查验。

进口许可证可以依据与配额的关系及对进口商品的许可程度进行分类。

① 按照是否与配额相结合，进口许可证可以区分为有定额的许可证和无定额的许可证。有定额的许可证是指进口国事先规定有关商品的进口配额，然后在配额的限度内，根据进口商的申请对每笔进口货物发给一定数量或金额的进口许可证，配额用完即停止发放。无定额的进口许可证不与进口配额相结合，有关政府机构预先不公布进口配额，颁发有关商品的进口许可证只是在个别考虑的基础上进行。

② 按照进口商品的许可程度可以分为公开一般许可证（Open General License）和特种进口许可证（Special License）。公开一般许可证，又称自动进口许可证，它对进口国别或地区没有限制，对于属于这类许可证范围的商品，进口商只需填写一般许可证之后，即获准进口。特种进口许可证，又称为非自动许可证。对于该许可证项下的商品，进口商必须向政府有关当局提出申请，经过政府有关当局逐笔审批后才能进口。

乌拉圭回合签订了 WTO《进口许可程序协议》。《进口许可程序协议》要求 WTO 成员国的进口许可程序不应成为对一般来源或特定来源的产品实施进口限制的手段，要求各成员防止因实施进口许可程序对贸易产生不必要的扭曲。协议还要求各成员的进口许可制度既是透明的又是可预见的，各成员应该公开足够的信息以使贸易商了解授予许可证的根据。

专栏 10-3

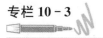

中国的进口许可证制度

我国《货物进口许可证管理办法》于 2005 年 1 月 1 日起施行，规定：国家实行统一的货物进口许可证制度。国家对限制进口的货物实行进口许可证管理，归口管理部门为商务部。每年年底，商务部与海关总署制定、调整和发布下一年度《进口许可证管理货物目录》；商务部负责制定、调整和发布下一年度《进口许可证管理货物分级发证目录》。

列入 2013 年《进口许可证管理货物分级发证目录》的限制进口商品仅为重点旧机电产品和消耗臭氧层物质两种。重点旧机电产品包括化工设备、金属冶炼设备、工程机械类、造纸设备、电力和电气设备、食品加工及包装设备、农业机械类、印刷机械类、纺织机械类、船舶类、矽鼓十一类共计 85 个 10 位 HS 编码，由商务部许可证局负责签发进口许可证。消耗臭氧层物质包括 47 个 10 位 HS 编码，由地方发证机构负责签发进口许可证。

10.2.4　歧视性的政府采购政策

政府机构为自身运转进行商品与服务采购是政府运作的核心之一，它既能够保证获得政府履行职能所需的各项投入，同时也对整个社会各利益相关方产生重大影响。政府采购也是国际贸易的重要构成部分①。

无论是长期维护一个较庞大的政府，还是短期通过扩大政府支出来刺激经济，政府采购

---

① http：//www.wto.org。

已成为一国消费的重要组成部分，也成为宏观经济学中国民支出的重要组成部分。事实上，每年政府采购额约占国际贸易额的 10% 到 15%[1]。

歧视性的政府采购政策（Discriminatory Government Procurement Policy）是指国家通过法令和政策明文规定政府机构在采购商品时必须优先购买本国商品或服务，或其他歧视性的规定[2]。正因为在对待本国与外国的商品和服务时存在差别待遇，因而对国际贸易产生扭曲，成为不少国家非关税壁垒的主要措施之一。

具体的做法包括：优先购买本国产品与服务；强调产品与服务中的国产化程度，即在政府不得不使用外国产品和服务时，强调国产化程度，如零部件国产化程度、当地产品含量或本国提供服务的比例等；偏向国内企业的招标，即在政府出资的工程招标中也经常存在歧视性做法，采用的评标标准或程序偏向国内企业；直接授标，即有的政府工程不通过招标而直接将工程授予一家特定企业（一般都是本国企业）。

在某些情况下，政府采购会直接将需求从进口商品转移到本国商品，对国际贸易形成了不必要的歧视，不符合世界贸易组织的无歧视待遇原则。因此政府的歧视性采购也是世界贸易组织所反对的，属于世界贸易组织规则中的减让对象，相关的协议有《政府采购协议》（属于诸边协议）。《政府采购协议》于 1996 年 1 月 1 日生效。该协议加强了保证国际竞争的公平和非歧视条件的规则。该协议较之于东京回合达成并于 1981 年生效的《政府采购协议》，范围扩大到了服务贸易、地方政府的采购及公用事业单位的采购。

10.2.5 海关程序

海关程序就是进口货物通过海关时所必须经历的程序，一般包括申报、征税、查验和放行。对于各国来说，只需实行烦琐的进口海关程序，即使不用审批，也要层层填表、盖章或故意拖迟时间，降低过关效率，这也能够很有效地达到限制甚至禁止进口的目的。

能够对国际贸易形成壁垒作用的海关程序体现在以下几个方面：海关对申报表格和单证作出苛刻要求，如其中相当一部分信息和海关统计无关；通过商品归类提高税率；通过海关估价制度使完税价格高估，从而提高关税税额；从进口商品的查验放行程序上限制进口。例如，法国为了限制日本等主要出口国向其出口录像机，在 1982 年 10 月规定，所有进口的录像机都必须到普瓦蒂埃（Poitiers）海关通关，并对所有伴随文件都要彻底检查，但是普瓦蒂埃海关距离港口数百英里，且只有非常窄小的一间屋子，海关人员也少。其结果十分有效，进口量从原来的每月数万台降到每月不足 1 万台。

对于海关估价方面存在的贸易壁垒现象，WTO《海关估价协议》进行了界定。成交价格是海关估价的基本价格，如果海关拒绝使用进口商申报的成交价格，但又没有足够的信息来确定应调整的金额，或者当有特殊经济关系的买卖双方的成交价格不符合检验尺度等情况发生时，《海关估价协议》规定可按顺序采用 WTO《海关估价协议》规定的其他几种估价方法：相同货物的成交价格、类似货物的成交价格、扣除价格、推算价格、合理的估价方法。

① 刘力，刘光溪. 世界贸易组织规则读本. 北京：中共中央党校出版社，2000：160.
② 如美国 1933 年的《购买美国货法》规定，在参加招标时，竞标者需证明其产品是美国生产还是外国生产。该法没有直接禁止联邦政府采购外国产品，但明确规定在进行价格评估时，对外国产品须加价 6%。如果该产品的美国竞争者是小企业或是在美国劳动力过剩地区经营的企业，则加价 12%；国防类产品加价 50%。

专栏 10 - 4

鸭子何时才和床罩不一样

蓝山公司（Blue Ridge：The ltem Co.）是一家位于北卡罗莱纳州斯卡兰市的公司，有大约二十名员工，罗伯特·坎普斯是公司的总裁。1995 年，蓝山公司打算从中国进口一系列被叫做"电视鸭子"的新奇产品。这些"鸭子"是用布做的可爱的小动物，可以放在长沙发的扶手上，它们身上附带的口袋可以装电视遥控器和一些小杂志。

但是美国海关官员检查这些"鸭子"之后，判定这些小动物与床罩同属一个海关税则，而这类物品的进口要服从美国纺织配额。如果坎普斯想把这些"鸭子"带进美国，就必须购买一份纺织品配额，这会使得它们的价格翻番，变得无利可图。

因此坎普斯以每小时 250 美元的报酬从华盛顿聘请了一位律师，这位律师称："我的工作就是说服法官'电视鸭子'与床罩不一样"。他成功了，玛丝格蕾芙法官发布了一条严厉的命令，要求美国海关允许坎普斯把他的新奇商品带进美国。但是海关官员和以部长珍妮特·雷内为首的司法部的律师并不打算放弃或者承认他们出了错，他们反而向美国上诉法院提出上诉。政府的律师坚持说鸭子与床罩一样，你只有在法庭中才能欣赏到当时法官那一脸无法置信的表情。

上诉法院裁决坎普斯胜诉，但是这并没有结束司法部律师的消极行动。律师们继续纠缠，为了确保政府不必支付十万美元的费用，再加上他们强加给坎普斯的诉讼费用。

蓝山公司得以继续在英国、新西兰和澳大利亚出售"电视鸭子"。坎普斯评论说，就像其他一些事情，这件事"只不过是大政府挑剔小人物的又一个例子而已"。

资料来源：转引自 DONALD A B. 国际商务：全球竞争的挑战. 8 版. 刘东明，译. 北京：清华大学出版社，2004：453

10.2.6　进出口国家垄断

进出口国家垄断（State Monopoly of Import and Export）又称为国营贸易[①]，是指国家对某些商品的进出口规定由政府机构直接进行经营，或者把商品的进出口的垄断权给予公营企业或国有企业经营。按 WTO 的规定，国营贸易不仅包括计划经济国家国有企业对进出口贸易的垄断，也包括市场经济中对某些产品（烟、酒及有些关键产品，有时也包括农产品）的专营（专卖）制度。在外贸体制改革以前，中国的进出口基本上是由国家垄断，西方国家则存在不少大公司对某种产品的经营垄断。

一般而言，国家垄断经营的主要是关系国计民生或国家安全的重要商品，同时也是极容易产生垄断利润的产品，一般不是需求价格弹性极小的产品，就是战略性产品。各国国家垄断的进出口商品主要包括四大类：烟酒、农产品、武器和石油。

[①] 1994 年 GATT 对"国营贸易企业（state trading enterprises）"的工作定义："被授予包括法定或宪法权力在内的专有权、特殊权利或特权的政府和非政府企业，包括销售局，在行使这些权利时，它们通过其购买或销售影响进出口的水平或方向"。

进出口垄断的保护作用不是通过政府贸易政策而是通过垄断组织的行为实现的。由于独家经营，垄断机构为了牟利就可以通过控制进口量来提高进口商品在国内市场的价格，其结果是一方面减少了进口，另一方面刺激了国内生产，能够起到贸易保护的实际效果。WTO协议规定，国营贸易企业在购买和销售时，应该只以商业上考虑为根据，并按商业惯例对其他成员国提供参与购买或销售的适当竞争机会，不得实行歧视政策。

10.2.7　外汇管制与汇率政策

所谓外汇管制（Foreign Exchange Control），即一国政府通过法令对国际结算和外汇买卖加以限制，以平衡国际收支和维持本国货币汇率的一种制度。外汇与对外贸易关系密切，如果实行外汇管制，进口商和消费者不能自由兑换外汇，也就不可能自由进口。利用外汇管制来达到限制进口目的的方式包括：国家对外汇买卖的数量直接进行限制和分配，称为数量性外汇限制；采用复汇率制度，对不同的外汇需求实行不同的汇率，通过对外汇买卖成本的控制来影响商品的进出口，称为成本性外汇管制；通过上述两种方式的结合实行更严格的控制，称为混合性外汇管制。

汇率高估政策是保护贸易体制的重要组成部分。非均衡的高估汇率能够让使用进口资本品的国内进口替代企业受益（这些企业普遍受到各种进口数量限制措施的保护），而使出口行业受到严重抑制。此外，在保护贸易体制下，外汇分配制度本身也是保护体制的重要构件（J. Bhagwati & A. Krueger，1973）。

利用汇率政策实施贸易保护的核心是通过汇率贬值来保护可贸易品行业，同时采用紧缩的财政政策，在保持内部平衡的同时提高国内储蓄，实现经常项目的顺差。由于贸易自由化降低了关税和各种数量限制措施，这使发展中国家的可贸易品行业受到冲击，汇率贬值可以在一定程度上替代传统的贸易保护措施。值得注意的是，汇率保护在激励机制的一致性方面是优于关税和数量限制等保护措施的——它不会造成可贸易品内部的各种歧视和扭曲，这与贸易自由化改革的政策中性化方向是相符的（Corden，1982）。

汇率政策的作用在于通过汇率波动引起国内相关经济变量的变动，再通过利益重组来调整经济主体行为，直接或间接地影响本国经济的增长。货币贬值的价格效应能改变贸易条件，使进出口商品、劳务相对价格及收费发生变化，进而购买力减弱，金融资产等出现损益现象，由此导致贸易收支发生变化，进而改变国际收支状况。

10.2.8　劳工标准

虽然世界贸易组织已经明确表示将劳工标准（Labor Standards）问题排除在多边贸易体系之外（新加坡宣言，1996；多哈宣言，2001），但形式多样的劳工标准壁垒依然以各种面目出现。传统的以进口限制等贸易制裁为手段推行劳工标准的做法在单边贸易立法、双边贸易伙伴关系和区域协定中被广泛地引入或加强。同时，以生产守则为代表的自愿劳工标准（Voluntary labor standards 或 Nongovernmental labor standards）对国际劳工标准在贸易领域的推行作用日益明显。在某些方面，这种自愿劳工标准已经具有了劳工标签的性质，其第三方认证中的一些是以合格评定并发给证书为形式的，并允许加贴相关标志用于商业宣传

（如 FLA 和 RUGMARK[①]）。

1. 劳工标准的含义

在西方的文献中，劳工标准有很多提法，不管如何称呼和解释，劳工标准通常包括伦理道德和经济效益两个方面。伦理道德方面主要包括诸如劳动者的权利（如结社自由权、罢工权、集体谈判权）、人格尊严（如禁止强迫劳动等）、禁止劳动歧视（如男女同工同酬、禁止就业和职业方面对不同种族、肤色、宗教等的歧视）、下一代成长（规定准许就业的最低年龄标准及禁止童工劳动）、工人工作条件（如工作环境要符合健康安全的标准）等有关人权方面的问题。经济效益方面包括与贸易效益相关的社会福利待遇标准（如制定工人的最低工资标准、保障工人的合理收入、维持工人的基本生活等）。

由于各国经济发展水平的差异及政治文化历史的不同，各国的社会标准和劳工标准也不同。一般来说，发达国家劳工的工资和福利待遇要高于发展中国家。发达国家的工业部门认为，发展中国家的低劳工标准会降低其出口产品的生产成本，从而使发达国家处于一种竞争劣势。因此，一些发达国家一直企图通过提高发展中国家的劳工标准来保护其国内企业。

2. 劳工标准与贸易挂钩

将劳工标准问题与贸易挂钩，美国是主要推动者。美国率先于 1890 年开始禁止进口因犯生产的产品，并于 1930 年将禁止范围扩大到所有强制性劳工生产的产品。随后澳大利亚、英国、西班牙等国对进口"低劣雇佣条件"下生产的产品征收特别关税。总的来说，"二战"前有关贸易与劳工标准挂钩的制度（除劳改产品禁止进口措施外），皆为个别国家之个别行为，并无国际层面上的制度性联系。

WTO 成立后，有关劳工标准与贸易的争论趋于激烈。1996 年 12 月在新加坡 WTO 首届部长级会议上，以美国为首的发达国家在维护人权、保证公平竞争的借口下，坚持核心劳工标准的讨论，最终以妥协的方式把核心劳工标准作为"新题目"讨论并放在"部长宣言"的显要位置。在美国和欧盟的支持下，日内瓦第二次部长会议和西雅图第三次部长会议都讨论了劳工标准问题，但均未成案。2001 年 11 月 WTO 多哈部长会议在讨论启动新一轮贸易谈判时，各方对劳工标准问题作了回避，才使会议达成协议。

3. SA8000 与劳工标准

20 世纪 90 年代，在国际上兴起了以企业自律为主要方式、以促进社会进步为原则的企业社会责任运动。该项运动强调企业对社会的道德责任，要求企业在赚取利润的同时，主动承担对环境、社会和利益相关者的责任。美国一家非政府组织"社会责任国际"（Social Accountability International，SAI）咨询委员会[②]以国际劳工组织和联合国的 13 个公约为依据，1997 年起草，于 2001 年 1 月发布了一份社会责任标准——Social Accountability 8000（简称 SA8000），以此为评价依据开展认证活动。SA8000 的宗旨是"赋予市场经济以人道主义"，要求企业在赚取利润的同时，必须改善工人的工作条件，达到公平而体面工作的标准。通过 SA8000 认证的企业可以获得认证证书，以表明其生产或提供的产品完全符合社会

---

① FLA：公平劳工协会；RUGMARK：地毯标志基金会，一家欧洲机构，对于从东南亚进口的地毯是否使用了童工，通过标签给以区分。

② 其所规定的社会责任内容及通过 SA8000 认证的企业信息均可以从 SAI 网站（www.sa-intl.org）发布的数据获取。

责任标准，履行了公认的社会责任。SA8000 体系旨在宣传保护人类的基本权益，尤其是劳工的权益，因此它是当前将劳工标准和贸易挂钩的一种认证制度。

10.2.9 技术性贸易壁垒

技术规则和产品标准因各国而异，规则与标准的不同对制造商和消费者的行为均会产生重要影响。当然，如果任意地设置技术规则，则无疑会成为保护主义最好的借口之一，技术规则和产品标准则会成为典型的贸易壁垒[①]。

1. 技术性贸易壁垒的概念

在 WTO 货物贸易协议中，技术性贸易壁垒（Technical Barriers to Trade，TBT）协议主要处理技术性贸易壁垒事务，SPS 协议处理动植物卫生检疫措施。基于动植物检验检疫措施的贸易含义，本书将其纳入技术性贸易壁垒。由此，本书认为，技术性贸易壁垒是一国（地区）或区域组织为维护国家或区域安全、保障人类健康和安全、保护动植物健康和安全、保护环境、防止欺诈行为、保证产品质量等而采取的一些强制性的或自愿性的技术性措施。这些措施对其他国家或区域组织的商品、服务和投资自由进入该国或该区域市场产生影响，形成贸易扭曲，因而具有贸易壁垒的实际效果。

从技术性贸易壁垒的表现形式来看，各国采取的技术性措施本身是促进国际贸易发展的，但是由于各国技术性措施之间客观上存在差异并因此给跨境提供产品的生产企业带来实际成本的增加，因而形成了实际上的技术性贸易壁垒。

2. 技术性贸易壁垒的表现形式及发展

对技术性贸易壁垒概念认识的不统一使学术界对技术性贸易壁垒表现形式的看法也不完全相同，但是基本上以下四类措施都在学者的归纳之中。但是在 WTO 的概念之中，技术法规与标准、合格评定程序、商品包装和标签的规定都在 TBT 协议的管辖范围内，即属于技术性贸易壁垒；卫生检验检疫措施属于 SPS 协议的管辖范围，并不在 TBT 定义之内。

（1）技术法规和标准

各种产品的技术标准与法规是经济运行中必不可少的组成部分，也是最常见的技术性贸易壁垒形式。TBT 协议将技术标准定义为经公认机构批准的非强制执行的，供通用或重复使用的产品或相关工艺和生产方法的规则、指南或特定的文件。有关专门术语、符号、包装、标志或标签要求也是标准的组成部分。根据这一定义可知，技术标准是自愿性的，不具有强制性，但是一旦技术标准被法律法规或技术法规所引证，便成为强制性标准。技术标准的形式有卫生标准、安全标准及环境保护标准等，也包括国际、国家、行业和企业标准。

TBT 协议将技术法规定义为政府或者其他有关部门制定的必须强制执行的有关产品特性或其相关工艺和生产方法的规定，具体包括：国家法律和法规；政府部门颁布的命令、决定、条例；技术规范、指南、准则、指示；专门术语、符号、包装、标志或标签要求。一般涉及劳动安全、环境保护、节约能源与原材料、卫生与健康及消费者安全保护法规等方面。技术法规可以根据需要部分或全部引用有关技术标准。技术法规一般涉及国家安全、产品安全、环境保护、卫生与保健、交通规则、无线电干扰、节约能源与

---

① http://www.wto.org/english/tratop _ e/tbt _ e/tbt _ e.htm.

材料等方面。

　　区别于其他贸易壁垒措施，技术标准和法规并不是限制贸易，而是对于不符合技术标准和法规的贸易完全禁止。发达国家一般都规定不符合技术法规或标准的产品是不允许进入市场的，换言之，设置了一个进入门槛，凡是符合的可以自由进口，不符合的就禁止进口。这一规定符合世界贸易组织的一般例外条款规定，并不违反国民待遇原则。

　　从 1995 年到 2010 年年底，WTO 成员方针对 TBT 协议共提出 271 次贸易关切，在近几年尤为频繁（如图 10-1 所示）。数据足以显示，在 2007 年全球进入金融危机和经济衰退以来，技术性贸易壁垒成为困扰许多成员的一项重要壁垒措施。

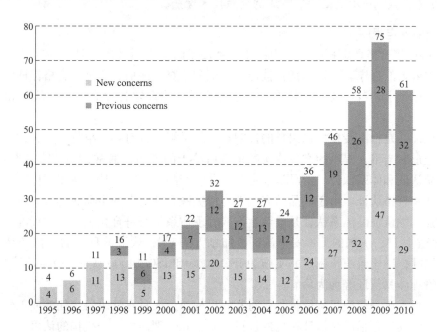

图 10-1　1995—2010 年 WTO 成员方对 TBT 提出的贸易关切分布

专栏 10-5

温州打火机技术壁垒案[①]

　　2001 年秋，欧盟启动制定限制中国打火机出口的 CR 法规程序。规定出口价格在 2 欧元以下的打火机，必须要加装一个 5 周岁以下儿童难以开启的装置即"安全锁"，否则不准进入欧盟市场。温州一直是打火机生产与出口的重要产地，以低廉和优质等特点畅销国际市场，而欧盟也是温州打火机最大的国际销售市场。CR 法规将给素有"打火机王国"之称的温州打火机行业带来一场灭顶之灾。

　　中国打火机企业（主要来自温州）获悉后，在国家原外经贸部的有力支持和带领下，组成了"中国民间第一团"，跟随中国政府代表团前往欧盟有关机构当面陈述、抵制。然而，2002 年 5 月，欧盟依然通过了从 2004 年 6 月起正式实施的 CR 标准。2003 年 10 月，

① 陈黎. 2003 温州打火机案：突破欧盟 CR 技术壁垒初战告捷［J］. WTO 经济导刊，2004（4）。

国家有关部门又带领温州多位打火机企业负责人前往欧盟进行抵制 CR 标准的谈判、交涉。这一系列工作对欧盟产生了进一步的影响。2003 年 12 月 9 日，欧盟《通用产品安全规定指令》（GPSD）紧急委员会召开相关会议，各成员国未就是否在欧盟官方期刊中公布 CR 标准达成一致意见。委员会由此决定公布此规定不应在现阶段提出，且委员会应进一步调查由某些成员国提出来的问题。据此，欧盟原对打火机制造商、进口商及零售商分别从 2004 年 6 月 19 日和 2005 年 6 月 19 日起强制执行 CR 的决议不再生效。温州打火机事件是一起利用国际贸易技术壁垒保护本国产业的典型案例，也是我国"入世"后在国际贸易领域第一次遭遇 WTO 成员方的技术壁垒。

（2）合格评定程序

TBT 协议将合格评定程序定义为：任何直接或间接地用来确定是否满足技术法规或技术标准有关要求的程序。主要包括：抽样、测试和检查、评估、验证和合格保证、注册、认可和批准，以及上述各项程序的综合。一般而言，合格评定程序有认证、认可和互认三种形式。

所谓认证，是指由授权机构出具的证明，一般是第三方对某一事物、行为或活动的本质或特征，经过对当事人提出的文件或实物审核后给予的证明，通常称为"第三方认证"。认证包括产品认证和体系认证。产品认证主要是证明产品是否符合技术法规或标准，包括产品的安全认证和合格认证。由于产品的安全性直接关系到消费者的生命或健康，所以产品的安全认证为强制性认证。体系认证是确认生产或管理体系是否符合相关法规或标准。例如，欧盟的 CE 安全认证、美国的 UL 安全认证、加拿大的 CSA 认证、日本的电器产品认证等均为前者；国际标准化组织执制定并实施的 ISO 9000 和 ISO 14000 认证、OHSAS 18001 职业安全卫生管理体系认证等均为后者。

所谓认可，则是权威机构依据程序对某一机构或个人具有从事特定任务或工作能力给予正式承认的活动，包括产品认证机构的认可、质量和管理体系认证机构的认可、实验室认可等。由此可见，认可与认证是有差异的，认可是由权威机构（指法律或特定政府机构依法授权的机构）对有能力执行特定任务的机构或个人给予正式承认的程序。认证是由第三方对产品、过程或服务满足规定要求给出书面证明的程序。

所谓互认，是指在评审通过的基础上，认证、认可机构之间通过签署相互承认协议，互相承认彼此的认可与认证结构。

在实际应用中，合格评定程序的内容一般也都是以法规或标准的形式存在。换句话说，以法规形式出现的、包含有合格评定程序内容的技术法则，既是合格评定程序，也是技术法规，具有强制性；以标准形式出现的、包含有合格评定程序内容的标准，既是合格评定程序，也是标准，是自愿性的。

（3）商品包装和标签的规定

包装对环境方面所造成的负面影响，主要是由于包装材料及其所形成的包装废弃物和包装容器结构所引起的。大量的包装废弃物，特别是一些无法回收利用的废弃物，所产生的垃圾已成为社会的一大公害。包装容器结构不合理会对使用者或食用者的安全与健康造成危害，有的会对环境造成破坏。因此，许多国家颁布有关包装的法律、法令，对包装材料的内容、包装废弃物的处理、包装容器结构等作出规定，要求生产者、进口商、批发商和零售商等强制执行，否则不准相关商品进口或禁止在市场上销售。

包装及标签规定除了对进口商品的包装规格、包装材料有一定的要求外，还要求注明产品的产地、内容等，不合乎包装及标签规定的商品，即使质量合格也不准进口。商品标签是附在商品或包装容器上的说明和图样，其内容一般包括：制造者、产品名称、商标、成分、品质特点、使用方法、包装数量、储存及应注意的事项、警告标志等。例如，在北欧有些国家规定了包装材料的可回收要求，禁止使用易拉罐等包装容器；法国则要求所有的标签、说明书、使用手册、保修单等必须使用法语等。

商品包装与标签的规定对国际贸易的影响主要在于通常所说的绿色包装问题。由于各国对环境问题的重视，过度包装或者是不能重复利用的包装问题显得比较突出，因此严格的绿色包装规定在某些发达国家得到推行，成为发展中国家产品进入的明显障碍。

（4）卫生检验检疫措施

卫生检验检疫措施是指在一国为保护人类、动植物的生命或健康而采取的技术性措施。主要包括：保护境内动植物生命或健康免受外来病虫害或致病有机体的传入而产生危害的措施；保护人类或动物的生命或健康免受食品、饮料或饲料中的添加剂、污染物、毒素或致病有机体的传入而产生危害的措施；保护人类的生命或健康免受动物、植物或动植物产品携带的病虫害的传入而产生危害的措施等。根据 WTO 卫生检验检疫协定的规定，卫生检疫措施包括检验和检疫的法规法律、法令、规定、要求、程序，特别包括最终的产品标准；有关的生产和加工方法；所有检测、检验、出证和批准程序；检疫处理，包括与动植物运输有关或与在运输途中为维持动植物生存所需物质有关的要求在内的检疫处理；有关统计方法、抽样程序和风险评估方法的规定。卫生检疫措施主要影响农副产品及其深加工产品，以及药品、化妆品贸易。

WTO 年度报告显示，1995—2010 年间成员方提出的对贸易产生影响的 SPS 措施共有309 次，其影响分布如图 10 - 2 所示。

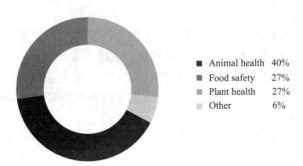

图 10 - 2　2010 年度与贸易有关的 SPS 分类统计①

根据 SPS 即《实施卫生与植物卫生措施协定》协议透明度条款的规定，成员方 2010年共向 WTO 通知了 1406 起 SPS 措施，使 1995—2010 年的通知总数上升到 12250 起，如

---

① WTO 年度报告 2011。其中：Animal Health 为动物安全，Food Safety 为食品安全，Plant Health 为植物安全。

图 10-3 所示。

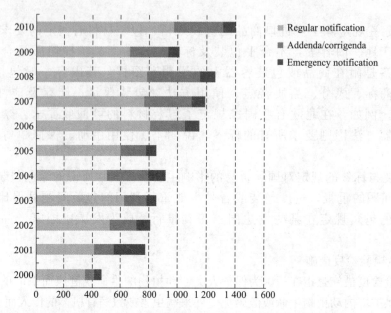

图 10-3　2000—2010 年期间向 WTO 通知的 SPS 措施[①]

典型的例子就是 1999 年中国出口到美国的木质包装事件。由于美国的动植物检疫部门发现中国输美产品的木质包装中有光肩星天牛的虫卵,美国商务部因而紧急通知禁止中国未经过熏蒸的木制包装进入美国市场。在美国之后,加拿大、欧盟也出台相同的规定,使中国出口企业遭受了不小的损失。

3. WTO《技术性贸易壁垒协定》的规定

由于技术性贸易壁垒拥有合法性、合理性及极高的隐蔽性,在关税及数量限制措施得到约束的情况下,各成员国对其青睐有加。而各个国家所制定的有关技术规定和工业标准各有不同,给生产者和出口商造成了很大的麻烦,也为各国变相的保护主义提供了借口。因此,在 GATT 东京回合谈判上就技术性贸易壁垒达成协议,而后在乌拉圭回合谈判时进行了修订。

WTO 颁布该协定的目的是要确保各成员国制定的技术法规、标准及合格评定程序不对国际贸易造成不必要的障碍或扭曲。该协定规定,认可各成员国有权制定他们认为恰当的标准;同时,WTO 不反对成员国为确保所定标准得以实施而采取的相应措施。除此之外,WTO 鼓励成员国适时采用国际标准,这样可以避免法规和标准的繁杂化,但同时并不借此要求成员国改变本国的保护水平。

WTO 同时规定,对各成员国中央政府在制定、采纳和实施技术法规和标准时应遵循以下指导原则。

① 避免不必要的障碍。在制定技术规则和标准时应避免对国际贸易产生不必要的障碍。

② 非歧视原则。应保证在技术法规方面给予来自任一缔约方境内产品的待遇,不低于

---

① WTO 年度报告 2011。Regular notification 为常规通知;Addenda/corrigenda 为附录或勘误;Emergency notification 为紧急通知。

本国生产的同类产品或来自任何其他国家的同类产品的待遇；在使用合格评定程序上，也应保持一致性，而不应有任何歧视。

③ 国际性原则。在制定本国技术法规时，应以业已存在的相应国际标准作为基础，除非这些标准已经失效或不适用，同时还鼓励缔约方在条件允许的情况下广泛参加国际标准化组织的标准制定工作。

④ 等效原则。尽管各缔约方的技术法规不尽相同，但只要能实现同样的目标或效果，相互应予以接受。

⑤ 相互认可原则。鼓励成员国相互认可对方的合格评定程序和检测结果，这样制造商和出口商通过在本国检测其产品即能知道是否符合进口国的有关标准。

⑥ 透明度原则。要求每一成员国建立国家级咨询站，本国产品制造商和出口商通过国家级咨询站可以了解其他国家相关产品市场有关标准的最新动态，其他成员国也可要求该国咨询站提供该国有关技术法规、标准、检测程序等信息和文件。

此外，WTO《卫生和植物检疫措施协定》规范了各国所有可能影响国际贸易的动植物检疫行为。与《技术性贸易壁垒协定》一样，该项协定也并非具体规定各成员国应该采用什么标准，而只是制定了各国实行具体标准时必须遵守的纪律。技术标准和动植物检疫措施的两项协议，实际上建立了一个防止各国政府滥用标准拒绝产品进口的规范。

10.3 非关税措施的经济效应

10.3.1 绝对配额的经济效应分析

由于进口配额是直接对进口数量进行限制，政府分配取代了市场对商品的配置作用，都会对本国商品的价格、消费、生产及整个社会的经济利益都带来一定的影响。如果是进口小国，那么配额的执行不会对国际市场价格有任何影响，但国内市场因进口商品的供不应求而导致价格的上涨。在国际市场进口价格不变、国内市场价格上涨的情况下，谁掌握了进口配额，谁就可以获得额外的收益，也就是通常所说的"经济租"或超额利润。

对于一个进口大国来说，也就是当进口国对于某商品的需求在国际市场上占据举足轻重的地位时，由于进口配额的实施，进口量减少，短期内国际市场上出现了供过于求的局面，导致商品价格开始下降，寻求新的均衡价格。由此可知，国际市场的价格下降幅度取决于进口国的需求在国际市场需求中所占的比重。进口大国通过进口配额可以改善贸易条件。对于掌握配额的进口商或其他机构而言，它们的超额利润就是国内消费者的高价和出口商的低价带来的，即配额的负担由国内消费者和出口商共同承担。

下面考虑国内进口替代品市场为完全竞争时实施绝对进口配额的福利效应。假设进口国进口商品时国内同类商品的市场是完全竞争的，在自由贸易情况下，国内许多厂商与国外同类产品生产者竞争，国外产品很自由地进出本国市场，国内市场价格由国际市场供求决定。

1. 进口小国绝对配额效应分析

绝对配额所规定的进口量通常要小于自由贸易下的进口量，所以配额实施后进口会减少，进口商品在国内市场的价格要上涨。

如图 10-4 所示，S_H 和 D_H 分别为一进口小国的国内供给曲线和需求曲线，国际市场的供给曲线为 $P_W S_W$。在自由贸易条件下，国内外价格相同，均为 P_W，国内生产和消费分别为 Q_1、Q_2，进口量为 $Q_1 Q_2$。

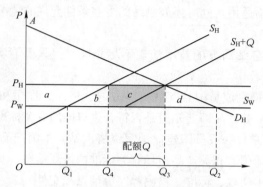

图 10-4　进口小国绝对配额效应分析

现在对进口设置一个数量为 $Q(Q=Q_3 Q_4 < Q_1 Q_2)$ 的配额，国内的总供给量就等于国内产量加上配额，在图 10-4 中表现为供给曲线从 S_H 向右移到 $S_H + Q$。由于国内总供给的减少，国内价格由原来的 P_W 上涨为 P_H，导致国内生产增加至 Q_4，国内消费减少至 Q_3。

从福利角度分析可以得知，此时生产者剩余增加 a 部分，而消费者剩余减少（$a+b+c+d$）部分。在征收关税的情况下，矩形 c 是政府的关税收入，但在配额中被称为配额租金（Quota Rent），它实际上是一种垄断利润，为谁所得是不确定的。

综合起来，绝对配额的净福利效应＝生产者剩余增加-消费者剩余减少＋配额租金＝$a-(a+b+c+d)+c=-(b+d)$。其中 b 为生产扭曲，d 为消费扭曲，$(b+d)$ 为配额的净损失。

配额租金的去向究竟如何？它的去向视政府分配配额的方式而定。现实中，分配进口配额通常以进口许可证分配的方式进行，主要有以下几种。

① 政府通过拍卖的方法分配许可证，使进口权本身具有价格并将进口一定数量商品的权利分配给出价最高的需要者。一般情况下，进口商所付购买许可证的成本要加到商品销售价格上。而且，如果市场完善，许可证的价格应该等于 $P_H - P_W$。因此可以说，建立在拍卖许可证基础上的进口数量限制所起的作用与关税极为类似。在这种情况下，配额租金 c 为政府所得，相当于征收关税条件下政府的关税收入。此时，配额的福利效果和关税一样。

② 政府将配额在某些企业间分配。通常是根据现有进口某种产品的企业上一年度在该产品进口总额中所占的比重来确定，政府也就不再有许可证拍卖收入。在固定受惠的情况下，配额租金为国内拥有配额的进口商所得。

③ 在一定的时期内，政府根据进口商递交进口配额关税商品申请书的先后顺序分配进口商品配额。这种方法的缺点是可能给管理部门留有利用职权获得贿赂的机会，相应地可能导致企业的"寻租"（Rent-seeking）行为，以期借助管理部门的不公正行为获得某种额外利润。

综上所述，在进口小国情形下，绝对配额会带来一国福利的净损失。但是，损失的大小与配额的分配方式有关。如果以拍卖的方式出售，则净福利损失为（$b+d$），此时配额跟关税的福利效应一致；如果是在进口商之间分配，配额的福利净损失除了（$b+d$），还要加上资源配置效率损失；如果配额是以申请的方式获得，最容易产生的是企业的"寻租"行为及由此产生的寻租成本，这时配额的福利净损失也会超过（$b+d$）。

2. 进口大国绝对配额效应分析

如图 10-5 所示，D_H 是本国的需求曲线，S_H 是本国的国内供给曲线，因为本国是进口大国，国外的供给价格是不固定的，因此总供给曲线是倾斜向上的，即图 10-5 中的 S_H+F 是本国的总供给曲线。在没有配额的条件下，国内生产和消费分别为 Q_1、Q_2，进口量为 Q_1Q_2，进口价格为 P_w。

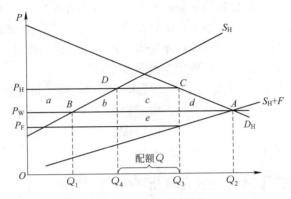

图 10-5 大国配额效应分析

现在假定本国实行进口配额制，配额的数量 Q（$Q<Q_1Q_2$）。因为最多只能进口 Q 数量的外国产品，因此此时国内的价格从 P_w 上升到 P_H，促使国内供给增加到 Q_4，国内消费下降到 Q_3，进口数量为 $Q_3Q_4=Q$ 时该产品的供求达到均衡。进口量的下降导致国外的供给价格从 P_w 下降到 P_F，本国的贸易条件改善。

在自由贸易条件下，本国的消费点为 A，生产点为 B，本国进口数量的产品 Q_1Q_2，进口价格为 P_w。在实行数量为 $Q_3Q_4=Q$ 的配额后，进口价格从 P_w 下降到 P_F，本国的贸易条件改善，本国的净福利效应为 $e-(b+d)$。

实施配额后，生产点从 B 点转移到了 D 点，产量增加 Q_1Q_4，生产者剩余也增加，增加量为梯形 a 的面积，这是配额的生产效应；消费点从 A 点转移到了 C 点，消费量减少 Q_2Q_3，消费者剩余也减少，减少量为梯形 $a+b+c+d$ 的面积，这是配额的消费效应；垄断租金可以用长方形 c 的面积来表示；本国的进口价格由 P_w 下降到 P_F，本国的贸易条件改善。

综合起来，配额的净福利效应＝生产者剩余增加－消费者剩余减少＋配额租金，也就等于 $a-(a+b+c+d)+(c+e)=e-(b+d)$，其中 b 为生产扭曲，d 为消费扭曲，e 为贸易条件改善收益。

由此可见，在完全竞争的市场条件下，配额与关税的福利效应实际上是相同的，不过福利的分配形式不同。在关税效应分析中的关税收入，就相当于在配额效应分析中的配额租金。关税的收入为政府所得，而配额租金最后被谁获得则要取决于配额的分配方式。

3. 绝对配额与关税的经济效应比较分析

① 配额与关税的经济效应在图例中最大的区别就是 c（进口量与进口国国内价格上涨之积）的含义和去向。关税经济效应中的 c 是关税收入（财政收入），在配额的场合中 c 却是进口许可证持有者的超额利润，即配额租金，它有可能为一国政府所得（政府拍卖进口许可证），也有可能为进口商所得（通过政府授予或企业申请的方式获得进口许可证）。

② 关税的经济效应是依靠价格机制的作用来传导的，而进口配额是依靠行政指令对数量进行限制来推行的。

③ 从比较静态分析来看，若国内居民收入增加，在关税的场合，新增加的需求可以在价格不变的情况下通过进口扩大来满足；而在进口配额的场合，因为进口数量的限制，只能是通过价格上升的调整来控制需求，从而导致居民福利水平的降低。

④ 与关税相比，配额在对进口限制方面更直接，更易于控制，也更严厉。在征收关税的情况下，出口商只要在产品价格或质量上有竞争力就仍有可能打入进口国市场；而在采取进口配额措施的情况下，无论出口国生产的产品在价格或质量上有多强的竞争力，出口商都不可能打入进口国的市场，因为进口的数量是确定的。所以进口配额是比关税更严厉的保护措施，因而对国内生产者来说，配额要比关税更受欢迎。

⑤ 现实中，关税和配额的实施都是存在成本的。与征收关税相比，配额的实施成本往往更高。实施关税措施的成本主要是海关征收关税的成本。实施配额措施的成本，则可能是交易成本、效率损失或是寻租成本（依配额的分配方式的差别而异）。总的来说，实施关税的成本比实行配额制的成本要低，效率损失要小。

10.3.2 "自愿"出口限制经济效应分析

1. "自愿"出口限制的进口国福利效应分析

在图 10-6 中，假设 S_H 和 D_H 分别为小国的国内供给曲线和需求曲线，国际市场的供给曲线为 P_WS_W。在自由贸易条件下，国内外价格相同，均为 P_W，国内生产和消费分别为 Q_1、Q_2，进口量为 Q_1Q_2。假定出口国为平息进口国的保护主义情绪而决定将出口限制在 Q（$Q<Q_1Q_2$），以避免进口国的贸易限制措施。此时进口国的国内总供给量等于国内供给加上出口国的出口配额，国内总供给曲线从 S_H 右移到 S_H+Q。在贸易均衡状态下，国内价格从 P_W 上升到 P_H，促使国内供给增加到 Q_4，国内消费下降到 Q_3，进口数量为 $Q=Q_3Q_4$。

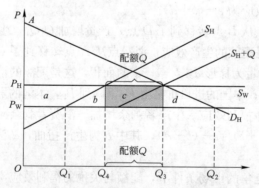

图 10-6　自愿出口限制的进口国福利效应分析

从福利的角度看，国内价格的上涨，国内供给上升使生产者剩余增加图中 a 部分，消费下降导致消费者剩余减少图中 $a+b+c+d$ 部分，自动出口配额的收益部分为 c。因为配额是由出口国作出并分配的，所以其收益由出口商获得。因此进口国的净福利效应就等于生产者剩余增加与消费者剩余减少之差，也就是 $a-(a+b+c+d)=(b+c+d)$。

对于出口国而言，因为出口配额收益的存在，所以他们宁愿签订"自愿"出口限制协议，也不愿面对进口国的其他进口限制措施。

另外，与关税或进口配额不同，"自愿"出口限制协定通常针对最重要的出口国家，因此当主要出口国的出口受到限制时，其他非受限国就会增加出口，这就是"自愿"出口限制协定带来的贸易转移效应。

2. "自愿"出口限制与关税、配额的经济效应比较

假定有两个国家：本国和外国。本国是进口国，外国是出口国。在图 10 - 7 中，横轴表示本国的进口，纵轴表示价格。图中 D_H 表示本国的进口需求曲线，S_F 表示在自由贸易条件下外国的出口供给曲线。而且假定所有的市场都是完全竞争市场。在自由贸易条件下，贸易均衡点为 D_H 和 S_F 曲线的交点为点 E，此时的贸易量为 Q_1，对两个国家来说价格都是 P_W。

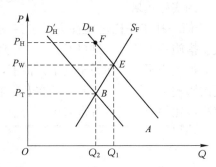

图 10 - 7　关税或进口配额与"自愿"
出口限制的效应比较

现在假定 OQ_2 为双方协商的外国"自愿"出口限制的单位数量，这个"自愿"出口限制使外国出口供给曲线变为 ABF，贸易均衡点移动至 F 点，这个产品的国际价格上升至 P_H，也即本国的国内价格。

再假定本国对外国的产品征收关税或实施进口配额，而且这个关税水平或配额数量刚好能产生 OQ_2（即"自愿"出口限制的数量）的进口。此时，本国的进口需求曲线从 D_H 转移到 D'_H，贸易量刚好为 OQ_2，国际市场价格（也即外国的出口价格）为 P_T。而本国的国内价格为 P_H，这同自愿出口限制下的情况相同。

相对于关税或进口配额来说，自愿出口限制使进口国贸易条件恶化。在关税或进口配额的情况下，本国进口的价格为 P_T。在自愿出口限制的情况下，本国进口的价格为 P_F。进口价格 $P_H > P_T$，所以对进口国来说，与关税或配额相比"自愿"出口限制会使其贸易条件恶化。

在关税或进口配额的条件下，$P_F P_T BF$ 表现为进口国政府的关税收入或进口配额的租金；而在"自愿"出口限制的情况下，这部分收益为出口国所得。因此相比较而言，实施"自愿"出口限制对进口国更不利，而对出口国更有利。

本章要点

1. 非关税措施是指一国政府采取的除了关税以外的、任何可以对国际贸易形成阻碍的措施总和，也是当今最主要、最有效的限制进口措施，而且依然在不断发展演变之中。

2. 非关税措施的种类繁多，常见的有进口配额制、"自愿"出口限制、海关程序、技术性贸易壁垒等，近年来劳工标准又成为发达国家力推的非关税措施。

3. 进口配额制是一国政府对一定时期内进口的某些商品的数量或金额加以直接控制。在规定的期限内，配额以内的货物可以进口，超过配额不准进口或征收较高关税后才能进口。

4. 技术性贸易壁垒是目前发展最快、涉及面最广的非关税措施之一，它对其他国家或区域组织的货物、服务和投资自由进入该国或该区域市场产生影响，形成贸易扭曲，因而也具有贸易壁垒的实际效果。

5. 与关税措施相同，任何一种非关税措施都会对进口国的消费者、生产及政府带来福利变动，但是与关税措施不同的是，进口配额、"自愿"出口配额的贸易扭曲作用及进口国的福利变动显得更为明显：在完全竞争条件下，关税和进口配额对消费者和生产者及社会总效用的影响是一样的，不同之处在于政府能否得到关税收入；在不完全竞争条件下，进口配额比关税给消费者带来更大的福利损失。

复习思考题

一、本章关键术语

非关税措施　进口配额制　绝对配额　"自愿"出口限制
外汇管制　技术性贸易壁垒　进口许可证制　歧视性政府采购

二、简答题

1. 什么是非关税措施？非关税措施具有哪些特点？

2. 列举几种主要的非关税措施，并简要描述每种非关税措施的含义和效果。

3. 试比较完全竞争市场假设下，进口配额与关税的福利变化效应。

4. "自愿"出口配额制与进口配额制有何差异？

5. 为什么"自愿"出口配额对进口国造成的国民福利损失会大于进口关税和进口配额？

三、计算分析题

1. 假设中国是汽车进口小国，对汽车的需求和供给分别为

$D_c=2\,000-0.02P$，$S_c=1\,200+0.03P$ 并假设国际市场上汽车的价格为 10 000 美元/辆，请结合作图，分析和计算下列问题。

(1) 计算自由贸易下中国汽车的产量和进出口量，并分析自由贸易对国内消费者及汽车厂商的福利影响。

(2) 假设中国对汽车征收每辆 3 000 美元的进口关税，计算国内汽车的产量及贸易量；分析与自由贸易相比，国内消费者、政府和汽车厂商的福利变化。

(3) 假设中国为汽车进口设定 150 单位的配额限制，计算国内汽车的价格、产量及贸易量；分析与自由贸易相比，消费者、政府和汽车厂商的福利变化。

(4) 假设中国给国内汽车厂商每辆车 3 000 美元的生产补贴，计算国内汽车的产量、贸易量；分析与自由贸易相比，消费者、政府和汽车厂商的福利变化。

(5) 如果你是该国外贸政策制定者，你会倾向于实施上述（(2)、(3)、(4) 题）中哪种政策？

2. 假设在自由贸易条件下本国以每磅 12 美元的价格从世界市场进口奶酪。如果本国对奶酪征收进口关税，本国的奶酪价格会上升到 15 美元，而世界市场的奶酪价格会下降到 9 美元。请作图说明：

（1）该进口关税对本国的奶酪生产和消费会产生怎样的影响？

（2）该关税将如何影响本国和奶酪相关的消费者剩余和生产者剩余？

（3）本国政府获得多少关税收入？国民福利将受到怎样的影响？

四、论述题

1. 既然关税可以保护本国的工业，政府为何还会选择使用进口配额制这种方式？同样，既然进口配额也可以达到和政府采购一样的效果，为什么政府有时还会采用政府采购来保护本国工业？（结合本章知识进行论述）

2. 结合实际，谈一谈当前中国出口所面临的非关税措施及其对中国出口企业的利弊。

第11章

区域经济一体化

　　第二次世界大战之后，世界经济出现两个重大发展趋势：一是在全球多边贸易体制的推动下，多边贸易自由化所涉及的范围和领域不断扩大与深化；二是以优惠性的贸易协议或安排（Preferential Trade Agreement/Arrangement）为宗旨的区域经济一体化（Regional Economic Integration）发展势头迅猛。从诸多区域经济一体化组织的现实来看，虽然存在一定的贸易转移效应，但是它们确实能够带来巨大的贸易创造潜力，而且在某些时候它们是贸易自由化仅有的现实选择。由此，进入20世纪90年代，区域经济合作出现了史无前例的繁荣发展，大多数国家对区域性经济贸易合作组织的热心甚至超过了对GATT和WTO的关注。根据世界银行的Global Preferential Trade Agreements Database数据显示，按照WTO的分类标准，目前有超过330个PTA在实际运行之中（包括未通知WTO的PTA）[①]。

11.1 区域经济一体化概述

11.1.1 区域经济一体化的定义

　　彼得·罗伯逊（Peter Robson）[②] 认为，经济一体化（Economic Intergration）是指一种能使各成员国凭借本国的相对优势，通过合作或一体化行为，在共同的目标下获得各国单方面行动而不能获得的经济利益的状态或过程。也就是说，他认为各国要加入经济一体化的条件是"具有本国的优势"；目的和动机是"获得各国单方面行动而不能获得的经济利益"；实现目标需要采取的措施便是"合作或一体化行为"。

　　经济学家巴拉萨认为，经济一体化是指各成员国之间相互取消各种歧视，创造某些合作的因素，最终达成一个统一整体的状态或过程[③]。实现经济一体化的手段是"成员国消除相互间的各种歧视"，即消除各国间的贸易、投资壁垒，促进贸易与投资的自由流动。经济一体化程度最高的状态是"达成一个统一整体"，即各成员国之间形成一个政治和经济都统一

---

① http：//wits. worldbank. org/GPTAD/

② PETER R. 国际一体化经济学 . 上海：上海译文出版社，2001。

③ 参见《新帕尔格雷夫经济学大词典》收录的 Balassa. Bela，《Economic Integration》。

的完全的一体化整体。

一些学者把处于"消除各种歧视"的经济一体化叫作"消极的经济一体化"（Negative Economic Integration）①。根据"消除各种歧视"的完全与否（如成员国之间完全取消了自由贸易歧视和生产要素自由流动歧视的共同市场），或是逐步消除的（如只完全取消了贸易歧视而仍保留要素流动歧视的自由贸易区和甚至连自由歧视都还未完全取消的优惠贸易安排），"消极的经济一体化"有"完全的消极一体化"（即共同市场）和"不完全的消极一体化"（即自由贸易区和优惠贸易安排）之分。

积极的经济一体化（Positive Economic Integration）是指各成员国之间完成了消极一体化后，为进一步加强经济一体化的紧密程度而积极主动地"创造"某些一体化之前不存在的"合作因素"，如制定一体化组织共同的对外关税（CET）、制定共同的农业政策、货币政策和财政政策等。同样，"创造性"的合作因素也有多寡之分，"积极的经济一体化"也有完全积极的经济一体化（如已同时实现了经济一体化和政治一体化的完全的经济一体化）、较完全积极的经济一体化（如已实现了政策一体化的经济同盟）和不完全积极的经济一体化（如只"创造"了共同对外关税（CET）的关税同盟）之分。

本章所指的区域经济一体化是指一个地理区域内各国一致同意减少并最终消除关税和非关税壁垒，以便做到相互之间商品、服务和生产要素自由流动的状态或过程②。在区域经济一体化组织中，成员国之间取消了关税和非关税壁垒，使商品和生产要素实现自由流动，利用自由贸易的动态利益，扩大整个国家的经济循环，促进区域内贸易和经济的持续增长。在成员国与非成员国之间则分别或统一采取贸易壁垒措施，限制货物、服务和生产要素的跨国界自由流动，以保护区域内的市场、产业和企业。

11.1.2　区域经济一体化的形式

1. 按经济一体化所涉及的产品或部门的范围大小划分

按此标准，区域经济一体化可分为部门一体化和完全一体化。前者即单一产品或单一部门的经济一体化，如 20 世纪 50 年代形成的欧洲煤钢共同体、第二次世界大战后建立的非洲木材组织等。这种形式的经济一体化组织的特征是，仅在一种或几种产品贸易上完全或部分消除了各种贸易歧视，而在其他产品贸易上仍然维持着原有歧视，只实现了单一产品市场的完全或部分一体化。后者是指多产品或多部门的经济一体化，它是在所有产品贸易上完全或部分消除了各种关税的和非关税的歧视，实现了所有产品市场的完全或部分一体化。

2. 按参与国家的性质划分

按此标准，区域经济一体化首先可分为水平一体化和垂直一体化。前者是指经济发展水平相同或相似的国家之间组成的区域经济一体化组织（如欧盟），后者则是由经济发展水平不同的国家组织的区域经济一体化组织（如北美自由贸易区）。其次，区域经济一体化可以分为"大国"模式（"Big Countries" Model）的经济一体化和"小国"模式（"Small Countries" Model）的经济一体化。前者是指有实力雄厚的发达国家参与、成员体数量较大，且覆盖地理范围很广的经济一体化，在其内部一体化市场发生变化时，往往会引起非成

① "消极的经济一体化"这一概念是由经济学家 Berglas 提出的。
② 希尔. 国际商务：全球市场竞争. 周健临，译. 3 版. 北京：中国人民大学出版社，2001.

员国乃至全球的市场情况也发生变化（如欧盟、北美自由贸易区）；后者是指完全只有发展中国家参与的经济一体化，由于其在规模上和经济影响力上都很小，所以当其内部一体化市场发生变化时，其对各非成员国及全球市场的影响都很小（分析问题时可忽略不计，如东盟）。

3. 按区域内经济一体化的程度划分

依据区域内经济一体化的程度或者说依据商品和生产要素自由流动程度的差异，成员国的政策协调程度不同，区域经济一体化可以从低到高划分为6个层次。

（1）优惠贸易安排（Preferential Trade Agreement）

所谓优惠贸易安排，是指成员国之间通过协定或其他形式，对全部或部分货物贸易规定特别的关税优惠，也可能包括小部分商品完全免税的情况。这是经济一体化程度最低、成员间关系最松散的一种形式。早期的东南亚国家联盟就属于这种一体化组织。

（2）自由贸易区（Free Trade Area，FTA）

所谓自由贸易区，是指各成员国之间取消了货物和服务贸易的关税壁垒，使货物和服务在区域内自由流动，但各成员国仍保留各自的关税结构，按照各自的标准对非成员国征收关税。[①]

从理论上来说，在一个理想的自由贸易区中，不存在任何扭曲成员国之间贸易的壁垒措施、补贴等支持性政策及行政干预，但对非成员国的贸易政策，则允许各成员国自由制定与实施，并不要求统一，因此这种形式也是松散的一体化组织。

建立于1994年的北美自由贸易区（Northern America Free Trade Area，NAFTA）则是最负盛名的自由贸易区，因为它是美国、加拿大和墨西哥三个不同经济发展阶段的国家构建而成的，由于经济发展差异导致了集团内部的经济冲突不断，因而成为一个备受瞩目的区域经济集团。

（3）关税同盟（Customs Union）

所谓关税同盟，是指各成员国之间完全取消了关税和其他壁垒，实现内部的自由贸易，并对自非成员国的货物进口实施统一的对外贸易政策。关税同盟在经济一体化进程中比自由贸易区前进了一步，因为它对外执行统一的对外贸易政策，目的是使结盟国在统一关境内的市场上拥有有利地位，排除来自区外国家的竞争。为此，关税同盟需要拥有强有力的管理机构来监管与非成员国之间的贸易关系，即开始带有超国家的性质。

世界上最著名的关税同盟是比利时、荷兰和卢森堡于1920年建立的比荷卢关税同盟。欧盟的最初形式也是关税同盟。美洲的安第斯条约组织也是一个典型的关税同盟，因为安第斯条约各成员国之间实行自由贸易，而对外统一征收相同的关税，税率从5%～20%不等。另外，沙特阿拉伯等海湾六国于2003年建立的海湾关税联盟也属于典型的关税同盟。

（4）共同市场（Common Market）

所谓共同市场，是指除了在各成员国内完全取消关税和数量限制，并建立对外统一关税外，还取消了对生产要素流动的限制，允许劳动、资本等生产要素在成员国间自由流动，甚至企业可以享有区内自由投资的权利。与关税同盟相比，理想状态的共同市场不仅对内取消关税、对外统一关税，实现货物和服务的自由流动，而且允许生产要素在成员国之间自由流

---

① 查尔斯·W·L·希尔. 国际商务：全球市场竞争. 周健临，译. 3版. 北京：中国人民大学出版社，2001.

动，对居民和资本的跨国移动不存在任何限制。

欧盟在统一货币之前的阶段属于共同市场，这是迄今为止唯一成功建立的共同市场，因为建立共同市场要求在财政政策、货币政策和就业政策等方面进行高度的协调与合作。南美共同市场，即由阿根廷、巴西、巴拉圭和乌拉圭组成的南美集团也正朝这一方向努力。[①]

（5）经济同盟（Economic Union）

所谓经济同盟，是指成员国间不但货物、服务和生产要素可以完全自由流动，建立对外统一关税，而且要求成员国制定并执行某些共同的经济政策和社会政策，逐步消除各国在政策方面的差异，使一体化程度从货物、服务交换扩展到生产、分配乃至整个国家经济，形成一个庞大的经济实体。

第二次世界大战后前苏联、东欧国家之间建立的经济互助委员会就是典型的经济同盟，但是随着 20 世纪 80 年代末期的苏东巨变，经济互助委员会也解散了。

（6）完全经济一体化（Completely Economic Intergration）

所谓完全经济一体化，是指各成员国之间除了具有经济同盟的特征之外，还统一了所有的重大经济政策，如财政政策、货币政策、福利政策、农业政策，以及有关贸易及生产要素流动的政策，并有共同的对外经济政策。

完全经济一体化是区域经济一体化的最高级形式，具备完全的经济国家地位。因此，加入完全经济一体化组织的成员国损失的政策自主权最大。

1998 年，在欧元（Euro）取代欧元区 11 国的货币之后，欧盟（European Union，EU）朝着完全经济一体化又前进了一步。不过，虽然欧盟拥有欧洲议会、部长理事会、欧洲中央银行，但是因为欧元还不是整个欧盟区域的货币（到 2011 年 1 月为止，欧元区现有成员 17 个），再加上欧盟 2004 年 5 月和 2007 年 1 月的扩张（见下文"欧洲的区域经济一体化"），它仍然是一个在向完全经济一体化组织推进的区域经济一体化组织。

前述分类显示了不同区域经济一体化形式的目标不同，一体化程度不同。各类形式之间具体的异同见表 11 - 1。尽管各类形式在经济一体化程度上是承前启后的，但是上一阶段并不一定要向下一阶段发展，上一阶段也不一定是下一阶段的必经之路。

表 11 - 1　经济一体化系统图解

组织形式	内部自由贸易	共同商业政策	要素自由流动	共同货币和财政政策
自由贸易区	√	×	×	×
关税同盟	√	√	×	×
共同市场	√	√	√	×
经济同盟	√	√	√	√

资料来源：EL - AGRAA A M. The European Union：History, Institutions, Economics and Policies. 5th ed. Prentice Hall Europe，1998.

11.1.3　区域经济一体化的发展现状

按照 WTO 协议的规定，成员有义务向 WTO 报告其参加的区域经济一体化组织或者签署的 PTA。截止到 2007 年 8 月，几乎所有成员都向 WTO 通知参与了一个或一个以上的区

---

① 显然，"南美共同市场"，依据定义，现阶段是名不副实的。

域贸易安排。1948—1994 年，GATT 大约收到 124 份与货物贸易有关的区域贸易安排。而自 1995 年 WTO 成立之后，有 240 多个涉及货物或服务贸易领域的区域贸易安排通知到 WTO。按照 WTO 区域委员会的统计，到 2011 年 5 月 15 日，包括商品和服务贸易协议在内，其成员向 WTO 报告了 489 个 RTAs[①]，其中 297 个实际履行，设有实际机构的 202 个（只涉及货物贸易的有 120 个，只涉及服务贸易的有 1 个，同时涉及货物与服务贸易的有 101 个）。表 11 - 2 和表 11 - 3 详细列出了区域一体化协议的分类等情况[②]。

表 11 - 2　根据通知所依据的条款不同分类的实际生效 RTAs

	原有	新 RTAs	合计
GATT 第 24 条（FTA）	1	162	163
GATT 第 24 条（CU）	6	9	15
授权条款	1	33	34
GATS 第 5 条	3	82	85
合计	11	286	297

表 11 - 3　根据类型不同分类的实际生效 RTAs

	授权条款	GATS 第 5 条	GATT 第 24 条	合计
关税同盟	7	—	9	16
关税同盟新增	0	—	6	6
经济一体化协议	—	82	—	82
经济一体化协议新增	—	3	—	3
自由贸易区	12	—	162	174
自由贸易区新增	0	—	1	1
部门一体化协议	14	—	—	14
部门一体化协议新增	1	—	—	1
合计	34	85	178	297

本节着重介绍欧洲、美洲和亚洲各国建立的区域经济一体化组织。

1. 欧洲的区域经济一体化

欧洲的区域一体化组织包括欧盟和欧洲自由贸易联盟，其中欧盟在不断扩大，而欧洲自由贸易联盟则有缩小之势。所以下面用欧盟的发展来说明整个欧洲区域经济一体化的进程和趋势。欧洲联盟简称欧盟，目前是世界上经济一体化程度最高的区域经济组织，2004 年 5 月 1 日爱沙尼亚、拉脱维亚、立陶宛、波兰、捷克共和国、斯洛伐克、匈牙利、斯洛文尼亚、马耳他和塞浦路斯 10 国的加入，2007 年 1 月 1 日保加利亚和罗马尼亚的加入使得欧盟成员国达到 27 个，经济实力得到了进一步的扩张。除了向更高形式的经济一体化组织迈进，吸收新成员以外，欧盟还通过缔结新的区域贸易协定或重新启动沉寂多年的区域经济合作谈判来发展自身。EU 与海湾合作组织（GCC）及南美共同市场进行区域自由贸易区谈判将使其在各方面，尤其是能源战略上取得重大的进展。

图 11 - 1 详细展示了欧盟 27 个成员国的分布，图 11 - 2 则演示了欧盟不断扩大的趋势。

---

① http：//www.wto.org/english/tratop_e/region_e/region_e.htm.
② http：//rtais.wto.org/UI/publicsummarytable.aspx.

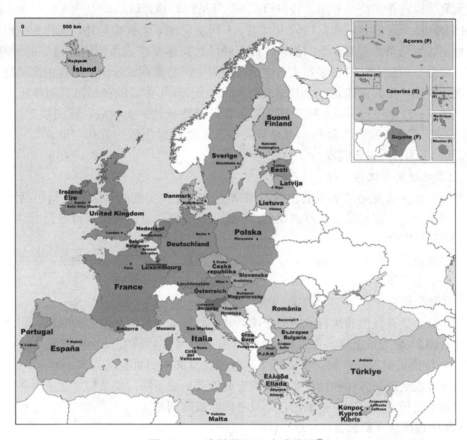

图 11 - 1 欧洲联盟 27 个成员国①

图 11 - 2 欧盟扩大的趋势图②

1）欧盟的发展历程

欧盟最初的形式是成立于 1951 年的欧洲煤钢共同体，成员包括比利时、法国、联邦德

---

① http：//europa. eu/teachers - corner/15/index _ en. htm

② 同上

国、意大利、卢森堡和荷兰 6 国。1957 年,《罗马条约》签订以后,上述 6 国建立了欧洲经济共同体和欧洲原子能共同体。1967 年 7 月,6 国决定将 3 个机构合并,统称为欧洲经济共同体。根据《罗马条约》第 3 条的要求,欧洲经济共同体要求成员国消除内部的贸易壁垒,创立统一的对外关税,同时要求各成员国消除阻碍生产要素在成员国之间自由流动的各种障碍。因此,欧洲经济共同体是一个共同市场。20 世纪 80 年代,欧洲经济共同体正式改称为欧洲共同体 (EC)。1993 年 11 月 1 日《马斯特里赫特条约》生效后,欧洲联盟正式诞生。1995 年 12 月 15 日,欧盟首脑马德里会议决定未来欧洲采用统一货币"欧元",并于 1999 年在欧元区 11 国首先发行实施。

2)欧盟的超国家机构

欧盟统一经济政策是由欧盟的相应超国家机构制定和实施的。这些机构包括欧洲理事会、部长理事会、欧洲委员会、欧洲议会、欧洲法院,以及欧洲中央银行等。

(1)欧洲理事会

由欧盟各成员国政府首脑和欧洲委员会的主席组成。每年至少会晤两次,解决主要的政策问题,并确定政策方向。

(2)欧洲委员会

欧洲委员会负责提出和执行欧盟的法律,并监督各成员国服从欧盟的法律。它由各成员国政府任命的 20 名委员组成,负责日常运行,任期 4 年。欧洲委员会有主席 1 位,副主席 6 位,在 20 位委员中选举产生,任期 2 年。每位委员都主要负责涉及某一政策领域的专门事务,如负责农业政策方面和负责竞争政策方面的委员就不同。委员们尽管是由各成员政府任命,但却不受任何政府的直接制约,而只考虑欧盟的利益。

(3)欧盟理事会(部长会议)

部长理事会代表各成员国的利益,而且欧洲委员会提交的议案只有通过部长理事会的同意之后才能成为欧盟法律,所以部长理事会应该是欧盟的最高权力机构。它由每个成员国政府的一名代表组成,不过理事会的成员一般会根据议题的不同而更换。例如,讨论农业问题,就由农业部长参加,讨论运输问题则由运输部长做代表。1993 年前,部长理事会的决策机制采取的是一致通过,而后出现过多数票通过的例子,但是目前的绝大部分议题还是需要全体部长一致通过。

(4)欧洲议会

欧洲议会现在有成员 600 多名,由各成员国的公民直接选举生产。它是一个咨询机构,而非一般的立法机构。欧洲议会负责讨论欧洲委员会递交并由欧洲理事会转交的立法议案,并提出修改意见。不过,欧洲委员会、理事会和部长理事会不一定会采纳这些意见。

(5)欧洲法院

欧洲法院由来自各成员国的一名法官组成,是欧盟法规的最高上诉法院。法官们必须独立行使职责,不受各国政府的单独管辖。

3)欧盟的统一政策

欧盟统一大市场的基本特点是实现货物、服务、人员和资金的四大自由流动。详细而言,欧盟共同政策包括:农业、试听媒体、财政、竞争、消费者、文化、海关、发展与合作、经济与货币事务、教育与培训、就业与社会事务、能源、欧盟扩大、企业、环境、对外关系、区外贸易、反欺诈、食品安全、外国与安全政策、人道主义援助、人权问题、信息安全、体制事务、内部市场、公正自由与正义、海事与渔业、公共卫生、区域事务、研究与创新、税收、运输等 32 个方面。

就经济政策而言，可以从货物、服务、人员与资金的自由流动角度进行分类。

（1）货物自由流动

① 欧盟统一海关制度，简化海关手续和商品原产地条例，执行统一的商品过境管理方案和统一的商品分类目录。

② 制定统一的安全、卫生、检疫以及统一的产品和技术标准。

③ 加强技术合作，实现科技一体化，以科技促进经济的发展。

④ 建立税务清算手续，统一增值税和消费税。

这四方面的措施都降低了企业的交易成本，也减少了政府的某些行政费用支出。

（2）服务自由流动。

① 各成员之间相互开放服务市场，允许各种职业者任意跨国界开业。

② 各成员互相承认按各国法律建立起来的公司与企业，允许银行、证券交易、保险、租赁、运输、广播电视、通信和信息等服务业开展跨国服务，并在共同体内部发放统一的运营许可证。

③ 统一所得税，并制定统一的运输、服务价格和标准，以鼓励各国工程技术人员的自由流动。

（3）人员自由流动

欧盟各成员国相互承认现有的立法和制度，消除国籍歧视，允许各国间人员自由流动。各国都相互承认文凭和学历，提供均等的就业机会。

（4）资金自由流动

取消各成员国之间对跨国界金融交易的限制，允许一国银行在其他成员国设立分行，允许一国居民自由购买其他成员国的债券和股票；放宽对其他成员国公司和企业在本国发行债券和股票的限制，取消对为买卖债券而获得商业信贷的限制。

2. 美洲的区域经济一体化

整体而言，美洲的区域经济一体化程度不如欧洲，其典型的区域经济一体化组织为北美自由贸易区、安第斯条约组织、南美共同市场和多米尼加—中美洲自由贸易区。

（1）北美自由贸易区（Northern America Free Trade Area，NAFTA）

1988 年 1 月 2 日，美国与加拿大政府签署自由贸易协定，并于 1989 年 1 月 1 日正式生效。1990 年美国与墨西哥进行有关两国自由贸易的磋商，1991 年 2 月加拿大也参与谈判，三国开始就建立北美自由贸易区问题进行谈判。1992 年 12 月 17 日，《北美自由贸易协定》签署，并于 1994 年 1 月 1 日正式生效。按照章程的推进，所有剩余的关税和数量限制在 2008 年 1 月 1 日完全取消。由此，NAFTA 建立了全球最大的自由贸易区，涵括了 4.5 亿人口，生产了 17 万亿美元的商品与服务。

随着加拿大、美国与其他国家签署双边自由贸易协定，如 1996 年的加拿大-智利、2004 年的智利-美国、2006 年的美国-哥伦比亚，2005 年生效的澳大利亚-美国自由贸易协议，NAFTA 不断地走向扩展道路。

随着协议的生效，美国与 NAFTA 成员之间的贸易量迅速扩大。2009 年美国与 NAFTA 成员的货物贸易总额达到 8 350 亿美元，其中出口 3 970 亿美元，进口 4 380 亿美元；服务贸易总额 990 亿美元，出口 638 亿美元，进口 355 亿美元。2010 年的货物贸易额上升到 9 180亿美元，其中出口 4 120亿美元，进口 506 亿美元。

但是，北美自由贸易区自建立以来就一直存在不和谐的音符。与欧盟不同，北美自由贸易区是由发达国家美国、加拿大和发展中国家墨西哥组成，是一个垂直一体化组织。所以，当来自墨西哥的廉价劳动力取代美国的就业时，矛盾就非常突出。对于墨西哥来说，廉价的美国农产品的输入导致墨西哥农民的利益受到严重的打击。因此，北美自由贸易区的发展历程也不如欧盟那般顺畅。

（2）安第斯条约组织

1969 年，玻利维亚、智利、厄瓜多尔、哥伦比亚和秘鲁签署了《卡塔赫纳协定》，由此建立了安第斯条约组织。该协定规定，各成员国进行内部关税的削减，统一对外关税和运输政策，实施共同的公共政策，以及对最小的成员国玻利维亚和厄瓜多尔实施特惠政策。

在 20 世纪 80 年代，由于某些政治原因和经济原因，这一组织名存实亡，既没有无关税的贸易，也没有统一的对外关税；既没有共同的工业政策，也没有经济政策的协调。直到 1990 年，现在的成员国玻利维亚、厄瓜多尔、秘鲁、哥伦比亚和委内瑞拉签署了《加拉帕哥斯宣言》，安第斯条约才真正得到启动。各国在宣言中称，其目标是在 1995 年建立共同市场。1994 年中期，安第斯条约成员国才削减内部关税，实行统一对外关税，建立了关税同盟。

（3）南美共同市场（South American Common Market，也称南锥体共同市场（Mercado Común del Sur，Mercosur）

1991 年阿根廷、巴西、乌拉圭和巴拉圭成立了南美共同市场，虽然名称为共同市场，但其实质内容仍然是一个关税同盟。南美共同市场对成员国经济增长做出了积极的贡献。但是世界银行的一份报告指出，该区域集团的贸易转移效应超过了贸易创造效应。

（4）多米尼加-中美洲自由贸易区（DR－CAFTA）

2004 年 8 月 5 日，中美洲五国、多米尼加共和国与美国在华盛顿签订自由贸易协定，承诺增加贸易与投资，促进中美洲的经济增长，减少贫困。该协议于 2006 年对美国、萨尔瓦多、危地马拉、洪都拉斯和尼加拉瓜生效，2007 年 3 月 1 日起对多米尼加共和国生效，2009 年 1 月 1 日对哥斯达黎加生效。至此多米尼加-中美洲自由贸易区建立。

2008 年 8 月 15 日，自由贸易区对纺织品协议进行了主要修订，包括原产地规则等，以保证纺织原料来自美国或是其他区内成员国。

专栏 11－1

南美洲的贸易转移

1991 年，阿根廷、巴西、巴拉圭和乌拉圭四个南美国家组成了一个叫做 Mercosur（是葡萄牙文 Mercado Común del Sur 的缩写）的自由贸易区。这个协定对贸易产生了立竿见影的影响：四年之内，成员国之间的贸易量增加了两倍。该地区的领导人为 Mercosur 取得的成绩骄傲不已，将它称为本国成效卓著的全面经济改革的组成部分。

　　不过尽管 Mercosur 在增加地区内贸易方面取得了显著的成绩，但是特惠贸易区理论告诉我们，这不一定是件好事，如果新贸易是在损害了与世界其他国家贸易的条件下发生的。或者说，这一协定并未创造新贸易而只是使原有贸易发生了转移——它实际上可能会降低福利。果然不出所料，1996 年由世界银行首席贸易经济学家设计的一项研究显示，虽然 Mercosur 显著地促进了地区域性贸易，但是由于这一成功牺牲了与其他国家的贸易，它对该地区经济的净影响很可能是负的。

　　该报告认为 Mercosur 的一个实质性影响是：成员国的消费者更倾向于购买邻国生产的成本昂贵的制造品。特别值得一提的是，由于 Mercosur 的存在，巴西高保护、低效益的汽车工业实际上替代了来自其他地区的进口而独霸阿根廷市场，由此，报告的初稿作出了这样的结论："这些研究结果似乎为区域性贸易组织潜在的负面影响提供了证据。迄今为止，这些证据是最具说服力的，但同时也是最令人忧虑不安的。"

　　然而，在最终正式出版的报告中却找不到上面的一席话了。原来，初稿泄露给了新闻界，继而招致了 Mercosur 成员国政府（特别是巴西政府）的强烈抗议。迫于压力，世界银行先是迟迟不发表报告，在最终发表的版本中也加入了许多限制性说明。不过，即使是在公开发表的版本中，该报告还是通过确凿的证据表明：即使不能说 Mercosur 完全无益于社会生产率的提高，它已经造成了数量可观的贸易转移这一事实应该是不容置疑的。

　　资料来源：转引自 KRUGMAN P R，OBSTFELD M. International Economics：Theory and Policy. 5th. 北京：清华大学出版社，2001：244-245。

3. 亚洲的区域经济一体化

　　与欧洲和美洲的区域经济一体化过程不同，亚洲的区域经济一体化出现较晚。东南亚国家联盟出现得确实很早，但是它主要是一个政治联盟，在贸易领域只不过具有优惠贸易安排这种初级形式。东南亚自由贸易区也是 2000 年以后才形成的。20 世纪 90 年代以后的亚太经济合作组织则只是一个潜在的自由贸易区雏形，而非实质上的区域经济一体化组织。南亚有由孟加拉国、印度、不丹、马尔代夫、尼泊尔、巴基斯坦、斯里兰卡等国在 1985 年 12 月构建的南亚地区合作协会（SAARC）。2003 年中东的沙特阿拉伯等海湾六国组建了海湾关税同盟。

　　（1）东南亚自由贸易区

　　东南亚国家联盟（Association of South East Asian Nations，ASEAN）成立于 1969 年，成员包括文莱、印度尼西亚、老挝、马来西亚、缅甸、菲律宾、新加坡、泰国、越南和柬埔寨，其中老挝和越南是 20 世纪 90 年代加入，柬埔寨是最近加入的。东盟建立之初主要是个政治联盟，在经济上只是一个优惠贸易安排，目标只是促进成员之间的自由贸易和在产业政策之间进行合作。

　　1992 年开始东盟意识到区域经济一体化的重要性，并着手计划建立较高层次的区域经济一体化组织，目标是在 2008 年实现东南亚自由贸易区。虽曾遭受东南亚金融危机的沉重打击，但孕育 10 年之久的东盟自由贸易区仍在 2002 年 1 月 1 日正式启动，达到了"在 2002 年之前将产品关税降至 5% 以下"的目标。10 年来，东盟的平均关税已从 12.76% 降至 3.85%。在 55 000 多个关税项目中，超过 90% 的产品关税已降到了 0%～5%。6 个老成员国相互间的贸易关税已降至 3.21％，4 个新成员①国也有 50％的产品关税达到《东盟共同有效优惠关税协定》的要求。

东盟除大力推动区内自由贸易外，也在积极推动与亚太区国家的自由贸易，建立了中国-东盟，东盟-日本、东盟-澳新、东盟-韩国、东盟-印度自由贸易区。同时，按照东盟的远景规划，其经济一体化的目标是在 2020 年建立东南亚经济共同体。

（2）亚太经合组织（APEC）

在澳大利亚的倡议下，亚太经合组织于 1990 年成立。到 2002 年，该组织拥有 21 个成员：美国、日本、加拿大、澳大利亚、新西兰、韩国、马来西亚、泰国、新加坡、菲律宾、印度尼西亚、文莱、中国、中国台北、中国香港、墨西哥、巴布亚新几内亚、智利、秘鲁、俄罗斯和越南。亚太经合组织每年召开一次部长级会议，自 1993 年以后，每年也召开领导人非正式会议，讨论本区域内的经济贸易合作问题。

目前亚太经合组织正在 10 大领域加强合作：贸易与投资数据处理、贸易促进、扩大投资和技术转让、人力资源开发、地区能源合作、海洋资源保护、旅游、通信、交通和渔业。从合作领域来看，亚太经合组织的目标不仅仅限于建立自由贸易区，而且还包括实现生产要素自由流动的经济一体化长期目标。

亚太经合组织的第一个贸易自由化目标是建立亚太自由贸易区，并在第二次非正式领导人会议上发表了《茂物宣言》，宣布了亚太经合组织的第一步长期目标：将加强亚太地区的经济合作，扩大乌拉圭回合的成果，以与关贸总协定原则相一致的方式，进一步减少相互间的贸易和投资壁垒，促进货物、服务和资本的自由流通。在宣言中明确要求，发达经济体不迟于 2010 年实现贸易和投资的自由化，发展中经济体不迟于 2020 年实现贸易和投资的自由化。

（3）中国参与区域经济一体化的情况

区域经济一体化对区内和区外国家的巨大经济、政治影响，促使我国自 20 世纪 80 年代末 90 年代初以来，在经济一体化方面进行不懈的探索和努力。根据商务部国际司的资料显示②，我国已经签署、正在谈判或计划进行谈判的区域贸易协议主要包括亚太经合组织（APEC）、亚欧会议（AESM）、中国-东盟自由贸易区、中国-智利自由贸易区、中国-巴基斯坦自由贸易区、中国-韩国自由贸易区、《亚太贸易协定》（原曼谷协定）、澜沧江-湄公河次区域开发合作③及其他。

11.1.4 WTO 对于区域经济一体化的关注

当 WTO 成员之间组成区域经济一体化组织时，对区域内实行贸易优惠措施，对区域外

---

① 6 个老成员国是印度尼西亚、马来西亚、菲律宾、新加坡、泰国和文莱；4 个新成员国是越南、老挝、缅甸与柬埔寨。

② 中国商务部国际经贸关系司网站〈http://gjs.mofcom.gov.cn/af/af.html〉。

③ 次区域经济合作是指边界由屏蔽效应向中介效应转化过程中，毗邻国家在其边境接壤的地区的区域经济合作现象。边界的屏蔽效应表现在国家为保护其经济主权和发展民族工业上，往往以关税和非关税贸易壁垒在一定程度上限制贸易生产要素的流动。边界的中介效应是指边界作为国家间交往的中介，就表现出一定的"过滤功能"，即边界对于有利于本国经济、社会发展的物质、信息的流动是开放的，而对于损害其社会、经济发展的物质、信息的流动则是封闭的（见李铁立. 边界效应与跨边界次区域经济合作研究. 北京：中国金融出版社，2005：48-49，121）。

执行统一或不统一的贸易壁垒措施，这实际上违反了 WTO 的无歧视待遇原则。但是，根据 WTO 秘书处 1995 年的一份研究报告指出："区域经济一体化进程和多边一体化进程在追求更加开放的贸易方面是互补的，而不是相互替代的"，所以 WTO 不仅允许区域经济一体化组织的存在，而且鼓励它的发展。对于区域性协议，部分明文接受，部分持包容态度，只规定这些协议不得针对区域协议之外的国家设置贸易壁垒，必须包含所有贸易，必须尽快朝关税同盟或自由贸易区迈进。

尽管 WTO 允许区域经济一体化的存在，但还是对它进行了一些必要的限制，包括：

① GATT 第 24 条的第 4 到第 10 款规定了涉及货物贸易领域的关税同盟和自由贸易区的构成和运作；

② 授权条款，指在发展中成员之间的货物贸易优惠安排；

③ GATS 第 5 条规定了发达国家和发展中国家参与服务贸易一体化的要求。

例如，GATT 第 24 条第 5 款明确规定，不阻止关税同盟或自由贸易区的成立，也不应阻止建立关税同盟或自由贸易区所必需的临时协议，只要它们满足如下条件："一，对于关税同盟或建立关税同盟所必需的临时协议来说，针对非关税同盟成员的缔约方设置的关税和其他贸易措施整体上不超过在建立关税同盟或签订协议之前对这些成员的限制水平；二，对于自由贸易区或建立自由贸易区所必需的临时协议来说，针对非自由贸易区成员的缔约方设置的关税和其他贸易措施整体上不超过在建立自由贸易区或签订协议之前对这些成员的限制水平；三，所谓临时协议应该包括建立关税同盟或自由贸易区的合理时间计划和安排。"简单地来说，如果某一自由贸易区或关税同盟成立，那么优惠区域内所有贸易部门的关税和非关税壁垒都应该被削减或取消，而非区域内的 WTO 成员在与区域内成员之间的贸易不能比区域经济一体化成立之前限制更严。对于一项建立区域经济一体化组织的协议而言，尽管 WTO 不阻止，但是规定了一个合理的期限，一般是 10 年。如果一项协议在 10 年内都未能成功地建立经济一体化组织，那么 WTO 就不承认它的合法性。

尽管 WTO 规则对区域经济一体化规定了一些条件，但是事实证明，对这些规定的解释却时常出现互相矛盾之处，而解释这些条文的具体含义则成为 WTO 区域贸易协议委员会的主要工作职责之一。自 1995 年起，对于某个贸易协议是否符合 WTO 的条款规定，区域贸易协议委员会从未做出过结论。随着 WTO 成员越来越多地卷入区域经济一体化的进程中，区域经济一体化的合法性问题十分突出，也十分棘手。所以，WTO 成员同意在多哈发展议程中对这个问题进行磋商，以找到解决之策。

11.2　区域经济一体化理论

作为动态过程的区域经济一体化，本身就意味着对成员国和对非成员国给予不同的贸易待遇。因此，建立区域经济一体化组织会导致资源在成员国和非成员国之间重新配置，贸易活动在成员国与非成员国之间重新划分，世界各国的福利也会随之出现变化。区域经济一体化对成员国经济的所有影响，称之为区域经济一体化的经济效应，包括静态效应和动态效应两个方面。所谓静态效应，是指假定经济资源总量不变、技术水平给定时，区域经济一体化组织对区域内国际贸易、经济发展及消费者福利的影响。所谓动态效应，是指随着时间的推移，区域经济一体化对成员国带来的长期的、动态的影响。

11.2.1 关税同盟理论

关税同盟理论（Custom Union Theory）主要研究区域贸易组织对内取消关税和对外统一关税所引起的贸易变化，该理论一直在区域经济一体化理论中居于主导地位。关税同盟可以给参与国带来经济利益的观点在第二次世界大战之前就早已存在，早期的关税同盟理论认为：以比较利益为基础的自由贸易可扩大各国的经济利益，带来生产和消费的有益变化。关税同盟在区域内实行关税减免，从而趋向于自由贸易，这必然导致成员国的福利增加，而对于整个世界来讲，福利也是增加的。

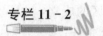

专栏 11－2

雅各布·范纳（1892—1970）

雅各布·范纳，美国经济协会弗朗西斯·沃克奖得主，1892 年生于加拿大，属于芝加哥学派，被罗宾斯誉为"所属时期的杰出的经济学全才"。他的工作涵括所有经济领域，但是他的经济思想和国际贸易理论尤为突出。范纳 1917 年出版了第一本关于方法论的著作，1923—1924 年研究国际贸易理论，同时发表若干价格理论论文。

范纳极力抵制凯恩斯改革，因为在他认为经济危机源自于产出价格的通货紧缩快于成本的暴跌，所以他深信，复苏需要边际利润的回复，政府应该利用赤字支出，而不是货币扩张来降低通货紧缩。与经济学家怀特支持奥地利学派的机会成本观点不同，范纳赞成马歇尔的"真实成本"理论，他在 1932 和 1937 年分别用"真实成本"理论对经济学家哈伯勒的机会成本比较优势理论和贝蒂尔·俄林的"要素禀赋理论"进行改写。

1950 年，在 Bhagwati，Krishna，Panagariya 编辑的《贸易集团》（*Trading Blocs*）一书中，美国经济学家雅各布·范纳（Jacob Viner）撰写的《关税同盟问题》（*The Customs Union Issue*）一文系统地提出了关税同盟理论。他认为，关税同盟可以产生贸易创造（Trade Creation）和贸易转移（Trade Diversion）效应，前者涉及在成员国间从高成本生产转向低成本生产，后者则涉及从低成本生产转向高成本生产。范纳提出，贸易创造可以提高本国的福利，贸易转移则减少本国的福利，这一区分构成了关税同盟福利分析的基础。Meade（1955），Lipsey（1960）等对关税同盟理论进行拓展，考虑了商品之间的替代性，即"消费效应"的存在，那么贸易转移效应也有可能提高本国福利[①]。随后，Cooper（1965）从纯理论的角度探讨关税同盟的福利效应，Corden（1972）则加入规模经济进行讨论，Bhagwati（1971，1973）及 Kirman（1973）对这一理论进行了进一步阐述，Rizman

---

① Richard N. Cooper and Harry G. Jonson, A New Look of Custom Union, The Economic Journal, Vol. 75, No. 300, Dec., 1965

（1979）等人提出了三国二商品（3×2）模型，麦克米兰（Macmillan）、麦克兰（Mclann）和劳埃德（Lloyd）进行了归纳和总结。

关税同盟理论的核心在于揭示关税同盟中的关税减让对成员国和非成员国所带来的不同的经济效应。除了贸易创造和贸易转移两个主要的效应外，经济一体化的静态效应还包括其他几个方面，如贸易扩大效应，以及关税同盟建立后，行政支出和走私的减少，集体谈判力量的增强等。

1. 关税同盟的静态效应

1）贸易创造（Trade Creation）效应

范纳认为，关税同盟的贸易创造效应是指由关税同盟引起的产品来源地从资源耗费较高的本国生产者转移到资源耗费较低的成员国生产者。[①] 这种原来不存在的贸易被创造出来，体现了经济开始按照自由贸易来配置资源，因此可以提高成员国国内的福利水平。如果从全球的角度来看，福利水平同样也可以得到提高。

利用如下的简单例证，可以清楚地了解贸易创造对一国福利的影响。假设只存在国家1、2、3，都生产某一种产品，只存在关税一种贸易壁垒（假设其他贸易壁垒都关税化了）。国家 1 的国内企业的生产成本是 $P_1 = 35$，国家 2 的国内企业的生产成本是 $P_2 = 26$，国家 3 的国内企业的生产成本是 $P_3 = 20$。归纳面言，各国的产品价格，关税税率在建立关税问题同盟前后的变化情况如表 11-4 所示。

表 11-4　建立关税同盟前后的各国价格与税率情况表

国别	建立关税同盟之前		国家 1、2 两国建立关税同盟之后	
	国内价格/（美元/单位产品）	关税税率	国内价格/（美元/单位产品）	关税税率
1	35	100%	26	成员间：0%；对非成员：75%
2	26	75%	26	成员间：0%；对非成员：75%
3	20	0%	20	0%

从表 11-4 可以知道，在建立关税同盟之前，国家 3 具有该产品的绝对优势，按照古典国际贸易理论，国家 3 应该出口该产品。但是，由于 1、2 两国存在较高的关税，所以三国之间不存在商品的流动。每个国家都只能拘泥于国内市场进行资源配置，生产和销售产品。在 1、2 两国建立关税同盟之后，在内部成员之间取消关税和其他非关税壁垒，对外统一执行 50% 的关税措施。因为国家 2 的产品价格是 26 美元，低于国家 1 的 35 美元，也低于国家 3 的税后价格，所以国家 2 具备了绝对优势，国家 2 向国家 1 出口产品。这一贸易活动在关税同盟建立之前是不存在的，因此称之为贸易创造。

成立关税同盟后因取消贸易壁垒而增加的贸易，即为关税同盟的贸易创造效应。应用经济学的局部均衡分析方法，对贸易创造效应对进口国的福利影响进行分析，得到图 11-3。其中，S_1 为国家 1 的供应曲线，D_1 则是消费曲线。我们从数字与图形的分析中可以了解建立关税同盟之后，贸易创造效应给成员国带来的经济影响，以及社会的净福利影响。

---

① 类似的表述为：贸易创造是由于形成贸易集团而创造的新贸易量，因此而获得的福利即为贸易创造效果。

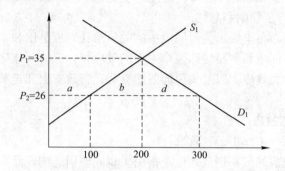

图 11-3　关税同盟对进口国（国家 1）的贸易创造效应与社会福利①

从图 11-3 的数据来看，在组建关税同盟之前，国家 1 的市场价格是 $P_1=35$，国家 2 的市场价格是 $P_2=26$，根据前文的假设，因为 100％关税的存在，所以二者间没有贸易往来。在国家 1 和 2 组建关税同盟后，对内关税取消，因此国家 1 从国家 2 进口的产品不再征收关税，国内市场价格从 $P_1=35$ 降低到 $P_2=26$，本国供给因为价格下降而减少，从 200 单位下降到 100 单位，本国需求因价格下降而增加，从 200 单位扩张到 300 单位。为满足本国的需求，国家 1 从国家 2 进口 200 单位（300－100），进口中的 100 单位是替代本国原来的高成本生产，另 100 单位则是因为价格下降带来的消费扩张。

因此，对于国家 1 来说，消费者因为价格下降而获得消费者剩余的增加（$a+b+d$）；生产者剩余减少 a；因此国家净福利的增加是图 11-4 中的 b 与 d 面积之和。其中 b 是指生产扭曲减少带来的福利增加，等于 $(200-100)\times(35-26)\times\frac{1}{2}=450$。$d$ 是指消费扭曲减少带来的福利增加，等于 $(300-200)\times(35-26)\times\frac{1}{2}=450$。新创新的贸易给进口国带来了 900 单位的福利增加。

2）关税同盟的贸易转移（Trade diversion）效应

所谓贸易转移效应，是指产品来源地从资源耗费较低的非成员国生产者转移到资源耗费较高的成员国生产者②。贸易转移效应阻止了从外部低成本的进口，而以高成本的集团内部生产代替，违背了自由贸易的资源配置效率原则，使消费者的购买价格上升，造成福利损失。如果从全球的角度来看，生产资源的重新配置导致了生产效率的下降和生产成本的提高，从而导致全球福利水平的下降。

利用简单例证，同样可以清楚地了解贸易转移的含义及其福利效应。假设市场完全竞争，不存在规模经济，只存在国家 1、2、3，都生产某一种产品，只存在关税壁垒（假设其他贸易壁垒都关税化了），因此各国的产品售价等于本国产品的单位生产成本。国家 1 的产品售价 $P_1=35$，国家 2 的产品售价 $P_2=26$，国家 3 的产品售价 $P_3=20$。归纳而言，各国的产品价格、关税税率在建立关税同盟前后的变化情况如表 11-5 所示。

---

① 因为在本例中，国家 3 始终未进入国家 1 市场，因而在图中未出现。
② 类似的表述为：贸易转移是从集团外部的出口商向集团伙伴国出口商转移的贸易量，因此损失的福利即贸易转移效果。

表 11 - 5　建立关税同盟前后的各国价格与税率情况表

国别	建立关税同盟之前		国家 1、2 建立关税同盟之后	
	国内价格/(美元/单位产品)	关税税率	国内价格/(美元/单位产品)	关税税率
1	30①	50%	26	成员：0%；非成员：50%
2	26	75%	26	成员：0%；非成员：50%
3	20	0%	20	0%

　　在建立关税同盟之前，国家 3 具有该产品的绝对优势，而国家 1 的关税税率为 50%，即使考虑关税的效应，国家 3 也具备出口优势，所以国家 3 向国家 1 出口。国家 2 因为存在 75% 的关税，考虑关税的影响，国家 2 和 3 之间、国家 1 和 2 之间是不存在贸易的。在国家 1 和 2 建立关税同盟之后，在内部成员之间取消关税和其他非关税壁垒，对外统一执行 50% 的关税措施。因为国家 3 加上关税负担后的产品价格是 30 美元，高于国家 2 的 26 美元，所以国家 3 丧失了绝对优势，原有的贸易受到了抑制。国家 1、2 之间不存在贸易壁垒，因此国家 2 向国家 1 出口产品，这一贸易活动正是从原来国家 3 的出口转移而来，因此称之为贸易转移。

　　如果应用经济学的局部均衡分析方法，我们可以将表 11 - 5 转化成图 11 - 4，其中 S_1 为国家 1 的供应曲线，D_1 则为其消费曲线，从数字与图形的分析中可以了解建立关税同盟之后，贸易转移效应给成员国带来的经济影响，以及社会的净福利影响。

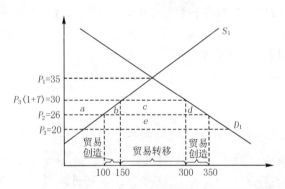

图 11 - 4　关税同盟对成员国的贸易转移效应与社会福利

　　从图 11 - 4 中可以得出，在组建关税同盟之前，国家 1 对进口产品征收 50% 的关税后，若从国家 3 进口产品，则国内售价为 $P_3 \times (1+50) = 30$；若从国家 2 进口产品，则国内售价为 $P_2 \times (1+50\%) = 39$，所以国家 1 只从国家 3 进口 200 单位（300-100）。在与国家 2 建立关税同盟后，对内取消关税，对外统一关税。国家 2 免税出口到国家 1 的价格（26 美元）低于从国家 3 进口后的价格（30 美元），因而国家 1 改从国家 2 进口。国家 1 的产品售价下降到 26 美元，导致本国供给从 100 单位下降到 50 单位，消费需求从 300 单位上升到 350 单位，需求缺口从 200 单位扩大到 300 单位（350-50）产品，即国家 1 从国家 2 进口 300 单位产品。在国家 1 从国家 2 的进口中，200 单位（300-100）是从原来国家 3 的进

①　此时国家 1 市场价格因为进口自国家 3 的产品而下降，从 35 美元下降到 30 美元。

口转移而来，这就是关税同盟的贸易转移效应；另外有 50 单位（100－50）是国家 2 替代国家 1 的高成本生产，剩下 50 单位（350－300）则是因价格下降而新创造的贸易（贸易创造效应）。

因此，对于国家 1 来说，其社会福利受到的影响仍旧可以从消费者、生产者和财政收入三个角度来分析，其中消费者剩余增加（图中 a，b，c，d 形状的面积之和，即 $a+b+c+d$）；生产者剩余下降（a 的面积）；国家关税收收入减少（$c+e$ 面积，进口量与关税税率之积）；国家 1 的净福利效应等于 $(a+b+c+d)-a-c-e=(b+d)-e$。其中 b 是指生产扭曲的减少，等于 $(100-50)\times(30-26)\times\frac{1}{2}=100$；$d$ 是指消费扭曲的减少，等于 $(350-300)\times(30-26)\times\frac{1}{2}=100$；$e$ 是指国家 1 关税的净减少，$e=(300-100)\times(26-20)=1\,200$。所以国家 1 因为加入关税同盟而遭受整体福利下降 1 000 单位。

综合而言，从图 11-4 来看，对于国家 1 来说，当同时存在贸易创造和贸易转移效应时，贸易创造效应带来了 $(b+d)$ 面积的福利增加，贸易转移效应则带来 e 面积的福利减少，因此关税同盟的关税减让带来的净福利效应取决于贸易创造与贸易转移效应二者的大小。

从贸易创造和贸易转移效应的分析来看，关税同盟以两种相反的方式影响成员国的贸易和福利。如果贸易创造与转移效应同时存在，那么成员国的价格越接近低成本的世界市场价格，区域经济一体化对该国市场的影响越可能为正。换句话说，此时的贸易创造效应带来的福利水平提高将大于贸易转移效应带来的福利下降。根据古典关税同盟理论的结论可以得出如下结论：当贸易创造效应大于贸易转移效应时，关税同盟才可能出现，否则不应该建立关税同盟。另外，由于国家 1 从低价的区外成员的进口（$P_3=20$）转向了区内的相对高价成员（$P_2=26$）的进口，因此贸易条件恶化。

专栏 11-3

英国加入欧盟的贸易转移效应

英国在加入欧盟之前，主要从澳大利亚进口肉、奶类食品，一是因为澳大利亚有广阔的草原，在这些产品上有明显的比较优势；二是因为它与澳大利亚同属"英联邦国家"（即共同尊奉英女王为国家元首），彼此间的关税率较低。然而，英国加入欧盟之后，虽然与欧盟成员国之间的关税下降为零，但根据欧盟的要求必须统一对外征收较高的关税，导致英国与澳大利亚之间的肉、奶类食品的关税率上升。于是英国转向从欧盟进口这些食品。然而，澳大利亚在这些产品上的比较优势显然强于人均土地面积小得多的欧盟国家，所以虽然英国与欧盟国家之间的关税为零，进口价格仍然高于原来从澳大利亚进口，只是澳大利亚与英国之间的关税上升导致从它那里进口的成本上升而使得这比较优势失去作用。就是这样，英国人在肉奶方面的成本因加入欧盟而得不偿失地上升了！

3）贸易扩大效应

在前面分析关税同盟的经济影响时，只是讨论了一国加入关税同盟前后作为进口方而受到的福利影响。进口量的增加会给进口国带来贸易收支问题。在现实中，一国参加关税同盟不仅能够带来一定的商品进口量的增加，还会带来出口的增加，对于一个希望参加关税同盟的国家（特别是小国）而言，它的加入往往并非看重该关税同盟能给它带来多少进口的好处，更多的是看重其产品的出口市场并因此获得更多的福利，并解决贸易收支问题。

4) 其他静态效应

区域经济一体化对成员国的静态效应还包括一些制度方面的影响。首先，由于区域内关税的取消，负责监督越过边境的成员国产品和服务的海关官员可以减少，相应的某些海关也可以取消，由此带来整个行政费用和管理成本的下降。其次，与单个成员国过去所能获得的平均贸易条件相比，整个区域经济集团的整体谈判力量对比使其贸易条件得到改善。最后，成员国在同世界其他国家进行贸易谈判时，也比依靠自身力量谈判拥有更大的讨价还价能力。

2. 关税同盟的动态效应

从性质上来说，关税同盟（其他的区域经济一体化组织也如此）对成员国的福利影响都不是静态的，因为它影响着成员国的长期经济增长，因此会产生动态效应。

(1) 获得规模经济效应

所谓规模经济效应，是指当企业的规模扩大到一定程度时，企业的单位产品成本出现下降，报酬增加。获准进入更大的市场有可能使成员国在特定出口产品上获得规模经济。这些规模经济可能来自因生产企业的规模扩大而带来的内部规模经济，也可能来自企业外部经济条件的变化带来的投入品成本的下降。这些规模经济效应都来源于区域经济一体化所带来的市场扩张。

从产业内贸易理论的分析来看，规模经济效应是产生国际产业内贸易的主要原因之一。因为规模经济效应的存在导致企业对某种产品的专业化生产，由此而形成大规模的产业内贸易。欧盟在钢铁、汽车、制鞋和炼铜等产品的生产中获得的显著规模经济足以说明这一效应的存在。

(2) 加强市场竞争，推动利益增长

降低进口的贸易壁垒能够带来更具有竞争性的经营环境，并且可能会削弱区域经济一体化组织建立之前存在的市场垄断力量。而竞争会促使企业进行机构改组、产业升级、管理更新和推动新技术的应用，促进生产率的提高和社会利益的增加。

对欧共体的研究表明，竞争加强是区域经济一体化对欧共体最重要的影响。恰恰是区域经济组织建立之后，实现了商品和生产要素的自由化流动，使各国企业面临空前激烈的竞争，从而刺激劳动生产率的提高和成本的下降，并刺激新技术的开发和利用。

但是，竞争加剧带来的另一个后果是：在与区外企业竞争时，区域内的企业为了获得竞争优势，而进行区域内的合并，有可能重新出现垄断行为。

(3) 刺激投资

通过贸易协议的约束，区域经济一体化组织内的市场规模得到扩大，投资环境得到改善，这一点对区域内外的企业都具有投资吸引力。首先，区域经济组织内部的企业为了应付市场的扩大和竞争的加剧，必须增加投资，以更新设备，开发和利用新技术，扩大生产规模。其次，由于成员国减少从非成员国的进口，迫使非成员国的企业为了避免贸易转移的消极影响，而到成员国进行投资，以避开贸易壁垒。例如，美国经济学家 Magnus Blomstrom

在对北美自由贸易区和南方共同市场进行研究后得出的结论是：区域经济一体化带来的环境变动越大，单个国家或产业的区位优势越明显，一体化协议就越可能导致 FDI 从区域外国家或其他成员国家流入该国。

不过也有经济学家的研究指出，区域经济一体化组织的贸易创造效应会影响一些产业的投资减少，而且外资的投入会减少本国的投资机会。同时，因为存在经济发展水平的差异，有可能产生资本移动的"马太效应"，即投资涌向经济发达地区，而落后地区的投资不仅会减少，而且固有的投资也可能会流失。所以，区域经济一体化对投资的促进作用可能会出现一些偏差。

11.2.2 自由贸易区理论

自由贸易区是经济一体化最基本的形式，在一定程度上，自由贸易区是比关税同盟更为现实的一体化形式。与关税同盟等其他国际区域经济一体化形式相比，自由贸易区有以下两个显著特征：一是自由贸易区成员国在实行内部自由贸易的同时，成员国对外不实行统一的关税和贸易政策，内部的财政、金融和经济政策的协调程度也很低；二是实行严格的原产地规则，只有原产于区域内或主要在区域内生产的产品才能进行自由贸易，目的在于限制由于关税的差异而从最低关税国进口后再在区域内转向的贸易偏移（Trade Deflection）。为明确区分原产自区内区外的商品，防止区外的商品冒充区内的商品避税，自由贸易区需要指定统一的原产地规则。自由贸易区的原产地规则是非常严格的，一般规定只有商品在自由贸易区内增值 50% 以上才能享受免税待遇，有的商品甚至被规定只有在自由贸易区内增值 60% 以上时才能享受免税待遇，或是在加工工序上有非常苛刻的规定。

彼得·罗布森（Peter Robson）（1984）在《经济一体化的经济学》第 2 章中对关税同盟和自由贸易区的理论进行了总结，他将关税同盟理论应用于自由贸易区，提出了专门的自由贸易区理论。与关税同盟的情况一样，自由贸易区也可以有贸易创造效应和贸易转移效应，但与关税同盟的这两种效应在实际运作中存在着差异。

1. 单个国家角度的自由贸易区经济效应

假设两个国家，D 国和 F 国。在某种产品的生产上，D 国的效率比 F 国低。这两个国家对该产品的进口各自实施不同的关税：D 国实施非禁止性关税，F 国实施禁止性关税。D_d 为 D 国的需求曲线，S_d 为 D 国的供应曲线。S_{d+f} 为 D 国和 F 国全部供应曲线。P_d 是 D 国加入自由贸易前的国内价格，P_W 是国际市场价格，P_{FTA} 是两国组成自由贸易区后的区内价格，如图 11-5 所示。

D 国在加入自由贸易区前，从世界市场以 P_W 进口，征收 $P_W P_d$ 的关税后，国内价格为 P_d。其国内生产供应 S_0，需求 D_0，进口数量为 $S_0 D_0$。D 国和 F 国组成自由贸易区后，启用原产地原则以避免世界其余地区的商品通过 F 国流向 D 国。在 D 国和 F 国市场之间，只有原产于区内的产品才能享受免税流动的待遇。这种差别待遇可能会引起原产于区内产品和区外的产品之间的价格差异。只要整个自由贸易区仍为净进口方，则在 D 国原产于区内的产品价格就不会下降到 P_{FTA} 以下，同时也不会超过 P_d。从 D 国来看，包括区内和区外产品的有效供给曲线是 $AKLM$。该曲线与 D 国的需求曲线 D_d 一起决定了区内价格 P_{FTA}。在 P_{FTA} 价格水平上，D 国的生产供应为 S_1，消费需求为 D_1，从 F 国进口 $S_1 D_1$ 数量的产品。其中，$S_1 S_0$ 和 $D_1 D_0$ 是贸易创造的结果，$S_0 D_0$ 是贸易转移的结果。

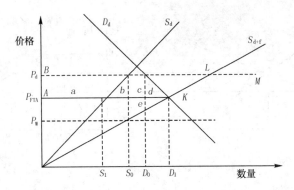

图 11-5　从单个国家的角度看自由贸易区的贸易创造和贸易转移效应

另外需要说明的是，F 国国内价格始终在 P_{FTA} 以下。如果 F 国的全部生产供应能够满足 D 国的进口需求，P_{FTA} 就与 F 国的国内价格相同；若不然，P_{FTA} 就会高于 F 国国内价格，以实现 F 国出口供应和 D 国进口需求的平衡。那么，F 国向 D 国出口后，其国内需求如何得以满足呢？ F 国的做法是从外部世界进口来满足国内需求。这种贸易流向就是所谓的"贸易偏移"（Trade Deflection），原产地规则对此是无能为力的。

D 国加入自由贸易区后，因为国内价格下降，消费者剩余增加 $a+b+c+d$，生产者剩余减少 a，关税收入减少 $c+e$。该国的净福利效应等于 $(a+b+c+d)-a-(c+e)$，即 $(b+d)-e$。若 $(b+d)>e$，则 D 国的社会净福利增加；反之，D 国的社会净福利减少。因此，自由贸易区给 D 国带来的福利变化是不确定的。

因为 d 的大小与 D 国的需求曲线弹性密切相关，b 的大小与 D 国的供给曲线弹性密切相关，所以 D 国加入自由贸易区的贸易效应和福利效应与此也密切相关。若 D 国的需求曲线弹性越小，则与总供给曲线的交点上移，使得区内价格高于 P_{FTA}，该价格将更接近于上限 P_d，由此导致 $(b+d)$ 下降，该国的社会净福利下降。

2. 从两个国家的角度看自由贸易区的影响

如图 11-6 所示，假设 D 国和 F 国有相似的需求条件，但是 D 国生产效率相对低下，而 F 国供给曲线较有弹性和竞争力，尽管当产量超过 Q_2^F 时，其价格高于世界市场价格 P_W。

自由贸易区建成之前，F 国在 P_1^F 的价格水平下生产并消费数量为 Q_2^F 的商品，该国关税排除所有的进口。D 国生产 Q_1^D 而消费 Q_2^D，其差额部分则以价格 P_W 从成本最低的来源进口，也就是从世界其余地区进口。D 国的关税收入表示为 $c+e$。如果 D 国和 F 国组成自由贸易区，如图 11-6(a) 所示，价格为 P_1^F 的区内供给 $(Q_1^F+Q_3^D)$ 显然小于该价格水平下的区内需求 $(Q_2^F+Q_4^D)$，但是其差额 $Q_3^D Q_4^D$ 却小于该价格水平下 F 国的供给能力。在自由贸易区内，由于排除了成本最低的供给来源，F 国将以价格 P_1^F 供给 D 国市场 $Q_3^D Q_4^D$（$=Q_1^F Q_2^F$）数量的产品，剩下相当于 Q_2^F 数量的产品留给国内市场，F 国过剩需求 $(Q_1^F Q_2^F)$ 则以价格 P_W 从世界其余地区进口。此时，一体化之后自由贸易区内存在单一的均衡价格，这一价格水平等于建立自由贸易区之前两个成员国价格中较低的那种价格。

但是，在 D 国中，自由贸易区的生产效应 [图 11-6(a) 中的 b 部分] 加上消费效应 [图 11-6(a) 中的 d 部分]，将超过贸易转移 [图 11-6(a) 中的 e 部分]，即 $b+d>e$ 或者 $(b+d)-e>0$，也就是说 D 国因为加入自由贸易区而获得净福利的增加。在 F 国，生产和消费的数量和以前一样，价格水平也相同，但是政府将增加 $g+h$ 所表示矩形的关税收入。这

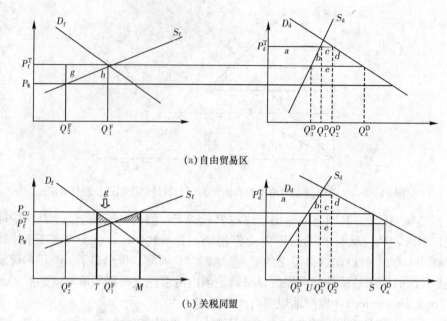

(a) 自由贸易区

(b) 关税同盟

图 11-6　从两个国家的角度看自由贸易区的福利效应

意味着 F 国国民收入的增加。就世界其余地区而言，其出口显然比以前增大了（$Q_3^D Q_4^D >$ $Q_1^D Q_2^D$）。由此可见，自由贸易区意味着两国的经济状况都将改善，而且世界其余地区的经济状况也很可能有所改善。

若 D 国与 F 国组成关税同盟，其结果就有差异。如图 11-6(b)所示，均衡价格将是区内供求相等时（$TM=US$）的 P_{CU}。而且就 D 国而言，其净福利效应仍为$(b+d)-e$，但贸易创造效应小于自由贸易区中的情形，贸易转移效应（关税收入的减少）则扩大。

对 F 国而言，在关税同盟情况下，F 国消费者将承受以 g 来表示的消费损失。尽管其生产者会得到净收益，但是仍将出现以 h 表示的负生产效应。而在自由贸易区情况下，该国不存在任何生产和消费效应的损失，但政府关税收入比关税同盟使 F 国增加的净收益还要多。不仅如此，在关税同盟情形中，与世界其余地区的贸易将被转向关税同盟其他成员，而在自由贸易区情形中，这种贸易却增加。

考虑到上述因素，可以得出关税同盟不如自由贸易区的结论，其根本原因在于自由贸易区的原产地原则无法阻止间接贸易偏转。还需要补充的是，如果存在运输成本，则自由贸易区成员国地理位置越分散，间接贸易偏转的可能性也就越小。

当考虑自由贸易区内产品存在价格差异且 F 国无力满足 D 国的需求时，尽管分析图形有些差异，但是仍可以得出结论：自由贸易区的经济效应要优于关税同盟。

11.2.3　协议性国际分工原理

多数国际区域经济一体化的分工原理都借用比较优势原理来解释，但是日本知名学者小岛清却提出质疑：仅靠比较优势原理作为竞争源的可能实现规模经济的好处吗？完全放任这一原理，是否会导致以各国为单位的企业集中和垄断，导致各国相互间同质化的严重发展，或产业向某个国家积聚的现象呢？况且传统的国际分工理论是以长期成本递增和规模报酬递减为基础的，而没有考虑到长期成本递减（及成本不变）和规模报酬递增。但事实证明成本递减是一种普遍现象，国际区域经济一体化的目的就是要通过大市场化来实现规模经济，这实际上也就是长期成本递减的问题。为了说明这个问题，小岛清提出了协议性国际分工原理。

协议性分工原理的内容是：在实行分工之前两国都分别生产两种产品，但由于市场狭小，导致产量很小，成本很高；两国经过协议性分工以后，都各自生产一种不同的产品，导致市场规模扩大，产量增加，成本下降，协议各国都享受到了规模经济的好处。下面用图11-7加以说明。

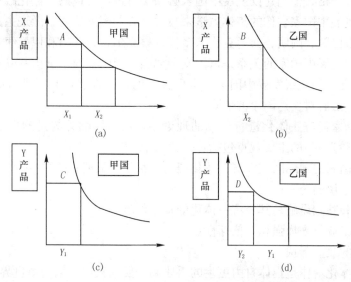

图11-7 协议性国际分工原理

在实行分工之前，甲国和乙国都分别生产 X、Y 两种产品，A、B 分别表示甲国和乙国生产 X 商品的成本，C、D 分别表示甲国和乙国生产 Y 商品的成本。由图11-8可知，由于两国国内市场有限，X 商品和 Y 商品的产量很小，导致生产成本很高。现在两国经过协商，实行协议性分工。假设 X 商品全由甲国生产，乙国把 X_2 数量的国内市场提供给甲国；同时，Y 商品全由乙国生产，甲国把 Y_1 数量的国内市场提供给乙国。经过上述分工之后，由于市场规模的扩大，两种商品的生产成本均明显下降，达到了规模报酬递增的效果。

尽管协议各国都享受到了规模经济的好处，但是要使协议性分工取得成功，必须满足以下3个条件。

① 实行协议性分工的两个（或多个）国家的要素比率没有多大差别，工业化水平等经济发展阶段大致相等，协议性分工对象的商品在各国都能进行生产。

② 作为协议性分工对象的商品，必须是能够获得规模经济效益的商品。

③ 对于参与协议性分工的国家来说，生产任何一种协议性对象商品的成本和差别都不大，否则就不容易达成协议。

因此，成功的协议性分工必须在同等发展阶段的国家建立，而不能建立在工业国与初级产品生产国之间；同时，发达国家之间可进行协议性分工的商品范围较广，因而利益也较大。另外，生活水平和文化等方面互相接近的国家和地区容易达成协议，并且容易保证相互需求的均等增长。

但是也有学者认为，通过协议性分工获取规模效益也不是绝对的，因为在区域内企业生产规模已经达到最优的情况下，因国际区域经济一体化组织的建立导致生产规模的再扩大反而会因平均成本的上升而出现规模报酬递减。

11.2.4　综合发展战略理论

研究发展中国家实行经济一体化问题的理论被称为"集体自力更生理论"。该理论又分为结构主义的中心-外围理论和激进主义的国际依附理论。中心-外围理论的代表人物是缪尔达尔、普雷维什和辛格，他们建议发展中国家必须实行进口替代的工业化战略，打破旧的国际经济体系，以发展中国家合作的集体力量来与"中心"国家抗衡。激进主义的国际依附理论主要代表人物有巴兰、阿明、弗兰克、卡多佐、桑克尔、桑托斯和伊曼纽尔等人。这些学者认为发达国家和发展中国家的关系是富国支配穷国、穷国依附于富国并受之剥削的"支配-依附"关系，因此他们建议发展中国家要实现真正的经济发展，必须进行内部彻底的制度和结构变革，彻底摆脱对发达国家的依附。

在对发展中国家经济一体化进行研究的理论中，最有影响力的是鲍里斯·塞泽尔基的"综合发展战略理论"。他的主要观点包括：

① 把发展中国家的国际区域经济一体化视为一种发展战略；

② 它不限于市场的统一；

③ 认为生产和基础设施是其经济一体化的基本领域；

④ 通过区域工业化来加强相互依存性；

⑤ 强调有效的政府干预；

⑥ 把经济一体化看作是集体自力更生的手段和按照新秩序逐渐变革世界经济的要素。

综合发展战略理论突破了以往的国际区域经济一体化的研究方法，把国际区域经济一体化视为发展中国家的一种发展战略，不必在一切情况下都追求尽可能高级的其他一体化。它把一体化看作是集体自力更生的手段和按新秩序逐渐变革世界经济的要素。另外，它考虑了经济、政治和机构等多种要素，而不是从贸易、投资等层面来考虑经济一体化的效应。综合发展战略理论为我们进一步探讨发展中国家的国际区域经济一体化问题提供了参考的框架。

本章要点

1. 区域经济一体化是指一个地理区域内各国一致同意减少并最终消除关税和非关税壁垒，以便做到相互之间商品、服务和生产要素自由流动的状态或过程。

2. 依据区域内经济一体化的程度，或者说依据商品和生产要素自由流动程度的差异，成员国的政策协调程度不同，区域经济一体化可以划分为优惠贸易安排、自由贸易区、关税同盟、共同市场、经济同盟和完全经济一体化。

3. WTO 允许区域经济一体化组织的存在，而且鼓励它的发展。对于区域性协议，部分明文接受，部分持包容态度，只规定这些协议不得针对区域协议之外的国家设置贸易壁垒，必须包含所有贸易，必须尽快朝关税同盟或自由贸易区迈进。

4. 关税同盟理论代表人物是雅各布·范纳和理查德·利普西，提出关税同盟最主要的静态经济效应是贸易创造效应与贸易转移效应。

5. 自由贸易区理论的主要代表人物是罗布森（Robson），他提出自由贸易区也可以有贸易创造效应和贸易转移效应，但与关税同盟的这两种效应在实际运作中存在着差异。

复习思考题

一、名词解释

区域经济一体化　自由贸易区　关税同盟　共同市场　贸易创造　贸易转移

二、简答题

1. 简述自由贸易区、关税同盟和共同市场的共同之处和区别。

2. 区域经济一体化对国际贸易有哪些影响？

3. 区域贸易协定对成员国的国民福利产生怎样的影响？

4. 简述关税同盟的静态效应。

5. 简述关税同盟的动态效应。

三、计算题

1. 一个小国以世界市场价格每袋 10 元进口花生。它的需求曲线是 $D=400-10P$，供给曲线是 $S=50+5P$。

（1）计算自由贸易时它的进口量。

（2）如果它征收每袋 50% 的进口关税，它的国内价格和进口量分别是多少？

（3）如果它与邻国结成关税同盟，相互取消关税，但对外关税不变，其邻国以每袋 12 元的价格向它出口花生，它的国内价格和进口量各是多少？贸易转移和贸易创造的效应有多大？

四、论述题

1. 试分析区域经济一体化的升级与贸易保护程度的提升之间的关系。

2. 试分析贸易创造与贸易转移的产生及影响其产生的因素。

3. 简要介绍 APEC，并说明你对其发展前景有何看法。

第**12**章

国际要素流动与国际贸易

国际贸易理论一般假定生产要素在国家间不能流动。但随着经济全球化的推移，生产要素的跨国流动不仅客观存在，而且通过改变各国的经济结构而对贸易模式和贸易量产生很大的影响。另外，生产要素的国际流动本身会对各国生产要素市场的供给、需求和社会福利产生影响。本章将对有关问题加以分析。

12.1 国际要素流动

不同生产要素的流动性是不一样的。例如，土地根本不能流动；自然资源的流动性较差；劳动力受各国有关移民政策的限制，跨国流动比较困难；资本在进入 20 世纪 80 年代以来，由于各国对外国直接投资持欢迎态度，其跨国流动比较便利。为与贸易理论分析联系紧密，本节着重分析劳动力和资本跨国流动对国际贸易的影响。

12.1.1 国际劳动力流动的福利变动分析

以墨西哥和美国为例说明国际劳动力流动的影响。假设墨西哥代表劳动力充裕、人均收入低的国家，美国代表资本充裕、人均收入高的国家，两国生产大米和钢铁两种商品。在允许国家间劳动力流动之前，按照 H-O 理论的分析，墨西哥具有生产大米的（劳动密集型产品）比较优势，因此出口大米，进口钢铁；美国相反，钢铁（资本密集型产品）有比较优势，因此出口钢铁，进口大米。

如果允许劳动力跨国自由流动，墨西哥的劳动力就会流向美国，从而造成墨西哥劳动力减少。图 12-1 表示的是墨、美两国的劳动力市场。横坐标表示劳动力数量，纵坐标是工资，即劳动力的价格。S_L 是劳动力的供给曲线，工资越高愿意工作的人越多或时间越长，反之则减少。D_L 是劳动力的需求曲线，劳动力的需求由厂商决定。一般来说，工资越高，厂商愿意并有能力雇用的人数就越少，反之就增加。

劳动力的价格是由劳动力市场的供求关系决定的。两国劳动力允许流动之前，墨西哥的工资由于劳动力供给相对充裕而较低，假设相当于每小时 1 美元，劳动力市场均衡时的劳动力为 500 人。美国的工资则因为劳动力的相对稀缺而较高，假定为每小时 5 美元，且劳动力市场均衡时的劳动力为 250 人。如果两国都放宽移民政策，墨西哥的劳动力就会流向美国，

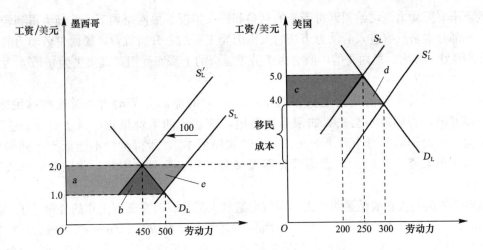

图 12-1　国际劳动力流动的利益变动

假定为 100 人。结果是，墨西哥的劳动力减少，供给曲线内移，而美国劳动力的供给增加，供给曲线外移。在墨西哥，新的劳动力供给曲线（S'_L）表示的只是留在墨西哥的劳动力，美国的新劳动力供给曲线（S'_L）则包括了美国原有的劳动力和从墨西哥来的移民。在劳动力需求不变的情况下，这种移民的结果是：墨西哥工人的工资上升了，美国工人的工资下降了。

理论上讲，假设劳动力完全自由流动，移民完全没有代价，则墨西哥的劳动力会一直不断地向美国迁移。于是，墨西哥剩下来的劳动力的工资会越来越高，美国工人的工资则越来越低，以至最后两国的工资相等。这时，墨西哥劳工没有了高工资引诱的刺激而不再向美国流动，劳动力的流动就会停下来，从而两国的劳动力市场就会稳定下来。

但事实上两国工资完全相等的情况不大可能出现，因为即使在完全自由的劳动力流动政策（如在欧洲共同体内）下，仍然会有一个移民成本的问题，从而造成两国工资不等。因为对于移民来说，文化的差异、语言的障碍、背井离乡的痛苦、可能存在的种族歧视，都是必须付出的代价。因此，自由移民的结果不是两国的工资相等，而是美国劳工的工资等于墨西哥劳工的工资加上移民成本（或代价）。在上述墨西哥和美国的例子中，如果移民成本用工资来衡量是每小时 2 美元，则当墨西哥的工资上升到与美国的工资只差 2 美元时，移民就会停止。在新的劳动力市场均衡点上，墨西哥实际就业人数是 450 人，工资水平是每小时 2 美元。美国的实际就业水平是 300 人，其中 100 人是墨西哥移民，200 人是美国工人。在没有发生移民时，美国的就业人数是 250 人，墨西哥移民使得工资下降，一部分美国劳工（50 人）因工资下降而不愿继续工作。在墨西哥，由于一部分人移民国外，造成国内劳动力市场的相对短缺，引起工资上升，一些本来不工作的人也进入劳动力市场。因此，虽然走了 100 人，而最终就业人数是 450 人，只比原来少了 50 人。

观察劳动力流动给美国带来的利益和损失。美国由于接收了大量移民，使全国同类工人的工资降低，一部分人甚至退出了劳动力市场，因此美国工人的损失应是面积 c。但另一方面，由于工资降低，厂商受益，既可支付较低工资，又可雇用更多的人工作，其收益部分是 $c+d$，厂商收益大于工人损失。从整个国家角度来说，美国的纯收益是 d，得益于来自墨西哥的移民。

接下来看劳动力流动给墨西哥带来的利益和损失情况。墨西哥剩下的劳动力得到较高的工资，一部分本来没有进入劳动力市场的人也因为工资的上升而就业，墨西哥劳动力的总收益是 a。但另一方面，墨西哥的厂商会由于劳工工资的上涨而受损，其损失为 $a+b$，大于劳工收益，纯损失为 b。

另一个有利益变动的集团是从墨西哥到美国去的那部分劳动力。对这些移民来说，一定是得益的，否则就不会去。如果不去美国，这些人的工资是每小时 1 美元，去了美国后，他们所得到的是每小时 4 美元，减去"移民成本"，所得至少不能低于墨西哥留下来的工人所得工资（2 美元），否则部分移民又会回到墨西哥。因此，移民的实际收益至少是 $b+e$。

如果仍把这些人看成是墨西哥人，即假定这些人只是临时在美国工作的外籍劳工，那么他们的所得也是墨西哥的所得。这样，墨西哥的总收益就变成 $a+(b+e)$。减去厂商损失后，仍有纯利益 e。相反，如果这些移民最终归化于美国并成了美国人，则美国的总收益就变成了 $d+(b+e)$。但是，由于墨西哥移民在墨西哥的亲属关系，他们会把他们所得的一部分汇回墨西哥，那么墨西哥的损失会小于 b，美国的收益会小于 $d+(b+e)$。

实际上，各国移民汇给国内亲属和朋友的资金是相当可观的。国际移民组织 2000 年的《世界移民报告》中说，许多发展中国家都鼓励国人到国外谋生，他们把工资寄给家人，令祖国受惠。非洲南部的莱索托，海外劳工寄回来的工资竟占了国民生产总值的 50%。据美洲开发银行报告，2001 年拉美国家侨汇收入达到 230 亿美元，侨汇已经成为很多拉美国家的外汇主要收入来源之一。墨西哥是拉美国家中侨汇收入最多的国家，2001 年收到墨西哥侨民的汇款达 92.73 亿美元，巴西和萨尔瓦多分别以 26 亿美元和 19.72 亿美元的侨汇额排在第二和第三位。此外，多米尼加和厄瓜多尔的侨汇额也分别达到了 18.07 亿美元和 14 亿美元。

当然，如果墨西哥移民从此与输出国没有联系，一分钱也没汇回，那么在本例中墨西哥的损失是 b，而美国的收益则等于 $d+b+e$，其绝对值大于墨西哥的损失。两者加起来，仍有相当于 $d+e$ 的净收益。因此，从整个世界范围看，劳动力的自由流动如同自由贸易一样，提高了资源的有效利用，整个世界总体上获得收益。

除了通过劳动力市场的供求变化对贸易和社会福利产生影响以外，移民还会附带很多其他的成本和收益。

（1）财政影响

移民在接收国获得国防、治安及公立教育等公共服务的同时承担相应的公民义务，包括缴纳所得税、销售税、财产税（直接或间接征收）等，而移民与输出国的其他权利与义务关系，诸如失业保险、社会保险及一般福利支出等转移支付的种种权利，也随之转移。对于移民而言，从总体上看，移民的净收益应该是提高的，否则他们不会轻易移民；对于移民输出国来说，移民造成净财政损失的可能性增大；对于移民接收国来说，移民作为一个整体，往往会给移民接收国带来一定的净财政收益。

（2）人才流失

对于发展中国家来说，向外移民往往伴随着人才流失。这些移居国外的人不仅仅只是普通的劳动力，其中很大一部分是这些发展中国家需要的人才。当然，从长远看，发展中国家也存在着人才回流的可能性。一旦发展中国家的经济和政治体制有利于发挥企业家和高级专门人才的才能，这些国家的经济发展出现很多机会，许多移居国外的人才就会回到自己的祖国，成为这些国家经济增长和科技发展的重要力量。20 世纪 50 至 60 年代，许多人从韩国和我国台湾、香港等地留学和移居国外，80 年代以后则大量回归。我国内地从 80 年代开始每年有大量留学生和移民出国，但从 90 年代中期起也逐渐形成了大批科学技术人才回国创业和从事科研教学的热潮，归国人员已成为中国走向世界和赶超发达国家不可缺少的人力资源。

（3）知识收益

新移民的到来也带来了知识，而且无论是商业关系、食品烹饪法、艺术才能、务农经验还是其他专门技术，都具有相当的价值。移民所具有的知识带来的经济收益不仅为移民自身和其劳务购买者分享，同时也会传播给移民接收国的其他居民，从而直接或间接地帮助他们提高收入水平。

（4）拥挤成本

像任何其他人口增长一样，移民可能带来与人口拥挤相连的种种外在成本——过多的噪声、冲突与犯罪。如美国加利福尼亚、佛罗里达、新泽西等移民较多的州，不时起诉美国联邦政府没有有效控制移民人口而造成这些地方的拥挤和过多的财政负担。

（5）社会摩擦

对移民来说，在陌生的国家生活，除了离乡背井、远别亲朋，也许还不得不忍受其他人的敌视、偏见和刁难。接收移民较多的国家往往存在种族歧视和种族冲突问题。对移民自由的各种限制，如 19 世纪末 20 世纪初美国对亚洲移民入境的全面限制，以及 20 世纪 60 年代以来英国对许多英联邦国家入境免签特权的撤销，主要就是因为对移居入境民族的一些偏见造成的，也反映了新移民与接收国原有的主要民族之间的社会摩擦程度。

12.1.2　国际资本流动的经济效应

下面用由麦克杜格尔（G. D. A. Mac-Dougall）提出、经肯普（M. C. Kemp）发展而成的国际资本流动的一般理论模型来分析国际资本流动的经济效应。

麦克杜格尔和肯普认为，如果国家间不存在限制资本流动的因素，资本就会由资本丰裕的国家流向资本稀缺的国家，因为资本丰裕国家的资本价格（资本的边际生产力）低于资本稀缺国家的资本价格。资本跨国流动的结果是各国资本的价格趋于均等，世界资源的利用率提高，世界总产量和各国的福利增加。下面以图 12-2 来说明。

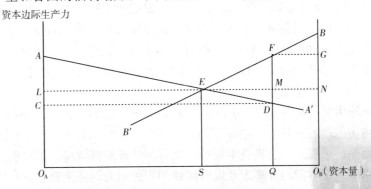

图 12-2　国际资本流动的一般理论模型

假定世界由资本输出国（A国）和资本输入国（B国）组成。各国在封闭的经济条件下，存在充分的竞争，资本的价格由资本的边际生产力决定。由于边际生产力递减，资本丰裕的输出国的资本边际生产力低于资本输入国，在图 12-2 中，即 A 国的资本边际生产力低于 B 国的资本边际生产力。

在图 12-2 中，横轴代表资本的数量，纵轴代表资本的边际生产力。O_A 为资本输出国 A 国的原点，O_AQ 为 A 国拥有的资本量，AA' 为 A 国的资本边际生产力曲线；O_B 为资本输入国 B 国的原点，O_BQ 为 B 国拥有的资本量，BB' 为 B 国的资本边际生产力曲线。O_AO_B 是世界资本总量。

资本跨国流动前，A 国使用 O_AQ 量的资本，生产总量为 O_AADQ，资本的价格为 O_AC；B 国使用 O_BQ 量的资本，生产总量为 O_BBFQ，资本的价格为 O_BG。显然，A 国的资本价格低于 B 国的资本价格。现在允许资本在国家间自由流动，A 国的资本便会流向 B 国，直到两国的资本价格相等即 $O_AL = O_BN$ 时才会停止。在这一过程中，有 SQ 量的资本从 A 国流入 B 国，最终导致两国的资本价格趋于相等，即它们的资本价格最后等于 ES。

资本流动的结果是，A 国的生产量变为 O_AAES，B 国的生产量为 O_BBES。与资本流动前的世界总产量 $O_AADQ + O_BBFQ$ 相比，世界总产量增加了三角形 DEF 部分。这表明，资本国际流动有利于增进全世界的产量。世界总产量的增加来自于生产资源在世界范围内得到了优化配置。

对于向外输出资本的 A 国来说，其国内产量因对外投资而减少了 $ESQD$，但其国民收入增加了。因为 A 国在国内产量减少的同时，获得了 $ESQM$ 的对外投资总收益（对外投资量乘以资本的边际生产力）。只要对外投资收益大于因国内生产缩减而损失的收入，A 国的国民收入就会增加。在图 12-2 中，A 国的收入净增加了三角形 EMD。

而对于输入资本的 B 国来说，由于使用了 QS 部分的外资，其总产量增加了 $ESQF$ 部分。其中 $ESQM$ 作为外资收益支付给了 A 国，EMF 部分是 B 国国民收入的净增加量。

由此可见，资本的国际流动使资本输出国 A 和资本输入国 B 同时分享了世界总产量增加所带来的利益。不过，资本国际流动对 A、B 两国不同要素的所有者的影响是不同的。对于 A 国来说，资本所有者因资本输出带来的资本价格提高而增加了收入，而劳工则因国内生产、就业的减少而减少了收入。在图 12-2 中，A 国资本的收入在资本流动前为 O_ACDQ，流动后为 O_ALMQ（国内部分 O_ALES＋国外部分 $SEMQ$），净增加了 $CLMD$；劳工的收入在资本流动前为 ACD，资本流动后为 ALE，有 $LCDE$ 的收入转移为资本所有者的收入。由此可见，资本输出会使输出国劳动力受损。但是，从整体来看，资本的收益会大于劳动力的损失，整个社会从资本流动中获得净收益。此时，如果政府能通过适当的税收和转移支付政策来分配收益，也有可能使得劳动力保持在资本输出前的状况而使资本获得额外的收益，从而不仅使整个社会的福利水平上升，而且减少了社会矛盾。

B 国情况正好相反，资本的收入由流动前的 O_BGFQ 变为 O_BNMQ，减少了 $NGFM$，而劳工的收入却由 BFG 变为 BEN，增加了 $GFEN$ 部分。这只是一种不考虑资本流动外部效应的静态分析结果。事实上，引进资本还会产生许多外部经济效应。如果引进外资的同时引进了先进的技术等，使本国的许多未开发资源或闲置劳动力得到更充分的利用，由此带动的经济发展和经济起飞不仅使外来资本和本国劳动力的收益提高，也会使国内资本的收益增加。不过，即使不考虑这些外部效应，引进外资给本国劳动力所带来的收益也会超过本国资本的损失。因此，资本的国际流动使资本输入国也获得净收益。

总之，资本的国际流动会使资本输出国和输入国都获得净收益，因此提高了整个世界的福利水平。

12.2　跨 国 公 司

跨国公司在第二次世界大战后获得了迅速的发展，是国际资本流动的主要载体，成为影响世界经济发展的重要力量。联合国跨国公司中心出版的《1992 年世界投资报告》（World Investment Report，WIR）的副标题是"跨国公司：经济增长的引擎"，显示了跨国公司对世界经济的全方位的影响。

12.2.1　经济帝国：跨国公司概述

据统计，在 2000 年，跨国公司的产值占世界总产值的 40%，占国际贸易的 60%，占国际技术贸易的 60%～70%，占全球科研和开发（R&D）的 80%，占国际直接投资的 90% 以上。可以毫不夸张地说，跨国公司对世界经济有巨大的影响。

1. 跨国公司的定义与运作

尽管跨国公司（Multinational Corporations，MNCs；Transnational Corporations，TNCs；Multinational Enterprises，MNEs）在全球经济中扮演着举足轻重的角色，但是跨国公司的定义并不统一。国内常见的定义是：跨国公司是指在两个或两个以上国家（或地区）拥有矿山、工厂、销售机构或其他资产，在母公司统一决策体系下从事国际性生产经营活动的企业[①]。跨国公司也可以简单地定义为跨国界进行直接投资并且获得控制权的企业。

联合国跨国公司委员会认为一个跨国公司需具备以下基本条件。

第一，跨国公司本质上是一个工商企业，组成这个企业的实体要在两个或两个以上的国家从事生产经营，不论其采取何种法律经营形式，也不论其经营领域。

第二，跨国公司实行全球战略，尽管它的管理决策机构的设立主要以某国或某个地区为主。在跨国公司的全球决策中，市场占据主导地位：市场决定了企业的经营策略和经营状况。

第三，跨国公司的经营范围很广，从研究与开发、原料开采、工业加工到批发、零售等再生产的各个环节都纳入了它的经营范围。

在实际的运营管理过程中，跨国公司一般通过对外直接投资，在世界范围内进行生产和资源配置；在世界范围内配置研究与开发、采掘、提炼、加工、装配、销售及服务等环节；把最高决策权保留在母公司，母公司承担确定整个公司的投资计划、生产安排、价格制度、市场安排、利润分配、研究方向及其他重大决策的职能。

2. 跨国公司的发展与政府政策

跨国公司是对外直接投资（Foreign Direct Investment，FDI）的主体，而 FDI 的发展与

---

① 海闻，林德特. 国际贸易. 上海：上海人民出版社，2003：216。

政府政策有密切的关系。20 世纪 80 年代以来，世界各国政府采取了促进对外直接投资的政策措施。表现一是自 20 世纪 80 年代中期以来，世界各国对外直接投资政策自由化步伐加快。目前，发达国家对 FDI 的限制大多数已不存在，一些发展中国家和转型国家虽然有资本外逃和国内资本短缺之忧，但也正在逐步减少这种限制。当然，一国减少对 FDI 的限制，并不保证该国企业就能扩大 FDI 及 FDI 的规模，它主要是为该国企业扫除 FDI 的制度障碍，而根本上还取决于企业是否拥有所有权优势和内部化优势，以及是否发现了有利的投资区位，即拥有区位优势。二是从 20 世纪 80 年代初以来，大多数国家采取了旨在吸引外国投资者并创造适宜的投资环境的政策（见表 12 - 1）。从表 12 - 1 可以看出，从 1991 年到 2011 年世界各国关于 FDI 规制的变化数量很大，绝大部分是有利于 FDI 的规制变化，是对外国直接投资减少限制、给予优惠的政策措施。虽然说彻底的限制性政策在很大程度上能保证取得预期的效果，但是普遍的东道国吸引外资的优惠政策为跨国公司提供了更为广阔的可供选择的区位决策空间，而开放方向的政策变化即使是广泛的，也不一定能取得预期的效果。三是除了国家层面进一步的 FDI 政策自由化以外，国际层面上仍在继续签署协定（见表 12 - 2），以补充和加强各国国家层面上的趋势。国家之间的双边投资协定（Bilateral Investment Treaties，BITs）减少了跨国公司的投资风险，双重征税协定（Double Taxation Treaties，DTTs）便于跨国公司在全球范围内从事生产、经营活动。

表 12 - 1　1991—2011 年世界各国 FDI 规制的变化

年份	1991	1992	1993	1994	1995	1996	1997	1998	1999	2000
投资制度变化国家数	35	43	56	49	63	66	76	60	65	70
规制变化数	82	77	100	110	112	114	150	145	139	150
其中：有利于 FDI	80	77	99	108	106	98	134	136	130	147
不利于 FDI	2	0	1	2	6	16	16	9	9	3

年份	2001	2002	2003	2004	2005	2006	2007	2008	2009	2010
投资制度变化国家数	71	72	82	103	92	91	58	54	50	57
规制变化数	207	246	242	270	203	177	98	106	102	112
其中：有利于 FDI	193	234	218	234	162	142	74	83	71	75
不利于 FDI	14	12	24	36	41	35	24	23	31	36

年份	2011
投资制度变化国家数	54
规制变化数	67
其中：有利于 FDI	52
不利于 FDI	15

资料来源：1991 年的数据来自于 World Investment Report（WIR）2001，1992 - 2009 年的数据来自于 World Investment Report（WIR）2010，2010 - 2011 来自于 World Investment Report（WIR）2012。

表 12 - 2 1991—2011 年世界 BITs 和 DTTs 累计数

		1991	1995	2000	2005	2010	2011
BITs	annual	81	202	84	70	54	33
	cumulative	527	1173	1941	2495	2807	2833
DTTs	增加数	55	101	57	78	113	57
	累计数	1248	1613	2118	2758	2976	3091

资料来源：累计数 1997 - 2011 年数据来自 UNCTAD. World Investment Report（WIR）1998 - 2012，1991 - 1996 年数据来自＜http：//www. unctad. org/Templates/WebFlyer. asp？intItemID＝3150&lang＝1＞（2010 年 1 月 1 日进入）；增加数 1991 - 2000 年数据来自＜http：//www. unctad. org/Templates/WebFlyer. asp？intItemID＝3150&lang＝1＞（2010 年 1 月 1 日进入），2001 - 2009 年数据来自 WIR2002 - 2010，2010 - 2011 年数据自 WIR2011 - 2012。

政府政策在阻止 FDI 进入一个国家具有决定性影响。但是，一旦使 FDI 成为可能的规制框架是适当的，经济因素才是决定性的[1]。由表 12 - 1、12 - 2 和表 12 - 3 可制成图 12 - 3。从图 12 - 3 可以看出，从 1991 年到 2011 年世界各国 FDI 规制变化趋势、BITs 和 DTTs 累计数（1997—2011）增加趋势并无太大的变化，但 1991—2000 年 FDI 流量持续增长，2001 年至 2003 年的 FDI 流量则大幅度减少，从 2004 年有开始增加直至 2007 年，始于 2008 年的次贷危机使得 FDI 流量在 2008—2009 年大幅度减少，到 2010 年才开始止跌，2011 年进一步恢复，但与危机前的水平仍然有较大差距。

表 12 - 3 1991—2011 年世界 FDI 流入流量　　　　　　单位：百万美元

1992	1993	1994	1995	1996	1997	1998	1999	2000	2001
175841	217559	242999	331068	384910	477918	690905	1086750	1387953	817574
2002	2003	2004	2005	2006	2007	2008	2009	2010	2011
716128	557869	742143	958697	1411018	2099973	1770873	1114189	1309001	1524443

资料来源：2010 - 2011 年来自 World Investment Report（WIR）2012，2007 - 2009 年来自 WIR2010，2005 - 2006 年来自 WIR2008，2004 年来自 WIR2007，2003 年来自 WIR2006，2002 年数据来自 WIR2005，1998 - 2001 年数据来自 WIR2004，1995 - 1997 年数据来自 WIR2001，1992 - 1994 年数据来自 WIR1998。

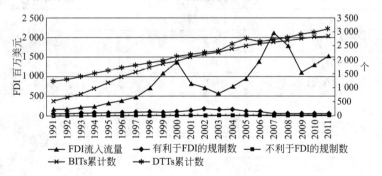

图 12 - 3 1991—2008 年世界各国 DTTs、BITs、FDI 流量与 FDI 规制变化

注：（1）"FDI 流入量（10 亿美元）"为按照东道地区和国家统计，并经四舍五入；（2）"FDI 规制变化数"为世界各国的总和。

资料来源：表 12 - 1～表 12 - 3。

---

[1] UNCTAD2003，第 85 页。

3. 跨国公司：主宰世界经济

联合国贸发会议（United Nations Conference on Trade and Development，UNCTAD）发布的《世界投资报告》指出，跨国公司已经成为全球经济的核心，在推动经济全球化和世界 FDI 的高速发展上起着主导作用，以跨国公司 FDI 为核心的国际生产体系正在快速形成。2001 年的报告指出，国际投资新的变化趋势之一是研究开发和技术创新日益全球化。2002 年的报告指出，主宰全球经济局面的仍然是世界上最大的跨国公司。随着国际化大生产的发展，跨国公司在世界经济全球化中所起的作用越来越大。

作为跨国公司对世界经济影响的一个指示器，巨型跨国公司的经济规模堪比国家。用跨国公司的销售额与国家的 GDP 相比较，最大的 200 家跨国公司的销售额 1999 年占世界 GDP 的 27.5%。世界 50 个最大的"经济体"中，14 个是跨国公司，36 个是国家。当然，用跨国公司的销售额与国家的 GDP 相比较，在概念上是有缺陷的，因为 GDP 是一个附加值量度标准，而销售额不是。一个可比较的标准是将销售额重新计算为附加值。对于公司来说，附加值可用工资和利润（benefits）、折旧和摊销、税前收入之和估算。按照此种测量方法，2000 年世界上最大的跨国公司是埃克森-美孚石油公司，其 2000 年的附加值估计为 630 亿美元，在国家和非金融公司的混合排名中排名第 45 位。以附加值计，该公司的规模相当于智利或巴基斯坦。在 2000 年最大的 100 个国家（或地区）—公司混合排名中，有 29 家跨国公司；排位在 51 到 100 的最大经济实体中半数是私人公司（见表 12-4）。

表 12-4　2000 年最大的跨国公司与国家或地区经济体比较

单位：10 亿美元

排名	跨国公司/经济体名称	附加值[a]	排名	跨国公司/经济体名称	附加值[a]
1	美国	9 810	19	瑞士	239
2	日本	4 765	20	瑞典	229
3	德国	1 866	21	比利时	229
4	英国	1 427	22	土耳其	200
5	法国	1 294	23	奥地利	189
6	中国	1 080	24	沙特阿拉伯	173
7	意大利	1 074	25	丹麦	163
8	加拿大	701	26	中国香港	163
9	巴西	595	27	挪威	162
10	墨西哥	575	28	波兰	158
11	西班牙	561	29	印度尼西亚	153
12	韩国	457	30	南非	126
13	印度	457	31	泰国	122
14	澳大利亚	388	32	芬兰	121
15	荷兰	370	33	委内瑞拉	120
16	中国台北	309	34	希腊	113
17	阿根廷	285	35	以色列	110
18	俄罗斯联邦	251	36	葡萄牙	106

续表

排名	跨国公司/经济体名称	附加值[a]	排名	跨国公司/经济体名称	附加值[a]
37	伊朗	105	69	沃尔玛百货	30[c]
38	埃及	99	70	国际商用机器 IBM	27[b]
39	爱尔兰	95	71	大众汽车	24
40	新加坡	92	72	古巴	24
41	马来西亚	90	73	日立	24[b]
42	哥伦比亚	81	74	道达尔菲纳埃尔夫	23
43	菲律宾	75	75	威利赞通讯	23[d]
44	智利	71	76	松下电器产业	22[b]
45	埃克森美孚	63[b]	77	三井企业	20[c]
46	巴基斯坦	62	78	亿昂	20
47	通用汽车	56[b]	79	阿曼	20
48	秘鲁	53	80	索尼公司	20[b]
49	阿尔及利亚	53	81	三菱	20[c]
50	新西兰	51	82	乌拉圭	20
51	捷克共和国	51	83	多米尼加共和国	20
52	阿拉伯联合酋长国	48	84	突尼斯	19
53	孟加拉国	47	85	菲利普·莫里斯	19[b]
54	匈牙利	46	86	斯洛伐克	19
55	福特汽车	44	87	克罗地亚	19
56	戴姆勒克莱斯勒	42	88	危地马拉	19
57	尼日利亚	41	89	卢森堡公国	19
58	通用电气公司	39[b]	90	西南贝尔电讯 SBC	19[d]
59	丰田汽车公司	38[b]	91	伊腾忠	18[c]
60	科威特	38	92	哈萨克斯坦	18
61	罗马尼亚	37	93	斯洛文尼亚	18
62	皇家荷兰壳牌公司	36	94	本田汽车公司	18[b]
63	摩洛哥	33	95	埃尼	18
64	乌克兰	32	96	尼桑汽车公司	18[b]
65	西门子	32	97	东芝公司	17[b]
66	越南	31	98	叙利亚	17
67	利比亚	31	99	葛兰素史克	17
68	英国石油 BP	30	100	英国电信（BT）	17

注： a 国家经济体数字表示 GDP，跨国公司数字表示附加值。附加值被定义为工资、税前利润（pre-profit）、折旧和摊销①的总和。

　　b 附加值是用 2000 年 66 个可获得相关数据的制造商的附加值占销售总额 30％的份额估算出来的。

　　c 附加值是用 2000 年 7 个可获得相关数据的贸易公司的附加值占销售总额 16％的份额估算出来的。

　　d 附加值是用 2000 年的 22 个可获得相关数据的第三级公司的附加值占销售总额 37％的份额估算出来的。

资料来源：UNCTAD. World Investment Report 2002：90。

---

① 英文原文是 amortisation，指将资产的账面价值按照费用的受益期进行分配。该词也可以译作"摊还"，指对未清偿债务本金和利息的定期支付。

而且，跨国公司规模的增长率超过了许多国家。世界上最大 500 家企业的销售额在 1990—2001 年期间几乎增长了 2 倍，而世界 GDP 按现在的价格在同一期间仅仅增长了 1.5 倍。UNCTAD 采用的 100 家跨国公司的总销售额在 1990—2000 年期间也从 3.2 万亿美元增加到将近 4.8 万亿美元。最大的跨国公司的附加值增长率近些年来也比国家发展要快。100 家最大的跨国公司的附加值 1990 年占世界 GDP 的比重为 3.5%，2000 年则为 4.3%。这一增长——大约 6 000 亿美元——几乎等于西班牙的 GDP。100 家最大的跨国公司的附加值在世界 GDP 的份额提高证实了跨国公司规模在过去的 10 年间变得更大了①。

4. 跨国公司内部贸易

跨国公司内部贸易是指跨国公司的母公司与国外子公司、国外子公司相互之间进行的产品、原材料、技术与服务贸易②。当前，跨国公司内部贸易约占了国际贸易的三分之一。

1）跨国公司内部贸易的利益

① 降低外部市场造成的经营不确定风险。由于受市场自发力量的支配，企业经营活动面临着诸多风险，包括投入品供应的数量不确定、价格不确定，不同生产工序或零部件分别由独立企业承担产生的协调困难。跨国公司可以将上述经营活动内部化，通过合理计划，安排生产、经营活动，进行公司内部贸易，大大降低上述各种经营的不确定性。

② 降低交易成本。这里主要指减少通过外部市场进行对外交易谈判、签约和合同履行所发生的成本。当然，企业另一方面要付出内部化成本，如行政协调成本。

③ 适应高技术产品生产的需要。高技术产品是 R&D 强度（即 R&D 经费支出占工业总产值的比重）很高的产品，其生产需要的技术在转让时会存在市场定价、交易成本和技术外溢等市场化问题。跨国公司可将研发和技术内部化，通过内部技术转让即内部贸易很好地解决上述问题③。

④ 增强公司在国际市场上的垄断地位和竞争能力，实现全球利益的最大化。跨国公司通过内部化降低外部市场造成的经营不确定风险、降低交易成本和运用公司内部贸易价格可实现此目的。

2）跨国公司内部贸易价格

跨国公司内部贸易价格通常称为转移价格，指跨国公司内部母公司与子公司、子公司与子公司之间在进行货物和服务交换时，在公司内部所实行的价格。转移价格包括转移高价与转移低价。转移价格的运用可带来如下效益。

（1）减轻纳税负担

跨国公司的子公司分设在世界许多国家和地区，其经营须向东道国政府纳税。母公司与子公司所在各国的税率高低差别可能较大，税则规定也不一致。于是，跨国公司往往利用各国税率差异，通过转移价格（转移高价或转移低价）人为地调整利润在母公司与子公司之间的分配，以把跨国公司总的所得税税负降到最低限度。当然，转移价格的运用还要考虑关税因素及海关估价，并在二者冲突时进行权衡。

（2）增强子公司在国际市场上的竞争能力

如果子公司在当地遭遇激烈的竞争，或要扩大市场份额，取得新市场，跨国公司就可能

① UNCTAD. World Investment Report 2002：91。
② 跨国公司对其他公司的贸易，称为公司外部贸易。
③ 一般的技术转让均存在上述三方面的市场化问题，但高技术产品生产中此问题更为突出。

采用转移价格，降低子公司的成本，提高子公司的竞争能力及子公司在当地的信誉，便于子公司在当地发行证券或获得贷款。

（3）减少或避免外汇风险

首先，通过转移价格，跨国公司可以降低或避免外汇汇率风险。如果预测某一子公司所在的东道国货币将对外贬值，跨国公司就可以通过子公司高进低出的转移价格，将部分资产转移到国外，减少东道国货币对外贬值造成的损失（甚至可能获利）。其次，可以利用转移价格逃避东道国的外汇管制。当子公司所在的东道国政府对外国公司利润和投资本金的汇回在时间上和数额上有限制时，跨国公司可以通过该子公司高进低出的转移价格将利润或资金调出该东道国。

12.2.2　跨国公司微观理论

跨国公司理论即国际直接投资理论或跨国经营理论。理论界认为，现代国际直接投资理论诞生于 20 世纪 60 年代，是一门年轻的学科，理论发展远未达到成熟的阶段。40 多年来，仍然没有出现一个普遍公认的直接投资理论。国际直接投资理论可以分为宏观理论和微观理论两类。前者以国家利益为出发点，研究跨国经营的变化规律及其对母国和东道国的影响，其重要假设之一是完全竞争；后者以企业的经济利益为中心，研究企业为什么进行跨国经营活动、怎样从事跨国经营及在哪里跨国经营，其代表性假设是不完全竞争。限于篇幅，本节介绍微观层面的垄断优势理论、内部化理论、国际生产折衷理论[①]及企业国际化渐进论。

1. 垄断优势理论

1960 年，斯蒂芬·海默（Stephen Herbert Hymer）在其撰写的博士学位论文《民营企业的国际化经营：对外直接投资的研究》中，提出了以垄断优势来解释美国企业对外直接投资行为，并与他的导师查尔斯·金德尔伯格（Charles P. Kindleberger）共同创立了"垄断优势理论（Monopolistic Advantages Theory）"。文献中称他们的研究为"海—金传统"（H-K Tradition）。该理论以不完全竞争为分析的前提，认为垄断优势是市场不完全竞争的产物。

海默认为导致企业对外直接投资的决定性因素是企业拥有垄断优势。正是跨国公司拥有某种垄断优势，使其在跨国经营中立于不败之地。垄断优势包括三大类：

① 知识资产优势，如专利和专有技术、获得资金的便利条件、管理技能等；

② 产品市场不完全的优势，如名牌商标、产品差异、营销技巧、市场价格操纵；

③ 跨国公司内部和外部规模经济优势。

海默认为垄断优势来自市场不完全。市场不完全（即不完全竞争）是指介于完全竞争与完全垄断之间的市场状况。他认为至少存在 4 种市场不完全：第一，由规模经济引起的市场不完全；第二，产品市场的不完全；第三，资本和技术等生产要素市场的不完全；第四，由政府课税、关税等措施引起的市场不完全。前 3 种市场不完全使企业能够拥有垄断优势，第 4 种市场不完全使企业通过对外直接投资利用其垄断优势实现价值增值。

2. 内部化理论

内部化理论（Internalization Advantages Theory）是由英国里丁大学的巴克利（Peter

---

① 司岩. 中国企业跨国经营实证与战略. 北京：企业管理出版社，2003：74。

J. Buckley）和卡森（Mark C. Casson）提出，并由加拿大学者鲁格曼（Alan M. Rugman）等加以发展。他们把美国学者科斯（Coase）的交易费用理论用于企业对外直接投资行为的研究，以垄断优势和市场不完全作为理论分析的前提，通过分析市场交易机制和企业内部交易机制的关系，提出由于市场竞争的不完全和交易成本的存在，促使企业通过建立企业内部市场来取代外部市场，以便降低成本、增强企业竞争力。该理论是当代西方跨国公司理论的主流，其主要观点可概括如下：由于市场的不完全，若将企业所拥有的科技和营销知识等中间产品通过外部市场来组织交易，则难以保证厂商实现利润最大化目标；若企业建立内部市场，可利用企业管理手段协调企业内部资源的配置，避免市场不完全对企业经营效率的影响。企业对外直接投资的实质是基于所有权之上的企业管理与控制权的扩张，而不在于资本的转移。其结果是用企业内部的管理机制代替外部市场机制，以便降低交易成本，拥有跨国经营的内部化优势。

（1）内部化理论的基本假设

内部化理论基于以下 3 个基本假设。

① 企业在不完全市场竞争中从事生产经营活动的目的是利润最大化。

② 中间产品市场的不完全，使企业通过对外直接投资，在组织内部创造市场，以克服外部市场的缺陷。所谓中间产品，除了用于制造其他产品的半成品外，还包括研究与开发、营销技巧、管理才能及人员培训等。

③ 跨国公司是跨越国界的市场内部化过程的产物。

（2）与市场内部化决策相关的因素

进行市场内部化决策时需考虑以下 4 组因素。

① 行业特定因素，主要是指产品性质、外部市场结构及规模经济。

② 地区特定因素，包括地理位置、文化差别及社会心理等引起的交易成本。

③ 国别特定因素，包括东道国政府政治、法律、经济等方面政策对跨国公司的影响。

④ 企业特定因素，主要是指企业组织结构、协调功能、管理能力等因素对市场交易的影响。

内部化理论认为，上述 4 组因素中，行业特定因素对市场内部化的影响最重要。当一个行业的产品具有多阶段生产特点时，如果中间产品的供需通过外部市场进行，则供需双方关系既不稳定，也难以协调，因此企业有必要通过建立内部市场保证中间产品的供需。企业特定因素中的组织管理能力也直接影响市场内部化的效率，因为市场交易内部化也是需要成本的。只有组织能力强、管理水平高的企业才有能力使内部化的成本低于外部市场交易的成本，也只有这样，市场内部化才有意义。

（3）利用和开发以知识为代表的中间产品是企业内部化的动力

中间产品不只是半成品、原材料，较为常见的是结合在专利权、人力资本之中的各种知识。知识产品包括知识、信息、技术、专利、专有技术、管理技能、商业信誉等，具有以下主要特征。

① 信息悖论。只有买方充分了解知识产品、确定了知识产品的价值以后，买方才会决定是否购买该知识产品。反之，由于信息不对称，买卖双方对知识产品的价值评价往往不一致，买方对知识产品的价值缺乏充分的认识，不愿意支付令卖方满意的价格。

② 零边际成本。知识产品生产与销售的成本并不取决于它的数量，它的边际成本为零。

③ 非排他性消费。知识产品被一个消费者使用，并不影响它被其他消费者使用。只要该知识产品没有失去价值，能够被无数消费者使用，就存在着被买方继续扩散的可能，从而减少卖方在该知识产品上的获利。这样，将知识产品内部化是避免卖方风险的必要途径。

中间产品市场是不完全的，其表现是缺乏某些市场以供企业之间交换产品，或者市场效率低，导致企业通过市场交易的成本上升。因此，追求利润最大化的厂商必须对外部市场实行内部化，即建立企业内部市场，利用企业管理手段协调企业内部资源的配置，避免市场不完全对企业经营效率的影响。

当然，跨国公司市场内部化过程也是有成本的，如增加企业内部的交流成本、内部市场的管理成本等。"当且仅当（以知识产品为代表的）中间产品市场内部化的收益大于它的成本时，市场内部化行为就必然产生。"

3. 国际生产折中理论

国际生产折中理论（Eclectic Theory of International Production）是英国里丁大学教授约翰·邓宁（John H. Dunning）于 1977 年提出的。该理论被广泛接受，逐渐成为西方跨国公司理论的主流，是迄今为止理解和解释企业跨国投资和经营的最好理论之一。该理论的核心思想是：企业跨国投资是为了获得、利用和开发三种关键的优势，即所有权优势（Ownership Specific Advantages，OSA）、内部化优势（Internalization Specific Advantages，ISA）和区位优势（Location Specific Advantages，LSA）。邓宁认为企业只有同时具备这三种优势才能从事对外直接投资，故将这个模型称为"三优势模型"（OIL），并以"折衷"一词来命名自己的理论。"折中"一词旨在"集百家之所长，熔众说于一炉"。

下面分别介绍这三种优势的含义。

（1）所有权优势

所有权优势指一国企业拥有而别国企业没有或难以得到的生产要素禀赋、产品的生产工艺、管理技能等。邓宁把所有权优势分为如下三类。

① 企业本身具有的竞争优势，包括：企业的规模和已经取得的经济地位；生产的多元化；从劳动分工中取得的优势；垄断地位；对特有资源的获得能力；企业特有的技术、商标；生产、管理、组织和营销系统；研究与开发能力、人力资本、经营经验；在要素投入（劳动力、自然资源、资本、信息）上获取的优势；产品进入市场的优先权；政府保护。

② 国外子公司或分支机构与其他企业相比所拥有的优势，如能够从母公司直接得到的经营能力（管理、研究与开发、营销技巧等），提供综合资源（生产采购、加工、营销、融资）的规模经济效益。

③ 由企业的多国经营而获得的优势，如对信息、市场、投入等的深入了解，根据不同地区要素禀赋、市场结构、政府干预的特征，确定全球经营战略和分散风险的能力等。

（2）内部化优势

内部化优势指企业克服市场失效的能力。邓宁将市场失效分为结构性市场失效和交易性市场失效两类。

① 结构性市场失效（Structural Market Failure）指由不完全竞争市场所导致的市场缺陷，这种市场缺陷可以产生垄断租金。造成结构性市场失效的原因首先是东道国政府的限制，如关税壁垒和非关税壁垒所引起的市场失效，这是促使跨国公司为绕过贸易壁垒而到东道国大量投资的主要因素；其次是无形资产的特性影响了外部市场的形成和发育。

269

② 交易性市场失效（Transactional Market Failure）指公平交易不能充分发挥作用的情形，如交易因渠道不畅而需付出高昂的费用，交易方式僵化降低了成交的效率，因期货市场不完善而无法降低未来交易风险。

具体来说，邓宁认为在以下情况下，企业将实行内部化：一是减少或避免交易成本和谈判成本；二是避免为保护知识产权所需要的成本；三是购买者不确定；四是不允许价格歧视存在；五是需要卖方保证产品质量；六是弥补市场失灵的缺陷；七是有利于防止政府干预（如配额、关税、价格歧视、税收歧视）；八是保证供给条件稳定；九是控制市场范围。

（3）区位优势

区位优势指东道国所特有的政治法律制度和经济市场条件，包括两个方面：一是东道国要素禀赋如自然资源、地理位置、市场规模及结构、收入水平、基础设施等产生的优势；二是东道国的政治法律制度、经济政策、基础设施、教育水平、文化特征等产生的优势。区位优势是由东道国状况决定的，企业自身无法左右。

表 12-5 是邓宁对"三优势模型"（OIL）的简短解释：企业若同时拥有所有权优势、内部化优势和区位优势，则有条件以对外直接投资方式进入国际市场；企业若拥有所有权优势和内部化优势，但缺乏区位优势，则只能以产品出口方式进入国际市场；企业若仅拥有所有权优势而无内部化优势和区位优势，则企业只能进行无形资产转让[①]。

表 12-5　企业优势与跨国经营方式

方　式	所有权优势	内部化优势	区位优势
对外直接投资	有	有	有
商品出口	有	有	无
无形资产转让	有	无	无

4. 企业国际化阶段论

企业国际化（Internationalization of Firms）是近 30 年来跨国公司研究领域的重点课题之一。企业国际化阶段理论是关于企业国际化经营发展过程的理解和概括，主要回答以下两个基本问题：

① 企业国际化是怎样一个发展过程，是渐进的还是跳跃的？是演进的还是突变的？

② 什么因素决定企业的国际成长？

北欧学者以企业行为理论研究方法为基础，提出了企业国际化阶段理论，也有学者称之为"乌普萨拉国际化模型"（Uppasala Internationalization Model，简称 U-M）。该理论有两个基本命题：第一，企业国际化应该被视为一个发展过程；第二，这一发展过程表现为企业对外国市场逐渐提高投入（Incremental Commitment）的连续形式。

约汉森（Johanson）和瓦尔尼（Vahlne）对瑞典 4 家企业的跨国经营过程进行比较研究时发现，他们在跨国经营战略步骤上有惊人的相似之处：最初的外国市场联系是从偶然的、零星的产品出口开始；随着出口活动的增加，母公司掌握了更多的海外市场信息和联系渠道，出口市场开始通过外国代理商稳定下来；再随着市场需求的增加和海外业务的扩大，母

---

① 但逻辑推理的结果是，企业若拥有所有权优势而无内部化优势，不管有没有区位优势，企业都只能以无形资产转让方式进入国际市场。

公司决定在海外建立自己的产品销售子公司；最后，当市场条件成熟以后，母公司开始进行对外直接投资，在外国建立生产、制造基地。

约汉森等将企业跨国经营过程划分为 4 个发展阶段：一是不规则的出口活动；二是通过代理商出口；三是建立海外销售子公司；四是从事海外生产和制造。这 4 个阶段是一个"连续"、"渐进"的过程。它们分别表示一个企业海外市场的卷入程度或由浅入深的国际化程度。企业国际化的渐进性主要体现在两方面：第一，企业市场范围扩大的地理顺序通常是本地市场→区域市场→全国市场→海外相邻市场→全球市场；第二，企业跨国经营方式演变的最常见类型是纯国内经营→通过中间商间接出口→直接出口→设立海外销售分部→海外生产。

北欧学者用"市场知识"（Market Knowledge）解释企业国际化的渐进特征。市场知识分为两部分：第一，一般的企业经营和技术，即客观知识，可以从教育过程、书本中学到；第二，关于具体市场的知识和经验，或称经验知识，只能从亲身的工作实践中积累。决策者市场知识的多寡直接影响其对外国市场存在的机会和风险的认识，进而影响其对海外市场的决策。他们认为企业的海外经营应该遵循上述渐进过程。

北欧学者用"心理距离"（Psychic Distance）概念分析、解释企业选择海外市场的先后次序。"心理距离"是指"妨碍或干扰企业与市场之间信息流动的因素，包括语言、文化、政治体系、教育水平、经济发展阶段等"。他们认为当企业面临不同的外国市场时，选择海外市场的次序遵循心理距离由近及远的原则。

总而言之，北欧学者认为企业的跨国经营应遵循以下两个原则：第一，当企业面对不同的外国市场时，它们首先选择市场条件、文化背景与母国相同的国家，即企业的跨国经营具有文化上的认同性；第二，在某一特定市场的经营活动中，企业往往走从出口代理到直接投资的渐进道路。但是，也有例外情况，如当企业拥有足够雄厚的资产，其海外投资相比之下微不足道时，海外经营阶段的跨越是有可能的；再例如在海外市场条件相同情况下，企业在其他市场获得的经验会使其跨过某些阶段而直接从事海外生产活动。

国际化阶段理论提出以后，引起了国际企业、研究界广泛的关注。许多学者进行了大量的实证研究，得出的较为一致的结论是：国际化阶段理论（U-M）主要适用于中小企业的国际化行为。对于大型、多元化的企业而言，其抵御风险的能力提高，国际化的渐进特征并不十分明显。另一些检验结果表明，国际化阶段理论对"市场寻求型"跨国公司的国际经营行为有较强的解释力，但对于其他投资动因的企业，如资源寻求型、技术寻求型、战略资产寻求型等，解释力并不十分明显。

12.2.3　发展中国家跨国公司理论

上一部分所述微观层面（和宏观层面）的跨国公司理论是外国主流跨国公司理论，是由发达国家的学者以英、美、日等发达国家的跨国公司为研究对象形成的。这些理论认为发达国家跨国公司的竞争优势主要来自企业对市场的垄断、产品差异、高科技和大规模投资及高超的企业管理技术。发展中国家跨国公司显然不具备上述优势。这就产生了以下问题：发展中国家为什么要对外直接投资？后发展型跨国公司有哪些竞争优势？又怎样在激烈的国际竞争中生存、发展？从 20 世纪 70 年代开始，一些学者逐渐关注对发展中国家跨国公司理论的探讨，提出了许多有价值的理论和观点。这些理论虽然还不够成熟与完善，但对发展中国家与地区的跨国公司的产生和发展仍有参考价值和借鉴意义。考虑到我国是一个发展中国家，本节简单介绍发展中国家跨国公司的代表性理论，即小规模技术理论、技术地方化理论及技术创新产业升级理论，以便理解我国企业的跨国经营。

1. 小规模技术理论

美国哈佛大学研究跨国公司的刘易斯·威尔斯（Louis T. Wells）在 1983 年出版的《第三世界跨国企业》一书，被学术界认为是研究发展中国家跨国公司的开创性成果。威尔斯认为，发展中国家跨国公司的比较优势来自以下三方面。

（1）拥有为小市场需求服务的小规模生产技术

低收入国家制成品市场的一个普遍特征是需求量有限，因此大规模生产技术无法从这种小市场需求中获得规模经济效益。许多发展中国家企业正是开发了满足这种小市场需求的生产技术而获得了竞争优势。这种小规模技术的特征往往是劳动密集，生产有很大的灵活性，适合小批量生产。威尔斯对印度和泰国的调查结果证明了这一点。

（2）具有来自"当地采购和特殊产品"的竞争优势

发展中国家的企业为了减少因进口技术而造成特殊投入的需要，寻求用本地的投入来替代。一旦这些企业学会用本地提供的原料和零部件替代特殊投入，它们就可以将这些专门知识推广到面临相同问题的其他发展中国家。另外，发展中国家企业对外直接投资具有鲜明的民族文化特点，主要是为服务于国外同一种族团体的需要而建立的。一个突出的例子是华人社团在食品加工、餐饮、新闻出版等方面的需求，带动了一部分东亚、东南亚国家和地区的海外投资。这些产品的生产往往利用东道国的当地资源，在生产成本上享有优势。根据威尔斯的研究，这种"民族纽带"性的对外直接投资在印度、泰国、新加坡、马来西亚及来自中国台湾和香港两地区的投资都占有一定比例。

（3）低价产品营销战略

物美价廉是发展中国家跨国公司抢夺市场份额的主要武器。发达国家跨国公司的产品营销战略往往要投入大量的广告费用，以此树立产品形象，创造名牌产品效应。与此形成鲜明对比的是，发展中国家跨国公司花费较少的广告支出，采取低价营销战略。

在分析发展中国家企业对外直接投资的动机时，威尔斯认为，对于制造业而言，保护出口市场是其对外直接投资的一个非常重要的动机。其他动机还包括谋求低成本、分散资产、母国市场的局限、利用先进技术等。

小规模技术理论对于分析与研究经济落后国家的企业在走向跨国经营的初期阶段，怎样在国际竞争中争得一席之地颇有启发。对外直接投资不仅从企业的经营战略和长期发展目标上看是必要的，而且企业的创新活动大大增加了发展中国家企业参与国际竞争的可能性。

2. 技术地方化理论

拉奥（Lall）在对印度跨国公司的竞争优势和投资活动进行深入研究后，提出了关于发展中国家和地区跨国公司的技术地方化理论。拉奥认为，虽然发展中国家和地区的跨国公司的技术特征表现为规模小、标准技术和劳动密集型等，但是这种技术的形成包含着企业内在的创新活动。以下几个方面使发展中国家企业能够形成和发展自己的"特定优势"。

① 发展中国家跨国公司的技术知识当地化是在不同于发达国家的环境下进行的，这种新的环境往往与一国的要素价格及其质量相联系。

② 发展中国家企业生产的产品适合于发展中国家自身的经济条件和需求。

③ 发展中国家企业的竞争优势不仅来自其生产过程，以及产品与当地的供给条件和需求条件紧密结合，而且来自创新活动中所产生的技术在小规模生产条件下具有更高的经济效益。

④ 在产品特征上，发展中国家企业仍然能够开发出与名牌产品存在差异的消费品。当东道国国内市场较大，消费者的品位和购买力有较大差别时，来自发展中国家企业生产的产品仍有一定的竞争能力。

⑤ 上述几种竞争优势还会由于民族或语言因素得到加强。

该理论的主要特点是不仅分析了发展中国家和地区企业的竞争优势，而且强调了形成竞争优势所需要的企业创新活动。

3. 技术创新产业升级理论

英国里丁大学坎特威尔（Cantwell）和托兰惕诺（Tolentino）在研究新兴工业化国家和地区的企业对外直接投资迅速增长基础上，于 20 世纪 80 年代末期提出了技术创新产业升级理论。

该理论提出了两个基本命题：第一，发展中国家产业结构的升级，说明了发展中国家企业技术能力的稳定提高和扩大，这种技术能力的提高是一个不断积累的过程。第二，发展中国家企业的技术能力提高，是与他们对外直接投资的增长直接相关的。现有的技术能力水平是影响其国际生产活动的决定因素，同时也影响发展中国家跨国公司对外直接投资的形式和增长速度。在这两个命题的基础上，他们得出了如下结论：发展中国家对外直接投资的产业分布和地理分布是随着时间的推移而逐渐变化的，并且是可以预测的。

坎特威尔和托兰惕诺认为，发达国家企业的技术创新表现为大量的研究与开发投入，处于尖端的高科技领域，引导技术发展的潮流。而发展中国家企业的技术创新最初来自外国技术的进口，并使进口技术适合当地的市场需求；随着生产经验的积累，对技术的消化、吸收带来了技术创新；这种技术创新优势又随着管理水平、市场营销水平的提高而得到加强。因此，发展中国家跨国公司的技术积累过程是建立在他们"特有的学习经验基础上的"。

坎特威尔和托兰惕诺还分析了发展中国家的企业跨国经营的产业特征和地理特征。他们认为，发展中国家跨国公司对外直接投资受其国内产业结构和内生技术创新能力的影响。在产业分布上，首先是以自然资源开发为主的纵向一体化生产活动，然后是以进口替代和出口导向的横向一体化为主。从海外经营的地理扩张看，发展中国家企业在很大程度上受"心理距离"的影响，遵循周边国家→发展中国家→发达国家的渐进发展轨道。随着工业化程度的提高，一些新兴工业化国家和地区的产业结构发生了明显变化，技术能力也迅速提高。在对外投资方面，他们已经不再局限于传统产业的传统产品，开始从事高科技领域的生产和研发活动。

12.3 国际要素流动和国际贸易的关系

国际要素流动和国际贸易是各国经济交往最重要的两种形式，对两者关系的研究也是国际贸易的重要理论课题之一，很多经济学家和学者对此问题进行了分析。

12.3.1　要素流动与贸易的替代关系

1. 劳动力流动与劳动密集型商品贸易的替代关系

劳动力的自由流动会改变一国的资源配置。在资本不变的情况下，移民输送国由于劳动力的减少而使资本劳动力比率（人均资本）上升，资本变得相对充裕；而移民接收国的情况则相反，劳动力会由于外来移民而变得相对充裕起来。这种资源配置的变化，对贸易会产生一定的影响。

本章第一节的墨西哥和美国的劳动力流动模型中，在其他条件不变的情况下，墨西哥向美国移民造成墨西哥劳动力减少，整个国家的生产能力下降，墨西哥的生产可能性曲线向内收缩。由于大米是劳动密集型产品，劳动力的减少会使大米生产能力的下降大于钢铁生产能力的下降。作为劳动充裕的国家，劳动力的大量外移会造成劳动密集型产品出口工业的收缩，对生产和贸易的影响正好与出口扩张型增长相反。

另一方面，美国接收了大量外来劳动力，其生产可能性曲线外移，而劳动密集型产品（如大米）的生产能力的扩大会超过其他部门（如钢铁），其结果类似进口替代型增长。无论是墨西哥出口工业的收缩还是美国进口竞争部门生产能力的增长，都会造成两国之间劳动密集型产品贸易的减少。劳动力输出国会减少生产和出口劳动密集型产品，而劳动力接收国会在本国生产更多的劳动密集型产品从而减少对劳动密集型产品的进口。因此，国际劳动力的流动在某种程度上起了替代劳动密集型产品贸易的作用。

在要素收入方面，从第一节关于劳动力流动的福利分析中已知，劳动力国际流动会造成墨西哥工人的工资上升，美国工人的工资下降。这与"斯托尔珀-萨缪尔森定理"中美国与墨西哥从事劳动密集型产品贸易的结果是一致的。因为根据斯托尔珀和萨缪尔森的分析，劳动密集型产品的贸易最终会使劳动密集型的进口国工人的工资降低，出口国工人的工资增加。所以从对要素收益的影响角度讲，劳动力的自由流动对自由贸易也有替代作用。换句话说，无论是劳动密集型商品的国际贸易还是国家间的劳动力流动，都会导致各国内劳动力收益与其他要素收益的差距缩小（斯托尔珀-萨缪尔森定理），导致各国间劳动力收益的差距缩小（要素价格均等化定理）。

2. 资本流动与资本密集型商品贸易的替代关系

跟劳动力国际流动与劳动力密集型商品贸易的关系一样，资本的国际流动对资本密集型产品的国际贸易也有替代作用。1999年诺贝尔经济学奖获得者、美国哥伦比亚大学教授罗伯特·蒙代尔（Robert Mundell）在赫克歇尔-俄林模型的基础上，得出了国际贸易与要素流动之间是替代关系的结论。他进一步推断，对国际贸易的阻碍会促进要素的流动，而对要素流动的限制则会促进国际贸易。二者都能实现商品价格均等化和要素价格均等化：即使要素不能流动，自由贸易除了使商品价格均等化外，也能使要素价格均等化；同样，即使无法贸易，要素的自由流动除了使要素价格均等化外，也会使商品价格趋同。

为说明要素流动和商品流动的关系，蒙代尔建立了一个模型（Mundell, 1957）。这个模型的基本假设是：

① 存在劳动和资本两种生产要素；

② 存在棉花和钢铁两种可贸易商品，其中棉花是劳动密集型产品，钢铁是资本密集型产品；

③ A 国和 B 国两个国家，其中 A 国是劳动充裕的小国，B 国是资本充裕的大国（可以看成为 A 国以外的所有其他国家）；

④ 两国生产技术相同，而且边际收益递减，规模报酬不变，资本和劳动的边际生产率由生产中所使用的两种要素的配置比例决定；

⑤ 劳动和资本可以在国内各部门间自由流动，各国要素禀赋的相对充裕程度排除了完全专业化生产的可能。

在上述假定下，蒙代尔分四步来证明国际贸易与要素流动之间具有替代关系的假说。

第一步，假设要素在国家间不能自由流动，但贸易是自由的。A 国出口棉花进口钢铁，两国商品和要素的价格相等。均衡结果如图 12 - 4 所示，自由贸易下钢铁的相对价格用 YY 曲线表示。在这一价格下，A 国进口 RS 单位的钢铁，出口 PR 单位的棉花，它的收入用棉花或钢铁表示都是 OY。

第二步，假设资本在国家间可以自由流动。但是，自由贸易下两国资本的边际生产率是相等的，所以资本不会跨国流动，均衡不变。

第三步，假设 A 国对钢铁征收关税。为简单起见，假设关税水平高到使贸易完全停止（"禁止型关税"），即关税使钢铁的相对价格上升，以致使均衡点退回到自给自足的状况（点 Q）。根据"斯托尔珀 - 萨缪尔森定理"，A 国钢铁相对价格的提高会使生产要素由棉花部门向钢铁部门流动；棉花生产的下降和钢铁生产的增加会产生过度的劳动供给和过度的资本需求，劳动边际生产率下降而资本边际生产率上升，最终导致劳动的实际报酬下降和资本的实际收入上升。

但是资本在国家间是可以流动的，A 国较高的资本报酬会促使资本由 B 国向 A 国流动，从而使 A 国资本变得充裕，A 国的生产可能性曲线外移，在图 12 - 4 中表现为从 TT 移到 $T'T'$（类似"进口替代型增长"）。资本的流入会对 A 国产生两方面的影响。

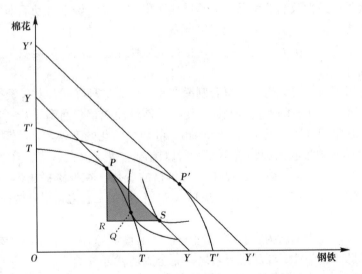

图 12 - 4　国际资本流动和国际贸易的替代关系

首先，随着资本的流入，A 国国内的资本存量增加，在商品价格不变的条件下（A 国是小国），国内钢铁的生产不断增加，而棉花的产量不断减少。

其次，资本的不断流入会使得 A 国资本的边际产量不断下降，最终使两国的要素边际生产率相等，实现两国之间要素价格的均等化。

因为假设 B 国足够大，所以资本的流出不会影响它的边际劳动生产率，又因为资本流动的最终结果是 A 国和 B 国资本的边际劳动生产率相等，所以资本的国际流动一定会使 A 国劳动和资本的边际生产率恢复到征收关税前的水平。在新的均衡点上，A 国的要素边际生产率与征收关税前相同。因此，A 国商品的相对价格等于 B 国商品的相对价格，也会与没有关税时一样，$Y'Y'$ 的斜率等于 YY 的斜率。A 国在新的均衡点 P' 从事生产。A 国和 B 国的商品价格相等意味着 A 国没有必要再从 B 国进口钢铁，从而两国间贸易中止。这是一种由外国资本流入而产生的"进口替代型增长"。

与本国资本积累产生的进口替代型增长的不同之处是，A 国必须支付 B 国资本的利息。A 国的生产点为 P'，但消费点必须低于 P' 点。A 国支付 B 国资本的利息（即 B 国资本在 A 国获得的收益）不能用于 A 国的消费。这部分收入可以用 $(Y'-Y)$ 来表示。也就是说，在支付了 B 国资本的利息以后，A 国的实际收入约束线是 YY 而不是 $Y'Y'$，即与原来的生产可能性曲线 TT 相切的相对价格曲线。这样的话，A 国的要素收入和价格都与没有关税时一样，消费与原来一样，仍在 S 点。

第四步，假设关税不是"禁止型"的，在征收关税后的钢铁相对价格仍然低于自给自足时的价格，贸易仍然会存在。但是，我们很快会发现，只要允许资本自由流动，这种情况跟"禁止型关税"的结果是一样的。

因为，只要有关税存在，钢铁的国内价格就会高于国际价格，就会出现生产要素从棉花部门向钢铁部门的移动，就会出现要素边际生产率的变化和要素收益的变化。本国资本收益的提高就会吸引外国资本的流入，直到两国要素的边际生产率相等，两国价格趋同，贸易消失。这时，关税也不再需要了。因为两国的价格和边际生产率均等了，关税可以取消而不使资本回流。虽然关税最初限制了贸易，但是造成了资本流动。资本流动后即使取消关税，贸易也变得不再必要。至此，蒙代尔证明了国际贸易与要素流动之间存在着替代关系。

接着，蒙代尔进一步扩展了这个模型。他在放松假定③之后，又证明了上述结论对同样规模的两国也成立。

蒙代尔还证明了增加要素流动障碍会刺激贸易。假设这种障碍是对外资征税，则税收会使外资的收益下降，从而有的外资将撤回，生产可能性曲线重新回到 TT。如果 A 国物价不变，由雷布津斯基定理（Rybczynski Theorem）可知，棉花的产量增加，钢铁的产量下降，生产回到 P 点。由于要素收入和物价不变，所以国内消费点仍在 S 点。产量的变化会使钢铁的相对价格上升，但是自由贸易抑制了这种价格的变化。在外资撤出后，本国在 P 点上生产，S 点上消费，出口 PR 单位棉花，进口 RS 单位钢铁。总之，对外资征税遣返了外资，刺激了贸易。

综合以上分析，蒙代尔认为在世界范围内有效配置资源，不需商品和要素同时自由流动，只要生产满足一定条件，商品或要素之一完全流动就可以了。

12.3.2　要素流动与贸易的互补与促进作用

生产要素国际流动和商品国际贸易之间的关系除了相互替代以外，在一定的条件下还有互补和促进的作用。

1. 技术不同时要素流动对国际贸易的促进作用

马库森（Markuson）改变了赫克歇尔—俄林模型中两国技术相同的假设条件，结果发现国际贸易与要素国际流动之间不仅存在替代性，而且还存在互补关系。在马库森的模型中，假设两国（如美国和中国）之间要素禀赋相同但在生产技术上存在差距，两国都生产钢铁和棉布两种产品。钢铁是资本密集型产品，棉布是劳动密集型产品。美国生产钢铁的技术比中国高，而中国生产棉布的技术比美国高。从而，美国具有生产钢铁的比较优势，中国有生产棉布的比较优势。两国发生贸易时，美国出口钢铁而中国出口棉布。

贸易后两国各自增加本国有比较优势产品的生产，从而造成各国不同要素回报率的差异。在美国，资本密集型钢铁生产的增加和劳动密集型棉布生产的减少，导致对资本相对需求的增加，从而资本收益率提高而劳动收益率下降。这时，如果允许生产要素的国际流动，中国的资本就会流向美国，而美国的劳动力就会流向中国。美国资本的增加和中国劳动力的增加都会进一步加强各自的比较优势，更多地生产和出口本国具有比较优势的产品，进口本国没有比较优势的产品。因此，要素国际流动增加了国际贸易，两者呈现互补关系。在引入了生产税、垄断市场结构、外部规模经济和要素市场扭曲等因素后，贸易和国际资本流动之间也会出现互补关系。

2. 与技术关联的要素流动和国际贸易

在传统的要素国际流动分析中，人们通常把各国的资本或劳动看成是一种同质的要素，在各种不同行业的生产中都可以使用。在这种情况下，资本从发达国家流向发展中国家，会使发展中国家资本稀缺的情况得到改善，有利于这些国家扩大资本密集型产品的生产。同样，当劳动力从发展中国家流向发达国家时，会促进发达国家劳动密集型产品的生产。因此这种要素的国际流动会在某种程度上替代同类要素密集型商品的贸易。

但在现实中，国际资本流动的主要形式之一是对外直接投资（FDI），资本的流动不仅仅是货币资金的流动，而且是与具体的技术和产品相联系的。劳动力也不是同质的，可进一步分为熟练劳动和非熟练劳动。当这些与技术关联的要素进行跨国流动时，往往会促进国际贸易的发展。这种与技术和产品关联的要素国际流动包括：发达国家劳动密集型产业向发展中国家的转移或对发展中国家劳动密集型产业的直接投资，发达国家对发展中国家资源产业的直接投资，发展中国家技术人才向发达国家的移民等。

（1）发达国家劳动密集型产业的转移

在传统的贸易理论中，发达国家在劳动密集型产品上失去比较优势后，资本会从劳动密集型行业转移到国内有比较优势的行业中去。但当资本允许在国际上自由流动时，发达国家从劳动密集型行业退出来的资本往往会投入到发展中国家的劳动密集型行业中去。外资的进入会使发展中国家的劳动力得到更充分的利用，从而促进劳动密集型产业的发展。

许多发展中国家虽然劳动力充裕，但由于缺乏技术，即使是劳动密集型产品也往往无能力生产。通过外资流动带来的技术转移，发展中国家把产品、技术和有效的管理机制等引进国内，从而促进劳动密集型产品的生产和出口。

因此，这种带有特定技术和产品的国际资本流动不仅没有减少发达国家和发展中国家之间资本密集型产品与劳动密集型产品的贸易（即南北贸易），还促使发展中国家提高了其具有比较优势的劳动密集型产品的生产和出口，从而推动了南北贸易的发展。

20 世纪 60、70 年代东南亚一些国家及 20 世纪 80、90 年代的我国内地大量引进外资的结果，就是促进了劳动密集型产品的生产和出口。2008 年 1 月至 10 月，我国"三资"企业的进出口产品数量已占全国进出口总额的一半以上（全国进出口总额为 21 886.7 亿美元，外资企业进出口总额为 12 054.6 亿美元，占 55.08%），直接出口额也已超过全国外贸出口总额的二分之一（全国出口总额为 12 023.3 亿美元，外资企业出口总额为 6 685.2 美元，占 55.6%）[①]。

（2）发达国家对发展中国家资源产业的投资

许多矿产资源和能源是资本密集型产品，发展中国家往往因为缺乏资本和技术而无力开采，但矿产资源本身不能移动。在这种情况下，发达国家的资本投入到发展中国家的资源产业会促进这些产业的生产和出口。

美国石油公司向中东地区的投资就是一个典型的例子。第二次世界大战之后，在美国本土开采石油的成本越来越高。在这种情况下，美国的石油资本不是流向国内其他有比较优势的行业，而是大量流向了中东的石油工业，从而大大提高了中东国家的石油生产能力，使中东地区各国成为主要的石油生产和出口国家。美国则从 1990 年变成了石油净进口国，到 2000 年每天从国外（主要从中东地区）净进口 400 万桶石油。美国向中东地区的投资增加了它与这些国家的贸易。

（3）发展中国家向发达国家的技术移民

尽管劳动力不能像资本那样自由流动，但许多发达国家对具有一定教育背景和知识技能的人还是采取了许多积极的移民政策。如美国和加拿大的移民种类中就有"技术移民"一项，受过高等教育是一般技术移民的必要条件，对于某些有特殊才能或技能的人则可列入特殊技术移民。

在这种积极的吸引外国技术人才的政策下，世界高科技人才大量涌入美国，为美国的技术创新注入了源源不断的人力资本，提高了美国产品的科技含量，也增加了技术密集型产品的比较优势。另一方面，资本密集型产品的生产往往需要技术人员和熟练工人，发展中国家的技术移民也会使美国的资本得到更好的利用，推动美国资本密集型和技术密集型产品的生产和出口。

12.4　与贸易有关的投资措施

国际直接投资无论是对国际贸易有替代作用还是有促进作用，都会对国际贸易产生一定程度的影响。而且，随着国际直接投资的迅猛发展，其对国际贸易的影响会越来越大。在 GATT 乌拉圭回合中，与贸易有关的投资措施（Trade-Related Investment Measures，TRIMs）作为一个新议题进入谈判范围，并最终达成了《与贸易有关的投资措施协议》。

12.4.1　与贸易有关的投资措施的概念

TRIMs 并不是泛指所有的与贸易有关的投资措施，是指对贸易有限制作用或扭曲作用

的投资措施。1990 年 5 月，TRIMs 谈判小组达成的框架协议草案中给 TRIMs 下的定义为：一项投资措施，如果是针对贸易的流向即贸易本身的，引起了对贸易的限制或损害作用，且这种作用是与 GATT 有关规定不符的，就成为与贸易有关的投资措施。

概括地理解，所谓的 TRIMs 的概念应当有以下 3 个要点：第一，它是针对外国直接投资项目或企业所采取的措施；第二，它是直接或间接由东道国政府通过政策法令实施的；第三，用 GATT 的条款来衡量，它限制或扭曲了贸易的"自由化"进程。

这里的 TRIMs，适用范围仅仅限于与货物贸易有关的投资措施，不适用于其他类型的投资措施，如协议不涉及对红利的汇回、外国投资者的参股上限等限制。

实施 TRIMs，其目的在于使外国的投资者，特别是跨国公司在经济活动中符合东道国国家的发展目标与产业政策。所以，从行为主体来看，TRIMs 的制定和实施主体是国际直接投资东道国，而不是投资母国政府或跨国公司；从实施对象来看，其针对的是国际直接投资活动，而不是货物进出口本身；从实际作用来看，TRIMs 有限制性和鼓励性两大类，有的对贸易发生直接影响，有的是间接影响。

由于国际直接投资的大规模发展和国际直接投资对东道国国民经济影响的不断加深，东道国制定了一系列对外直接投资的限制和鼓励措施，其中一部分构成了 TRIMs。

12.4.2　《与贸易有关的投资措施协议》的内容

考虑到国际直接投资对国际贸易的影响，并加强对国际直接投资的规范，在 GATT 东京回合结束以后，美国、日本和欧盟就开始着手将投资措施纳入 GATT 的管辖范围。在 1986 年开始的 GATT 第八轮谈判即乌拉圭回合中，正式将 TRIMs 列入了谈判日程。1991 年 12 月，在各缔约方谈判的基础上形成了 TRIMs 协议草案。1993 年 3 月底，TRIMs 协议正式获得通过。1995 年 1 月 1 日成立了 WTO 后，该协议被 WTO 所管辖并针对处于不同经济发展阶段的 WTO 成员进行逐步实施：发达、发展中、最不发达成员应分别在《WTO 协定》生效之日起 2 年内、5 年内、7 年内取消不符合 GATT 1994 第 3 条和第 11 条义务的投资措施。TRIMs 协议的实质性内容主要包括 6 项。

（1）宗旨

该《协议》的宗旨是避免投资措施给贸易带来负面影响，促进国际贸易的发展和进一步的自由化，便于投资的跨国流动，以加速各国的经济增长。

（2）适用对象

该《协议》仅适用于与货物贸易有关的投资措施。

（3）基本原则

任何成员方不得采取与国民待遇和一般取消数量限制这两项基本原则不符的任何与贸易有关的投资措施。

（4）禁止实施的 TRIMs

关于禁止实施的 TRIMs 被作为一个附件，列为例示清单，有两部分。第一部分是不符合国民待遇义务的，包括那些国内法或行政命令下的义务性或强制性执行措施，或为取得一项利益而必须遵守的措施，且该措施：要求企业购买或使用原产于国内或来自于任何国内来源的产品，无论是规定具体产品、产品的数量或价值，还是规定其当地生产在数量或价值上所占比例；或要求企业购买或使用的进口产品限制在与其出口的当地产品数量或价值相关的水平。

第二部分是不符合一般取消数量限制义务的，包括那些国内法或行政命令下的义务性或强制性执行措施，或为取得一项利益而必须遵守的措施，且该措施：普遍限制企业进口用于当地生产或与当地生产相关的产品，或将进口限制在与其出口的当地产品数量或价值相关的水平；通过把企业获得的外汇与其外汇流入联系起来，以限制企业进口用于当地生产或与当地生产相关的产品；通过规定特定产品、产品数量、产品价值或是规定其在当地生产的数量或价值的比重，以限制企业出口或为出口销售产品。

从上述 TRIMs 中可以看出，被明令禁止的措施共有四项：当地成分要求、贸易平衡要求、进口用汇限制和国内销售要求。

① 当地成分要求是投资者在生产和采购中必须保证一定比例的当地来源，或在其全部生产的产品价值中保证一定绝对数额的当地来源。

② 贸易平衡要求是依据有关法律和法规，要求外资企业进口所需外汇，不得超过其出口额一定比例，或将对零部件的进口与其他产品的出口联系起来，这种措施表现为与进口限制相联系的出口实绩要求。出口实绩要求是在投资初期，投资者必须承诺出口一定比例、数量或价值的产品。

③ 进口用汇限制包括外汇管制和外汇平衡要求。外汇管制是限制投资者兑换外汇，削弱了公司进口和出口的能力。外汇平衡要求是规定进口所需外汇的一定比例可以由其出口收汇提供，其余部分则必须自行筹集。

④ 国内销售要求是投资者有义务以低于世界市场的价格向东道国市场销售一定比例或价值的产品，类似于进口替代的作用。

（5）例外条款

GATT 1994 项下的所有例外均应酌情适用于本协议的规定。发展中国家成员为了保护幼稚工业或维持国际收支的平衡，可以暂时背离有关规定，实施某些与 GATT 1994 不符的与贸易有关的投资措施。

（6）其他规定

其他规定包括透明度原则、过渡安排和监督的实施等有关具体规定。

12.4.3 投资措施对贸易的影响

TRIMs 可分为限制性和鼓励性两类。为了达到自己国家的经济发展目标和实施产业发展政策，一国往往对外商直接投资既实施限制措施，又实施鼓励措施。

投资鼓励措施主要体现在优惠的税收上。例如，对外商实行地区税收优惠政策，就会使其生产成本降低，从而产品的价格相对来讲可以定得较低，使其产品在国际市场上具备一定的价格竞争优势，增加了企业的经营利润。这种鼓励措施会影响外资对投资国家的选择，影响其对东道国内投资地点的选择，进而影响整个贸易发展格局。此外，还可能有土地价格的优惠、进口的关税优惠、外贸经营权等鼓励措施。

投资限制措施主要体现在东道国对外来投资者的"出口实绩要求"，即东道国要求投资者必须承担的最低目标，包括使用当地劳动力规模的业务活动目标、投资形式或所有权条件（如东道国多数股权）等。主要的"出口实绩要求"有对设备的规定、当地成分要求、最低出口额或出口比例、外来投资比例、外汇平衡要求等。投资的限制措施往往会影响外资企业的生产和经营，如外国直接投资企业要执行"当地成分要求"时，即使东道国产品的价格高、质量差，也不得不使用。因此，可能会使企业的成本上升，产品质量下降，降低了外商企业的产品竞争力。此外，企业可能为了占领当地市场，产品进行了当地化改进，但为了达到"最低出口额"要求，不得不在不利的国际市场上进行销售，甚至在亏本的情况下销售。这完全违背了 WTO 通过自由贸易和自由竞争使资源达到优化配置的目标。

12.4.4　与投资有关的贸易措施对投资的影响

与投资有关的贸易措施是指那种不以影响国际直接投资为特定目的，而只在最终结果上影响国际直接投资流量的贸易措施。国际贸易和国际直接投资的复杂联系，使它们之间互相影响。与贸易有关的投资措施会对贸易产生重要影响，与投资有关的贸易措施也会对国际直接投资的流量、部门构成和地区分布产生潜在的影响，进而影响国家福利水平和国家之间的利益分配。

从广义角度来讲，世界上几乎所有国家都采用关税和非关税措施部分地调控进出口，同时大量的国际直接投资都与贸易有关，因此可以推论，几乎所有的国际直接投资都受到贸易措施的影响。这里分析的是比较确定地会与投资有关的贸易措施，这些贸易措施对国际直接投资的流量产生着影响。

1. 关税与非关税措施会导致进口替代型的外国直接投资

关税及非关税壁垒中的进口数量限制不但影响贸易，同时又是影响国际直接投资的重要措施。它对国际直接投资的影响表现为，吸引外国公司在本国投资生产进口替代产品，以本土化的生产替代进口产品，在东道国出现了进口替代型的外国直接投资。在部门、产业的分布中，主要是汽车、钢铁和部分电子消费品等产品。这些行业出现了众多以绕过关税壁垒或非关税壁垒闻名的国际直接投资案例，如日本几大汽车制造商在美国国内投资建立子公司，世界众多汽车制造商、电子通信产品制造商在中国建立合资企业甚至独资企业等。实施进口数量限制的多种纤维协定由于允许进口国对出口国有选择地分配配额，结果导致配额紧张的国家就在配额充足、未被利用或者没有配额限制的国家进行直接投资。亚洲新兴工业化国家和地区在亚洲其他发展中国家的大部分直接投资属于这种类型。

2. 区域经济一体化会促进对成员国的直接投资

由于在区域内实行排他性的自由贸易措施，区域经济一体化可能会吸引非成员国企业对成员国的直接投资。这种效应对于那些在与成员国当地企业竞争中失利的非成员国企业尤为明显，即那些非成员国企业在一体化区域内投资以保持市场份额。欧共体（现为欧盟）是这方面的一个典型例子。随着欧共体 1992 年统一大市场计划的宣布，欧共体以外的企业为了扩大在欧共体市场的份额、防止被排斥在欧共体市场之外，向欧共体国家的直接投资大大增加了。

3. 原产地规则政策会吸引外国直接投资在本国进行某些零部件的生产

原产地规则，特别是当地成分的规定，无论是在区域经济一体化的安排中还是单一国家的情况下，对直接投资产生的影响很显然是鼓励在消费市场上进行投资和生产。如果 A 国决定，根据原产地规则要求，只有从符合当地成分要求的 B 国进口的产品才能免关税和（或）不受非关税措施的限制，那么所有向该地区出口投入品和零部件的国家，就不得不在 A 国和（或）B 国生产投入品和零部件。在北美自由贸易协定谈判中，其中一个焦点问题就是确定产品中应含有当地最低加工成分的原产地规则。原产地规则的制定可以使商品在由参加一体化的国家构成的区域内免关税流通合法化。

4. 出口加工区会吸引出口导向型的外国直接投资

发展中国家开设出口加工区的目的是以自由贸易政策和其他激励措施来吸引外国直接投资，促进本国商品的出口和就业。

除以上列举的措施之外，出口资助会增加出口导向型的外国直接投资；安全、环境、健康、保密性及其他国家标准会吸引进口替代型的外国直接投资，等等。国家的贸易政策和措施会影响国际直接投资者的决策，最终影响国际直接投资。

12.5　中国企业对外直接投资

企业跨国经营是指企业积极参与国际分工，由国内企业发展为跨国公司的过程。作为后发展型国家的跨国公司，中国企业内向跨国经营是其外向跨国经营的必要基础和条件；技术、设备进口及合资企业的建立是企业跨国经营的前期准备；内向跨国经营的方式、速度、规模影响外向跨国经营的方式和发展速度；内向跨国经营的经验积累直接影响企业外向跨国经营的成功率；企业内向跨国经营对外向跨国经营的联系与影响并不限于企业跨国经营的初期阶段，而是贯穿于企业跨国经营的全过程；企业的外向跨国经营也会在一定程度上影响其内向跨国经营的深度和广度。

中国企业跨国经营主要包括对外贸易、对外经济技术合作和对外直接投资，但由于研究的需要，这里的跨国经营阐述囿于中国企业的对外直接投资，也就是"走出去"。下文中"走出去"与对外直接投资含义相同。

12.5.1　中国企业跨国经营的发展历程、现状与特征

1. 中国企业跨国经营的发展历程

中国企业跨国经营是 1979 年改革开放以后逐步发展起来的（其前身可追溯到新中国成立以后进行的对外经济技术援助），其发展经历了以下四个阶段。

第一阶段为 1979—1985 年，是中国企业跨国经营的缓慢发展阶段。在这一阶段，中国企业的对外直接投资是在政府的严格监管和限制下进行的，投资主体主要是大型的贸易集团和综合性集团，投资业务以贸易活动为主，市场进入方式多为外国代表处或合资企业。非贸易性企业的投资大多集中在餐饮、建筑工程、金融保险、咨询服务等行业。

第二阶段为 1986—1991 年，是中国企业跨国经营的逐步发展阶段。该阶段出台了以下政策措施：1985 年 7 月国务院授权对外贸易经济合作部（简称外经贸部，是商务部的前身。下文一律用"商务部"）制定并颁发了《关于在国外开设非贸易性合资企业的审批程序和管理办法》，对中国企业对外直接投资的管制有所放松；商务部下放了部分企业境外投资的审批权限，简化了部分审批手续。1988 年国务院正式批准中国化工进出口母公司为跨国经营的试点。

第三阶段为 1992—2000 年，是中国企业跨国经营的快速增长时期。1992 年年初，邓小平南方谈话，把中国经济体制改革和对外开放推向了一个新的发展阶段。在这一大背景下，

中国企业跨国经营进入了一个新的迅速发展阶段。从投资规模看，1979—1991 年的 12 年间，中方境外投资额累计 13.95 亿美元，而 1992—1998 年 7 年间新增的中方海外投资额为 11.89 亿美元。

第四阶段为 2001 年至今，是中国企业跨国经营的迅速增长阶段。2000 年中央提出了实施"走出去"战略，要"请进来"与"走出去"并举、相互促进；2001 年 12 月 11 日中国成为 WTO 的正式成员，极大地调动了中国各类企业推进跨国经营的积极性。据商务部统计，截至 2009 年年底，中国 12 000 家境外投资者在国（境）外设立对外直接投资企业（简称境外企业）1.3 万家，分布在全球 177 个国家（地区），对外直接投资累计净额（简称存量）2457.5 亿美元，非金融类为 1997.6 亿美元。[①]

2. 中国企业跨国经营现状

财政部涉外司和商务部国际贸易经济合作研究院共同组办的一个境外加工贸易研究课题组，在 1999 年 6 月—2000 年 4 月对江苏、浙江、福建、深圳、珠海、厦门等地的上百家企业，进行了一次问卷调查。依据此次调查结果和商务部发布的资料，中国企业跨国经营现状可以归纳描述如下。

①从事跨国经营的企业绝大部分拥有较先进的技术。调查显示，有 68.7％的企业认为其主要产品的技术在国内居领先地位，13.2％的企业自认为处于国际领先水平，18.1％的企业认为在区域内领先。从技术水平看，中国在俄罗斯、印度、越南、菲律宾、土耳其、墨西哥等发展中国家的投资项目与当地企业相比处于领先地位。

②企业对外直接投资的首要目标是寻求扩大市场空间，获取经济效益。在被调查的从事跨国经营的企业中，有 64％的企业在选择投资目标国时，主要看其市场规模和潜力如何，是否容易向第三国出口，以尽量拓展海外市场空间。约 98％的企业将境外加工产品在当地销售或向第三国出口。企业投资地的最终选择说明，东道国给予的投资优惠政策、海外投资所需资金量少，是企业极为看重的两点。

③境外企业管理以自派人员为主。在境外企业的管理上，存在着三种模式：生产车间型、自主决策型和本土化型。调查显示，23.5％的境外企业只是作为国内企业的一个加工车间（这种现象在纺织品与服装业更加突出）；有 61.8％的境外企业实行独立核算，但事实上也在国内企业的控制之中。92.7％的企业采取了自派人员把握住经理、财务、技术等关键部门的方式。

④投资方式以创建为主，但跨国并购发展迅速。我国企业在进行跨国经营时，为了规避风险，大部分采取了独资或控股 51％以上的方式，以便掌握境外企业的主动权，取得支配地位。另外，据鲁桐 1997 年在英国对 23 家中国海外企业的调查，中国在英国的企业全部是独资经营，并采取创建的方式。据商务部《2009 年中国对外直接投资统计公报》，2009 年中国通过收购、兼并实现的对外直接投资为 192 亿美元，占当年流量的 34％。

联合国贸易与发展会议（UNCTAD）与外商保险同业公会（FIAS）、多边投资担保机构（MIGA）、国际金融公司（IFC）、（北京大学）中国经济研究中心（CCER）联合调查了 2005 年中国对外直接投资情况。这次调查访谈了中国八个主要城市的 150 家跨国公司，访

---

① 商务部.2009 年中国对外直接投资统计公报 1.

<http://www.fdi.gov.cn/pub/FDI/wxtj/jwtxtj/t20100920_126763.htm>（2010 年 12 月 8 日进入）。

谈使用的调查表包括动机（Motivations）、驱动者（Drivers）、能力（Competencies）、效果（Impact）和策略（Policy）等详细问题。访谈的跨国公司约14％雇佣了10 000以上的员工，略为超过50％的跨国公司雇佣了500～10 000员工，25％的跨国公司雇佣员工数量为100～500，其余的雇佣员工少于100人。约56％的中国跨国公司从事第二产业，33％的从事第三产业，11％的从事第一产业。所述主要产业包括机械与装备、电器及电子制造业、纺织品与服装、建筑和贸易。就所有制来看，49％的跨国公司属于私有，34％的属于国有，6％的属于集体或合伙及其他。①

3. 中国企业跨国经营的特征

中国企业跨国经营经历了20多年的发展历程，既具有明显的发展中国家企业跨国经营初级阶段的特征，又带有明显的体制转轨烙印。

（1）跨国经营的主体是国有企业

在对外直接投资的中国企业中，最大的投资者仍然是国有企业。UNCTAD发表的《世界投资报告2002》中列出的12家国外资产最多的中国企业全部是国有企业。与此相适应，我国企业的跨国经营普遍具有为国内经济成长服务的倾向。

（2）政策驱动效应显著

中国企业跨国经营是在由计划经济向市场经济转变过程中孕育出来的，期间政府职能不断调整以适应市场经济要求。所以中国企业跨国经营的发展速度与规模很大程度上取决于改革开放政策，并受其制约。

（3）跨国经营企业属于后发展型

与先发展型跨国经营企业的先行者特征和技术自主者特征不同，中国企业作为后发展型跨国经营企业有以下特点：一是中国企业开始跨国经营时，其所在行业的国际市场已充满了跨国公司，即有后来者特征；二是中国企业的核心技术主要是从外国引进的，具有技术依赖者特征。

（4）平均投资规模小

据统计，我国海外企业的平均投资额1993年为82万美元，1997年为150万美元，2001年平均投资额为252万美元②。这一状况不仅大大低于发达国家海外投资项目平均600万美元的投资额，也低于发展中国家投资项目平均450万美元的投资水平。我国海外投资规模小受两方面因素的影响。一方面，它是中国企业跨国经营初期发展阶段的典型特征。企业国际化阶段论认为，企业国际化应该被视为一个发展过程，这一发展过程表现为企业对外国市场逐渐提高投入的连续形式。中国企业对外直接投资只有20余年的时间。并且，国有企业改革仍然面临着艰巨的任务，企业内部结构和管理体制都难以适应市场竞争的要求，更缺少海外经营的经验；民营企业在改革开放后才逐渐发展起来，期间还受政策歧视和市场准入限制。这一状况决定了中国企业的对外直接投资必然是小规模、试探性的。另一方面，境外项目的严厉审批制度和严厉的外汇管制，使不少企业将其境外投资项目化整为零，采取先生

① UNCTAD. Wold Investment Report2006。

② 但是，根据中国投资指南网，2009年我国境内投资者共对全球122个国家和地区的2283家境外企业进行了直接投资，累计实现非金融类对外直接投资433亿元。根据这些数据计算得出，中国境内投资者的海外企业平均投资额为1896.6万美元。

存再发展的策略。

12.5.2 中国企业跨国经营存在的主要问题

商务部对 100 家重点企业的调查显示：在企业"走出去"遇到的困难中，有 40％直接与政府有关，如外汇管理过分严厉、审批渠道不畅；另外有 45％与政府政策有间接关系，如融资困难等。鲁桐的调查显示，企业对现行的对外直接投资审批制度叫苦连天，过长的审批期限往往贻误企业商机。[①]

1. 政府与政策方面存在的主要问题

中国对外直接投资审批制度是基于国有企业的，过分严厉而且无效。现行管理体制和政策，基本上是针对国有企业"走出去"设计的，重视对国有企业对外直接投资的调整与管理，没有对非国有企业进行法律规范，导致非国有企业没有正常的对外直接投资渠道。由于国有企业在外国直接投资也存在国内国有企业的弊端，为防止境外国有资产流失，各个部门（包括商务部、国家发改委、已经撤销的国家经贸委、财政部、银行、中国证监会、国家外汇管理局等）都非常重视事先审批。据不完全统计，阻碍企业"走出去"的审批就有 1000 多项。"审批一个项目要经过经贸、外经贸、外汇三条线和市、省、国家 3 个级别，一共要经过九道关"，"期间还要通过中国驻海外机构商务部门审批"。据了解，完成一个审批过程大约需要盖上百个图章，需要花费 1～2 年甚至 3 年的时间[②]。

但是，经严厉审批之后，相关部门的监管却基本上处于放任自流或无能为力的状态。商务部对境外加工贸易项目的年审流于形式，且基本上下放到省一级商务厅（外经贸委）。财政部对境外国有资产的管理也基本上是有名无实，其监管条例与措施可操作性较差，如若真正实施监管，则成本极为昂贵。这种局面加重了国有资产被侵蚀、正常收益被截流的现象。据商务部等部门的抽样调查，我国境外投资企业汇回境内利润，仅占总利润的 2.5％，境外企业增资或再投资缺乏有效的制约手段。

由于审批制度过分严厉，还使得项目审批与相关优惠政策脱节。根据《关于鼓励企业开展境外带料加工装配业务的意见》，企业在拿到商务部颁发的《境外带料加工装配企业批准证书》后，可以享受一定的优惠政策，如中央外贸发展基金贴息贷款、援外优惠贷款、合资合作项目基金贴息贷款、出口退税、优先赋予自营进出口经营权等。[③] 但是，企业要获得实际的政策支持，仍需要经过层层审查、批准，从而进一步加大了企业成本。实践中，企业即使经过上述职能部门的审查程序，最终也未必能得到上述优惠政策所规定的"优惠"。实际上能享受到各种资金鼓励政策的企业为数不多，因此优惠政策的支持力度极为有限。

就国家的鼓励或优惠政策来看，国家对企业海外投资的支持属于名义性的，政策支持仍然偏重于出口贸易，避开进口国的贸易壁垒和解决反倾销的困扰。而且，现行境外投资鼓励政策主要支持机械类、电子类、轻工类、纺织类等境外加工贸易项目，覆盖范围非常狭窄。

---

① 鲁桐．中国企业跨国经营战略．北京：经济管理出版社，2003：21～22。海信集团董事长、总裁周厚健曾经深刻地指出："海信与国际大公司相比，最脆弱的环节不是技术，不是资金，而是制度上的"。见司岩 2003，p.28。

② 司岩．中国企业跨国经营实证与战略．北京：企业管理出版社，2003：32～33．

③ 根据修订后的《中华人民共和国对外贸易法》，自 2004 年 7 月 1 日实施起，对外贸易经营者只需向国务院对外贸易主管部门或者其委托的机构办理备案登记；但是，法律、行政法规和国务院对外贸易主管部门规定不需要备案登记的除外。

国际上常用的一些鼓励政策，如财政政策中的海外投资亏损提留、所得税减免等，我国尚未实行。需要说明的是，鼓励政策仍然存在所有制限制，有些政策适用于国有企业。

2. 中国企业存在的问题

（1）企业制度方面差强人意

对外直接投资中占主导地位的国有企业尽管经过了 20 多年的改革开放，但国有企业的决策机制和内部管理机制仍不健全，存在着不少旧体制遗留下来的"痼疾"，与当今世界通常意义上的跨国公司相比，在企业制度方面存在较大差别。国有企业管理机制尚不具备运营和管理海外投资的能力。

（2）一些企业盲目投资，经济效益不高

据国家管理部门统计，目前我国境外企业经营的总体状况如下：盈利的企业约占 50％，盈亏持平的企业约占 30％，亏损的企业约占 20％。据世界银行估算，1/3 的中国对外投资是亏损的，1/3 盈利，1/3 持平。[①] 境外投资企业经济效益不好的原因很多，但投资决策失误是主要原因。[②]

（3）缺乏具有跨国经营运作经验的高素质人才

我国企业由于从事跨国经营活动起步晚、发展快，跨国经营人才的培养跟不上企业发展的客观需求。一些企业虽然通过各种方法加以弥补，但由于受到财力、经营规模、管理体制和培养周期等方面的制约难以获得理想效果。至于国有企业，有的对派往境外的人员不注重选拔培养，往往搞一些照顾性的派驻，加重了中方派驻人员的素质低下。另外，从分配制度上看，国有企业境外人员的收入参照外交机构人员薪金补贴制度标准执行，使得境外企业管理人员待遇比较低，分配上吃大锅饭。工资收入与经营业绩的好坏没有直接联系，不能从制度上调动人员的积极性。尤其是近几年在国内收入水平不断提高、外派人员大多前往发展中国家的情况下，企业选拔外派人员困难，难以发挥驻外人员的积极性，影响境外企业的发展。

3. 我国对外直接投资企业主体结构不够合理

目前，我国贸易型境外企业占我国对外直接投资总额的 60％以上，而生产型、资源开发型境外企业加起来仅占对外直接投资总额的 30％左右，贸易型境外企业显得比重过大。尤其是我国企业对外直接投资主体中，占主导地位的是国有企业，特别是大型国有集团公司及国有股占绝对控制地位的股份制企业，民营企业由于规模小和在政策上受歧视，在跨国经营中不占主导地位。这样的对外直接投资主体结构需要改变，原因有以下几个方面。

① 从国际来看，驰骋国际市场的外国跨国公司绝大多数是非国有企业。这就造成了国有企业境外投资办厂与大环境格格不入，无参照经验可循的被动局面。

② 从实践效果来看，"走出去"的国有企业虽然较非公有制企业有实力优势，但经营状况却比后者差。国有企业产权不明晰或产权安排无效率，导致国有企业 FDI 时有以下现象发生：在选择合作伙伴上缺乏应有的谨慎，派出人员出卖其所在的国有企业，或者其法人代表将 FDI 作为非法转移资金的渠道，造成国有资产流失。

① 衣长军，苏撼芳. 华侨大学我国企业对外直接投资的绩效评价与主体分析. <http://www.sinosure.com.cn/simosure/xwzx/rdzt/tzyhz/dwtzxs/6040.html>.（2010 年 12 月 8 日进入）。

② 司岩. 中国企业跨国经营实证与战略. 北京：企业管理出版社，2003：23～24.

③ 从国内经济所有制结构调整来看，我国国有企业在"坚持有进有退，有所为有所不为"的国有经济战略调整中，将退出国内的竞争性领域，而"走出去"的领域一般是"竞争性领域"。很难想象没有国内市场作基础（除了主动退出，还因为经营状况不好），国有企业能在国际市场的竞争性领域有上佳表现。因此，只能由非公有制企业挤进这些竞争性领域的国际市场。而国内的非公有制企业也似乎看准了这个趋势，发展速度很快，比例正在逐年上升。

④ 从体制上看，国有企业"走出去"存在体制上的非兼容性。国有企业在很大程度上不符合以欧美法为蓝本的亚非拉各国的公司法（企业法），许多国家不承认国家作为投资者的公司法人，只承认由股东构成的公司法人，认为只有后者才能承担有限责任，以国家作为投资者的公司被视作一人公司，要承担无限责任，造成国家财产的无端损失。

⑤ 西方国家对外国政府控制的企业的对外直接投资持十分谨慎的态度，有时甚至是排斥。

⑥ 非公有制企业没有体制上的激励—约束机制缺陷。世界银行在对全球发展中国家与转轨国家国有企业低效问题的研究报告中指出，"它们（国有企业）甚至能使精明能干富于献身精神的公务员神不守舍，且心灰意冷。这个问题不是个人问题，而是体制问题……改善国有企业业绩，就要求有一个更好的激励机制"。

⑦ 中国的非公有制企业是在计划经济的夹缝中发展起来的，在国内表现出很强的生命力，不怕市场竞争，在管理体制、用人机制、产品开发、市场营销和市场洞察力等方面与国有企业相比具有明显优势。而且，中国的一些非公有制企业现在已经初具规模，具备了开展跨国经营的条件。它们走向国外开展跨国经营，将更能适应国外成熟市场经济的环境，实现非公有制企业从输出制成品向输出生产制造能力的转变。

⑧ 现行的企业对外投资的前置审批手续烦琐、法规严厉的一个重要原因，是为了防止在对外直接投资中，国有资产流失。换句话说，只要以国有企业为政策选择的 FDI 主体，现行的前置审批条件、政策法规问题就无法彻底解决。

12.5.3　中国企业跨国经营动因与竞争优势

1. 中国企业跨国经营动因

（1）贸易替代/促进型为主的跨国经营

随着中国出口贸易改革开放以来的持续快速发展，占世界市场份额的增加，中国出口产品已成为包括发展中国家在内的世界各国反倾销调查的主要对象。为了克服对中国产品日益增加的国际贸易壁垒而在外国市场进行本土化生产与销售，以对外直接投资带动机械设备、中间产品和原材料出口，成为中国企业跨国经营的重要动因。贸易替代型或出口促进型对外直接投资就地生产、就地销售，有助于扭转中国企业对外出口的被动局面，也有助于解决国内一些行业生产能力过剩的问题。

（2）资源寻求型跨国经营

中国企业从事资源型跨国经营的数量和活跃程度远不如从事贸易替代型跨国经营的企业。但是，中国规模最大的对外直接投资企业，发生在能源行业（见表 12 - 6）。中国人均资源的贫乏，决定了中国要维持经济的稳定、持续增长，就必须通过参与国际分工，尽可能地利用世界资源。所以，中国以石油为核心的资源寻求型跨国经营，将与贸易替代型跨国经营共同成为中国企业跨国经营的主流动因。

表 12-6 2002 年部分中国企业资源寻求型跨国并购活动　　　　单位：亿美元

公司	交易内容	交易额
中国海洋石油母公司	收购英国石油公司在印尼一家油田 12.5％的股份	2.75
	收购西班牙雷普索尔- YPF 公司	5.95
	购得澳大利亚西北大陆架天然气田 5％的股份	3.2
中国石油化工母公司	收购阿尔及利亚 Zarzaitine 油田 75％的股份	3.94
上海华谊集团	收购美国佛罗里达州 Moltech 能源系统公司	0.2
上海保钢集团	澳大利亚一座铁矿 48％的股份	0.3

资料来源：鲁桐．中国企业跨国经营战略．北京：经济管理出版社，2003：193。

（3）技术获取型跨国经营

通过对外直接投资获取先进技术，是中国企业跨国经营的另一动机。虽然现阶段企业在权衡投资利弊时对市场和利润的考虑往往居于首位，技术寻求尚在其次，但技术寻求因素在高技术企业跨国经营的地位在上升。海尔集团在美国设立的研究与开发基地，虽然属于贸易替代为主的投资类型，但也有技术寻求因素的考虑。

总的来说，中国企业跨国经营的动因，就企业数量来说，贸易替代型无疑是最重要的，而资源寻求型的规模比较大，技术获取型也正在发展中。与发达国家跨国公司不同，中国企业进行战略资产寻求型跨国经营的数量和规模都还微不足道。但是，从 20 世纪 90 年代中期开始的第五次全球战略并购浪潮，对中国企业产生了深远的影响。表 12-7 是中国社会科学研究院鲁桐调查的中国民营企业跨国经营动因。

表 12-7 中国民营企业跨国经营动机调查

主要动机	重要性评价
拓展海外市场的需要	3.8
获得海外市场信息	3.4
获得较高的利润	3.3
积累跨国经营的经验，培养国际化经营人才	2.6
获得先进技术	2.6
内需不足，国内市场竞争压力大	2.5
降低成本	2.5
分散经营风险	2.4
获取海外资源	2.4
母公司长期发展战略的组成部分	2.1
其他	1.5

注：1＝最弱，2＝较弱，3＝一般，4＝较强，5＝最强。
资料来源：鲁桐主编．中国企业跨国经营战略．北京：经济管理出版社，2003：197.

2. 中国企业跨国经营竞争优势

鲁桐的调查数据显示，列前五位的中国民营企业竞争优势分别是产品质量、良好的信誉和顾客关系、工艺水平、生产运行和管理能力，中国民营企业竞争优势最弱的五位是小规模技术、低价、获得母国政府支持、使用当地资金、企业组织机构（见表 12 - 8)[①]。

表 12 - 8　中国民营企业竞争优势

竞争优势	重要性评价
产品质量	3.2
良好的信誉和顾客关系	3.2
工艺水平	3.1
生产运行	2.7
管理能力	2.7
品牌优势	2.6
研究与开发	2.6
人力资源	2.6
市场营销	2.5
企业整合能力	2.4
有较大的灵活性和适应性	2.3
售后服务	2.3
资本充足	2.1
企业组织结构	2.1
使用当地资源	1.9
获得母国政府支持	1.8
低价	1.8
小规模技术	1.6

注：1＝最弱，2＝较弱，3＝一般，4＝较强，5＝最强。

资料来源：鲁桐主编．中国企业跨国经营战略．北京：经济管理出版社，2003：220.

本章要点

1. 国际劳动力流动的结果是输出国工人的工资上升，输入国工人的工资下降。但是，由于工资降低，输入国厂商既可以支付较低工资，又可以雇佣更多的工人，从而受益，而且这种受益大于工人工资降低的损失。

2. 资本的国际流动使资本输出国和资本输入国同时分享了世界总产量增加所带来的利益。对输出国来说，资本所有者因资本输出带来资本价格提高而增加了收入，而劳动者则因国内生产、就业减少而减少了收入。输入国情况正好相反，资本的收入减少，劳动者的收入增加。

[①]　鲁桐．中国企业跨国经营战略．北京：经济管理出版社，2003：219～220.

3. 国际资本流动的主要载体是跨国公司。代表性的发展中国家跨国公司理论有小规模技术理论、技术地方化理论及技术创新产业升级理论。

4. 要素流动与贸易既存在替代关系，又存在互补与促进作用。劳动力流动与劳动密集型商品贸易存在替代关系，资本的国际流动对资本密集型产品的国际贸易也有替代作用。

5. 技术不同时，要素流动对国际贸易存在促进作用，与技术关联的要素进行跨国流动时，往往会促进国际贸易的发展。

6. 与贸易有关的投资措施是指对贸易有限制作用或扭曲作用的措施，可分为限制性和鼓励性两类，对国际直接投资的流量、部门构成和地区分布产生潜在的影响，进而影响国家福利水平和国家之间的利益分配。

复习思考题

一、本章关键术语

跨国公司　跨国公司内部贸易　转移价格　内部化优势　TRIMs

二、简答题

1. 用图示表示国际劳动力流动及其效应。

2. 有一种观点认为："绝大多数的外国投资者都是为了利用东道国的廉价劳动力"。请分析此种观点是否正确？理由是什么？

3. 简述跨国公司内部贸易的原因。

4. 试述国际生产折衷理论的主要内容。

三、论述题

1. 试述国际资本流动所产生的影响。

2. 在战后一段时间内，大多数发展中国家由于担心跨国公司在本国拥有太大的市场势利而伤害本国企业，对外国直接投资采取限制或管制的政策，但20世纪70年代中期之后，很多发展中国家对外国直接投资的态度发生了很大变化，转而采取中性或积极鼓励的外资政策。试根据相关的直接投资理论，解释发展中国家外资政策转变的原因。

第 **13** 章

贸易政策的政治经济学

倡导自由贸易的经济理论众多，但是在现实生活中，真正的自由贸易基本不存在，各国都或多或少地对贸易进行一定的干预。即使基于新贸易理论的分析证实战略性贸易政策可以成为一国政府的一时之选，但对各项贸易政策进行基本经济分析之后，可以得到一个简单结论：实施战略性贸易政策的机会并不是很多。现实似乎与贸易政策的理论出现了一个显著的差异：贸易政策，尤其是反倾销、补贴与反补贴等政策被各国频繁地使用。

这种理论与实践的背离促使经济学家从政治经济学的角度进行解释，将贸易政策作为内生变量，将它既视为一国国内各利益集团相互博弈的结果，同时又会考虑国际利益集团的博弈影响。贸易政策的政治经济学将政治学的范式引入贸易理论，将贸易政策的制定与实施作为公共政策决策的具体形式之一，从国家非经济效率的目标或社会利益（特别是收入）分配及冲突的视角去探寻贸易政策产生和变化的政治过程，因而比纯贸易理论更好地诠释了现实中贸易扭曲政策的存在、形式、结构和演变。

贸易政策的政治经济学的核心思想认为，从经济效率（帕累托最优）的目标看，贸易干预政策的福利效果与自由放任贸易政策相比总是次优的，或者说，在理论上总是存在着替代贸易干预政策的最佳政策。然而现实中贸易干预政策在社会的公共选择过程中"优于"自由贸易政策，其真正根源必须从政治市场中寻找答案。更进一步说，贸易政策导致的收入分配效应促使政治市场中的参与者，选民或公众、政府、官僚、利益集团乃至外国人将根据各自的既定目标或既得利益产生对新的贸易政策的需求和供给，关税率、非关税壁垒、补贴率等作为贸易政策的"价格"在政治市场上出清，最终达到均衡稳定状态，从而决定了贸易政策选择的质量（形式）和数量（程度）。很显然，一国的政治制度、体制和结构特征决定和制约着贸易政策的各个方面①。

13.1 自由贸易的利弊之争

自从亚当·斯密时代以来，主流国际贸易理论倡导的贸易政策，均带有自由放任的倾

---

① 盛斌. 中国对外贸易政策的政治经济分析. 上海：上海人民出版社，2002：21-22.

向，并将自由贸易作为理想的国际贸易制度基础。所谓的自由贸易，是指商品、服务和要素在国际间的自由流动。自由贸易政策是指政府在国际贸易活动中奉行市场开放准则，不干预市场，让市场机制在国际范围内作用，实现资源的全球配置。但是，自从全球贸易形成以来，几乎所有主权国家奉行的贸易政策都带有或弱或强的保护主义色彩，使用关税或其他的贸易壁垒人为地将国内市场与世界市场割裂。

1. 自由贸易的好处

（1）资源配置的高效率

古典和新古典贸易理论认为，从资源配置的角度看，价格机制的有效运行，资源配置的效率越高，国民的福利越大。自由贸易消除了各项贸易壁垒，也就规避了前述的贸易政策带来的贸易扭曲，能够使资本、劳动、技术等要素在国际间实现自由流动和优化配置，使得贸易参加方从贸易中获得利益，从而促进各国乃至整个世界福利水平的提高。

自由贸易能够使各国以相对较低的价格获得自身所稀缺的商品或服务，使得本国可以从贸易创造中获得利益。而一旦采取贸易保护措施，贸易创造所引起的利益增加须抵消因贸易转移所引起的利益减少，从而使福利的增加量减少。

（2）促进规模经济的形成

第5章的论述可以了解到规模经济对于企业和产业竞争力的作用。在自由贸易的背景下，企业的竞争环境从相对狭小的国内市场扩展到国际市场，其规模得以扩大，规模经济带来的选择效应和规模效应使得企业的生产效率提高，竞争力提升。

阿根廷的汽车工业可以提供自由贸易带来规模经济效应的反证，阿根廷由于限制汽车进口而导致缺乏规模效益。一个有效率的汽车组装厂一年应该生产8万～20万辆汽车，但阿根廷汽车工业在1964年只生产16.6万辆汽车，而汽车生产厂商却多达13家。[①] 中国温州打火机生产企业脱颖而出，中国珠三角家具生产企业的扩张却证实了自由贸易的规模经济效应。

（3）通过国际市场的激烈竞争寻求创新与成长

在自由贸易的背景之下，企业不仅面临国内竞争对手，也受到国外竞争对手的强有力影响，缺乏效率的企业因为缺乏竞争力而退出市场。在市场上依旧生存的企业面临着激烈的竞争，唯一的出路就是寻找创新的机遇，充分利用贸易的技术外溢，提高自身的国际竞争力。

2. 自由贸易的弊端

国际贸易保护理论详细地阐述了一国政府推行干预贸易思想，实行贸易保护政策的各项理由。加上对各项贸易政策的经济效应进行分析之后，可以得到如下自由贸易可能带来的弊端。

① 自由贸易所产生的利益在不同经济发展水平国家之间的分配不均衡。以墨西哥为例，在加入NAFTA后，随着农产品关税的下降，享受高额补贴的美国农产品也大量涌入墨西哥市场，使其农牧业遭受了沉重的打击。

② 市场失灵情况出现时，自由贸易的资源配置效率降低。例如在高失业、高资本闲置率、负外部性带来的环境破坏、正外部性带来的社会福利损失等问题存在时，自由贸易理论推导的前提条件已经发生改变。

---

① 克鲁格曼和奥伯斯法尔德. 国际经济学·国际贸易部分. 北京：中国人民大学出版社，2011：201.

③ 本国民族工业可能受到冲击，国家经济安全难以保证，幼稚产业和中小企业在国际竞争中陷入困境，就业水平受到冲击，国内就业压力加大。

13.2　贸易政策中的政治经济学模型

综合而言，贸易政策的政治经济学从如下三个角度进行模型分析：直接投票分析，如中间选民模型；竞选分析，如集体行动和有效游说模型；政治支持函数分析，如保护待售模型等[①]。

1. 中间选民模型

中间选民模型是典型的直接投票分析方法，该模型假定贸易政策直接由选民通过投票决定。一项政策如果得到大多数选民的支持，政府就会选择这一政策。如果每个选民对一项政策的偏好存在差异，那么中间选民的偏好将决定均衡的政策。

梅耶（W. Mayer，1984）最早利用直接投票分析方法对进口关税问题进行研究，他用 H－O 模型和特定要素模型分析了长期和短期两种情形下，一国的实际关税是如何在多数投票规则下由要素所有权的分布决定的[②]。在两部门、两要素的 H－O 框架下，如果中间选民资本拥有量低于平均量，贸易政策会偏好劳动力（与资本相对应），这意味着资本密集国家的贸易政策会抵制贸易，因为根据斯托尔帕－萨缪尔森定理，贸易限制会增加 H－O 框架下稀缺要素的收入，资本密集国家就会实施进口关税而资本稀缺国家会实施进口补贴。列维（P. L. Levy，1997）用梅耶的多数投票模型解释了贸易政策的双边合作与多边合作的关系[③]。

中间选民模型假设政府是民主产生的，任何一个政党只有得到了多数选民的支持才有可能执政，因而政府在选择任何经济贸易政策时，必须要考虑如何得到多数选民的支持。原因在于任何政府的决策者们都会以最大化其继续从政的可能性为目标从而会以大多数公众的利益为己任。

怎样才能选择得到多数选民支持的政策呢？其中，最重要的方法就是尽可能地选择靠近中间选民意见的政策。所谓中点选民的意见，一般表现为两种意见之间的观点。以中点意见为界，一边更为保守，另一边更为急进，且两边人数基本相等。

如图 13－1 所示，假定在一个国家有两个相互竞争的党派，政策变量用关税税率描述，每位选民按照自己的偏好对该关税税率的预期收益和成本有一个评价。现在将所有选民对其偏好的关税率水平的高低进行排列后得到一条向上倾斜的曲

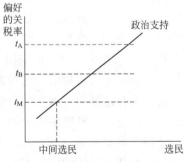

图 13－1　中间选民模型的政策决定[④]

① 郁志豪. 公众支持与贸易保护的政治经济学. 国际贸易与投资前沿. 上海：上海人民出版社，2008：45.

② MAYER W. Endogenous tariff Formation. American Economic Review, 1984, 74 (5)：970 - 985.

③ LEVY, P L. A political-economy analysis of free-trade agreements. American Economic Review, 1997, 87 (4)：506 - 519.

④ 保罗·克鲁格曼，茅瑞斯·奥伯斯法尔德. 国际经济学·国际贸易部分. 8 版. 北京：中国人民大学出版社，2011：210.

线，这条曲线可以称之为政治支持曲线。若一个党派提出高关税率 t_A，那么另一党派就可能通过提出另一较低的关税率 t_B 而赢得大部分选票。政治竞争迫使两个党派都提出接近于 t_M 的关税率，而 t_M 正是中点选民偏好的关税。反而言之，若一个党派提出低于 t_M 关税率，那么另一党派就可能通过提出另一介于 t_M 和对方税率的关税税率而赢得大部分选票。政治竞争迫使两个党派都提出接近于 t_M 的关税率，而 t_M 正是中点选民偏好的关税

举例来说明这一模型。假设本国有 9 个选民，他们对关税的偏好都不同。假设第一个人主张关税率为 1％，第 2 个人主张 2％，以此类推，第 9 个人主张 9％的关税率。在这里中间选民的意见是 5％的关税率。再假设本国有两个政党存在：民主党和社会党。在贸易政策的选择中，假定民主党选择征收 7％的关税率，而社会党选择了 6％的关税率，这时主张高关税的选民（7、8、9）就会支持民主党，但主张低关税的，包括第 1 个到第 6 个选民就会支持社会党。从第 1 个选民到第 5 个选民的意见虽然没有被采纳，但对于主张 7％的关税率的民主党来说，社会党更接近他们的意见。如果这时有一个第三党，比如进步党，选择了 5％的关税率，那么从第 1 个到第 5 个选民就会转而支持进步党，支持社会党的就只剩下第 6 个选民了。由此可见，越接近中间选民意见的政策越能得到大多数选民的支持。这就是中间选民模型。但是中间选民模型要基于两个基本的假设：所有的选民都去参加投票；所有选民的投票都是诚实投票，即把选票投给自己最偏好的政策。

中间选民模型分析简单明了，但是因为现实中贸易政策很少由直接投票决定，所以其分析结论可能只被看做是一种参考性分析[①]。

2. 集体行动和有效游说模型

中间选民理论不能解释显示中所观察到的贸易政策。我们知道，零关税率才是消费者的最佳选择。因为如果贸易政策只是单纯地取决于选票，而消费者又拥有最多的选票，那么最终的贸易政策将是自由贸易政策。可是，结果并不是这样。在许多情况下，贸易政策满足或者保护的恰恰都是少数人。例如，几乎所有的发达国家都保护农产品，而农民只占这些国家总人数的 10％左右。在发展中国家，农民占大多数，但这些占大多数的农民不但得不到保护，反而政府还通过对出口的控制压制国内的农产品市场价格，间接地保护农产品的消费者。为什么会这样呢？因为我们忽略了政治过程中游说的力量。这使得中点选民模型以大多数选民的意愿来选择贸易政策的解释缺乏说服力。

经济学家奥尔森（Mancur Olson）指出，代表团体利益的政治行为是一种利众行为，这一行为有利于团体中的所有成员，而非仅仅有利于实施这一行为的个体。集体行动理论（Collective Action）认为一种政策的实施取决于利益集团的活动能力，而不是集团人数的多少。原因是，一方面消费者越多，"搭便车"的人越多，积极参与的人反而少了，意见也不容易统一，集体行动的效率就低，而人数较少的一方却更容易组织，在影响政府的游说中集体行动的步调一致，因而更容易在游说中取得成功。另一方面，在消费者的集体行动中，如果将总损失除以消费者总人数，每一个消费者的损失就很小了，但对于每个生产者来说产生的利益就会很大，免费搭车的动机相对较小，因而能够组织起强大的游说集体来争取贸易保

护政策。因此，政府往往会选择总福利水平下降、大多数人利益受损而少数人受益的贸易政策。这就是集体游说的力量。

假设各个利益集团通过院外活动（Lobbying）方式来游说政府部门的政策制定者。院外活动需要一定的成本，但是并不是每一人都愿意负担这样的成本。在不同社会集团的政治活动中，只要院外活动的收益大于院外活动的成本，小集团就会积极活动，从而使制定的贸易政策有利于自己，原因是小集团中的单个人倾向于拥有更大的利益，容易组织起集体行动，因而更能够影响政府的决策。在这种情况下，政策的制定可能会偏离国家整体福利最大化这一目标。在贸易政策的具体选择上，其原则也是有利于某些利益集团，而不一定有利于国家福利。

在图 13-2 中，OA 是游说成本曲线，假定对特定经济利益集团来说，由于获得关税保护越高越困难，边际成本不断递增，因而该曲线斜率也逐渐增大。同时，游说成本曲线也反映政治市场上供给者对特定利益集团部门实行附加保护的意愿。但在利益集团组织得更好、游说活动效率提高或社会支持率高的情形下，游说成本曲线会向下移动。

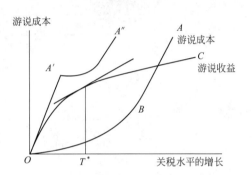

图 13-2 集体行动与有效游说模型

图 13-2 中，OBC 代表游说收入（保护利益曲线），它代表利益集团从事游说活动带来关税保护产生的价值。关税水平越高，为该利益集团带来的利益就越大，最大值为 B，对应的是禁止性关税。关税的增加至少在一定范围具有边际利益，但总体上边际收益递减。关税水平增加到 T^* 时，集团的游说努力为最优。因为在这一点，收益与成本的差异即租金为最大。此外，新组织的利益集团游说的初始成本 OA' 很高，而整个成本曲线 $OA'A''$ 位于游说收益曲线的上方，表明对一些利益集团而言，寻求关税保护的游说活动并不总是值得的。

专栏 13-1

2009 年美国轮胎特保案的出台

如图 13-3 所示，美国贸易政策的决策机构涉及 ITC、USTR、美国总统和美国国会，尤其是相关利益方对于各决策机构的影响。

如图 13-4 所示，在美国对华轮胎特保案中，各相关利益方围绕着是否对中国出口到美国的轮胎制品采取特别保障措施进行了博弈，其结果是支持制裁的一方获得了相应的政府政策。

2009 年 4 月 20 日，美国"钢铁、造纸和林业、橡胶、制造业、能源、联合工业和服务工作者国际联盟"向美国国际贸易委员会（ITC）提出申请，请求对中国输往美国的所有乘用车和轻型卡车轮胎发起特别保障措施调查。

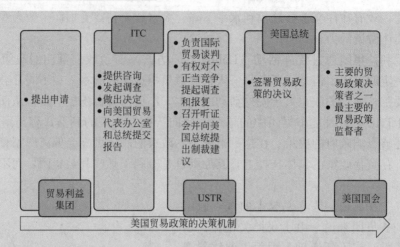

图 13-3　美国贸易政策的决策机制

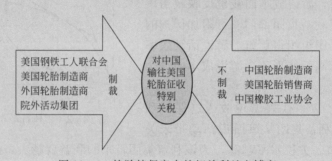

图 13-4　轮胎特保案中的相关利益方博弈

2009 年 4 月到 6 月，ITC 根据美国《1974 年贸易法》第 421 条（以下简称"421 条款"）宣布启动调查并作出肯定性裁定，认定中国输美涉案轮胎产品在美国市场的大量增加造成或威胁造成美国国内产业的市场扰乱，建议对中国涉案轮胎采取特保措施，在现行进口关税（3.4%～4%）的基础上，连续 3 年分别加征 55%、45% 和 35% 的特别从价关税。

2009 年 8 月 7 日，美国贸易代表办公室（USTR）召集涉案各方召开听证会并于 2009 年 9 月 2 向美国总统奥巴马提出制裁建议。

2009 年 9 月 11 日，奥巴马根据"421 条款"的规定签署决议，对中国输往美国的所有乘用车和轻型卡车轮胎连续 3 年加征特别从价关税，以此规范因轮胎进口而被扰乱的美国市场秩序。该惩罚性关税税率第一年为 35%，第二年为 30%，第三年为 25%。2009 年 9 月 26 日，美国海关开始对上述产品征税。

资料来源：作者根据相关新闻整理。

3. 竞选贡献或政治贡献

在民主选举政府的国家里，政党在努力争取选票的同时，还要筹措资金支持竞选活动，这部分资金通常来源于特殊利益集团。这些利益集团支持各自的党派当选，这些党派的候选人一旦当选之后就会在力所能及的范围里制定或维持有利于这些利益集团的政策，否则他们就会在下一轮的竞选中失去这些利益集团的资金、支持和选票。

专栏 13 – 2

政治对番茄进口施加的压力

美国前总统克林顿在任期内对来自墨西哥的番茄进口谈判规定了一个最低价格，此举就是一个绝好的例证，可用来说明决策进程是如何促成一项保护主义措施的。这一政策回避了中点选民原则，以未曾组织起来的、仍以"搭便车方式"行事的广大消费者群体的利益损失为代价，增进了弱小声音的少数人（佛罗里达众多种植者中的一小部分）的利益。在生产商 Paul J. Dimare 的领导下，受一小撮富裕种植者控制的佛罗里达番茄生产者，多年来一直要求对廉价的外国进口品采取保护措施，因为进口正在造成"佛罗里达农场主们的破产"。但有趣的是，即使飓风、寒流及其他恶劣天气破坏了生产，佛罗里达的番茄产业也没有被冲垮。种植者们近来关注的问题是，随着墨西哥进口的增加，他们担心在北美自由贸易协定实施后，进口还会进一步扩大。尽管在北美自由贸易协定之前对墨西哥番茄仅征收很低的关税（1.4 美分/磅），Dimare 和其他一些人还是争论说，协议实施后造成墨西哥番茄进口的增长将会威胁到美国成千上万个就业机会。如果得不到帮助，佛罗里达的番茄产业将会"日趋没落"。但佛罗里达的种植者们并未从他们的加利福尼亚同行那里得到多大的同情，后者生产的夏季番茄与墨西哥产的番茄之间也存在着直接的竞争。用加利福尼亚卡尔吉联合企业番茄营销机构副总裁 Kenn Moonie 的话说："所有这一切不过是为了保护 4 个大亨罢了……它不像谷物或其他农产品，会涉及成千上万的种植者。"

来自墨西哥的番茄进口近年来增长迅速，夺走了佛罗里达在冬季市场上的部分份额。这种市场渗透部分地反映了一个简单的事实，即手摘的、自然成熟的墨西哥番茄的味道要好于佛罗里达的番茄，后者尚在青黄时就被摘下，随后在装运前用气催熟。但 Dimare 不承认消费者对多汁、口感更好的自然成熟的番茄的偏好与进口增长之前存在着任何关系，甚至还说，番茄的味道如何"真的没什么要紧"，因为他们不过是调味品，很少单独使用。

根据 1996 年 10 月达成的协议，墨西哥种植者们同意在美国市场上以不低于一定水平的价格销售番茄。美国商务部声称，在最近一段时期墨西哥生产者还明显缺乏任何"价格抑制"行为时，这一价格都将是最低的平均价格。商务部长坎特和克林顿政府出面商定了这一协议，因为佛罗里达在 11 月份的选举中被认为是至关重要的。用克林顿的某一战略分析家的话来说："并不是我们害怕农场主们不会投我们的票——那儿也没有足够多的番茄种植者陷入了困境。我们害怕的是他们以此作为不利的广告宣传把柄来攻击我们，这将会使我们受到很大的冲击。"政府对竞选资助与可能的负面宣传的关注使得中点选民消费者最终不得不购买味道较差但价格却更贵的番茄，而同时美国的一些出口商，诸如中西部的猪肉生产者等，也开始担心谈妥的番茄处理协议会导致墨西哥对他们的出口产品进行报复。

资料来源：EHELENE C INGERSOLL B. Playing catch - up：with little evidence, Florida grows blame tomato woes on NAFTA. The Wall Street，1996（4）；ROBERT S. Greenberger. Mexico agrees to temporary floor on price of tomatoes sold in U. S . The Wall Street 1996（10）；George Anthan . Polities put squeese on tomato import：U. S. growers prevail. The Des Moines Register，1996（10）.

由于大多数政府政策的目标是维护其政权的稳定性，因此政府实行有利于这些利益集团的贸易政策是为了对他们政治支持的一种回报。换句话说，保护这些利益集团也就是保护政府本身。但是有组织的利益集团究竟是如何影响政策的？经济学家的解释是：建立政治支持函数和简化的政治决策过程模型。

依据政治支持函数和政治决策过程模型分析，现任政府总是力图从公众那里获得最大的支持，因此政治当事人的自我利益被置于分析的核心。该模型分析的起点是，虽然政治家赢得选举的部分原因是他们提出了受欢迎的政策，但任何成功的选举还需要大量的资金支持。因此，如果提供大量竞选经费的团体对政策有偏好，那么政治家将不得不支持其偏好的政策。

经济学家格罗斯曼和赫尔普曼（G. Grossman and E. Helpman，1994）建立了"保护待售"（Protection for Sale）模型。该模型解释特殊利益集团如何利用政治资助影响政府贸易政策的选择，该模型也叫"影响驱动模型"（Influence‐Driven Contribution model），是用政治经济学方法研究贸易政策的最有影响的模型之一①。该模型认为，政治家们追求自身福利最大化，但其自身福利取决于获得的政治资助总量和全社会的总福利；各个利益集团也基于自身利益最大化的考虑为获得保护而给予政治资助。因此，政治家和利益集团博弈的第一阶段是各个利益集团就各自的政治资助水平达成均衡，第二阶段则是政府在此基础上选择最优的贸易政策。

13.3　国际谈判与贸易政策

正因为看到自由贸易能够给成员带来"共赢"的结果，所以WTO促进各成员贸易政策的自由化。但是考虑到各国的实际经济情况，WTO不可能要求各成员完全取消保护贸易政策。这就使得WTO也在贸易自由化和保护贸易政策之间寻找均衡。这种均衡依靠的就是WTO的多边贸易谈判，而这种多边贸易谈判本身就是各国在WTO中进行的政治经济博弈。

WTO中的贸易谈判进行的是互惠的贸易壁垒削减及其他问题。贸易壁垒削减的前提是存在贸易壁垒，而贸易壁垒或是保护贸易政策是进口替代产业在本国市场上获得了一定的政治支持的结果，或者这些产业获得了一种受保护的权利。进口替代产业的这种权利是通过以往的游说或政治支持获得的，要求它们放弃保护的权利，从经济学角度来说，必须为其提供补偿。所以任何国家在WTO的谈判中达成的市场准入程度和贸易壁垒削减幅度，就是国内的"受保护权利持有者"与致力于在海外市场寻求相当权利的其他国内产业达到的均衡结果。假若后者拥有足够的政治力量，对前者集团权利的侵蚀就可以被认为是具有政治合理性的。因此，在贸易谈判中真正起作用的是政治力量，而不是经济效率②。

① Grossman, Helpman. Protection for sale. American Economic Review，1994，4（84）：833–850.
② 本段内容改编自：伯德曼·霍克曼，迈克尔·考斯泰基. 世界贸易体制的政治经济学：从 GATT 到 WTO. 北京：法律出版社，1999。

世界贸易组织的出现为贸易各国提供了一个绝佳的贸易谈判场所，成为所有成员之间进行政治经济博弈的场所，一国究竟能够获得多少的贸易政策优惠，究竟付出多大的代价，取决于贸易谈判中各方进行的政治经济博弈，最终达成竞争均衡。因此，世界贸易组织发起的贸易回合谈判成为各国贸易政策博弈的主要场所，因而成为最为复杂的国际贸易谈判，目前仍旧处于艰难的谈判过程中。

基于国际政治经济学的分析视角，我们将从谈判中利益集团的利益偏好、国家间的战略互动及谈判的制度背景三个层面入手，对这些因素如何影响国际贸易谈判进行深入分析。

1. 影响贸易谈判的主要因素

任何一项经济政策都可能会影响到收入分配格局，因而不同社会阶层或利益集团对此会有不同的反应，受益的一方自然支持这项政策，而受损的一方则会反对这项政策，各种力量交织在一起最终决定政策的制定或选择。

（1）各利益集团的利益偏好

在国内政治中，不同的利益集团有不同的身份定位和政治利益追求，也就决定了其外贸政策的偏好不同。政府最终出台的政策实际上是不同利益集团在政策制定时的冲突与妥协的产物。国际贸易的政治经济学分析认为，确定利益集团对贸易政策选择的偏好需要根据特定要素理论来进行[①]。利益偏好在贸易谈判中发挥作用也会受到各国国内制度或观念的影响。自由贸易的受益者和贸易保护主义者都会通过选举制度来影响政治格局和政策的制定。

（2）国家间的战略互动

国际关系视角下的谈判研究，通常强调国家利益和物质实力决定着谈判中各国的收益分配[②]。大国在国际谈判中常用的手法就是通过威胁对方或向对方施以好处，从而使其让步。以美国为例，在国际经济事务的谈判上，它的经济规模和国家实力有助于它向其他国家提出开放市场的要求。许多关于美日贸易谈判的研究都表明，由于美国的实力及其影响及日本对美国的高度依赖，使日本成为一个"被动的国家"，当美国威胁拒绝日本商品进入美国市场，甚至以联盟的安全合作为谈判的筹码时，日本往往会屈从于美国的要求。[③]

当我们通过战略互动的视角分析国际贸易谈判时，通常会将研究集中于国家层面，从而忽略国内不同利益集团偏好的变化，而且不能够确定哪一个利益集团的利益最能够通过政策结果反映出来。实际上，各种各样的利益偏好构成了国家内部的政治力量，它们对国家政策的制定会发挥重要影响，因此影响国家间进行贸易谈判的战略互动因素不仅包括整体的国家利益，还包括具体的国内政治因素，后者有时甚至规范、约束着国家间战略互动的进程，对

① James Alt，Michael Gilligan，Dani Rodrik，Ronald Rogowski. The political economy of international trade: enduring puzzles and an agenda for inquiry. Comparative Political Studies，1996，6（29）.

② Stephen Krasner. Global communications and nation power: life on the pareto frontier. World Politics，1991，43（3）：336 - 356；John Mearsheimer. The false promise of international institutions. International Security，19：5，1995，pp. 5—49；Richard Steinberg. In the shadow of law or power? Consensus—Based Bargaining and Outcomes in the GATT/WTO. International Organization 2002，56（2）：339—374.

③ Kent Calder. Crisis and compensation. Princeton：Priceton University Press，1988；Edward Lincoln，Troubled Times：U. S. —Japan Trade Relations in the 1990s，Washington，DC：Brookings Insitution 1999.

国际贸易谈判的结果产生着直接影响。

(3) 国际制度的影响①

国际制度是国家之间及国内利益集团间进行谈判的制度背景，可以为国际谈判提供规则，有助于降低交易成本，促进国家之间的国际合作，并确保相应政策的合法性。当前，WTO 管辖的多边贸易体制是规范贸易领域活动最重要的国际制度安排。作为一个拥有 150 多个成员国和关税区的多边贸易组织，WTO 以国际贸易法规为核心，涉及争端解决程序及协商新的贸易规则和承诺的国际论坛，它所包含的多边贸易体制安排构成了各国决定其贸易政策的主要规则。

2. 贸易谈判的主要框架

(1) 国内博弈形成单边对外贸易政策

图 13 - 5 左上角方框内的公民、利益集团和政府三方之间进行的是国内谈判，形成一国的单边对外贸易政策。

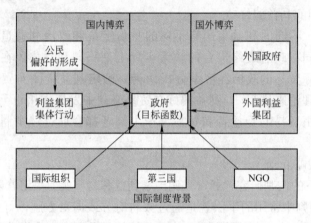

图 13 - 5　贸易谈判的主要影响方

① 公民的贸易政策偏好取决于其贸易利益的多寡。例如，根据斯托尔珀-萨缪尔森定理，一国要素相对丰裕的部门将从贸易中获益，因而倾向于自由贸易政策；而要素相对稀缺的部门则将受损，可能寻求政府的贸易保护。

② 公民、利益集团对贸易政策形成的影响。公民通过投票、公共舆论两种途径影响政策形成。如果具有共同利益的公民能够克服"搭便车"问题并组成利益集团，那么在政策形成过程中会发挥更有效的影响力，讨价还价能力增强。

③ 政府的目标函数。在此引入经济学理论来分析执政者的行为。决定政治治理之理性的重要因素是财政约束、干部队伍及意识形态，并将塑造政府具体的目标函数。只有政府的"共容利益"足够大时，政府的治理在促进经济增长方面才能长期有效。

④ 谈判的目标。谈判的目标将综合反映公民、利益集团和政府的利益。在此可以建立适当的多元回归模型来检验不同的利益代表对谈判目标的影响力大小。

(2) 包含国外博弈的双重博弈

加入外国政府、外国利益集团的影响，就构成了贸易谈判的双层博弈，即国内、外谈判

① 杨毅. 国际贸易谈判的主要影响因素分析，国际政治经济学的视角. 国际论坛，2012，14（2）

综合起来考虑。

① 在国际谈判中，多边贸易谈判是最常见的，多边贸易谈判也叫多方博弈。多边贸易谈判能够使多个国家之间达成同盟并采取一致的行动。WTO多哈回合谈判就是典型的多边贸易谈判，各国贸易政策的出台都必须考虑到其对外国利益集团的影响。

② 联合谈判。当国内出现了不同利益的代表时，执政者将权衡在政治博弈中各利益代表的力量，从而作出最后的决策。比如，在贸易谈判中执政者可以利用支持某个利益集团，换取该利益集团在其他事务上与自己合作。在很多情况下，执政者还能够越过国界，争取获得谈判对手国外的政治力量的支持。

（3）贸易谈判的国际制度背景

国际组织、非政府组织及第三国代表国际谈判的制度约束和背景。

① 国际制度可以将贸易谈判达成的结果正式化、合法化，并且背叛行为会受到其他成员国的谴责。人们通过规则和制度可以知道谁在做什么，判断其他人将会怎样做等，这样规则和制度就为人们提供了一个检验和校对的标准。

② 第三国在双边、多边贸易谈判中的监督作用，以及非政府组织，如环境保护主义组织对国际贸易规则未来演进的影响。

专栏 13 - 3

美国钢铁保护的政治经济学

一国贸易政策的出台最终取决于支持自由贸易和保护贸易政策的双方竞争，如伊尔文道格拉斯在《备受争议的自由贸易》一书中写道："反对进口的产业一般都积极的通过寻求贸易限制来达到自己的经济利益"。对于支持保护贸易政策的"保护就业观点"，以及支持自由贸易政策的"创造就业"观点，伊尔文道格拉斯写道："进口确实会损害某些产业的就业岗位，例如缅因州的制鞋业和南加州的服装业，这两个行业的就业水平因为进口而下降，这也就能理解为什么这么些工厂主、工人和代表他们的政治家们会支持尽量避免进口竞争。但是，仅仅进口损害某些工作并不意味着贸易会减少整体就业量，或者对经济有害。毕竟进口不是自由的，因为为了获得进口，一国必须付出某些产品。进口通常有两种方式进行偿付：一是用产品或服务，一是出售资产给外国。换言之，美国人因进口而付出的美元不会在出口国积累，而会流回美国购买美国的产品、服务和资产。因此，进口有损就业水平这个观点就忽视了因贸易而导致的其它产业的就业的增加。"

"同样的，贸易支持者乐意提到出口创造就业岗位，但他们忽视了这些岗位是以其他产业就业的损失为代价的。出口产业会因为国外需求增加而多雇佣工人，但是出口也会因为进口某些产品而损害其它某些产业上的就业。"

"国际贸易既能够带来某些产业就业的增加，也能够减少某些产业的就业，因此是否采取一项贸易政策就取决于他带来的贸易"净就业效应"。例如，NAFTA的反对者提出，与墨西哥的自由贸易将会减少美国的就业，美国经济政策研究机构估计，这个数字将是48万个工作岗位；而支持者则认为，它能够创造出新的就业，国际经济研究机构的估计是增加 17 万个工作岗位。"

在美国的经济学家看来，贸易政策的最终制定明显是国内各利益集团的政治产物。以美国对钢铁产业的保护为例，尽管有钢铁产品消费商联盟的反对，但是 20 多年来美国的钢铁产业在竞争贸易保护方面是十分成功的。例如，1969 年签订的钢铁"自愿限制协议"，20 世纪 80 年代的钢铁产品的启动价格机制，在 1998 年至 2002 年期间已经有 148 个对钢铁和钢铁相关产品进行反倾销（AD）和反补贴（CAD）的调查。2003 年 7 月，有 134 个反倾销和 35 个反补贴税调查是关于钢铁相关产品的。

美国钢铁产业成功地获得保护贸易政策的关键，在于钢铁生产商、钢铁工人工会及"钢铁城"的国会议员的紧密团结。直到 1989 年，钢铁产品消费商才成立了美国钢铁消费产业联合会，并开始有效地运作，抵制钢铁产品保护的扩张。因此自 1989 年以来，钢铁产品的配额没有约束，而且在 1993 年以后的反倾销诉讼中，钢铁产业也很少获得成功。但是在 2002 年，美国总统布什却对钢铁产品启动了"201 条款"，实施了保障措施。美国 20 多年对于钢铁产业的政策取向，完全由这些利益集团的争夺所左右。

对钢铁产业进行保护的最常被引用的理由就是保护就业。钢铁生产商和钢铁产业工会认为，由于廉价的进口钢铁产品，而且是不公平的外国竞争使得美国钢铁企业被迫停产、关闭工厂甚至破产，致使大量钢铁工人失业。1974 年，美国钢铁工人的就业人数是 512000 人，而 1992 年下降到 140000 人。问题的关键还在于这些钢铁企业大多集中在美国的中西部的州，这些州在政治上却是游移不定的。1974 年的 51 万就业人口，确实能够在美国的选举中起到一个举足轻重的作用。为了达到其贸易政策目标，钢铁产业联合会及钢铁工人工会几乎通过所有可能的途径来限制外国钢铁产品进入美国市场。这些途径包括：施加压力迫使国会提供直接的法律救济；游说政府机构签订多边钢铁部门协议；最重要的是根据贸易救济法提出成百上千的诉讼。因此，很长时期美国的钢铁贸易真在很大程度上取决于"钢铁三角"，也就是钢铁生产商、钢铁工人工会和"钢铁城"的国会议员构成的联盟。

随着 1989 年美国钢铁消费产业联合会的成立，以及美国钢铁产业地位、就业人数的下降，20 世纪 90 年代针对钢铁产业的保护政策就不如 20 年前那么明显。钢铁产品消费产业联合会提出，美国政府应该考虑的是高工资、高效益的钢铁消费产业的工人就业，还是牺牲这些更有竞争力的产业就业去获得在钢铁产业低工资、低效益的就业岗位。因为钢铁工人人数下降，钢铁工人的选票对政治家们的吸引力下降。钢铁产业在美国经济中的地位为高技术产业所取代，或者可以说，钢铁产业与钢铁消费产业给美国经济增长带来了不同的影响，再加上 20 世纪 90 年代的钢铁企业与 20 世纪 70 年代的不同，有些中小型钢铁企业的技术和管理水平极高，因此产业内部的团结力量也不如以前。因此，美国政府对钢铁产业的保护意愿也就不那么强烈。直到布什总统就职后的 2001 年，因为支持布什总统而获得政府提供保护的承诺。

本章要点

1. 自由贸易可以带来资源配置的高效率，促进规模经济的形成，可以使一国的企业通过国际市场的激烈竞争寻求创新与成长。但是，自由贸易也会带来一些弊端，如贸易利益在不同经济发展水平国家之间的分配不均衡；市场失灵情况出现时，自由贸易的资源配置效率降低；民族工业受到冲击等。

2. 中间选民模型认为从政者要想获得多数选民支持最重要的方法就是尽可能地选择靠近中间选民的意见的政策。

3. 集体选择理论认为，由于存在集体行动问题，特殊利益集团更有可能通过政治手段来获得对该集团有利的贸易政策。

4. 政治贡献模型假定当局面临着选民福利和政治贡献两个目标，因此利益集团的政治角逐决定着贸易政策的制定。

5. 国际谈判对一国贸易政策的形成有着深远的影响，利益集团的政策偏好、国家间的战略互动及谈判的制度背景等都对一国的国际贸易谈判，继而对一国的贸易政策产生重要影响。

复习思考题

一、本章关键术语

中间选民模型　集体行动和有效游说模型　利益集团

二、简答题

1. 贸易政策的政治经济学的核心问题是什么？

2. 简述中间选民模型的基本内容。

3. 政府在制定政策时会受到哪些因素的影响？

4. 政府制定政策的目标是什么？

三、论述题

1. 从中国贸易政策背景出发，哪些案例可以用本章涉及的理论来解释？

2. 对于美国贸易政策而言，哪些案例可以用本章涉及的理论来解释？

参 考 文 献

[1] 达斯. 世界贸易组织协议概要：贸易与发展问题和世界贸易组织. 刘钢译. 北京：法律出版社，2000.

[2] 柏拉图. 理想国：1 卷. 北京：商务印书馆，1957.

[3] 霍克曼，考斯泰基. 世界贸易体制的政治经济学：从关贸总协定到世界贸易组织. 刘平，译. 北京：法律出版社，1999.

[4] 麦克唐纳. 世界贸易体制：从乌拉圭回合谈起. 上海：上海人民出版社，2002.

[5] 卜伟，叶蜀君，杜佳，等. 国际贸易与国际金融. 2 版. 北京：清华大学出版社，2009.

[6] 卜伟，郑纯毅. 中国吸引外国直接投资政策研究. 中央财经大学学报，2005(5)：59-63.

[7] 卜伟，赵伟滨. "完全市场经济地位"与对华反倾销反补贴. 郑州航空工业管理学院学报，2008，26(1)：45-49.

[8] 布阿吉尔贝尔. 布阿吉尔贝尔选集. 北京：商务印书馆，1984.

[9] 希尔. 国际商务：全球市场竞争. 周健临，译. 3 版. 北京：中国人民大学出版社，2001.

[10] 陈琦伟. 国际经济学对话. 上海：上海人民出版社，1988.

[11] 陈文敬. 中国面对的贸易壁垒. 北京：中国对外经济贸易出版社，1999.

[12] 陈宪，张鸿. 国际贸易：理论、政策、案例. 上海：上海财经大学出版社，2004.

[13] 陈宪. 国际贸易原理·政策·实务. 上海：立信会计出版社，1998.

[14] 程大为. 商务外交. 北京：中国人民大学出版社，2004.

[15] 李嘉图. 政治经济学及赋税原理. 北京：商务印书馆，1979.

[16] 约菲，卡斯. 国际贸易与竞争：战略与管理案例及要点. 宫桓刚，孙宁，译. 大连：东北财经大学出版社，2000.

[17] 阿普尔亚德，菲尔德. 国际经济学. 龚敏，陈琛，高倩倩，译. 3 版. 北京：机械工业出版社，2001.

[18] DOMINICK SALVATOR. 国际经济学. 朱宝宪，吴洪，译. 5 版. 北京：清华大学出版社，1998.

[19] 冯雷. 经济全球化与中国贸易政策. 北京：经济管理出版社，2004.

[20] 冯宗宪，柯大钢. 开放经济下的国际贸易壁垒：变动效应、影响分析、政策研究. 北京：经济科学出版社，2001.

[21] 李斯特. 政治经济学的国民体系. 北京：商务印书馆，1961.

[22] 高宏伟. 铁路改革与激励约束机制. 北京：经济科学出版社，2004.

[23] 高永富. WTO 与反倾销、反补贴争端. 上海：上海人民出版社，2001.

[24] 海闻，林德特，王新奎. 国际贸易. 上海：上海人民出版社，2003.

[25] 胡代光，高鸿业．西方经济学大辞典．北京：经济科学出版社，2000.

[26] 胡涵钧．新编国际贸易．上海：复旦大学出版社，2000.

[27] 黄泰岩．中国经济热点前沿．北京：经济科学出版社，2006.

[28] 金详荣．贸易保护制度的经济分析．北京：经济科学出版社，2001.

[29] 凯恩斯．就业利息和货币通论．徐毓枬，译．北京：商务印书馆，1997.

[30] 里昂惕夫．国内生产与对外贸易：美国资本状况的再检验．美国哲学学会会议录，1953.

[31] 李刚．"走出去"开放战略与案例研究．北京：中国对外经济贸易出版社，2000.

[32] 李左东．国际贸易理论、政策与实务．北京：高等教育出版社，2002.

[33] 刘红忠．中国对外直接投资实证研究与国际比较．上海：复旦大学出版社，2001.

[34] 刘厚俊．国际贸易新发展．北京：科学出版社，2003.

[35] 刘力，刘光溪．世界贸易组织规则读本．北京：中共中央党校出版社，2000.

[36] 鲁桐．中国企业跨国经营战略．北京：经济管理出版社，2003.

[37] 鲁桐．WTO 与中国企业国际化．北京：中共中央党校出版社，2000.

[38] 卢馨．构建竞争优势：中国企业跨国经营方略．北京：经济管理出版社，2003.

[39] 凯伯．国际经济学．北京：机械工业出版社，2000.

[40] 波特．国家竞争优势．李明轩，邱如美，译．北京：华夏出版社，2002.

[41] 商务部研究院规财司．中国对外贸易形势报告．2005.

[42] 石广生．中国加入 WTO 知识读本（一）：WTO 基础知识．北京：人民出版社，2002.

[43] 石广生．中国加入 WTO 知识读本（二）：乌拉圭回合多边贸易谈判结果 法律文本．北京：人民出版社，2002.

[44] 世界贸易组织秘书处．贸易走向未来：世界贸易组织概要．张讲波，索必成，译．北京：法律出版社，1999.

[45] 世界贸易组织秘书处．乌拉圭回合协议导读．索必成，胡盈之，译．北京：法律出版社，2000.

[46] 石广生．中国加入 WTO 知识读本（三）：中国加入 WTO 法律文件导读．北京：人民出版社，2002.

[47] SIMON J E．世界贸易体制：未来之路．金融与发展（国际货币基金组织季刊），1999(12).

[48] 斯图亚特．政治经济学原理：第 2 册．北京：商务印书馆，1967.

[49] 司岩．中国企业跨国经营实证与战略．北京：企业管理出版社，2003.

[50] 唐海燕．中国对外贸易创新论．上海：上海人民出版社，2006.

[51] 唐海燕．国际贸易学．上海：立信会计出版社，2001.

[52] 陶然，周巨泰．从比较优势到竞争优势：国际经济理论的新视角．国际贸易问题，1996(3)：29-34.

[53] 佟家栋．国际贸易理论的发展及其阶段划分．世界经济文汇，2000(6).

[54] 佟家栋．国际贸易：理论与政策．天津：南开大学出版社，1999.

[55] 林德特．国际经济学．李克宁，译．9 版．北京：经济科学出版社，1992.

[56] 王林生，范黎波．跨国经营理论与战略．北京：对外经济贸易大学出版社，2003.

[57] 夏申．论战略性贸易政策．国际贸易问题，1995(8).

［58］章承越. 经济全球化中国商务发展. 北京：人民出版社，2005.

［59］薛敬孝，佟家栋，李坤望. 国际经济学. 北京：高等教育出版社，2000.

［60］薛荣久. 国际贸易. 新编本. 北京：对外经济贸易大学出版社，2003.

［61］薛荣久. 世界贸易组织教程. 北京：对外经济贸易大学出版社，2003.

［62］杨国华. 中美经贸关系中的法律问题及美国贸易法. 北京：经济科学出版社，1998.

［63］尹翔硕. 国际贸易教程. 上海：复旦大学出版社，2002.

［64］余敏友. WTO 争端解决机制概论. 上海：上海人民出版社，2001.

［65］伊特韦尔，米尔盖特，纽曼. 新帕尔格雷夫经济学大辞典. 北京：经济科学出版社，1992.

［66］张二震，马野青. 国际贸易学. 南京：南京大学出版社，2003.

［67］张谦，吴一心. 战略性贸易政策理论的产生及其体系. 上海经济研究，1998（2）.

［68］张曙霄. 国际贸易. 北京：中国经济出版社，2001.

［69］张曙霄. 中国对外贸易结构论. 北京：中国经济出版社，2003.

［70］赵春明. 国际贸易学. 北京：石油工业出版社，2003.

［71］赵瑾. 全球化与经济摩擦：日美经济摩擦的理论与实证研究. 北京：商务印书馆，2002.

［72］赵晋平. 从推进 FTA 起步. 国际贸易，2003（6）.

［73］赵伟. 国际贸易：理论政策与现实问题. 大连：东北财经大学出版社，2004.

［74］周其仁. 挑灯看剑：创造配额. 经济观察报，2005-7-3.

［75］DOUGLAS A I. Free Trade Under Fire. Princeton：Princeton University Press，2002.

［76］MAGNUS B. Regional Integration and Foreign Direct Investment. www. nber. org.

［77］PAUL R K，MAURICE O. International Economics：Theory and Policy. 5th ed. 影印版. 北京：清华大学出版社，2001.

［78］POLACHEK，SOLEMON W. Conflict and Trade：An Economic Approach to Political Interaction. 1997.

［79］SCHIFF，WINTERS. Regional Integration as Diplomacy. World Bank Economic Review，12（2）：271-296.

［80］SUTHIPHAND C. ASEAN-China Free Trade Area：Background，Implications，and Future Development. Asian Economics，13：671-681.

［81］UNCTAD. World Investment Report 1997—2008. New York and Geneva.

［82］VINER. The Role of Providence in the Social Order. Princeton：Princeton University Press，1972.

［83］杨毅. 国际贸易谈判的主要影响因素分析，国际政治经济学的视角. 国际论坛，2012，14（2）.

［84］James Alt，Michael Gilligan，Dani Rodrik，Ronald Rogowski. The political economy of international trade：enduring puzzles and an agenda for inquiry. Comparative Political Studies，1996，6（29）.

［85］Stephen Krasner. Global communications and nation power：life on the pareto frontier. World Politics，1991，43（3）：336-356；John Mearsheimer. The false promise of international institutions. International Security，19：5，1995，pp. 5—49；Richard Steinberg. In the shadow of law or power? Consensus—Based Bargaining and Outcomes in the GATT/WTO. International Organization 2002，56（2）：339—374.

[86] Kent Calder. Crisis and compensation. Princeton：Priceton University Press，1988；Edward Lincoln，Troubled Times：U. S. —Japan Trade Relations in the 1990s，Washington，DC：Brookings Insitution 1999.

[87] Grossman，Helpman. Protection for sale. American Economic Review，1994，4（84）：833－850.

[88] EHELENE C INGERSOLL B. Playing catch－up：with little evidence，Florida grows blame tomato woes on NAFTA. The Wall Street，1996（4）；ROBERT S. Greenberger. Mexico agrees to temporary floor on price of tomatoes sold in U. S. . The Wall Street 1996（10）；George Anthan . Polities put squeese on tomato import：U. S. growers prevail. The Des Moines Register，1996（10）.

[89] 郁志豪. 公众支持与贸易保护的政治经济学. 国际贸易与投资前沿. 上海：上海人民出版社，2008：45.

[90] MAYER W. Endogenous tariff Formation. American Economic Review，1984，74（5）：970－985.

[91] LEVY，P L. A political-economy analysis of free-trade agreements. American Economic Review，1997，87（4）：506－519.

[92] 克鲁格曼和奥伯斯法尔德. 国际经济学·国际贸易部分. 北京：中国人民大学出版社，2011：201.

[93] 盛斌. 中国对外贸易政策的政治经济分析. 上海：上海人民出版社，2002：21－22.

[94] FEENSTRA R C. 国际贸易. 北京：中国人民大学出版社，2011：73.

教师反馈及教辅材料申请表

　　北京交通大学出版社以"教材优先、学术为本、创建一流"为目标，主要为广大高等院校师生服务。为更有针对性地为广大教师服务，提升教学质量，在您确认将本书作为指定教材后，麻烦您填好以下表格并经系主任签字盖章后寄回（或传真），我们将免费向您提供相应教学课件、试题库、习题库等教辅材料。

所需要的教学资料		
您的姓名系/院/校		
您所讲授的课程名称		
您的联系地址		
邮政编码	联系电话 （必填）	
E-mail（必填）		
您对本书的建议：	系主任签字 （系/院办公室）盖章	

20 ___年___月___日

我们的联系方式：

北京交通大学出版社编辑部

北京市海淀区高梁桥斜街 44 号，100044

联 系 人：黎　丹

电　　话：010 - 51686046

传　　真：010 - 62225406

Q　　Q：53802917

电子邮件：cbsld@jg. bjtu. edu. cn

网　　址：http://www. bjtup. com. cn